教育部人文社会科学研究专项任务项目（中国特色社会主义理论体系研究）"人类命运共同体理念的中西对话与国家形象建构研究"（项目编号：20JD710022）的阶段性研究成果

圣贤文化传承与华夏文明创新研究丛书（第二辑）

管国兴　主编

华夏文化观念的传播诠释与当代价值

谢清果　等著

九州出版社　JIUZHOUPRESS｜全国百佳图书出版单位

图书在版编目（CIP）数据

华夏文化观念的传播诠释与当代价值 / 谢清果等著
. -- 北京：九州出版社，2022.3
ISBN 978-7-5225-0878-8

Ⅰ．①华… Ⅱ．①谢… Ⅲ．①中华文化－文化传播－
研究 Ⅳ．①G125

中国版本图书馆CIP数据核字(2022)第053487号

华夏文化观念的传播诠释与当代价值

作　　者	谢清果 等 著	
责任编辑	王海燕	
出版发行	九州出版社	
地　　址	北京市西城区阜外大街甲 35 号（100037）	
发行电话	(010)68992190/3/5/6	
网　　址	www.jiuzhoupress.com	
印　　刷	北京九州迅驰传媒文化有限公司	
开　　本	720 毫米 ×1020 毫米　16 开	
印　　张	17.25	
字　　数	356 千字	
版　　次	2022 年 7 月第 1 版	
印　　次	2022 年 7 月第 1 次印刷	
书　　号	ISBN 978-7-5225-0878-8	
定　　价	58.00 元	

圣贤文化传承与华夏文明创新研究　丛书

绪　论

　　研究华夏传播观念是华夏传播学构建的基础工程。中国传播观念很自然地就存在于我们的华夏文化观念之中，是融为一体的。例如，中华文化倡导"和而不同"的和合观念，本身也是一种传播观念，那就是在处理包括人际传播、群体传播和国际关系的方方面面都坚持的原则和规范。从这个意义上讲，探索华夏传播观念，就得从研究华夏文化观念入手，只不过，要对这些文化观念加以传播学的考察，要对这些观念进行创造性诠释与创新性发展。所谓创造性与创新性体现 在，不仅在思考传统社会中华夏文化观念的传播学意义，而且要在当下社会生活和国际对话语境中思考华夏文化观念对传播观念的积淀与拓展。进而言之，我们当下在对华夏文化观念进行传播诠释的时候，已然是在面对西方传播学的理论背景下，在开展理论对话的过程中，增强我们文化的自觉，去从自己的文化根基中思考中国人的思考方式和处事方法，当然也包括中国人的传播观念、传播方式和传播媒介。

　　其实，华夏传播观念这一提法本身的潜台词就是相对于华夏之外的他者，古代社会的他者是四夷；现在社会的他者是中国之外的其他文明的观念。

　　本书研究华夏文化观念的传播意蕴，并探讨它们的现代价值，有着深刻的意义与价值内涵，这一点我们可以用吴予敏先生为研究中国传播观念史指明的方向来表明：

　　我们所要追寻的是：那些构筑了中国社会文化基本特点的传播观念在历史演进过程中发挥了什么作用，还在发挥什么作用？我们是否可能在传统中发掘出那些刚健、质朴、坚贞、诚信的精神品质的传播观念重新充实于当代社会？在传统的传播观念中所包含的人生智慧、策略思想、技艺方法，是否可以经过创造性转化而焕发出新的实践价值？在今天建构新的传播伦理的过程中我们可以向古代学习什么？我们如何通过阐释传播观念重新审视中国的传播制度和政治制度？我们如何在传播观念中理解中国人的人际关系、中外交流的特点，以便在跨文化传播中更好地理解中国人的沟通习惯和认知模式？对于富于中国特色的言语观、图像观、交往观、仪式观，我们可以作什么样的整理和解释？我们是否可以从传播观念和传播制度设计的角度重新审视中国社会的经济、政治、军事、法律、文化、教育的结构和运作？ ①

当前，中国正致力于推动"构建人类命运共同体理念"的伟大时刻，我们更应自觉地阐发包括"中国"观念以及中华民族在探讨建构和谐身心关系、人际关系、国际关系、人与自然关系等诸方面在内的中国式思考，不断发出中国好声音，这不仅是树立"中国"形象的需要，更是世界文明共生共存的需要。作为传播学者，我们有责任在传播学领域里基于中华五千年文明对人类文明交往的思考，从文明传播的高度，全面阐发中国的交往观，并积极与西方传播学者进行对话，共同致力于促进有利于人类共生的文明交往观念的早日形成。而当前重要的着力点就是围绕"中国"观念，来阐发"文明中国"理念，树立中华民族从来都是追求"共生交往"为特质的民族，从而从学理上树立起"中国"是可沟通，能沟通乃至善沟通的光辉形象。而这正是中华文化海内外传播的终极目标所在，亦即中华文化海内外传播的问题意识与方法自觉指向。明了这一点，中华文化海内外传播方可行稳致远！

本书特色鲜明，其一，贯通古今，坚持古为今用，洋为中用的原则，又以我为主，兼收并蓄。遵循华夏文化观念自身的发生发展的逻辑，同时适当观照西方传播观念，从而增强对华夏文化传播观念特质的理解和把握；其二，本书既有从对"中国"和"结绳记事"等历史概念的问题进行历史性考察，从中分析了"中国"观念曾在古代东亚诸国的话语争夺中成为观念资源，也剖析了"结绳记事"其实也是古人的一种具象性传播实践，丰富了对华夏文化传播的理解与把握。其三，着重探索忠、仁、善、谦等重要文化观念本身在概念发生学意义和历史演进过程中不断丰富发展的意义中所内含着的传播思想，从而有助于人们加强对华夏文化观念的理解和运用；其四，着重围绕几个典型的华夏生活媒介开展传播意义的分析，例如对家训、祠堂、纸张、书籍等。从而让读者能够理解别样的家训，从中看到了中国人的家庭（家族）传播观念；从祠堂上看到中国关系的空间建构，等等；其五，直接关注中国人日常生活中的传播活动，比如夫妻等五伦关系、风水、礼物、身份等这些直接体现着中国人的传播实践。礼物的流动，建构了中国

---

① 吴予敏：《中国传播观念史研究的进路与方法》，《新闻与传播研究》2008 年第 3 期。

人的圈层关系即亲疏远近关系，以及对等互惠和非对等性互惠等各种关系形式。而身份又是影响中国人沟通的传播情境，因为我们为尊者讳、为亲者讳等观念，影响和建构着中国人的交往秩序。其六，我们从当代扶贫实践中，反思传统观念是如何在当下发展作用的，比如民心传播、地域传播和孔子学院传播。民心是最大的政治。扶贫就是最大的民心工程，就是在民心逻辑下，中国式扶贫结对子等方式，富有中国特色。

　　总之，本书是一次思接千载、视通万里的观念之旅。我们深知我们的研究仅仅只是开始，因为博大精深的中华文化，每一个字都是一部文化史。即便我们已经尽力去阐释其意涵，但始终有力所不逮之处。而这一点恰恰是聪明的读者可以继续拓展深入研究之处，因为学术本是接力的事业，没有人能够穷尽所有的学问，一代人有一代人的长征。愿我们一起赓续华夏传播研究传统，矢志不渝地把研究引向深入，为中华民族复兴贡献自己的力量！

2022 年 2 月

目　录

第一章　共建共享：再论作为传播观念的"中国"

在本土哲学社会科学研究中，"中国"可以意味着一种历史学研究范式、一种哲学价值范畴，或者文化人类学问题。最终，我们用"中国"来命名相应区域中那种独特的文明发展模式。而谢清果则认为，"中国"同样可以作为传播观念以阐释中华文明的传承与发展何以可能。作为元传播符号，我们使用"中国"创造认同、实现传承、构建秩序。作为观念模式，东亚世界的各文明也善用"中国"来表达自我、维系权力。作为传播观念的"中国"渗透于中华文明及其海外传播的每一个实践面向，在不同历史情境下产生各国都愿以"中国"自称并共同维系、建构中华文化正统性的特殊现象。本章以此为切入点，通过文本与语境相结合辨析"中国"观念所具有的传播秩序和文化逻辑。

近两个世纪以来，西方在政治和历史学理解范式上的统治性地位一直影响着我们对自身的认识和思考过程。进而，主流的社会科学始终有意识或无意识地在运用西方以"民族国家"为核心概念的现代叙事体系来阐释华夏文明的全部历史实践。

"民族"作为与西方现代化进程相伴而生的概念，本是随着那些更加古老、根本的文化观念失去其公理般的控制力才被创造出来[①]，又随着近代以来国人救亡图存并积极融入世界的进程被我们广泛接受，最终实现"中国"这一古老的文化概念从文明体向民族体的历时性转化。但在一些学者看来，以"民族"看中国只是近代化的结果而并不兼容于中国传统历史发展模式。事实上，在被转化为一个现代政治学概念之前，"中国"一词表意着自新石器时代以降以中原政权为中心的区域整体性的文明模式。因而当古人论及中国时，往往可以将其直接地看作天经地

---

① ［美］本尼迪克特·安德森：《想象的共同体：民族主义的起源与散布》，吴叡人译，上海：上海人民出版社，2003年，第35页。

义的历史论述统一空间，再共同建设一个具有政治、文化和传统同一性的历史[①]。这种由"巫"化"史"并最终形成的以历史意识为主导的精神传统，才是中国文明的关键。[②] 而学者们忙于搬用以民族体为基础研究单位的西式社会科学，来不及关注不同于民族体的文明体之历史研究恰成为当今学界一大问题[③]。

在"中国"所阐发的文明观念中。它不仅居于宇宙之中心，而且是文化与道德的发源之地，更与天上的神圣空间互相符应，有其不可变易的神圣性[④]。这样的"中国"作为神性概念，难以西方为参照。因为相较于"由中心向外拓展"的西方历史模式，"中国"的文明性更体现出统括中原和"四方各地"、兼有外向拓展和内向的各地文化间交流互动两种传播状态的整体性存在[⑤]。它始终居于交通流变中，不断通过传播实现中心与边缘互构的特殊发展模式，最终构成以"'变在'（becoming）为存在方法论的文明"[⑥]。作为"多元一体"[⑦]的文明形态，"中国"指代的不仅是某个连绵不断的国家政权，更是汇合族群、文化、地理等诸多含义的复合概念。从上古之中国开始，人们就不仅仅将中国当作纯粹的空间概念，而更是将其当作特定之文明方法论。在出土的清华简《保训》一篇中就记载有"舜亲耕于鬲茅，恐求中"的故事，此处的"中"被解释为"中道"[⑧]，即舜因求得"中"的治道成为一代明君。上甲微求祀于"河"，也得到了名之谓"中"的策略，微用"中"让有易氏服罪，并将"中"作为宝训传给子孙（"长志弗忘，传贻子孙，至于成汤，勤备不懈，用受大命"[⑨]）。因而"中"成了尧舜之国得以传承、发展、开枝散叶的国本。

"中国"不是通过沿革的外延和内涵等逻辑来定义和界说的，而是通过不同的侧面，不同的视角展现出来的。[⑩] 作为广域的王权国家，"中国"代表着一个具有

① 葛兆光：《宅兹中国：重建有关"中国"的历史论述》，北京：机械工业出版社，2006年，第4—5页。

② 李泽厚：《由巫到礼·释理归仁》，北京：生活·读书·新知三联书店，2015年，第15—21页。

③ 王铭铭：《中国——民族体还是文明体？》，《文化纵横》2008年第1期。

④ 黄俊杰：《石介与浅见絅斋的中国论述及其理论基础》，《中国与世界》第五辑，2016年，第1—14页。

⑤ 赵汀阳：《惠此中国》，北京：中信出版集团，2016年，第39—41页。

⑥ 赵汀阳：《惠此中国》，北京：中信出版集团，2016年，第138页。

⑦ 费孝通：《论人类学与文化自觉》，北京：华夏出版社，2004年，第121—151页。

⑧ 清华大学出土文献研究与保护中心：《清华大学藏战国竹简（壹）》，上海：中西书局，2010年，第143—145页。

⑨ 清华大学出土文献研究与保护中心：《清华大学藏战国竹简（壹）》，上海：中西书局，2010年，第146—147页。

⑩ 熊鸣琴：《金人"中国"观念研究》，上海：上海古籍出版社，2014年，第25页；转引自：谢清果：《共生交往观的阐扬——作为传播观念的"中国"》，《西北师大学报（社会科学版）》，2019年第2期。

文化共通性及大跨度区域的文明交往模式。它通过强力的中央王国以其政治、军事纽带联结周围，迫使各区进贡其文化精华，在融合再造中产生更高层次的文明成果，在强化自身文化优势的同时，又通过文化的外向传播加速了各区文明发展的进程，并削弱其各自独立性[①]。

中国之所以为中国，很大程度上就因为它的这种流变性与传播性。若化用杜威"社会不仅因传递与传播而存在，更确切地说它就存在于传递与传播中"[②]的说法，那么作为一种文明形态的"中国"，同样可以说是以传播为其基本的产生条件与存在形式的。谢清果提出将"中国"视作一种传播观念，一种"倡导'共生交往'的元传播符号"[③]的想法颇为重要，理解华夏文化及其历史实践的独特性，无法绕开它倚之存在的传播性。在中国长期的对外交往过程中，这种传播性表现得尤为明显：历史上与中国交往关系密切的周边政权如越南、朝鲜、日本等，都曾以"中国"为其自称，这不仅体现出周边文明的文化认同，更说明作为元传播符号的"中国"，事实地广泛参与到古代中国以及周边区域文明传播的具体实践当中，塑造着包括中国及周边文明的主体性和基本交往秩序，最终产生这种各国皆以"中国"自居的奇特历史现象。

为理解"中国"何以作为传播观念，继而作为文明模式影响和塑造着中国及东亚文化的不同文明世界，本章试以这种历史现象为线索，探讨在不同时代、民族和身份的非中原政权如何，又为何在对外交往中用"中国"自居，通过对相关文本及其历史语境的分析阐释，来理解作为一种传播观念的"中国"在何层面，又以何种方式施加了影响。

一、"南国山河南帝居"：作为身份表征的"中国"

"中国"一说发轫于上古时代的"华夷"观念，它首次出现在出土的西周青铜器何尊上有关"宅兹中或（国）"的铭文记载。意思是周成王要在名为"中国"的地方营建都城，所以"中国"最初是一个简单空间概念。

在王尔敏统计中，各种先秦文献内共出现"中国"一词 178 次，其中 9 次作京师之意，17 次可以解释为"国境"，145 次则表示的是"诸夏之领域"[④]。所谓

---

① 许宏：《何以中国——公元前 2000 年的中原图景》，北京：生活·读书·新知三联书店，2014 年，第 148 页。

② [美] 詹姆斯·凯瑞：《作为文化的传播》，丁未译，北京：华夏出版社，2005 年，第 3 页。

③ 谢清果：《共生交往观的阐扬——作为传播观念的"中国"》，《西北师大学报（社会科学版）》，2019 年第 2 期。

④ 王尔敏：《中国名称溯源及其近代诠释》，见《中国近代思想史论》，北京：社会科学出版社，2003 年，第 370—372 页。

"夏",并非指特定族群成分,而只是用于与周边民族相区分的概念。这意味着作为一个空间概念,"中国"本身的意指是相对泛化的,在古人"内诸夏而外夷狄"的文化中心主义意识中,它不仅表示华夏族群长期的生活空间,更代表着以族群关系划定的文化—政治空间,意味着用以区分文明世界与外部非文明世界的边界。实际上,随着时间的推移,尤其随着中央王朝的政治、文化影响力不断向外扩张,文献中"夏"与"中国"所指称的实际范围也在不断扩大①,这条命名为"中国"的边界往往是"开放而非封闭的",是"发展而非凝固的",是"包容而非排他的"②。它不仅指狭义上的中原王朝政权,也把中原王朝外的少数民族国家或政权包含在内③,而一旦进入围绕"中国"概念的文明关系建构进程中,其认识论便受到古代中国天下观念的影响。因此梁启超才会有"中国人向来不自知其国之为国也"的看法。因为"我国自古一统,环列皆小蛮夷,无有文物,无有政体,不成其为国,吾民亦不以平等之国视之。故吾中国数千年来,常处于独立之势,吾民之称禹域也,谓之为天下,而不谓之为国"④。

从汉代始,自视为"中国"并以"夷夏"观念展开的文明实践模式就被引入中华各个政权的对外关系中⑤。它作为一种古代国家关系体系,奠定了古代东亚周边社会基本的文明逻辑、交往原则。

越南政权与中原王朝的亲近性不仅存在于文化层面,更是从政治和血缘上出发的。自《史记·五帝本纪》记载禹"南抚交趾"⑥以来,越南先是作为中原王朝所辖的郡县延续至宋初。东汉末年的交趾太守士燮由于在当地推广汉学、开化文明被越南旧史尊奉为"士王",在越南官修史书中亦认可"我国通诗书,习礼乐,为文献之邦,自士王始"⑦。而后越南相继建立的丁、前黎、李、陈⑧、胡⑨诸朝不仅是中国藩属,其开国国君也多为华人后裔。

这些早期统治越南的上层群体一方面从血统和文化上都保持着对中国的身份认同,在全面汉化的社会文化生活中,这种身份意识表露无遗。越南现存最早的

① 韩昇:《东亚世界形成史论》,上海:复旦大学出版社,2009年,第5—10页。
② 陈玉屏:《略论中国古代的"天下""国家"和"中国"》,《民族研究》,2005年第1期。
③ 翁独健:《民族关系史研究中的几个问题》,《中央民族学院学报》,1981年第4期。
④ 梁启超:《中国积弱溯源论》,载《饮冰室文集》第2集,北京:中华书局1989年,第671—673页。
⑤ 何芳川:《"华夷秩序"论》,《北京大学学报(哲学社会科学版)》,1998年第6期。
⑥ (汉)司马迁:《史记》,(宋)裴骃集解,北京:中华书局,2013年,第43页。
⑦ [越]吴士连:《大越史记全书·外纪卷三·士纪》,陈荆和校注,东京:东京大学东洋文化研究所附属东洋学中心刊行委员会,1984年,第133页。
⑧ 《大越史记全书·陈纪一》:"初,帝之先世闽人。"
⑨ 《大越史记全书·少帝纪》:"季犛,字理元,自推其先祖胡兴逸,本浙江人,后汉时来守演州。"

汉诗是僧侣杜法顺（Đỗ Pháp Thuận）所作的《答国王国祚之问》。彼时黎朝开国国王黎桓因篡位得权而与身为前朝宗主国的宋发生冲突，最终又迫于政治压力“上表谢罪，且贡方物”①继续寻求宋朝册封。其后他向法顺禅师征求治国之道，对方以诗代答道：

> 国祚如藤络，南天理太平。
>
> 无为居殿阁，处处息刀兵。

同理，李朝太宗李佛玛在其诗《追赞毗尼多流支禅师》首联即言“教自来南国，闻君久习禅”②。这些越人汉诗中既流露出儒家文化有关“天下”与“家国”的一元主义意识，又因自身远离政治和文化的中心，加之自然地理区域上的相对隔绝，在对“中国”这一文化主体性的认同基础上又衍生为独立的权力主体意识。在文学书面作品中，这一现象便表现为“南天”“南国”等独特的身份表达方式，它既是对一元主义天下观的认同，又有视中越为“南北中国”之意③。

宋熙宁八年（1075 年），李朝侵宋，辅国太尉李常杰题写的《伐宋露布文》中称“本职奉国王命，指道北行，欲清妖孽之波涛，有分土，无分民之意”④，概以“分土”和“分民”表露了这种在政治身份和文化身份上的认知差异。宁熙九年，李常杰在越军兵败之际又作《南国山河》一诗，假托神意鼓舞士气⑤：

> 南国山河南帝居，截然定分在天书。
>
> 如何逆虏来侵犯，汝等行看取败虚。

作为展现越南早期民族独立意识的“独立宣言”⑥，诗歌仍以“南国山河”来指称这种分裂的身份观。由于社会结构和社会生活层面深受中国文明的全方位濡染

---

① 李焘《续资治通鉴长编》卷二十三，北京：中华书局，1995 年，第 515 页。

② 黄轶球辑，《越南汉诗略·卷上》初稿第一卷《李太宗》，广东师范学院中文系印行，1959 年 9 月。转引自：张小欣《浅谈禅宗在越南历史上的传播及其文化影响》，《东南亚》，2003 年第 2 期。

③ 毛翰：《试论越南历代汉诗》，《世界文学评论》，2008 年第 1 期。

④ [越]李济川等撰：《新订较评越甸幽灵集》卷二，《越南汉文小说集成》第二册，上海：上海古籍出版社，2010，第 279 页；转引自：蒋振泽：《宋越宁熙战争交趾“伐宋露布文”考辨》，《宋代文化研究》，2015 年，第 288—295 页。

⑤ [越]陈重金：《越南通史》，戴可来译，北京：商务印书馆，1992 年，第 74 页。

⑥ 越南社会科学委员会著：《越南历史》，北京大学东语系越南语教研室译，北京：北京人民出版社，1977 年，第 296 页。

以致成为"国粹"①,越南的民族意识表达实际并没有离开基于"中国"观念的文化空间想象及对应话语框架,因而只得通过强调政治空间差异性的方式来刻画相对差异的权力主体。

南宋灭亡后,越南的政治身份认同因抵御元朝的长期斗争更得到进一步强化。大德四年,陈朝英宗檄文中说:"汝等坐视主辱,曾不为忧,身尝国耻,曾不为愧,为中国之将,待立夷酋,而无忿心。"②在北方中国法统灭亡后,便以"中国"自尊其国③。而除去以"南北国"论强调政治对等,越南同样寻求在文化传统层面重塑身份合法性。如吴士连在《大越史记全书》中言:"大越居五岭之南,乃天限南北也。其始祖出于神农氏之后,乃天启真主也。所以能与北朝各帝一方焉。奈史籍阙于记载,而事实出于传闻,文涉怪诞,事或遗忘……"④他其实是在借"传闻"生造越南文化身份合法性。自后黎圣宗朝伊始,越南统治者不断尝试以建构民族叙事,实现"载前代帝王之政,粤肇南邦之继嗣,实与北朝而抗衡"⑤之目的。他们通过把作为神农氏之后的雄王建构为安南民族之祖先,认为安南一族不再是在文化空间上被自我矮化的域外夷族,而同是华夏正统之后,以此谋求与中国交往的平等地位⑥。后黎阮廌所写《平吴大诰》尝以"惟我大越之国,实为文献之邦。山川之封域既殊,南北之风俗亦异。自赵丁李陈之肇造我国,与汉唐宋元各帝一方。虽强弱时有不同,而豪杰世未尝乏"⑦来论述这种文化身份之合法性。同出"中国"文化血统,越南与中原王朝被他视作各自发展的两脉,以"北朝"称中国,进而抹平宗藩的高低关系。

越南历史传统中的民族身份表达,从逻辑上当概括为"中国"而后"越南",在强调文明传统上系同出"天命",同是"文献之邦",又以地理空间的界限来区分自己和北方邻居的身份差异。由于"中国"是其身份确认的重要表征方式,在越南对中国外的周边国家的交往过程中,也会使用"中国"以自称以现文化身份的优势心理。黎圣宗下诏亲征占城时就用"盖自古夷狄为患国中,故圣王弧矢以

---

① [越]陈重金:《越南通史》,戴可来译,北京:商务印书馆,1992年,第3页。

② [越]吴士连等著:《大越史记全书·陈纪·英宗纪》,陈荆和校注,东京:东京大学东洋文化研究所附属东洋学中心刊行委员会,1984年,第380页。

③ 朱云影:《中国文化对日韩越的影响》,桂林:广西师范大学出版社,2007年,第211页。

④ [越]吴士连等著:《大越史记全书·卷首》,陈荆和校注,东京:东京大学东洋文化研究所附属东洋学中心刊行委员会,1984年,第55页。

⑤ [越]吴士连等著:《大越史记全书·卷首》,陈荆和校注,东京:东京大学东洋文化研究所附属东洋学中心刊行委员会,1984年,第57页。

⑥ 张慧丽:《初探越南黎圣宗时期的民族意识》,《学理论》,2015年第36期。

⑦ [越]陈重金:《越南通史》,戴可来译,北京:商务印书馆,1992年,第164页。

威天下。九黎乱德，黄帝治兵，三苗不恭，大禹誓众，虽用兵乃圣人之不得已”①将自我代入“华夏”的文化主体中以明证其战争合法性。洪德十年征盘蛮则认为属于“我国家混一区宇，统御华夷”。②同年征哀牢，诏曰：“古先帝王，制御夷狄，服则怀之以德，叛则震之以威，其于禁暴诛凶……比朕丕绳祖武，光御洪图，莅中夏，抚外夷。”③在对华交流中，越南长期处于文化血统所造成的身份焦虑，而一旦面对比它弱小的周边国家占城、真腊、哀牢等国，自身的“中国化”则成为对外交往的心理优势基础，继而通过照搬中国式的对外宗藩政策，在东南亚小范围内建立起相仿的“亚宗藩关系”④。

谢清果认为，“中国”当作为元传播观念符号被看待。“自有‘中国’意识后的一切活动中，无论是官方，还是民间；无论是国内，还是国际；无论是个人，还是群体；无论是有意识，还是不自觉，都以此‘中国’观念作为自己的身份认同和言行规范的依归。”⑤从越南的民族身份认同进程及其相应的叙事实践活动上来看，深受中国文化模式影响的越南，几乎难以摆脱“中国”这一文化能指，进而形成其既“中国”又“南国”的特殊身份表征方式。

二、“湖南尚有小中华”：作为交往秩序的“中国”

东亚古代的国际秩序虽然是礼制色彩浓厚的“华夷秩序”，但实际仍是一种权利外交关系。它所追求的是基于道德和礼法原则，建立由“中国”主导的国际体系，并由此获得具“有道德和法律权威的最高权力”⑥。此所谓“中国”不单指某一国家政权，更是“孔子之作《春秋》也，诸侯用夷礼则夷之，进于中国则中国之”⑦的文明疆界。不单是“夷或夏”“中国或非中国”的二元抉择，还意味着一套与中国礼法制度相吻合的国际交往准则。

前人尝以“圣王之制，施德行礼，先京师而后诸夏，先诸夏而后夷狄”⑧表达在以中国为其模式的文明世界构图中存在的差序格局，并按这套以“中国”的趋

————————

　　① ［越］吴士连等著：《大越史记全书·黎纪》，陈荆和校注，东京：东京大学东洋文化研究所附属东洋学中心刊行委员会，1984 年，第 681 页。

　　② ［越］吴士连等著：《大越史记全书·黎纪》，陈荆和校注，东京：东京大学东洋文化研究所附属东洋学中心刊行委员会，1984 年，第 707 页。

　　③ ［越］吴士连等著：《大越史记全书·黎纪》，陈荆和校注，东京：东京大学东洋文化研究所附属东洋学中心刊行委员会，1984 年，第 708—709 页。

　　④ 戴可来：《略论古代中国和越南之间的宗藩关系》，《中国边疆史地研究》，2004 第 2 期。

　　⑤ 谢清果：《共生交往观的阐扬——作为传播观念的“中国”》，《西北师大学报（社会学科版）》，2019 年第 2 期。

　　⑥ 韩昇：《东亚世界形成史论》，上海：复旦大学出版社，2009 年，第 38 页。

　　⑦ 韩愈：《原道》，《昌黎先生集》卷十一，上海：中华书局，1936 年，第 4 页。

　　⑧ （汉）班固：《萧望之别传》《汉书》卷七（十八），上海：上海古籍出版社，2003 年，第 3834 页。

近性、文明程度高低为判定的亲疏关系建构礼法秩序。具有广泛包容性的高下文明礼序为进入其中者提供了相与连带和互保互助的正当性与合法性①。过去的朝鲜尤受这种交往秩序观影响。

司马迁的《史记》记载:"武王乃封箕子于朝鲜,而不臣也。"②,而《汉书》同样也有"殷道衰,箕子去之朝鲜,教其民以礼义田蚕织作"③的说法。这些首先存在于中国史料中的证据自隋唐之后便形成朝鲜民间普遍认可的"箕子开国"说。至明代,李成桂取代王氏高丽建立李朝,得明太祖册封成为朝鲜国王后李朝便以箕子后裔自居,认为"吾东方自箕子以来,教化大行,男由烈士之风,女有贞正之俗",从文化和血统都自视为中华一脉,故常自称为"小中华"④。与"箕子开国"同理的还有"檀君开国"说。它同样取材于中国历史文化,融合本土氏族部落中的传说形成。此说假托与尧同时代的檀君为文明始祖以证其传承自正统中华文明的悠久历史。身处被其视为"蛮夷"的元朝统治下的高丽王朝,便通过神话叙事维系着民族意识和文化自尊⑤。当然不仅是从民族叙事上强调文化血统的亲近性,由于靠近中国传统的文化与政治核心区,朝鲜在其文化与政治传统方面受到的影响确实尤甚他国。明人称其"人业儒通经,尊孔圣之道","文物礼乐略似中国,非他邦可比"⑥,"国家复加优礼,锡赉濒渥,他番不可相望焉"⑦。客观上,朝鲜被认为更接近宗藩体系的核心,因此也承袭了"华夷优越论"的认识论与方法论,将其融入民族自觉和自身合法性的书写当中。

出于"华夷秩序"所遵循的礼法秩序,朝鲜一直采取"贵中国,贱夷狄"的事大主义外交策略,对明宗始终怀有恭谨之心,对宗藩体系下与自身情况相似的琉球等国以兄弟相称,而对其他处在等级制度更下层的政权则怀有强烈心理优势。比如北方女真长期被朝鲜视作"野人",认为:"中国则与夷狄区域自别,威德远被,则外夷自服而来,此所谓来者不拒去者不追也。"⑧又比如在壬辰倭乱中,朝鲜国王李昖以"设使以外国言之,中国父母也,我国与日本同是外国也,如子也,以言其父母之于子,则我国孝子也,日本贼子也"⑨评价中日韩三国的亲属关系,

---

① 韩东育:《"华夷秩序"的东亚架构与自解体内情》,《东亚史研究》2008年第1期。
② (汉)司马迁:《史记》卷三十八,(宋)裴骃集解,北京:中华书响,2013年,第1620页。
③ 《汉书·地理志·燕地》
④ 《朝鲜成宗实录》卷二十,"壬辰三年七月乙巳"。
⑤ 朱云影:《中国文化对日韩越的影响》,桂林:广西师范大学出版社,2007年,第230页。
⑥ 《明太祖实录》卷七十六,《明实录》(广方言馆校印本),上海:上海书店出版社,2015年,第1400—1401页。
⑦ (明)严从简:《殊域周咨录》卷一,余思黎点校,北京:中华书局,2000年,第33、46页。
⑧ 《燕山君日记》卷二十五,"丁巳三年七月甲辰"。
⑨ 《朝鲜宣祖实录》卷三十七,"癸巳二十六年四月丁癸"。

把明宗和朝鲜之间的内外关系转化表达为父子的亲缘关系，在面对外部侵略时，朝鲜得以保障的安全感恰取悦于"中国"对它而言的内部性。

而尽管国力远不及女真和日本，朝鲜却对与自己同样一遵华制的琉球礼遇有加。《世宗实录》"辛亥十三年十月丙午"条中有世宗李祹与朝臣处置两国商贸和漂流民等外交问题时的一番对话：

> 上谓申商曰："琉球国人为何事而来？前此其国飘风人到本国，礼而遣之，无乃致谢来乎？"商曰："意必如此。且其人具中朝冠服，稍知礼义，待之之礼，宜加诸岛之倭。"

> 喜等对曰："琉球国，乃皇帝锡命封爵之邦，非野人、倭客之比，与本国群臣同班行礼未便，宜于受朝之后，入序西班三品之列行礼，仍赐引见。"

可见在文化上是否符合"中国"模式的主导倾向，是朝鲜采取不同外交态度的匹配准则，甚至是准入门槛。在东亚世界的国际交往中，一旦向宗主看齐将自身纳入"华"的方法论框架中，其不论对内抑或对外的全部传播活动，都将处在这套框架所提供的秩序指导之下。朝鲜世宗朝为普及民族文字曾命申叔舟等人创制谚文，此举一出便遭士人阶层的强烈反对，认为这是"舍中国而同于夷狄"。集贤殿副提学崔万里等上疏称："我朝自祖宗以来，至诚事大，一遵华制，今当同文同轨之时，创作谚文，有骇视听……自古九州之内，风土虽异，未有因方言而别为文字者，唯蒙古、西夏、女真、日本、西蕃之类，各有其字，是皆夷狄事耳，无足道者。"[1] 为了能在宗藩体制下的对外交往中占据上位，士人阶层不惜牺牲民族文化独立性来追求"文明同化"。因为相比于前者，在社会文化生活上之于"中国"的内部性才是朝鲜在国际体系下的合法性和权力来源。亦可见所谓"中国"一说视文化的重要性要远超于种族的重要性，借由"中国"观念建构起来的民族叙事是东方民族主义[2]的基本形态，也是韩、越都很难摆脱的路径依赖。

作为一种文化力量，这套实践秩序本身并不随着东北亚纸面力量的洗牌而产生直接变化。在经历"丙子胡乱"后，朝鲜迫于武力不得不向后金政权纳贡称臣，却仍视之为"蛮夷"哀叹："我国素以礼义闻天下，称之以小中华，而列圣相承，事大一心，恪且勤矣，今乃服事胡虏，偷安苟且，缓延晷刻，其于祖宗何，其于

---

① 《朝鲜世宗实录》卷一百三，"甲子二十六年二月庚子"，东京：东京大学东洋文化研究所附属东洋学中心刊行委员会，1956 年，第 367—368 页。

② 朱云影：《中国文化对日韩越的影响》，桂林：广西师范大学出版社，2007 年，东京：东京大学东洋文化研究所附属东洋学中心刊行委员会，1956 年，第 367—368 页。

天下何，其于后世何！"①得以让朝鲜上表纳贡的政治"硬实力"，并不能转化为深刻嵌入东亚各国文化基因当中的这套"中国"模式。特别是明朝灭亡之后，朝鲜士人无不悲恸于华夷秩序价值体系蒙受的沉重打击，转而继续以"中华"自律。李景奭的《顺天李使君球求别语》便以"海内今无大明国，湖南尚有小中华"②来阐明宗室灭亡的情况下朝鲜所负有的文化责任，故"惟我东国当华夏左衽之时，独扶礼义，为天下之硕果"③。此后的朝鲜"东僻在一隅，独不改衣冠礼乐之旧"④，一直沿用明宗的国号、习俗，正因为除短时的朝贡利益外，对"中华"正统的文信仰，以及对自身之于"中华"的内部性的认证，才是朝鲜家国认同不可撼动的重要基石。

朝鲜不仅是"华夷秩序"的接受者，同时也是这种文明发生模式的建构者。以朝鲜大儒洪大容为代表的北学派为例，在明亡之后，他们大胆提出"华夷一也"的观点，认为："天之所生，地之所养，凡有血气，均是人也；出类拔萃，制治一方，均是君王也；重门深濠，谨守封疆，均是邦国也；章甫委貌，文身雕题，均是习俗也。自天视之，岂有内外之分哉？是以各亲其人，各尊其君，各守其国，各安其俗，华夷一也。"⑤这就等于消除了"华夷之辨"中明确的外部性和内部性边界，而只强调它所阐扬的文明共生模式。自觉文化正统性不足的清王朝同样尝试广施恩德，消除汉人和朝鲜等宗藩传统的华"夷"观念，《大义觉迷录》就是非常典型的尝试。雍正提出："华夷之辨固不可以地言，即以地言，亦无定限……况夷狄本是论人，亦善恶为性克全，无所亏欠为人；五性浊杂，不忠不信为夷狄。"⑥当以其礼法文明程度而非族群血统来辨"华夷之别"。清廷在延续过往中原王朝，长期奉行厚往薄来的朝贡交往和文化宽容政策下，才终于得到来自朝鲜宗藩的肯定，认为其"久居中国，务其远图，稍尚礼义"，"杀伐之性、禽兽之行不若其初

① 《朝鲜仁祖实录》卷三十二，"丙子十四年二月丙辰"，第 8 页。

② [朝] 李景奭《顺天李使君球求别语》，收入李景奭《白轩集Ⅰ》（影印标点《韩国文集丛刊》第 95 辑），首尔：民族文化推进会，1992 年，第 552 页；转引自王国彪：《朝鲜"燕行录"中的"华夷"之辨》，《外国文学评论》，2017 年第 1 期。

③ [朝] 赵龟命：《答时晦兄书（丙申）》，收入赵龟命《东溪集》（影印标点《韩国文集丛刊》第 215 辑），首尔：民族文化推进会，1998 年，第 202 页；转引自王国彪：《朝鲜"燕行录"中的"华夷"之辨》，《外国文学评论》，2017 年第 1 期。

④ [朝] 金昌协：《赠黄敬之钦赴燕序》，收入金昌协《农岩集》（影印标点《韩国文集丛刊》第 162 辑），首尔：民族文化推进会，1996 年，第 157 页；转引自王国彪：《朝鲜"燕行录"中的"华夷"之辨》，《外国文学评论》，2017 年第 1 期。

⑤ [朝] 洪大容：《医山问答》，《湛轩书》卷四·补遗，第 99 页。

⑥ 中国社会科学院历史研究所清史研究室编：《大义觉迷录》，《清史资料》（第四辑），北京：中华书局，1983 年，第 29 页。

之甚"①。

就这样，"中国"体系，其实在一个已经没有狭义上所公认之中国的东亚文明世界中得到重构及进一步发展。它不仅仅是强化族群意识和权力合法性的文化路径依赖，更多被整个东亚世界的各个国家、民族、文化群体协同建构为共生交往、协同进步的区域文明发展模式。

三、"华夷变态"：作为符号权力的"中国"

在过去以国际关系史为基本框架的研究中，我们惯以"华夷秩序"来理解"中国"作为一种普遍行动模式的影响力。但事实除了"秩序"之外，"中国"也代表着深度嵌入全部社会生活、文化逻辑当中的文化符号观念，而不单限于国家间的交往层面。无论对于一个国家民族的内部或外部来说，"中国"都意味着占据丰富历史语料资源的符号权力，意味着无以辩驳的文化正统性和先进性表达。即便对日本这样有着相对独立民族历史文化传统的域内大国来说，掌握作为符号权力的"中国"同样具有强烈吸引力。

"大化改新"前的日本社会本身仍然保留了大量部族时代的政治遗俗，而在吸收中原王朝政治文化的过程中，日本效仿其书写正统性和权威性的方式，同样建构起一套"天无双日，国无二王，是故并天下，可使万民，唯天皇耳"②的历史意识。它不仅与"天下中国"的政治思想如出一辙，甚至还同样发展出一套本土化的"华夷秩序"观。在周边范围内，日本人自矜为"中国"，视大和外的异族为"夷"。延历九年，陆奥国向天皇上书请求为边民赐姓，略曰："已洗浊俗，更倾清化，风仰华土，然犹未免田夷之姓，永贻子孙耻。"③弘仁二年，嵯峨天皇敕令征夷将军文屋绵麻吕说："其虾夷者，依请须移配中国，唯俘囚者，思量便宜，安置当土。"④这里的"中国"与"华土"皆指天皇治下的大和民族，因此文明外围的边民与少数民族便成了相对的"夷"。在较小的区域秩序内，日本复刻了以"中国"武装其正统性和先进性的符号体系，而一旦进入更大的文明范围，这种一元主义信仰则将与大陆上另一个"中国"难相容。尤其中原理学、心学等文化思潮对日长期存在着深远影响，更让论述自身作为"中国"的合理性成为维系日本民族价值、统治符号秩序的重要挑战，进而形成长期弥漫在日本社会中的慕华心态，往往自

① ［朝］洪大容：《医山问答》，《湛轩书》卷四·补遗，第 99 页。
② 《日本书纪》卷二十五，"孝德天皇大化二年三月二十日"；转引自朱云影：《中国文化对日韩越的影响》，桂林：广西师范大学出版社，2007 年，第 181 页。
③ 《续日本纪》卷四十，增补国史大系本，吉川弘文馆，第 546 页；转引自：《中国文化对日韩越的影响》，桂林：广西师范大学出版社，2007 年，第 204 页。
④ 《日本后纪》卷二十一，"弘仁二年十月甲戌"条。

贬为"夷"。比如儒学家荻生徂徕也以"夷人物茂卿"自居，作为中原儒学的重要翻译者，其自著《译社约》最后一条就说："凡会之译，其要在以夏变夷也，不得以俗乱华也。"同是江户时代的心学家熊泽蕃山在其《集义合书》中将日本与琉球、朝鲜等都并入"九夷"之列。

而实现统一、国力日渐兴盛的日本，必然需要尝试摆脱"夷"的文化身份，攫取文化主导权。以水户学派为代表的日本学者采用的路径是"以日称华"，通过论证自身之于"中国"的内部性，来获取唯一合法的符号权力。山鹿素行以"本朝为天照大神之苗裔，自神代至今日正统一系，始知知、仁、勇三德本朝优于异朝，日本方可称为真正之中国"来论证日本从文化正统性上可以为"中国"，又以"四海之间，唯本朝（日本）与外朝（中国）共得天地之精秀，神圣一其机，而外朝亦未如本朝之秀真也""海外之诸藩皆为中国之属，唯外朝可以通信而已"①从国力上来确证日本有与中原相称甚至更甚的秩序领导力。随着明朝灭亡，这种正统传续的心理优势便更加明显，林春斋、林凤冈为幕府搜集报告汇编成的《华夷变态》当中便称"鞑虏横行中原，是华变于夷之态也"②，以此强调域内的文明秩序领导权已经旁落。

另一路径则是在历史叙事中用自身的文化观和历史观对抗、解构"中国"所代表的一元主义符号秩序。比如平安时代成书的《今昔物语集》，尝以天竺、震旦、本朝三部分别收录印度、中国和日本的民间传说故事，进而形成三者平行，乃至三国鼎立的世界观以抵消中国的强势正统吸引力。"三国论"在日本学者中不乏市场。江户时代的学者浅见絅斋在"三国论"的基础上，提出中国是非一元、非绝对的文化范畴。由于"唐地、九州岛之分，自古以来，风气确实互相开放，言语风俗相通，自然是一天下也"，那么不论是以九州为中国，还是以中原为中国都"各是天下之一分，互无尊卑贵贱之嫌"③。一元主义的"中国"意识被浅见絅斋理解为不同民族站在各自的历史意识上"各中其国"④的历史叙事实践。

在此基础上浅见絅斋以血统论证自身同样有不逊中国的正统性，认为"吾国

　　①　[日]山鹿素行：《中朝事实》，《山鹿素行全集》卷十二，东京：岩波书店，1940年，第234—237。

　　②　[日]林春斋、林凤冈：《华夷变态》，东京：东方书店，1981年；转移自：王勇、孙文：《〈华夷变态〉与清代史料》《浙江大学学报（人文社会科学版）》，2008年第1期。

　　③　[日]浅见絅斋：《中国辨》，《日本思想大系》卷三十一，岩波书店1981年，第416页；转引自：黄俊杰：《石介与浅见絅斋的中国论述及其理论基础》，《中国与世界》第五辑，2016年，第1—14页。

　　④　[日]上曰信敬：《徂徕学则辨》，《日本儒林丛书》卷四，凤出版，1978年，第14页；转引自：黄俊杰：《石介与浅见絅斋的中国论述及其理论基础》，《中国与世界》第五辑，2016年，第1—14页。

开辟以来，正统相续，万世君臣之大纲不变，是三纲之大者，非他国之所及。"① 这种试图颠覆"中国"式的历史叙事，进而建构其全新的文明领导模式的尝试还衍生出很多思潮。第二次世界大战期间，日本历史学者矢野仁一就曾提出通过"大东亚史"的统一历史叙事，来超越中国以亚洲为单位的历史叙述理论②。

赵汀阳认为，中原王朝的精神世界之所以在东亚世界具有广泛的号召力和普遍可分享性，至少来自四方面因素：首先是独特的汉字系统作为域内可能最早也最成熟的文字，让中国最早发展出具有大规模传播能力的信息和知识系统。汉字可以独立于口语系统之外，能够为操持不同语言的族群所使用和分享，这又使得汉字作为文化载体的通用性和传播性大大增强；其次，汉字出现让中原文化在起步阶段就拥有丰富思想性和叙事能力，使得华夏与外部族群产生文明代差。其丰富的语料和阐释能力，为组织大规模社会能力和创造制度提供充足条件。各民族接受宗藩制度和华夏文化不仅是屈服于中原王朝的硬实力，更因为它提供了一套先进的制度体系和社会意识形态体系，为统治阶层维系其统治所用；再次，这套自周以来就被不断沿用的天下体系始终包含着"无外"的概念，原则上意味着最大限度的兼容性，他不拒绝任何人的参与，也就预先承诺了一个任何人都可参加的博弈模式，形成多边共享、共生交往的政治神学资源；最后，这种政治神学资源不仅仅是单方的，本质也是共构的。从越韩日三国对自身民族神话叙事的建构过程即可看出，三方都尝试从丰富的中国历史语料中取材，以优势的文化资源强化自身的合法性。中华的历史文化叙事作为一种政治神学资源在数千年各方的共同参与中形成了强大的"雪球效应"，以致各国在构建民族叙事的过程中都很难摆脱其影响力。③

此四点构成了本文认为"中国"可作为一种传播观念建议阐释和反思的第一部分原因。在华夏族群构建其认同和早期文化的过程中，"中国"作为一种用以确证自身又用以指导外部活动的观念或模式被建构起来了。而随着华夏文明的活动疆界不断扩大，它从一种处理氏族关系的行动模式扩大应用到国族关系当中。自赵武灵王胡服骑射开始，中华文化的对外输出过程就一直伴随着对等的向内吸收，而"中国"意识则确保了文明主体性保持长期的稳定。作为一种文化层面的"制度优势"，"中国"意识很容易被周边国家接受，因而越南、日本其实都有着相仿的文化行动逻辑。在宋、明两朝灭亡于外族入侵后，越南、朝鲜和日本的士人和

---

① ［日］浅见絅斋：《三国正统辨》，《靖献遗言讲义》卷二。

② ［日］矢野仁一：《大東亚史の構想》，东京：目黑书店，1944 年，第 31 页。转引自：葛兆光：《宅兹中国：重建有关"中国"的历史论述》，北京：机械工业出版社，2006 年，第 10 页。

③ 赵汀阳：《惠此中国》，北京：中信出版集团，2016 年，第 46—50 页。

统治者们都曾表达对"中华"衰亡的忧虑以及继承"中华"的志向。我们不应把这种历史现象当作一种历史投机来看待，更应该看到中国模式在东亚文明世界中的可行性和获益性，继而唤醒了各族人民对于维系文明秩序的责任感。在明亡之后的一段时间中，东北亚事实上已经进入一种没有"中国"的中国模式，但后继者无论清朝、朝鲜或日本都为它的体系更新和认识发展做出了一定贡献。"华夷一也"与"华夷变态"之论，当看作"中国"观念主导下多民族文明间共生交往的结果。

而"中国"作为传播性观念的另一部分原因，则可从历史文本中循迹。无论越南、朝鲜还是日本，在各民族的文化形成和传播实践过程中，"中国"概念都体现出重要指导意义。在自身民族叙事、国际的交往原则和符号权力建构等等不同传播活动当中，我们都可以看到不同国家民族巧借"中国"来强化自我的例子。无论从历史演化路径和传播的实践案例上来看，"中国"都具有元传播属性。

现代"中国"概念已经基本完成从文明概念向民族国家概念的转化，一个民族国家概念是以其外部性为限的，它通过强调差异强化认同，一个民族有其疆域、旗帜、旋律以区别于外，由此形成了想象的共同利益认知。而对"中国"观念的观察则可以发现，它更偏向于强调一些内部性问题，是群体内对道德、礼法和文明秩序的追求决定了他们的华"夷"身份。所以，它才具有强大的包容性和拓展性，形成"天下中国"的大一统世界观，形成各国皆可自矜"中国"的有趣历史现象。华夏文明传播的历史实践和现代中国的对外交往经验告诉我们，兼用两种"中国"意识或许是我们在未来文化海外传播事业上最大的文化优势。

（王皓然　谢清果）

第二章　具身交往：结绳记事的传播模式、机理与功能 [①]

　　结绳记事是史前时代乃至文明时代一些少数民族的原始部落中都曾存在过的一种古老的信息记载和传递方式，具有明显的情感交往功能。从传播学的角度来看，本章认为其传播模式是通过绳结这种体外媒介来构造意象，传者的"意"通过绳结创设成"象"，他者通过"象"的解读来获取信息、交流情感。其内在传播机理则是绳结传播者通过触觉计数将自身沉浸于记忆情境中，并通过口语讲述、身体展演、情感抒发等方式来传递信息和情感，而他者则通过打通身体的各个官能，让感官达到整合、平衡、和谐的状态，进而获得通感式体验，由此达到对信息的认知和情感的共鸣，这是一种身体与情感交融的内在传播机理。在结绳记事这种"具身传播"中，个体与外界建立联系，构筑了关系网络，形成了具有特定交往逻辑的部落社会。

一、结绳记事的研究回顾

　　结绳记事是文字产生之前人类创设的一种记事方法，人类用来帮助记忆、交流思想 [②]，在世界范围内都曾出现过。当前现存较为完整的结绳记事系统应属印加帝国时代使用的"quipus"/"khipu"（本文称之为"魁普"），学者对其研究也较多。美国芝加哥大学经济学教授 Leon C.Marshall 在 *The story of human progress* 一书中介绍了古代秘鲁人用"quipus"（如下图 2-1）来帮助记忆的功能。"quipus"是一种打结的绳索系统，绳索上有不同颜色、绳结大小也不同，形式多种多样，古秘鲁人用这种绳索来帮助他们记载历史、保存记录、向远离首都的地区发送命令，帮助他们跟踪军队的详细信息等。"quipus"帮助古秘鲁人进行所有记忆工

---

　　① 说明：原文以《重返部落化：结绳记事的传播模式、机理与功能探赜》为题，载《国际新闻界》2021 年第 2 期。

　　② 汪宁生：《从原始记事到文字发明》，《考古学报》1981 年第 1 期。

作。[①] 哈佛大学人类学家 Gary Urton 对"魁普"进行了深入的研究，提出独到的见解，他认为"魁普"是一种"二进制编码"的语言系统[②]。"Khipu"运用于印加帝国官方的记录和通信，作者曾对秘鲁中部海岸的普鲁楚科（Puruchuco）印加行政中心的"21 khipu"进行了计算机分析。结果表明，该"khipu"档案库例证了印加管理系统中不同会计级别之间的普查和进贡数据的合成、处理和传输方式[③]。此外，Gary Urton 还建立了 Khipu Database Project 数据库。我们还发现，在琉球群岛也曾出现类似这种"魁普"的绳结（如下图 2-2），群岛上的工人将稻草或芦苇编织成绳结状，并用各种形式的穗饰来表示所赚取的工资。每种穗饰都表示一个特定的价值单位，每个穗饰的位置不同，因此它们一起组成了一种位置值表示法。一个自由端代表一个单元，一个结代表五个单元[④]。

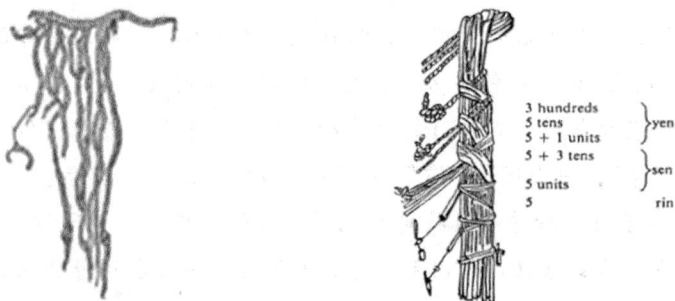

图 2-1　古代秘鲁人帮助记忆用的"quipus"　图 2-2　琉球群岛上的绳结

可以看出，这些"魁普"不仅可以帮助记忆，而且还能传递信息，是一种古老的传播媒介。而中国古代文献中也有关于结绳记事的记载。《周易·系辞下》载："上古结绳而治，后世圣人易之以书契，百官以治，万民以察。"[⑤] 许慎在《说文解字·序》中对古代的结绳记事也有记述："八卦以垂意象及神农氏结绳为治而统其事，庶业其繁，饰伪萌生……"[⑥] 关于《系辞》和《说文》中有关结绳记事的记载，徐中舒进行了论证，认为《说文》中谈及的神农氏时代是没有确证的历史年代，许慎根据当时的传说给予整理记载，因此是不可信的。而认为《系辞》成书年代

①　Leon C.Marshall，*The story of human progress*，New York: The Macmillan Company.，1928，pp.173.

②　Gary Urton，*Signs of the Inka Khipu: binary coding in the Andean knotted-string records*. Austin: University of Texas press，2003，pp.1.

③　Gary Urton and Carrie J. Brezine，Khipu Accounting in Ancient Peru. *Science*.309(5737)，2005，pp1065-1067.

④　Karl Menninger，*Number words and Number symbols: a cultural history of numbers*. Trans. Paul Broneer. Cambridge, Mass：M.I.T.Press，1969，pp252.

⑤　黄寿祺、张善文：《周易译注》（新修订本），上海：上海古籍出版社，2018 年，第 736 页。

⑥　许慎：《说文解字》，北京：中华书局，1963 年，第 314 页。

在孔子以后，根据孔子所谓的"礼失求之于野"，由此来说明当时边邑荒陬还存在此风俗。而且徐中舒也采用宋、明、清时期有关结绳的记载来证明《系辞》所说并非虚言①。的确，我们可以在后世文献和研究中看到更多中国乃至世界其他地区使用结绳记事的记载和考证，它存在于远古时期，也曾保留于近现代一些少数民族的原始部落中，是一种原始部落化的信息记载和传播的方式。

学界还有不少学者从不同学科的角度对结绳记事进行研究。汪宁生在《从原始记事到文字发明》一文，从民族考古学的角度，介绍了我国少数民族保存的各种原始记事方法，由此梳理我国考古发现和文献中关于原始记事的记载，探究文字起源的规律。②刘文英在《漫长的历史——原始思维与原始文化新探》一书中融合了历史学、心理学等多个学科对原始思维做了纵向和横向的深入考察，是一项历史性的基础研究，为原始信息文化传播研究提供了有益的参考。③而从人类学角度进行研究的有林惠祥的《文化人类学》④、摩尔根的《古代社会》⑤等，都对古代的"结绳记事"有一定研究和描述。古文字学者则从结绳与文字的起源关系来研究结绳记事，如詹鄞鑫的《汉字说略》⑥，徐中舒的《徐中舒历史论文选辑》⑦（其中收录《结绳遗俗考》一文，原载于《说文月刊》1944 年第四卷），曾宪通、林志强的《汉字源流》⑧，陈炜湛的《三鉴斋甲骨文论集》⑨，喻遂生的《文字学教程》⑩等都有关于结绳记事的研究，基本认为结绳是文字之前的一种记事方法，但还不是文字。而从信息传播的角度来看，陈含章在《结绳记事的终结》一文中从信息传播的角度考察结绳记事的功能、用途和使用方法，并分析其被文字媒介取代的时代背景。⑪邵晨霞、单文霞在《中国古代编结的社会功能探析》一文中探讨了我国古代绳结的符号功能。⑫靳青万的《论甲骨文字 🔤、🔤、🔤、🔤 与结绳记事

① 徐中舒：《徐中舒历史论文选辑》（上），北京：中华书局，1998 年，第 705—706 页。
② 汪宁生：《从原始记事到文字发明》，《考古学报》1981 年第 1 期。
③ 刘文英：《漫长的历史源头：原始思维与原始文化新探》，北京：中国社会科学出版社，1996 年。
④ 林惠祥：《文化人类学》，北京：商务印书馆。1991 年。
⑤ 路易斯·亨利·摩尔根：《古代社会》，杨东莼等译，北京：商务印书馆，1977 年。
⑥ 詹鄞鑫：《汉字说略》，沈阳：辽宁教育出版社，1991 年。
⑦ 徐中舒：《徐中舒历史论文选辑》，北京：中华书局，1998 年。
⑧ 曾宪通、林志强：《汉字源流》，广州：中山大学出版社，2011 年。
⑨ 陈炜湛：《三鉴斋甲骨文论集》，上海：上海古籍出版社，2013 年。
⑩ 喻遂生：《文字学教程》，北京：北京大学出版社，2014 年。
⑪ 陈含章：《结绳记事的终结》，《河南图书馆学刊》2003 年第 6 期。
⑫ 邵晨霞、单文霞：《中国古代编结的社会功能探析》，《艺术百家》2011 年第 7 期。

之关系》一文，则通过这四个甲骨文的考释剖析了结绳记事的内部运作方式。① 同时，其在《释"传说"——兼探结绳记事的内部运作机制》一文中做了更进一步的探讨②。而王秋生、杨永军在《文化传播的载体：从结绳记事到抽象文化的物化》中从文化传播学的角度探讨绳结等作为载体和实物来传播中国古代文化的意义。③

在这些研究中，尤其是民族考古学、人类学、古文字学研究为我们提供了很多史前时代和近现代少数民族原始部落关于结绳记事的实例。这些结绳实例反映出了原始部落民族认识事物、传递信息、表达思想、交流情感的传播观念和传播行为特征，是部落社会传播（交往）的重要形式之一。本章认为，绳结是人的身体的视觉、触觉和大脑知觉的延伸。在这种延伸过程中，原始部落的人通过视觉和触觉形成意象图景，再通过大脑认知从而形成对事物或活动的记忆。可以说，通过绳结这种体外媒介，更多的信息得到记载和传播，结绳记事也成了原始部落推动传播和交往的一项重要媒介技术。那么，结绳记事具体包含着怎样的信息传播过程，原始部落的人如何通过结绳记事进行交往？基于这样的思考，本章尝试从传播学的角度，对这种原始部落化的传播方式进行传播（交往）意义上的考察，以此探讨文字媒介产生之前部落社会人们传播（交往）行为的内在逻辑。不过，由于时代久远，留下来的结绳记事的实质性材料较少，我们只能更多地从现有的文献材料以及前人研究的基础上对结绳记事进行考察。

二、身体与意象：结绳记事的媒介属性与传播模式

在文字产生之前，原始部落民族用口语以及身体进行信息交流和传播。随着人的大脑认识事物能力的不断提高④，人们开始发现和利用更多的体外事物来帮助

---

① 靳青万：《论甲骨文字与结绳记事之关系》，《殷都学刊》1996 年第 3 期。
② 靳青万：《释"传说"——兼探结绳记事的内部运作机制》，《文史哲》2002 年第 5 期。
③ 王秋生、杨永军：《文化传播的载体：从结绳记事到抽象文化的物化》，《新东方》2006 年第 4 期。
④ 汪宁生认为原始记事至少可以上溯到旧石器晚期，而晚期智人则大致生活在这一时期。陈明远、金岷彬在《结绳记事·木石复合工具的绳索和穿孔技术》（《社会科学论坛》2014 年第 6 期，第 4—25 页）一文中认为，结绳记事是人类进入真人阶段（晚期智人）才学会使用的一种记事方法。作者认为，大约 5 万年前，出现了智人和复杂的木石工具技术，包括雕画艺术、系结珠链和个人装饰品等。类似的行为普遍存在，与现代人类——真人逐步接近，考古学家将这些行为看作人类"行为现代性"（behavioral modernity）的证据。真人即真正的现代人行为，其中最重要的是认知行为，而具有代表性的就是象征符号。如最早的身体装饰品（穿孔贝壳、服饰等）、居住环境饰品（壁画雕塑等），还有一种就是"结绳记事"。也有学者认为，到新石器时代早期，原始人进一步提高了制绳和结绳的技能。其认为，在河北武安磁山古文化遗址中发现的距今七八千年的陶纺轮和骨制网梭，可以说明当时原始人已由赤手搓绳改为用纺轮纺绳，并能用网梭将绳结成格目相连的网，由于使用了网，进而提高了狩猎的捕获量，尤其提高了捕活量。参见刘志远：《关于我国古代结绳记事的探讨》，《河南教育学院学报》（哲学社会科学版）1996 年第 1 期，第 81—98 页。

生存，绳结便是用于帮助记忆更多人类活动的一种体外记事载体。当然，我们应该看到，结绳记事只能根据绳结这种实物符号去解读其中的含义，不同大小、颜色、形状和位置的绳结代表有关事物的性质、内容、数量和重要的程度等内涵，可以由此形成一个关于事物的意象①。笔者以为，绳结作为体外媒介是一种包含多种信息的意象图景，能够补充身体传播的不足，同时又能丰富信息传播的实物符号，而结绳记事的方法表现为一种意象创造、解读和传播的过程。

（一）绳结：身体延伸的媒介

麦克卢汉（Marshall Mcluhan）有段经典表述："我认为技术是我们身体和官能的延伸，无论衣服、住宅或是我们更加熟悉的轮子、马镫，它们都是我们身体各部分的延伸。为了对付各种环境，需要放大人体的力量，于是就产生了身体的延伸，无论工具或家具，都是这样的延伸。这些人力的放大形式，人被神化的各种表现，我认为就是技术。"② 这段论述生动阐述了"媒介即人的延伸"的内涵，在他看来，任何媒介都是人的各类感官的扩展或延伸：文字和印刷媒介是人的视觉的延伸，广播是听觉的延伸，电视则是视觉、听觉和触觉的综合延伸③。麦克卢汉的论述是基于媒介技术发展对人的机体神经中枢的影响。显然，原始部落中的结绳技术不是麦克卢汉所描述的工业时代的技术，但是结绳技术却是文字产生之前身体与媒介分离的一种古老技术，其编辑的绳结是一种可视性、可触摸的，用于帮助记忆的一种实物符号，按照麦氏媒介延伸论的说法，绳结可视为人的身体的视觉、触觉和大脑知觉的延伸媒介。通过这些身体官能的综合作用，人们认知、记忆事物并据此进行沟通交流。

回过来看，从麦克卢汉提出的"媒介即人的延伸"论断中我们可以看到，这些媒介依赖于身体，身体是这些媒介产生的本源，虽然媒介能够在身体之外得到延伸、外化和增强，但却不能取代身体，身体仍然是具有主体能动性的存在，所以说，麦克卢汉的媒介延伸论断实际上"揭示了媒介根植于物质性身体的需要，以及身体驾驭媒介发展的事实，突显了身体的重要"④。其实，麦克卢汉更加肯定的是，原始部落中的人是能够感知完整、平衡、和谐的人，这种人是"一个有机整

---

① 刘文英：《漫长的历史源头：原始思维与原始文化新探》，北京：中国社会科学出版社，1996年，第215页。

② 马歇尔·麦克卢汉，斯蒂芬妮·麦克卢汉，戴维·斯坦斯：《麦克卢汉如是说：理解我》，何道宽译，北京：中国人民大学出版社，2006年，第39—40页。

③ 郭庆光：《传播学教程》（第2版），北京：中国人民大学出版社，2011年，第119页。

④ 刘婷、张卓：《身体—媒介／技术：麦克卢汉思想被忽视的维度》，《新闻与传播研究》2018年第5期。

体、拥有深度意识、热情的积极参与的、能够整体把握并具有移情作用的人"①。而在机械化时代,人们的感知因为技术而呈现碎片化,反过来说,保持身体感知的完整和平衡是人类传播的一种理想状态。回到原始的信息传播情境中来看,原始部落时期虽然存在结绳记事、刻木记事等体外记事的方法,但是它们的信息传播仍然是通过身体等方式,比如对绳结内涵的口语阐述以及身体动作的展演等进行交流和传播,是一种完整的身体感通式地对信息进行传播和接收的"部落化"②状态。因此,我们在此不能抛开身体去谈结绳技术,反而应该联系身体的传播去观照结绳记事活动,因为,在媒介不发达的原始时期,身体仍是传播活动的主要媒介。

梅洛-庞蒂(Maurice Merleau-Ponty)认为,"身体是在世界上存在的媒介物","我的身体是所有物体的共通结构,至少对被感知的世界而言,我的身体是我的'理解力'的一般工具"③。身体在交往中是能够被感知的,是一种能够交流和传播的媒介,身体具有天然的表现、储存、传达和反馈能力。在一定程度上,我们的身体因为交流、交往、创造而存在和进化,这是一种交往性的身体存在(communicative bodily presence)④。因此,在原始部落,在媒介技术不发达的结绳记事时代,身体仍然要充当解说、示意、展演绳结的意义,身体仍然作为重要媒介而贯穿在结绳记事的传播过程中,原始部落民族可以通过身体感知认识世界,获取与世界的关系⑤,以身体为载体获取人类生存和发展的基本需求。正如彼得斯(Peters,John Durham)所说:"身体不是可以抛弃的载体,在一定的意义上,身体是我们正在回归的故乡。"⑥

(二)结绳以记:意象化的信息传播模式

《说文解字》有言:"意,志也,从心察言而知意也。"⑦意者,从心,从音,心

　　① 刘婷,张卓:《身体—媒介/技术:麦克卢汉思想被忽视的维度》,《新闻与传播研究》2018年第5期。
　　② 何道宽认为麦克卢汉提出的"部落化—非部落化—重新部落化"的公式是留给后人的重要遗产。在麦克卢汉看来,人类历史上一共有三次基本的技术革新。其一是拼音文字的发明,它打破了部落人眼耳口鼻舌身的平衡,突出了眼睛的视觉。其二是16世纪机械印刷技术,这进一步加快了感官失衡的进程。其三是1844年电报发明之后的电子革命进程,它正在恢复人的感官平衡状态,使人重新部落化(参见:马尔尚著,何道宽译:《麦克卢汉:媒介及信使》,北京:中国人民大学出版社,2003年,译者前言)。
　　③ 梅洛-庞蒂:《知觉现象学》,姜志辉译,北京:商务印书馆,2001年,第116、300页。
　　④ 赵建国:《身体传播》,北京:社会科学文献出版社,2018年,第38页。
　　⑤ 赵建国:《身体传播》,北京:社会科学文献出版社,2018年,第69页。
　　⑥ 彼德斯:《交流的无奈:传播思想史》,何道宽译,北京:华夏出版社,2003年,第60页。
　　⑦ 许慎:《说文解字》,北京:中华书局,1963年,第217页。

之音为意。古人所谓"项庄舞剑，意在沛公"，"意"表示的是人的心思、情意等主观的想法。在本章中"意"是结绳者编辑绳结、表达主观意义的一个心理过程，比如用来表示事物的性质、事件活动发生的过程、结果等。而"象"则是"意"的一种外在呈现，是能够传达"意"的象征内容的一种外在符号形式，如绳结的形状、大小、颜色、数量等外在形式。正如《周易·系辞上》记载："圣人有以见天下之赜，而拟诸其形容，象其物宜，是故谓之象。"[1] 也就是说，圣人能够将道理、思想等内心的想法通过具体的，能够用来象征特定事物适宜意义的"象"来展现[2]，正所谓"圣人立象以尽意"[3]。综合来看，所谓的"意象"，是个体通过心理"意"的主观想法来营构的"象"[4]。换句话说，它是经过人的感知和构想之后，大脑对客观事物进行摄取、留存和反映的"映像"，而不是简单的"物象"[5]。在原始部落民族的生活经验中，他们通过对外界客观事物的感知与认识，在头脑中形成意象，而在意象和被反映事物之间存在一种主客体之间的关系，同时二者之间存在一种"象"上的相似或同构关系。因此，当一个人的头脑中形成意象的时候，就会形成对客观事物的形象感知，产生"如见其形""如闻其声"的体验。同样的，当这个个体向他者演示他头脑中意象的时候，他者也能感受到客观事物的相应图景[6]。可以说，"意象"是"意"和"象"的统一，它既有生动具体的形象性，又具有不同程度的概括性，它既作为信息的载体，又作为情感的载体，因而是原始部落人所固有的一种特殊的思维形式。[7] 其实，我们可以通过古文字与结绳的关系来理解这种"意象"思维。举例来说，西周晚期青铜器颂簋"终"作（《新金文编》，编号：08.4333.1），徐中舒认为这种形状"象绳两端有结之形"，其中含义在于"凡绳纠合既竟，则于两端加结，使不再分歧"[8]。虽然结绳不是文字，但是却可以通过绳结的构造来创造"象"，从而传达心中的思想——"意"。这种特殊的传播思维方式可以从含有结绳遗迹的古文字中得到印证和启发。

从传播的角度来看，"意象"包含着自我和人际的交流模式，也就是说，编码

---

① 黄寿祺、张善文：《周易译注》（新修订本），上海：上海古籍出版社，2018 年，第 705 页。

② 黄寿祺、张善文：《周易译注》（新修订本），上海：上海古籍出版社，2018 年，第 706 页。

③ 黄寿祺、张善文：《周易译注》（新修订本），上海：上海古籍出版社，2018 年，第 726 页。

④ 王妍：《超链接艺术："意象"的"e"象化与生命的无限绵延》，《文艺评论》2008 年第 6 期。

⑤ 刘文英：《漫长的历史源头：原始思维与原始文化新探》，北京：中国社会科学出版社，1996 年，第 137 页。

⑥ 刘文英：《漫长的历史源头：原始思维与原始文化新探》，北京：中国社会科学出版社，1996 年，第 139 页。

⑦ 刘文英：《漫长的历史源头：原始思维与原始文化新探》，北京：中国社会科学出版社，1996 年，第 134 页。

⑧ 徐中舒：《徐中舒历史论文选辑》，北京：中华书局，1998 年，第 707 页。

者将心中的"意"（也就是心中的思想、情意等）通过匹配外在具象的实物构织一个个不同的"象"，或者说绘制一张张图景，这种编码的依据原理在于"各种不同世界之间异质同构的意义关联"[①]，由此构成一张意义之网[②]。解码者则通过观看"象"来解读其中"意"的内涵。在结绳记事的情境中，编辑绳结者用心中的"意"来编辑绳结，构筑一种"象"。而专门负责保管和解读绳结的人则观看绳结的大小、形状等来破译和解读"象"中所包含的内容。因此，结绳记事需要有专门的人（编码者和解码者可为同一人，也就是结绳和解读绳结的人可为同一个人）负责结绳和"解"绳（这里的"解"是破解、解释、解答等意思），并通过语言的传达和身体动作的展演来传播绳结的内涵。

在古秘鲁的"魁普"记事方法中，人们用一条只有一种颜色的绳子做主绳，在主绳上每隔一定的距离系上各种不同颜色的细绳。各种颜色代表各类事项，如红色代表军事、兵卒，黄色代表黄金，绿色代表禾谷等。而且，还有专门使用和讲解"魁普"的人员，负责计算和报道各种统计材料[③]。从上述材料来看，绳结的大小、形状、颜色、位置等都是指向一种客观事物，是根据客观事物的特征进行编辑的，大结、小结是"象"上的类比，红色、绿色是"象"上的会意[④]。这些颜色和绳结的解读需要专门的人员进行解码，从而为他者描绘一张图景，传播其中的意义，离开了这个解码者这些绳结将毫无意义。原始部落民族通过意象的思维方式将看到的事物留存在大脑中，通过对绳结的言说以及身体展演等形式传达给他者，实现交流和互动，它是个体思维活动和彼此思想交流的要素和重要形式[⑤]。在这种原始的交往思维中，不仅可以展示不在场的事物，传递信息，而且通过意象还能使一个人保留对不在场事物所怀有的情感[⑥]，诸如对族人祖先的怀念，对某个大事的纪念等，这些都是饱含对古人的情感诉求。"意"通过绳结创设成"象"，并通过对"象"的解读实现交流，成了结绳记事中蕴含的传播模式。

① 王妍：《超链接艺术："意象"的"e"象化与生命的无限绵延》，《文艺评论》2008 年第 6 期。

② 暨南大学姚锦云在"中国新闻史学会新闻传播思想史研究委员会 2017 年会暨第四届中外新闻传播思想史高峰论坛"中的"华夏传播研究工作坊"上提到过传播之网，指出其由三个部分组成，也即信息之网、意义之网和关系之网。信息之网在于传递和接收信息，意义之网在于生产和消费、协商和交换以及建构和分享意义，而关系之网则体现于建立和维持以及处理和协调关系，三张网交叉重叠。

③ 林耀华：《原始社会史》，北京：中华书局，1984 年，第 438 页。

④ 刘文英：《漫长的历史源头：原始思维与原始文化新探》，北京：中国社会科学出版社，1996 年，第 216—218 页。

⑤ 刘文英：《漫长的历史源头：原始思维与原始文化新探》，北京：中国社会科学出版社，1996 年，第 139—140 页。

⑥ S. 阿瑞提：《创造的秘密》，钱岗南译，沈阳：辽宁人民出版社，1987 年，第 56 页。

三、触觉计数与通感：结绳记事的传播原理与机制

结绳记事需要通过对绳子打结进行记事，反映在直观上就是多个绳结分布在绳子上，绳结数量的多寡反映事物发生的状态、程度乃至历史进程。原始部落的"解"绳人通过触摸绳子上的绳结记忆发生的事件、事物的规模及其发展过程等，让自己置身于记忆情境中，并通过口语和身体动作来触发他者听觉和其他感官的反应，实现信息传播和接受。

（一）结绳记事中计数的具身性与触觉沉浸

在原始部落时期，人们还没有数字的抽象概念，也就是说不能将数字和所数的对象事物区别开来，其对数目的理解是通过身体触摸一定实物对数构筑的意象进行感知的，包括事物的规模和状态等。列维·布留尔（Lvy-Bruhl，Lucien）曾指出："人或物与其数还是不可分开的：没有什么东西能让数的存在得到单独的表现。而且，数是在性质上被感知的，或者说是被感觉到的"，"而不是被抽象地想象的"。[1] 在本章中，笔者将这种对数的感知称为触觉计数，其原理在于身体动作能够促进人的认知，而触觉则更能让人沉浸于记忆情境中，由此去感知其中的意象。当然，这里的计数还是处于初级阶段的计数，只是能够将具体的、不同质的事物整合成一个多寡的集合，这是原始人的计数特点[2]。在数量多寡的集合中，对具体事物进行一一对应，从而感知数量的多少，从本质上看，这里的计数是与具体事物相关联的[3]。而在对具体事物进行一一对应计数的时候则需要有相匹配的材料，刘文英认为有两种方式，一是"近取诸身"，二是"远取诸物"[4]。也即从人的身体的各个部位配合进行计数以及从体外的绳结等材料出发，比如在一根绳子上编辑多个绳结进行计数。我们知道，西周中期青铜器大师虘簋"十"作 （《新金文编》，编号：08.4252.1），西周晚期青铜器颂鼎"廿"作 （《新金文编》，编号：05.2827），西周晚期毛公鼎"卅"作 （《新金文编》，编号：05.2841B）。这些金文中绳结依次表示十、二十、三十的数，古人以绳打结来表示计数[5]。通过

---

① 列维·布留尔：《原始思维》，丁由译，北京：商务印书馆，1995年，第176—177、187页。

② T. 丹齐克：《数——科学的语言》，苏仲湘译，北京：商务印书馆，1985年，第5页。

③ 列维·布留尔：《原始思维》，丁由译，北京：商务印书馆，1995年，第200页。

④ 刘文英：《漫长的历史源头：原始思维与原始文化新探》，北京：中国社会科学出版社，1996年，第250页。

⑤ 可参见徐中舒在《结绳遗俗考》中的考释。不过对于"十"的结绳象形，喻遂生提出不同看法，其认为金文中表示十数的加点竖画是否一定是结绳的象形，还需要研究。喻遂生认为甲骨文中表十数的竖画就没有点，金文中也存在没有加点的字形，而且在较长的竖画中间加点，是甲骨文到金文字形演变中比较普遍的现象（参见喻遂生：《文字学教程》，北京：北京大学出版社，2014年，第47页）。

身体或者体外绳结来计数都与触觉有密切的联系，触觉为人们感知数提供了相应的通道。

从身体部位出发配合计数是对数最直接的感触。在墨累群岛、托列斯海峡，土人们只有 netat（1）和 neis（2）两个单数数词，而 2 以上的数字都由这两个数字重复使用来计算，或者借助身体部位进行数数，数时从左手小指开始，接着转到各手指、腕、肘、腋、肩、上锁骨窝、胸廓，接下去又按相反的方向顺着右手到右手小指结束，这样可以数到 21，再加上脚趾数，可以得到 31[①]。这种数数方式几乎在所有的族群中都存在过，我们日常生活中也会用手指进行数数，一只手可以表示 5，双手表示 10 等，这是从身体出发的最原始的计数方式，是最真切的体会数的触觉方式。从体外的结绳计数来看，绳结的数量总是能和具体事物勾连起来。譬如在夏威夷发现的"税人簿"（revenue-book），这是一条长约 2400 英尺的绳，全部分为多数段节，其数等于地方区域。收租人通过各种形状和颜色的绳结，把一地方的人民、财赋都详详细细地记载在每段的绳上[②]。而当"解"绳人在计算这些财赋的时候，通过触摸一定数量的绳结将该地区和人民的财富进行意象上的感知和对应，并将之通过口语和身体展演的形式传递给他者。通过结绳计数实现对数的认识和对具体事物的感知，也可以说，这些数是我们身体触觉的延伸，由此通过触觉来感知数包含的内容。

麦克卢汉曾富有创新性地提出："数字不仅像口语词一样是听觉的和洪亮的东西，而且它发端于触觉；是触觉的一种延伸。"他还举了一个例子：以 36-24-36（女性身材尺寸，读作胸围腰围臀围分别为 36、24、36 英寸——译者）这个尺寸为例。一边挥动触觉的手在空中比画，一边口中念出这一充满魔力的女性身段公式，数字的伸手可触性及可感性莫过于此。[③] 也就是说，数字能够带给人一种触觉式的感知，正如麦克卢汉所说："从各种意义上说，统计数字的聚集，都给人注入一种新的原始直觉和充满魔力的潜意识直觉。"[④] 实际上这种原始直觉和潜意识直觉就是个体心里产生的对数字所构织的意象的一种想象，从而在触觉比画中进入感知具体事物的情境中，由此获得心理上的满足和对事物的认知。在结绳记事中计数的触觉延伸不是麦克卢汉所描述的现代数字尺寸对人的影响，但笔者以为，这

---

① 列维·布留尔：《原始思维》，丁由译，北京：商务印书馆，1995 年，第 179 页。

② 林惠祥：《文化人类学》，北京：商务印书馆，1991 年，第 365 页。

③ 马歇尔·麦克卢汉：《理解媒介：论人的延伸》，何道宽译，北京：商务印书馆，2000 年，第 149 页。

④ 马歇尔·麦克卢汉：《理解媒介：论人的延伸》，何道宽译，北京：商务印书馆，2000 年，第 149 页。

二者有异曲同工之妙，也就是说，他们都是强调数给人带来的触觉和感知的影响，不仅有口语上对数的表达，而且也有身体上的触觉，甚至可以说，在结绳记事时代的计数更能体现麦克卢汉所说的原始直觉和身体的触觉延伸，这是原始时代触觉计数的具身性带给人的沉浸式[①]感知体验。

（二）结绳记事以"通感"[②]机制传递信息与情感

麦克卢汉认为，在部落文化中，听觉是主导经验的主要力量，"听觉与低清晰度的、中性的视觉不同，它具有高度的审美功能，它是精微细腻的、无所不包的"[③]。人们是生活在感官平衡和同步的世界中的[④]，也就是说，在文字产生之前的部落中，人们主要通过口语来传播信息，在听觉主导下，人的视觉、触觉等都得到了感应和调动，每个感官都参与对信息的接收和解读，是一种通感[⑤]的传播交流。这是一种感觉统合性的阶段，部落人的个体感觉在听觉引导下实现感觉的相互作用和影响，他们的行为与他们所处的环境是浑然一体的[⑥]。那么，何为"通感"？《礼记·乐记》中记载："故歌者，上如抗，下如队（坠），曲如折，止如槁木，倨

---

① 李沁从传播学的角度研究"沉浸"是基于人机互动的虚拟现实环境，认为沉浸传播是以人为中心、以连接了所有媒介形态的人类大环境为媒介而实现的无时不在、无处不在、无所不能的传播（参见李沁著：《媒介化生存：沉浸传播的理论与实践》，北京：中国人民大学出版社，2019 年，第 17 页）。不过，笔者在文中要强调的沉浸式体验是结绳记事中部落人全身心地进入感知事物情境和双方深入互动交流的一种状态，强调身体融入情境，以整全方式接收和传播信息。笔者以为这也可以看作"具身传播"的一种体现。

② "通感"这一现象本身具有相应的生理基础。从解剖学角度来看，大脑皮质是脑的最重要部分，是高级神经活动的物质基础。机体各种功能活动的最高中枢在大脑上都有定位关系，如中央前回主要管理全身骨骼肌的运动，中央后回主要管理全身感觉。但是，这种定位是相对的，即中央前回也接受部分的感觉信息，中央后回也可发放一些运动冲动。当一个区域受损伤，其周围皮质具有一定的代偿能力，年龄越小，代偿能力越强。除了具有特定功能的中枢外，大脑皮质还存在着广泛的对各种信息进行加工和整合的脑区，他们不局限于某种功能，而是完成高级的神经精神活动。这些脑区在高等动物显著增加（参见：张红旗主编：《系统解剖学》，上海：复旦大学出版社，2015 年，第 311 页）。也就是说，大脑皮层具有跨感官传导信息的功能。美国神经科学家理查德·西托维奇（Richard E Cytowic）也认为"通感"或者说"联觉"（Synesthesia）可以将 5 种感官中的任何一种或全部结合起来，最常见的是视觉声音或说"有色听觉"。而且跨感官不仅是一种隐喻的强烈形式，而且是一种明显的更高级别的大脑皮层功能 [参见 Cytowic R E．（1989）. Synesthesia and mapping of subjective sensory dimensions. Neurology.39(6): 849-850]。笔者以为，绳结的颜色、大小等都可能通过视觉、触觉等形式打通其他感官的联想和反应，实现整全信息的解读，而且结绳记事时代人们大脑已经具有一定的认知能力，因此通过"通感"的机制来实现信息理解是可能的。

③ 马歇尔·麦克卢汉：《理解媒介：论人的延伸》，何道宽译，北京：商务印书馆，2000 年，第 123 页。

④ 师曾志：《互联网时代媒介叙事下的生命传播》，《中国编辑》2018 年第 9 期。

⑤ 埃里克·麦克卢汉，弗兰克·秦格龙：《麦克卢汉精粹》，何道宽译，南京：南京大学出版社，2000 年，第 365 页。

⑥ 郭庆光：《传播学教程》（第 2 版），北京：中国人民大学出版社，2011 年，第 119 页。

如矩，勾如钩，累累乎端如贯珠。孔氏曰：此论歌声感动人心。上如抗者，言歌声上响，感动人意，如似抗举。下如队者，言音声下响，感动人意，如似坠落。曲如折者，言音声回曲，感动人意，如似方折。止如槁木者，言音声止静，感动人意，如似枯槁之木，止而不动。倨中矩，言音声雅曲，感动人意，如中当于矩。句中钩，言歌声大曲，感动人心，如中当于钩。累累乎端如贯珠者，言歌声累累然，感动人心端正，其状如贯于珠。"①正如孔氏所说，《礼记·乐记》在这里是在描述歌声对人产生的知觉上的影响，歌声上扬，能够让人在身体上产生向上抗举、昂扬向上的感觉，而歌声低沉则能让人有下坠、心绪低落的感觉，这是由歌声引起的人的知觉等其他感官的反应，实现感官之间的互通。钱钟书据此提出修辞手法——通感。他认为："在日常经验里，视觉、听觉、触觉、嗅觉等往往可以打通或交通。……譬如我们说'光亮'，也说'响亮'，把形容光辉的'亮'转移到声响上面，就仿佛视觉和听觉在这一点上无分彼此。用现代心理学或语言学的术语来说，就是通感。"②从传播的角度来看，通感是信源刺激人的一种感官，进而通过神经系统打通其他感官，实现感官之间的联通和感应，并通过大脑的处理和加工，实现对信息的感悟和理解。这种心理感通状态类似于《周易》中"咸卦"的内涵，即象征一种交感和亨通③。传播双方在通感的心理机制作用下实现通畅地交流。

在结绳记事的传播互动中，从传者的角度来看，需要通过触觉来感知绳结意象，进而调动了身体动作，并通过语言符号去传递信息；而对于接收信息的他者而言，需要从"解"绳者的讲述中，尤其在听觉的触动下打通各个感官去领会绳结的意象，这是人的整体感知能力不断调整和平衡的过程，以此实现对信息的感悟和理解，获得一种感同身受式的交流，进而实现情感上的共鸣和互动，以此推进传受双方彼此心灵感应和融合。笔者以为，通感是结绳记事中将人的各种感觉相互疏通，促成对事物的领会和贯通的内在传导机制。这是原始部落在媒介不发达情境下，依靠口语媒介进行交流和传播而呈现的一种心理机制，这种机制不仅勾连了人的情感，而且形成了人们感知、解读和传递信息的社会交往能力，也为后来文字的创造与传播起到了一定的积极作用。

四、情感交往：结绳记事的传播动力和沟通功能

结绳记事除了帮助人们记忆和交流思想之外，还呈现明显的情感交往功能。

---

① 孙希旦：《礼记集解》，沈啸寰、王星贤点校，北京：中华书局，1989 年，第 1037—1038 页。

② 钱钟书：《通感》，《文学评论》1962 年第 1 期。

③ 黄寿祺、张善文：《周易译注》（新修订本），上海：上海古籍出版社，2018 年，第 369—370 页。

这里的情感交往有两层含义，一是呈现在面部表情的情感（情绪）传递与感染。一般说来，口语传播虽然转瞬即逝，但却能够承载更多的情感，比如，其语调能够传达诸如喜怒哀乐等丰富的情感，因此，在口语传播较为发达的原始部落中古人更富于激情的起伏[①]。这一层面的情感（情绪）的表达和传播往往是因为身体对心智（包括思维、情感等）的影响而体现出来的"具身性"。不过我们也看到，布留尔在考察原始部落人的思维时认为，情感和激情的因素是真正主导原始部落人思维的主要因素，在感知客体和社会交往中都能够引起或多或少的情感，在原始部落人那里，情感比其他东西更具社会化。[②]也就是说，情感能够主导人的思维和行动，用现代认知科学来解释的话，其实就是认知科学在心理学上对情感的功能和意义进行了重新阐释："情感能够协调主体与环境之间的互动，具备告知、评价和意动的功能。也就是说，情感不仅告知主体发生了什么，还通过刺激事件的主观意义上的反映（如，对主体来说是好的还是坏的？是应该接近它还是回避它？）来驱动主体作出反应。"[③]也就是说情感能够引导、触发和评价人们的交往行为。这是情感交往的第二个方面的含义，也就是内在的、具有一定社会属性的情感（如亲情、诚信之情）互动与认同，这可以成为引导社会交往行为的一个动力。这方面的情感交往在近现代社会的少数民族部落中更加突出，因为这时人们具有普遍的社会道德观念。

一般说来，结绳记事所要记录的事物很多，譬如部落的族源、崇拜的图腾，甚至日常生活中的族规、婚丧制度以及一些祭祀、生产、战争、约誓、迁徙等[④]。这些内容承载着对事物的记忆，同时也记载着部落人的思想和情感。笔者以为，在结绳记事活动中存在两种较为明显的情感交往行为，一是人们自然亲情的交往，二是人与人之间诚信之情的交往。情感交往是结绳记事的重要功能，它加深了部落族人之间的凝聚力。

（一）以绳为媒：自然亲情的交往中介

自然亲情是原始部落中最初始的情感，有与父母之间的、宗族之间的血缘亲情，还有人与人之间的联姻之情，甚至还有对于自然的崇拜之情等，这些情感需要在交往中得到交流和互动，在结绳记事中，这种自然亲情的交往有着显著的

---

① 埃里克·麦克卢汉，弗兰克·秦格龙：《麦克卢汉精粹》，何道宽译，南京：南京大学出版社，2000年，第365页。

② 列维·布留尔：《原始思维》，丁由译，北京：商务印书馆，1995年，第102—103页。

③ 纪莉、董薇：《从情感研究的起点出发：去情绪化的情感与媒介效果研究》，《南京社会科学》2018年第5期。

④ 靳青万：《释"传说"——兼探结绳记事的内部运作机制》，《文史哲》2002年第5期。

体现。

美国民族学家和人类学家摩尔根曾考察过易洛魁人的联盟，这种联盟是以同宗氏族为基础组成的一种部落联盟，而这种部落联盟的传播（交往）系统中有一种特殊的媒介——贝珠带。根据摩尔根考察，这种贝珠带是把紫贝珠串和白贝珠串合股组成一条绳，或者用各种颜色的不同的贝珠织成有图案的带子，其运用的原则就是把某一件特殊的事情同某一串特殊的贝珠或某一个特殊的图案联系起来，对事件进行系统排列，从而有利于记忆。这种贝珠绳和贝珠带是易洛魁人唯一可以目睹的史册。当一个部落首领去世，这位首领的贝珠带便可以成为他的讣告，传递丧事及召开推举新首领的会议信息。在哀悼仪式或会议上，绳索讲解人（比如鄂农达加部的首领或者巫师）能够将部落的章程、条规、历史事件还有历史传说原原本本地复述出来，摩尔根认为这也是一种民众教导方式，可以让联盟历史在易洛魁人心中保持常新①。通过贝珠带，部落人们表达对逝去首领的哀悼和敬爱之情，同时在部落历史和制度的讲述中进一步增进人与人之间的情感互动和交流，强化族人对本部族的认同。可以说，这种贝珠带是易洛魁部落联盟重要的宗族情感纽带，起着沟通宗族情感的作用。我国西藏的僜巴人在 20 世纪 50 年代，仍旧延续原始社会的生活方式，用结绳记事。譬如，男青年得到了心仪的姑娘，他会用几十条尺把长的小树皮绳，在每条绳子打了四个结，将绳子送给村里的族人，这类似于我们今日的"请柬"，人们会在四天后去贺喜②。这是对男青年和姑娘的联姻之情的见证。类似的，僜巴人每当举行夸示豪富的宴会，向亲友们分送绳子一根，上有几个结，即表示宴会将在几天后举行，亲友们接到绳结后，每过一天，割去一结，绳结割完，即去赴宴③。这些绳结在这里成了族人情感联系和交流的一个重要纽带，自然亲情的交往需求让僜巴人编辑绳结，记录事件、时间等，让自然亲情得到分享和传播。

（二）结绳立约：诚信之情的交往凭借

从中国古代文献的记载来看，李鼎祚在《周易集解》中引用《九家易》说法："古者无文字，其有约誓之事，事大大其绳，事小小其绳。结之多少，随物众寡，各执以相考，亦足以相治也。"④ 结绳为约，这说明结绳能够记录事物，同时也发挥

①　路易斯·亨利·摩尔根：《古代社会》，杨东纯等译，北京：商务印书馆，1977 年，第 156—158 页。

②　高明强：《远古回声》，杭州：浙江人民出版社，1991 年，第 141 页。

③　中国社会科学院民族研究所：《僜人社会历史调查》，昆明：云南人民出版社，1990 年，第 169—170 页。

④　李鼎祚：《周易集解》，李一忻点校，北京：九州出版社，2003 年，第 910 页。

一种约誓的作用，这里的"约"具有约定、守信的意涵。在交往不断深入的过程中，人与人之间、部落与部落之间的联系更为紧密，为了确保交往活动的有效性，凭证或契约的概念逐渐生成①，而结绳则成了落实这些契约或凭证的最好媒介之一。在诚信之情的推动下，双方按照一定的规则编织绳结，然后按照约定的日期见面、交换或履行其他相关义务。在这种情境下，结绳起到了一种类似于规约的作用，它逐步确立了理性规则，具有实物证据的属性，能有效保障双方的交流活动，而双方也按照结绳的规则和约定强化了彼此信任的情感。

上面提到的易洛魁人联盟，当他们与联盟外的部落进行谈判磋商时，双方如果达成协议，即相互交换贝珠带作为订交的凭证。易洛魁酋长经常会在谈判大会上说："我的话都在这条贝珠带里了。"对于每一项被接受的提案或议案，双方互赠一条贝珠带，以免在执行时发生纠纷②。而我国一些少数民族地区曾存在过结绳记事，同样具有这样的功能，如哈尼族买卖土地，用同样长短的麻绳两根，田价多少元即打多少结，双方各持一根作为凭证。云南省博物馆藏有这样麻绳一对，绳甚细，长约68厘米，其上各打九结，两根绳子的结与结间距离是完全一样的③。云南傈僳族用结绳表示借据：每一结代表向某人借苞谷一斗。还债主一斗，则自己解开一结④。再如瑶族人在没有文字之前，若发生纠纷，往往需要请瑶头评理。若瑶头是本村人，请者用口头邀请瑶头，若瑶头为远村人，请者就用禾秆一节，穿入铜钱方孔，再搓成小绳，即"结绳穿钱"为凭证，请瑶头来评判⑤。如此看来，结绳记事不仅可以帮助记忆事物，同时还能起到契约和凭证的作用，是具有一定约束力的符号。在口语转瞬即逝的情况下，绳结汇聚和存储了个体乃至部落族群的情感，对绳结的解读和阐释让自然亲情和诚信之情等部落情感得到进一步认同和增强，让族群的交往更趋稳定。

在一定意义上，情感成了部落人传播交往的一个动力，是原始部落维系生存，增进凝聚力的一个重要因素。应该看到，古人对结绳记事的解读需要表达和传播情感，而近现代结绳仪式中也充满情感诉求，这二者的情感交往功能具有共同之处，只是近现代社会结绳仪式中的情感交往更具有社会道德属性意味。虽然结绳记事作为一种体外媒介技术存在，但在原始部落的传播情境中，其始终与人的身体密切相关，是一个承载部落情感的重要容器和载体，为口语在传播情感上提供

---

① 陈含章：《结绳记事的终结》，《河南图书馆学刊》2003年第6期。
② 路易斯·亨利·摩尔根：《古代社会》，杨东莼等译，北京：商务印书馆，1977年，第155页。
③ 汪宁生：《从原始记事到文字发明》，《考古学报》1981年第1期。
④ 陈含章：《结绳记事的终结》，《河南图书馆学刊》2003年第6期。
⑤ 陈维刚：《瑶族的原始记事方法》，《民族团结》1963年第1期。

更为丰富的形式，为自然亲情、诚信之情等情感的传播和交流扩宽了渠道，构筑了更为牢固的交往关系网络。

五、结绳记事：具身传播的社会交往场域

麦克卢汉对部落化传播特征的描述，是技术对人的影响的一种比喻，却也为我们理解结绳记事这种古老传播方式提供了启发。从麦克卢汉关于技术带来的部落化、非部落化以及到重新部落化的思想中，我们看到麦克卢汉强调的是要我们回归心身一体、主客一体的理想境界①。结绳记事的记载方式存在于史前时代乃至文明时代少数民族的原始部落之中，从传播的意义上，对结绳记事的考察研究，实际上也就是对部落化传播方式的观照。

诚然，麦克卢汉的相关论述能够给我们的研究带来启迪。因为，原始部落中的结绳记事的传播也是通过绳结意象的构造、口语的阐述、身体的感触，形成整合感官能力，寻求身心融合的一种原始信息传播形态。而且，结绳记事过程中对意象的提取、解读和传递，并非简单出于记忆的需求，更重要的是意象之"象"中同时投射了和掺和着、负载着主体的感情。它不但会在头脑里重现它所反映的客观对象，同时也会激发起与之相关的那种情绪、体验和心境。对此，刘文英做了一个生动的比喻，把"象"负载客观对象的信息同时又包含主体的情感比作镜子和钢琴，镜子面向客体，可以把客体之"象"反映进来；钢琴面向主体，可以把主体之"情"弹奏出来②。笔者认为这也可以说是一种"具身传播"的体现，身体与情感在部落化的交往中具有重要作用。在结绳记事的"具身传播"中，讲求的是身体的全身融入而不是感官的分割，绳结意象所传递的思想与情感能够将传受双方勾连起来，进入共同的传播意境而实现思想的互通和情感的共鸣，这种整全式的传播能够有效地建立个人与外界的联系，由此出发，构建部落社会的关系之网。概而言之，原始部落中结绳记事独特的传播交往模式、机理和功能展示了部落社会人们的传播交往观念以及属于那个时代的媒介记忆，人们以绳结为媒介，按照身体与情感交互的特定逻辑建构起部落社会的交往场域，规定着特定的交往行为和社会关系。结绳记事等体外记事方式虽然后来被文字所取代，但为我们探讨文字产生之前人类原始的传播形态提供了一个窗口，对于了解古人创造文字符号过程中所包含的传播观念也具有一定的参考意义。不过，这有赖于发掘更多结

---

① 马尔尚：《麦克卢汉：媒介及信使》，何道宽译，北京：中国人民大学出版社，2003 年，第 XVII 页。

② 刘文英：《漫长的历史源头：原始思维与原始文化新探》，北京：中国社会科学出版社，1996 年，第 146 页。

绳记事的实质性材料来论证研究。

（林凯　谢清果）

第三章　心中有中：儒家"忠"的传播观念考察

　　孔子创立的儒家学说以及在此基础上发展起来的儒家思想，对中华文化的发展与传承产生了深远持久的影响。作为儒家传统"六德"之一的"忠"，往往被认为带有"忠君"色彩，是帝王将相的"驭臣之术""驭奴之术"。实际上，儒家学说中的"忠"不仅有"忠君"的传播意涵，还包含着"忠恕""忠信"的深刻意蕴，而"忠恕""忠信""忠君"又分别对应的是内在传播、人际传播与组织传播的传播观念。儒家"忠"所蕴含的丰富传播思想在当今时代依然焕发着生机。

　　2014年9月24日，习近平总书记出席了孔子诞辰国际学术研讨会，并发表了重要讲话。他提道："孔子创立的儒家学说以及在此基础上发展起来的儒家思想，对中华文明产生了深刻影响，是中国传统文化的重要组成部分。"[1]深入学习儒家学说，对塑造个人正确的世界观、人生观、价值观有着重要意义。同时，积极传承儒家思想中优秀的传统文化对增强文化自尊与文化自信也有促进作用。本章所论之"忠"本是一种传统美德，不仅是政治伦理美德，也是为人处世的职业伦理。以忠信行世，则利于树立国家形象，也利于构建人类命运共同体。

　　郭店楚墓竹简所记载的《六德》主张"圣智仁义忠信"六种德行，这被认为是孔子第一代弟子子贡、子游氏所为[2]。"忠"作为儒家传统"六德"之一，在儒家思想中占据着十分重要的地位。

　　据统计，在汇聚了孔子、孟子、荀子这三位儒家代表人物核心思想的三大著

　　① 习近平：《从延续民族文化血脉中开拓前进——在纪念孔子诞辰2565周年国际学术研讨会暨国际儒联第五届会员大会开幕会上的讲话》，《孔子研究》2014年第5期。
　　② 陈来：《早期儒家的德行论——以郭店楚简〈六德〉〈五行〉为中心》，《北京大学学报》（哲学社会科学版）2018年第2期。

作——《论语》《孟子》与《荀子》中，"忠"字分别出现了 18 次、8 次、73 次。[①]孔子与孟子的"忠"更偏向于道德伦理的范畴。从传播的角度来看，孔子将"忠恕之道"视为自身"一以贯之"的追求，以自我为对象，极力主张"修身"，以达到自我认知、自我改造、自我完善的目的。孟子主张"忠"以"仁义"为准则，其人人平等的传播观念更为浓厚。而荀子顺应了"大一统"的历史趋势，他的"忠"则更倾向于"忠君"的话语体系。

在古代封建制度的背景下，"忠"往往被认为带有"忠君"色彩，是帝王将相的"驭臣之术""驭奴之术"。实际上，在儒家学说中，"忠"的传播内涵除了"忠君"之外，还包括"忠恕""忠信"的丰富内容。

一、"忠"的字形起源与传播观念内涵

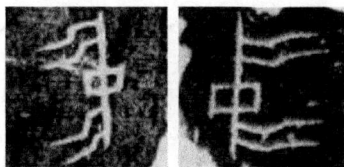 

图 1　甲骨文"中"　　　图 2　甲骨文"心"

"忠"字为上下结构，以"心"为部首。甲骨文的"中"字，如图 1 所示，"像一根长杆，其上下部或上中下三部分都有飘带，是古代测风工具的象形字；又有在一根直线的中间加上圈形指示符号的字形，乃表示中央、中点等一般意义的指事字"[②]。

作为古代测风工具的"长杆"与"飘带"，实际上承载着独特的传播信息。这是一种传播风向、风速等自然信息的符号与标志。古代测风之时，常常会将标杆立在四方坐标的中心，而观测风向又是以观测点作为中心，因此，"中"又被赋予了"中央""中心""中间"的传播内涵。

甲骨文的"心"字，如图 2 所示，像心脏之形，并呈现出瓣膜状。《说文解字》有云："人心，土藏，在身之中。象形。博士说以为火藏。凡心之属皆从心。"人心，位于身躯的中部，本义指的是心脏这一重要器官。古人认为心是思维的器官，"心之官则思"，心承载着人们丰富的思想与情感，因此心又被认为是思想与情感的通称，所有从"心"以及它的偏旁（如"忄""小"等）的字，基本都与人的思

---

① 王成、张力舵：《"忠君"：荀子"忠"思想的内核与逻辑指归》，《湖南大学学报》（社会科学版）2018 年第 6 期。

② 汉语多功能字库 .https://humanum.arts.cuhk.edu.hk/Lexis/lexi-mf/search.php?word=%E4%B8%AD.

想、情感有关系，比如愁、恐、情、悦、恭、慕等①。

　　"忠"字由"中"与"心"两个部分组成，"中"位于"心"上，不偏不倚。"'中'字本指发号施令之处，因此派生出忠于号令的'忠'字。'忠'从'中'从'心'，'中'亦是声符，会军人忠于军令之意。"②由这一释义可以看出，"忠"的最初意涵是"军人忠于号令"。原本代表"长杆"与"飘带"的"中"，此时已经成了传播中央号令的标志与符号，在与象征着人的思想与情感的"心"组合在一起之后，"忠"便有了更为丰富的传播内涵。

　　在儒家学说中，中庸思想是其核心内容之一，彰显的是儒家独特的道德标准与传播主张。中，意为不偏不倚；庸，代表的是平常。中庸是儒家所推崇的常行之礼，强调的是待人接物要保持中正平和，不偏不倚，无过无不及，这与"忠"的内在传播观念是一致的。从传播的角度来看，"忠"所传达的正是一种交往之道。"中"是交往的标准与原则，而交往又当以"心"相交，无论是与己、与友，抑或与君，均是如此。

　　二、忠恕：内向传播的追求

　　"忠恕"是儒家学说中的一个核心概念，出自《论语·里仁》篇："子曰：'参乎！吾道一以贯之。'曾子曰：'唯。'子出，门人问曰：'何谓也？'曾子曰：'夫子之道，忠恕而已矣。'"通过这段对话，我们可以看出曾子所认为孔子一以贯之的"道"便是忠恕之道。

　　何为"忠恕之道"？《论语·卫灵公》篇中有这样一段记载："子贡问曰：'有一言而可以终身行之者乎？'子曰：'其恕乎！己所不欲，勿施于人。'"在这里，孔子对"恕"下了定义，即"己所不欲，勿施于人"，而孔子又认为"恕"是"可以终身行之者"，这与"吾道一以贯之"的思想是相承接的。然而，与"忠"相结合的"忠恕"，在《论语》中并没有明确的定义③。

　　关于"忠恕"的具体内涵，古今学者各抒己见，众说纷纭，学界目前对此还没有得出统一的答案。孔颖达认为："忠者，内尽于心；恕者，外不欺物。恕，忖也，忖度其义于人。"（《礼记正义》）程颢与程颐二人均认为"忠"是天道，"恕"为人事，主张"忠体恕用"（《二程集》）；朱熹认为"尽己之谓忠，推己之谓恕"（《四书章句集注》）；冯友兰认为"孔子一贯之道为忠恕，亦即谓孔子一贯之道为

---

　　① 胡志天：《浅析〈说文解字〉中"心"部字的文化意蕴》，《青年文学家》2017年第24期。

　　② 汉语多功能字库．https://humanum.arts.cuhk.edu.hk/Lexis/lexi-mf/search.php?word=%E5%BF%A0．

　　③ 曹莉：《〈论语〉"忠恕之道"的西方解读》，《哈尔滨工业大学学报》（社会科学版）2020年第4期。

仁也"，将"忠恕"与"仁"画上等号；周文彰、郭蓉则认为"忠恕"指的是将心比心、推己及人、待人如待己 ①……

不论是哪种解释，"忠恕"都与人们自我的"心"有关，都是对自我道德品质上的一种暗示或是规训，这与内向传播的旨趣是相一致的。

内向传播，又称为人内传播、内在传播或自我传播，指的是认知主体以自我为对象，以固有信息与现实新信息为操作内容，以应对环境为目标，从而实现自我认知、自我改造的过程 ②。内向传播最核心的关注点便是"自我"，而"自我"的思想与情感又汇聚于"心"，因此，从这一层面可以认为"心"才是内向传播的关键。

从构字法来看，"忠""恕"二字都以"心"为部首。近代著名汉学家理雅各就曾在《论语》的译文注释中以构字法的视角对"忠恕"进行了剖析 ③。他认为，"中""心"为"忠"，意为"中间的心"，指"我""本我"，"忠"就是对本我尽到义务，或从本我冲动出发；"如""心"为"恕"，意为"相似的心"，指对他人有同理心、同情心，"恕"是按照互惠的原则履行义务 ④。对本我尽到义务，从本我冲动出发，强调的是忠于自己，忠于内心；而对他人有同理心、同情心，则代表的是感同身受、将心比心。从这里可以看出，理雅各对"忠恕"的分析同样也肯定了"忠恕"是以自我为对象，强调以"心"作为出发点，这正是内向传播的关键所在。

不论是"中间的心"，还是"相似的心"，都暗指存在着另一个作为参照的"心"，表达的是"此"与"彼"之间的关系。从内向传播的角度来看，这正是主我与客我之间的关系。主我代表个人意愿和行为主体，而客我则是作为社会评价和社会期待的代表 ⑤，主我对客我做出反应，二者之间不断互动，才构成了完整的内向传播结构。就"忠恕"而言，"中"与"如"都放在"心"上，"心"代表的就是主我，是个人意愿的集合体，影响着个人的行为，而"中"与"如"则是交往的标准与原则，在这里承担着塑造个人形象的作用。在交往的过程中，要做到不偏不倚、将心比心，这是"中"与"如"对"心"的约束，也就是客我对主我所提出的一项要求，只有做到"忠恕"，才能得到良好的社会评价，满足社会对个人的期待。

---

① 周文彰、郭蓉：《论儒家传统文化及其当代价值》，《北京联合大学学报》（人文社会科学版）2019 年第 1 期。

② 谢清果：《内向传播的视阈下老子的自我观探析》，《国际新闻界》2010 年第 6 期。

③ LEGGE J. *The Chinese Classics*[M]. Taipei: SMC Publishing Inc.,1991.

④ 曹莉：《〈论语〉"忠恕之道"的西方解读》，《哈尔滨工业大学学报》（社会科学版）2020 年第 4 期。

⑤ 董璐：《传播学核心理论与概念》，北京：北京大学出版社，2008 年。

"忠恕"强调的是对自我道德品质的一种塑造。在这一内向传播的过程中，主我与客我之间的互动关系，实现了自我认知、自我管理、自我改造的目的，唯有不断通过主我与客我之间的对话，不断反省自身，才能达到孔子所言"己所不欲，勿施于人"的思想境界。

不论是孔子所言"己欲立而立人，己欲达而达人"（《论语·雍也》），还是"己所不欲，勿施于人"（《论语·卫灵公》），都是从"己"出发，以"己"为对象，而"己"的根本又在于"心"。从这一角度来看，"忠恕"可以说是内向传播的一大追求。只有遵循自己的"心"，向自我传达"忠恕"之道，并"一以贯之"，我们才能够达到更高的思想道德境界，将自己打造成一个更有益于社会的人。

三、忠信：人际传播的准则

在孔子所处的时代，忠信是社会通行的重要德行，甚至可以说忠信是春秋时代的基本德性。[①] 在《论语》这一儒家经典中，可以看到孔子多次提出"主忠信"的内容。"子曰：'君子不重，则不威；学则不固。主忠信。无友不如己者。过，则勿惮改。'"（《论语·学而》）以及"子张问崇德辨惑。子曰：'主忠信，徙义，崇德也。爱之欲其生，恶之欲其死。既欲其生又欲其死，是惑也！'"（《论语·颜渊》）由此可见，孔子所主张的"忠信"乃是"崇德"的内容，与人的道德品质有关。同时，"忠信"还是人际交往的一条准则，"无友不如己者"，以"忠信"为准绳，不与"不忠不信"之人为友，这是孔子的人际交往观念，也是孔子所倡导的人际传播的准则。

人际传播是指发生在两个人之间的以建立一种关系为目标的有意义互动的过程[②]，这一过程可以发生在亲人、朋友、恋人、同学、同事等不同关系中。传统意义上，人们绝大多数关系的发动、发展与保持都是基于面对面传播[③]，然而，在互联网与信息技术高速发展的今天，借由社交媒体的非面对面传播也成了人际传播的一大方式。在人际传播中，语言互动是其核心组成部分，做人言而有信才能使得人际传播所建立的互动关系更为牢不可破。

从构字法来看，"信"为左右结构，以"人"作为偏旁。"信"将"人"与"言"组合在一起，其本身就带有人际传播的意味。"信，从'人'、从'言'，会

---

① 陈来：《〈论语〉的德行伦理体系》，《清华大学学报》（哲学社会科学版）2011 年第 1 期。

② Ronald B Adler, *Interplay: The Process of Interpersonal Communication* (9th Edition), Oxford: Oxford University Press, 2004, p.14. 转自胡春阳：《经由社交媒体的人际传播研究述评——以 EBSCO 传播学全文数据库相关文献为样本》，《新闻与传播研究》2015 年第 11 期。

③ 胡春阳：《经由社交媒体的人际传播研究述评——以 EBSCO 传播学全文数据库相关文献为样本》，《新闻与传播研究》2015 年第 11 期。

人言有信之意。或不从'人'而从'身'，'人''身'音近，是'信'的声符。本义是诚信。"①《说文解字》中也提道："信，诚也。"其对"信"的释义，同样肯定了其"诚信"之基本含义。

"与朋友交，言而有信"，这是从孔子时代便得到社会认可的一大人际传播的价值观，而孔子及其门下弟子也极其推崇"忠信"。

《论语·述而》篇有云："子以四教：文，行，忠，信。"孔子以文献知识、德行作为、为人忠厚、诚实守信这四项内容来教导学生。"文"注重的是对文献知识的积累与掌握，"行"侧重的是言行举止的规范守礼，而"忠"与"信"则更注重的是内在修养的提升与思想品德的塑造。

不论是家人的血缘关系、情侣的亲密关系，还是朋友、同学、同事等重要的社会关系，都离不开"忠信"这一重要传播纽带。有了忠信，人们在人际交往的过程中才不会失礼失德。以忠信为媒，人与人之间才能架构起值得信赖、值得依靠的沟通桥梁，才能使交往变得顺利、可深入，从而建立起更为可靠稳固的人际关系。

忠信是择友交际的一大原则，是与陌生人接触并发展出新的人际关系的一项前提。有了忠信作为交往的保障，人与人之间才能从陌生走向熟悉。在交友益损的标准上，孔子曾发表了自己的一番独到的见解："益者三友，损者三友。友直、友谅、友多闻，益矣；友便辟、友善柔、友便佞，损矣。"（《论语·季氏》）在孔子看来，与正直诚信、见识广博的朋友相交是有益的；而与善于诌媚逢迎、花言巧语的人交朋友则是有害的。从孔子的这句"益友"与"损友"之辨中，我们不难看出，"忠信"是益友的挑选标准之一。"友直、友谅"与"忠信"所传达的内在价值观相符，此为益友；而"友便辟、友善柔、友便佞"便是与"忠信"相悖，这样的朋友是不可交的。

忠信是待人处事的一大标准，是维持良好人际关系的重要黏合剂。有了忠信，人们在交往的过程中才会放下戒备，人与人之间的关系才能从疏远变得亲密。孔子的得意门生曾子每天都多次反省自己，其自我反省的内容便在于这三点："为人谋而不忠乎？与朋友交而不信乎？传不习乎？"（《论语·学而》）在曾子看来，"为人谋而忠""与朋友交而信""（师）传而习"是其反省自身品行的三大标准。其中，"忠"表达的是为别人办事要尽心尽力，"信"体现的是与朋友交往要诚实守信，二者强调的都是人际交往之道。由此可见，"忠信"乃是曾子待人处事的准则之一。然而，不同于"忠恕"强调从本我出发，对本我尽到义务的"忠"，"忠信"

---

① 汉语多功能字库 .https://humanum.arts.cuhk.edu.hk/Lexis/lexi-mf/search.php?word=%E4%BF%A1.

之"忠"更强调的是与他人相处的原则，要忠厚待人，为人办事要尽心尽力。

忠信是择友之道，也是待友之道，这是维持和谐稳定的人际传播的一大准则，没有忠信作为人际传播的支撑，人与人之间的关系便容易出现裂痕，变得脆弱不堪、支离破碎。忠信是为人处世的立身之本，也是跨地域人际传播的一张通行证。

《论语·卫灵公》篇中记载了这么一段对话："子张问行，子曰：'言忠信，行笃敬，虽蛮貊之邦，行矣。言不忠信，行不笃敬，虽州里，行乎哉？立则见其参于前也，在舆则见其倚于衡也，夫然后行。'"言语忠实诚信，行为笃厚恭敬，即使到了蛮貊地区，也能行得通；反之，言语不忠实诚信，行为不笃厚恭敬，即使是在本乡本土，那也是行不通的。在孔子看来，"忠信"在跨地域的人际传播中，同样起着不可替代的作用。只有遵循"忠信"的准则，才能不惧地域文化的差异，与蛮貊地区的人民打好交道，建立起良好的人际关系，才能够处处都行得通。

四、忠君：组织传播的助力

"忠君"思想在古代封建社会中占据着举足轻重的地位。"忠君"思想在不同的朝代、在不同的思想家眼中，或许有着不同的内在意涵以及不同的外在规范。究其本质，"忠君"实际上处理的是"君臣关系"，这是封建社会组织架构中最为重要的关系之一。君臣关系和谐，组织才能更有效率地发挥作用，才能谋得更为长远的发展利益。从这一角度来看，"忠君"实际上包含着组织传播的内容。

组织传播是发生在组织内、组织间，以及组织与其环境间的传播[①]，也就是说组织传播是组织成员之间、组织内部机构之间以及组织与其所处的环境之间的信息交流活动。从个体来看，组织成员之间的传播就好比是组成完整的组织传播生态的构成细胞，只有成员之间的传播和谐了，整个组织传播的生态环境质量才会更高。君臣关系便属于封建社会组织架构中组织成员之间的关系，而"忠君"则是促进组织传播和谐高效的一大助力。

从构字法来看，"君，从'尹'、从'口'，'尹'亦为声符。'尹'像以手持杖，表示有权者及治事者。"[②]《说文解字》中说道："君，尊也。从尹，发号，故从口。"从这两个对"君"的释义来看，"君"代表的是尊者、有权者与治事者，是发号施令的人，也就是说，"君"是组织的中心，是组织最关键的核心人物。

在儒家学说中，"忠君"是一项十分重要的内容。然而，孔子、孟子、荀子三人对于"忠君"的看法却不尽相同。

在孔子看来，"忠君"是职业道德伦理的要求，是组织成员需要遵循的一项

---

① 罗杰斯：《组织传播》，陈昭郎译．台北：台湾编译馆，1983 年，第 10 页。
② 汉语多功能字库．https://humanum.arts.cuhk.edu.hk/lexi-mf/search.php?word=%E5%90%9B．

规范。在《论语·八佾》篇中有这么一段记载："定公问：'君使臣，臣事君，如之何？'孔子对曰：'君使臣以礼，臣事君以忠。'"同样，孔子还说过："事君尽礼，人以为谄也。"（《论语·八佾》）在这里，孔子提到了"事君以忠""事君尽礼"，然而，其中的"事"字，在那时乃是"职业、职位"的意思，而非"侍奉"之意，如《尚书·周书·立政》有言"立政：任人、准夫、牧、作三事"，其中的"任人、准夫、牧"所代表的便是三种职位。同样，在王引之所著的《经义述闻》中也提到"三事，三职也"。因此，"事"在那时实际上代表的只是一种职业，而"事君以忠"则是职业道德伦理的要求。这与现代的组织关系有着相似之处。"臣"被赋予了某个职位，目的是促使其发挥所长，使组织更高效地运作，而"君"则是职位分配者，充当着管理与裁决的角色，要具有人尽其才、物尽其用的管理智慧，君臣二者属于同一组织的利益共同体，而君臣之间的信息交流便以"忠君"作为准则，作为组织传播的条例与规范。

孟子与孔子的"忠君"思想可谓一脉相承，他同样认为"事君"只是职业道德伦理的范畴。不同的是，孟子更强调"君"的"仁义"，对"君"提出了更高的要求，以便于"臣"能够更好地效力，组织内部能够更为和谐地共事，君臣能够为"天下定于一"的宏伟目标而共同奋斗。

孟子曾告诉齐宣王："君之视臣如手足，则臣视君如腹心；君之视臣如犬马，则臣视君如国人；君之视臣如土芥，则臣视君如寇雠。"《孟子·离娄篇下》孟子认为"君"应该以平等的姿态来对待臣子，才能与臣子保持良好的合作关系，否则，臣子甚至会将君当作强盗仇敌来对待。孟子的这一观点与孔子"君使臣以礼，臣事君以忠"的思想内核是一致的，他们均对"君"提出了较高的要求，只有"君"做到"使臣以礼"，看重臣子，将臣子视作自己的左膀右臂，臣子才会对君忠心耿耿，整个组织才能拧成一股绳，共同发力。

就"忠君"的思想观点来看，荀子与孔子、孟子的最大区别在于他适应了"大一统"政治形势发展的需要[①]，使得中央集权统治得到了大大增强。

在荀子看来，君与臣的关系是"命令与服从"的关系，强调的是君主对臣子的管控与命令，以及臣子对君命的顺从，组织内的传播模式已经转变为僵硬的"君命臣受"模式。此时，君的地位已经得到了大大提升，而臣的权力与地位则受到了一定程度的下放。

荀子认为"天子者，势位至尊，无敌于天下"（《荀子·正论》），这与孟子所

---

① 王成、张力舵：《"忠君"：荀子"忠"思想的内核与逻辑指归》，《湖南大学学报》（社会科学版）2018 年第 6 期。

言"仁人无敌于天下"(《孟子·尽心篇下》)是有很大区别的。此外，荀子还主张："君者，民之原也。原清则流清，原浊则流浊。"(《荀子·君道》)"无君以制臣，无上以制下，天下害生纵欲。"(《荀子·富国》)天子至尊、君为民原、以君制臣、以上至下，此时君主的地位乃是至高无上、不可动摇的，君臣关系也变得更为僵化。

"君"需要怎样的"臣"，"臣"又该如何有利于江山社稷？荀子曾对此做出了解释，他所认为的社稷之臣是"谏争辅拂之人"，此种臣子才是"国君之宝也"。无论是"谏""争"，还是"辅""拂"，虽然臣子们忠君的方式方法不尽相同，但这些都是臣子们对国君所承担的义务，是为人臣者应尽的责任，而这样做的目的就是"解国之大患""除国之大害""成国之大利"，究其根本，为的也就是利君[1]。

总体而言，孔子与孟子的"忠君"思想与组织传播观念相对民主平等，他们更看重的是君礼、君道，而荀子则更侧重于中央集权、君主至上，利君才是根本。

儒家学说中的"忠"具有丰富的传播意涵。其中，"忠恕"思想所倡导的从本心出发，推己及人，将心比心，以及"忠信"所推崇的为人忠厚，诚实守信，在当今社会依旧是一种值得我们学习的道德品质，而这也正是社会主义核心价值观中"友善"与"诚信"所要传达的核心内涵。

推己及人，将心比心，强化自我的道德观念，能够促使我们树立正确的人生观与价值观，成为一个更具同情心与同理心的人，而为人忠厚，诚实守信，则有利于促进人际交往的和谐友善，增强人与人之间的信任感。强化"忠恕"与"忠信"的思想传播观念，在某种程度上能够起到缓解社会矛盾，促进社会和谐的作用。

封建君主专制制度已经不复存在，"君"这一封建社会最具有代表性的特殊身份也已经永久地封存在了历史之中。然而，儒家"忠君"思想中所蕴含的组织传播的理念，依旧有值得我们挖掘的地方。在现代职场中，领导与下属该如何和谐共事；身为领导该对员工有何种关怀，才能加强员工的凝聚力，激发组织潜力；在不同的组织架构中，员工该有何作为，如何才能实现自身理想，更好地发挥自身的主观能动性等等。

儒家"忠"的传播观念丰富而深刻，且具有极强的生命力。时至今日，我们依旧可以从中汲取力量，获得知识上的滋养与思想上的启发。

（黄晓娟 谢清果）

---

[1]　王成、张力舵：《"忠君"：荀子"忠"思想的内核与逻辑指归》，《湖南大学学报》(社会科学版) 2018 年第 6 期。

第四章　仁义无双：华夏"仁"的传播观念考察

作为中国文化不可忽视的一支，华夏的"仁"文化的烙印早已深深印刻在一代代中国人的思维模式之中。从传播学的角度来看，"仁"学思想的传播不仅仅停留在行为准则或是价值体系的层面，它更是一种独特的传播观念，其中所包含的传播价值，是华夏传播学的思想体系中深刻而重要的组成部分①。传统的"仁"思想所包含的善良与和谐，是中国传统文化传授给我们宝贵的道德资源。本章主要探讨"仁"作为一种华夏传播概念的历史变迁、文化蕴涵与当代价值。

过去是现在的镜子，现在是未来的影子。扎根历史、立足当下、放眼未来是华夏传播研究的基本追求②。清代史学家章学诚认为，史学具有"记往知来"的特性："记注欲往事之不忘，撰述欲来者之兴起，故记注藏往似智，而撰述知来拟神也"（《文史通义·书教》），"周虽旧邦，其命维新"（《诗经·大雅·文王》），学问之道，也在于融合古今，推陈出新。王国维曾说过，宋人的学问之所以凌跨百代③，实乃得益于"赏鉴之趣味与研究之趣味、思古之情与求新之念，互相错综"（《论宋代金石学》）。历史蕴藏着面向现在、走向未来、联通世界的智慧和答案④。历史不是僵死的事物，而是融入了我们的集体记忆和文化传统。鉴古观今，观今知来，理解历史，对接传统，我们方能找到优化现实的智慧、振兴未来的秘诀⑤。

华夏传播研究主张"古今贯通"，目的就是要通过全面梳理和深入挖掘中国文化宝库中珍藏的传播智慧、传播实践以助益当下的传播活动，滋养未来的传播生

---

①　张兵娟：《传播学视野下的中国礼文化与认同建构研究》，《新闻爱好者》2017年第2期。

②　徐明华、余檬檬：《把握学科思维转型 搭建华夏传播理论矩阵——"传播学原理"课程改革的困境与超越》，《中国大学教学》2020年第12期。

③　范景中：《〈美术史的基本概念〉中译本札记》，《文艺研究》2013年第8期。

④　姚伟钧、杨鹏：《中外饮食文化交流研究的新进展——〈丝路上的华夏饮食文明对外传播〉评介》，《美食研究》2020年第4期。

⑤　陈玉龙：《华夏文明传播的缩略版》，《中国新闻出版广电报》2021年1月28日，第23版。

态^①。多年来，华夏传播研究已经取得了令人欣喜的丰硕成果，如今则需要进一步拓宽学术视野、深化交流互动和提升学术层次^②。

本研究着手于考察华夏"仁"的传播观念。数千年来，"仁"的概念始终是一个开放的、不断变化的有机体系，但"仁"的核心概念始终离不开它的伦理意义^③，究其根本，"仁"的概念最终离不开人与人之间的尊重与友爱。

一、先秦"仁"传播观念的历史变迁与文化蕴涵

早在以甲骨文为代表的殷商时期，"仁"的概念就已出现，直到晚清以至于民主革命时期，"仁"学思想不断被解读与再解读，逐渐成了中国传统价值观体系的核心。在每个不同的历史时期，"仁"学的代表人物都提出了不同的思想学说。因此，本章开始以历史变迁作为时间线索，试图厘清不同时期"仁"的文化蕴涵^④。

（一）殷商时期"仁"政治传播意涵

早在殷墟出土的甲骨文中，不少外国学者认同"仁"字已经被使用^⑤。在罗振玉所著的《殷墟书契前编》中的第二卷第 19 页上，学者们在一片卜辞上已经发现一个较为规范的"仁"字^⑥。然而，关于这片卜辞，研究古文字的学者们却不认为"仁"字已经出现，而认为这是"某方国向商王朝进贡二十匹马的记录"^⑦。

虽然至今在甲骨文中是否出现了反映伦理道德之义的"仁"字仍然见仁见智，然而，在金文中，"仁"字的存在则不容置疑。在 1974 年 11 月至 1978 年 6 月发掘的河北省平山县战国时期中山国墓葬群的 M1 号墓出土的一件"中山王鼎"中，有铭文如下："天降休命于朕邦，有阙忠臣贾，克顺克卑，亡不率仁，敬顺天德，以左右寡人，使知社稷之任。"^⑧ 这句话中的"仁"字是中山国王用来美言他的宰相司马赒的，即"仁"意指君臣之间以富有良知的情谊互相尊重，相亲相爱^⑨。

"仁"文字的出现时间虽然不算早，但是"仁"的观念的起源可以追溯到夏代

---

① 吴秀峰：《传播学本土化的名与实——评〈华夏传播理论〉》，《东南传播》2021 年第 1 期。
② 李娟：《华夏文明传播思想与传播智慧》，《中国出版》2020 年第 24 期。
③ 姚继东、沈敏荣：《礼崩乐坏下的政治改革：仁学为政思想研究》，《学术探索》2020 年第 12 期。
④ 彭亚琳：《论"仁"的历史演变及其当代内涵》，《淮南职业技术学院学报》2009 年第 4 期。
⑤ 赵骏河：《对中国传统伦理的现代理解》，国际儒学联合会国际儒学研究会议论文，北京，1996 年 10 月，第 20 页。
⑥ 刘文英：《"仁"之观念的历史探源》，《天府新论》1990 年第 6 期。
⑦ 孟世凯：《甲古文中"礼"、"德"、"仁"字的问题》，《齐鲁学刊》1987 年第 1 期。
⑧ 张守中、郑名桢、刘来成：《河北省平山县战国时期中山国墓葬发掘简报》，《文物》1979 年第 1 期。
⑨ 滕新才、曾超、曾毅：《中华伦理范畴：仁》，北京：中国社会科学出版社，2006 年，第 5 页。

甚至夏代以前的原始公社时期。在原始公社时期，"仁"的伦理学意蕴既指的是氏族成员之间相互尊重、相互亲爱的一种感情，又指的是氏族内部一种平等的道德规范①。而华夏文明之邦的"仁"观念起始于西周初年的周公。周公曾提出"敬德保民"的思想，意为"民之所欲，天必从之"②，意指上天能顺应民心所向所求，这也被视为"仁"观念的萌芽③。

从政治传播的角度看，在周公的"敬德保民"思想之后，"仁"的概念之所以能成为后世君主奉为圭臬的政治符号，是因为保有"仁"的美誉的执政者就能得到上天与民心的双重支持。"仁"作为一种政治修辞，不仅规约了君主的言行，更是规定了整个社会群体不同阶层的角色意识，建立和维护了社会的秩序与纲常④；宣扬"仁"的美德，实质上是一种政治意识形态的巧妙修辞，服务于中国传统社会的政治传播，是达成封建君主维护社会基本伦理秩序的政治目的的主要手段和技巧⑤。结合政治传播的理论，该时期的"仁"承担一种类似媒体的作用，它作为一种道德评价标准，既能监督精英阶层是否负责任，又能构建公共舆论⑥；政治人物认识到"仁"作为一种政治传播媒介的重要性，并将"仁"作为形塑制度话语的有力工具。

（二）先秦时期"仁"人际传播启示

先秦时期，孔子首先阐明和丰富了"仁"的含义，从而初步建立了仁学思想的价值体系。孔子认为，"爱亲"是"仁"的起源，他认为"仁"的道德观念首先发源于"爱亲"，也就是父慈子孝、兄友弟恭⑦，如果没有亲情作为底色，"仁"将失去它的情感基石。"孝弟也者；其为仁之本与。"（《论语·学而》）其后，孔子又将"仁"从"爱亲"推广到"爱人"的新层面。"樊迟问仁。子曰'爱人'。"（《论语·颜渊》）"爱人"的对象不再像"爱亲"一样局限于家庭范围之内，这体现出质的变化，因为"仁"从家庭内部的仁爱延伸到了社会层面的仁爱⑧。

从人际传播的角度看，孔子提出的仁者"爱人"的思想体现了沟通过程中的

①　滕新才、曾超、曾毅：《中华伦理范畴：仁》，北京：中国社会科学出版社，2006 年，第 9 页。
②　杨伯峻：《春秋左传注》，北京：中华书局，1990 年，第 43 页。
③　滕新才、曾超、曾毅：《中华伦理范畴：仁》，北京：中国社会科学出版社，2006 年，第 9 页。
④　郎宁：《孔子之德与庄子之德——两种不同的政治价值选择》，《延安大学学报》（社会科学版）2018 年第 5 期。
⑤　张晓峰、赵鸿燕：《政治传播研究：理论、载体、形态、符号》，北京：中国传媒大学出版社，2011 年，第 20 页。
⑥　希瑟·萨维尼、张文镝：《公众舆论、政治传播与互联网》，《国外理论动态》2004 年第 9 期。
⑦　彭亚琳：《论"仁"的历史演变及其当代内涵》，《淮南职业技术学院学报》2009 年第 4 期。
⑧　彭亚琳：《论"仁"的历史演变及其当代内涵》，《淮南职业技术学院学报》2009 年第 4 期。

善意，一种以"仁"为核心的人际传播伦理。第一，从人际传播环境上看，"仁"所构建的道德价值系统决定了社会成员之间的交流需要遵循相适宜的礼制；第二，在人际传播的主体方面，人际传播的传播效果很大程度上取决于传播各方的道德观念，如果有了"爱人"这一"仁"的价值导向作为底色，传播者和传播对象对彼此人格品质的评价将更加积极正面，从而保证了传播的有效进行。第三，在传播行为方面，传播对象和传播者都会为传播行为赋予某些道德价值上的判断，如果社会成员之间的交流多一些仁爱作为基础，人际传播的过程将多一些换位思考，少一些冲突矛盾，沟通的过程将具有更多的善意；第四，在传播效果上，仁爱能提升人与人之间的信任度和对彼此的伦理评价，一个充满"仁"的精神的社会将在其公共领域具有强大的信任内核，从而改善传播效果和提升传播质量[1]。总之，孔子所主张的仁者"爱人"，为当时社会结构的公共领域方面提供了良好的人际传播范本[2]。结合人际传播相关研究，例如戈夫曼的拟剧理论曾提出，长期扮演某种角色会慢慢影响真正的自我习惯，渐渐被"假面具"所同化[3]；仁者"爱人"虽然仅仅是一个人际传播方面的道德守则，但是当民众长久以来接受这一原则，就会将仁学理论内化于心，真正向宽容温厚的人格特质逐渐转化。可见，作为一种人际传播规范，"仁"的精神为社会的和谐发展产生了良好而深远的影响。

二、汉代以降"仁"传播观念的变迁与文化意涵

汉代以降，中国社会逐渐进入政治自信与文化自信的定型时期，形成了文治武功相彰的中华文化发展格局。在此背景下，"仁"的传播观念逐渐成为修齐治平的治世方略，同时也成为民族凝聚力的观念之源。

（一）汉唐时期"仁"的人内传播方法论

汉唐时期，西汉学者董仲舒在熟读先秦儒家的仁学思想之后，又形成了一套新的仁学思想系统。他将"天心"作为"仁"的定义，认为人与人之间的"仁"来自天意。"仁之美者在于天。天，仁也。"（《春秋繁露·王道通三》）也就是天哺育了万物，"仁"的精髓来自天的恩泽。"人之受命于天也，取仁于天而仁也，是故人之受命天之尊，父兄子弟之亲，有忠信慈惠之心，有礼义廉让之行，有是非

---

① 陈汝东：《传播伦理学》，北京：北京大学出版社，2006年，第28页。

② 李红：《反求诸己：华夏传播研究的范式》，《山西大学学报》（哲学社会科学版）2020年第2期。

③ 芮必峰：《人际传播：表演的艺术——欧文·戈夫曼的传播思想》，《安徽大学学报》（哲学社会科学版）2004年第4期。

逆顺之治，文理灿然而厚，知广大有而博，唯人道为可以参天。"（《春秋繁露·王道通三》）在董仲舒的心目中，"天"是用"仁"来滋养万物并造福人类的，因此，只有奉行仁道的人能够顺应天意。此外，董仲舒还由"天"所具有的阳尊阴卑的特性提出了"三纲"的原则，即君为臣纲、父为子纲、夫为妻纲；他同时又由"天"所代表的"五行之义"阐明了人在处理人际关系时需要奉行的"五常之德"，即仁、义、礼、智、信[①]。这都使得"仁"的理念更加深化而具备了更为具体的方法论层面的意义。

汉唐时期学者对"仁"的概念的进一步阐发，同样也具有传播学方面的含义：人的"五常之德"对应着人的本心，成为个体道德与知识的评价标准，这种对于自我本心的不断反思和内省是一种典型的人内传播行为[②]，伴随着复杂的心理活动和感情起伏[③]。只有具有对于"五常之德"的通透的人内传播行为，人际传播、组织传播等等其他传播方式才能更有效地凸显"仁"在人伦关系和社会秩序层面的要求和意义[④]。结合人内传播理论，"仁"的人内传播伴随着每天新接收的信息与已有的仁学要求之间的不断交流，当事人依据情况不断调整、提取记忆与经验，以达到精神层面的和谐[⑤]，而这种和谐意味着"仁"在个人心中的深深根植，以至于成为恒定的个体行为准则。

（二）宋明理学作为媒介的"仁"

宋明理学的奠基人之一程颢认为，"仁"是一种"物我同体"的境界，也就是一颗对世间万物的博爱而关切的心。他主张："仁者浑然与物同体，义礼知信皆仁也。……此道与物无对，大不足以名之，天用皆我之用。"（《河南程氏遗书》卷二上）他认为，仁道的施行核心在"贯通"二字：无论是我与人、我与物，还是物与物，天地万物都须贯通为一体，才能达到"仁"的境界[⑥]。程颢主张"仁"的精神不应当限制于个体小我，而应当将个体融入宇宙大我，即万物一体的新境界。

基特勒有一句名言："媒介决定了我们的境况。"[⑦]根据宋明理学对"仁"的理解，"仁"连接世间万物，可以看作凝聚社会群体的一种媒介；而在儒家学者的理

---

① 彭亚琳：《论"仁"的历史演变及其当代内涵》，《淮南职业技术学院学报》2009 年第 4 期。

② 李承志：《"以仁行义，以义制礼"学理架构下孟子思想的传播学诠释》，《中华文化与传播研究》2020 年第 1 期。

③ 郭庆光：《传播学教程》，北京：中国人民大学出版社，2011 年，第 22 页。

④ 李承志：《"以仁行义，以义制礼"学理架构下孟子思想的传播学诠释》，《中华文化与传播研究》2020 年第 1 期。

⑤ 陈力丹、陈俊妮：《论人内传播》，《新闻与传播研究》2010 年第 1 期。

⑥ 彭亚琳：《论"仁"的历史演变及其当代内涵》，《淮南职业技术学院学报》2009 年第 4 期。

⑦ 杰弗里·温斯洛普：《基特勒论媒介》，北京：中国传媒大学出版社，2019 年，第 117 页。

想中，"仁"这一媒介不只是介质或载体，而是社会共同体本身。正如《奇云：媒介即存有》中提到的，"仁"作为一种媒介，是社会成员的"存有方式"，也是"社会秩序的提供者"①。

传统儒学所提倡的"万物一体"的理念，不只是一种精神境界，更是一个以关系伦理为基础的共同体理想。在这个共同体之中，人人宽容、友爱、团结以达到和谐的共生状态，承认每一个他者都是与我同等的主体，真正把对方作为一个人来对待，也就是"仁者人也"②。"仁"是个人通向他者，进而通向群体的桥梁，它教人摆脱以自我为中心的思维方式，以"恕"字作为其重要的精神内核，把个体的自我"关系地让渡于整体之中"③，让每一个社会成员团结而有尊严地关联在一起。

"仁"作为媒介还是社会秩序的塑造者。既然每个社会成员都与他者共生共存，那么对于群体的责任意识就将成为社会的黏合剂。如果没有仁道所倡导的恻隐之心，唯我独尊的个人主义思想会使不同群体、民族和文化之间的差异愈加难以弥合④，整个社会日渐趋近一盘散沙。作为媒介的"仁"，可以被看作人类作为一个整体而存有的先决条件，甚至是这个世界本身⑤，这也是"仁"所能证实的媒介本体论。因此，宋明理学中的"仁"是一种媒介，它倡导的是将万物连为一体的包罗万象的一种生存及行为方式。

（三）民主革命时期"仁"跨文化传播阐释

民主革命时期，谭嗣同提出，"仁"所包含的社会学意义在于人人平等，他用"通"这个字来描述"仁"，认为"仁"就像当时流行的物理学概念"以太"一样，是齐一、平等的指称。"仁以通为第一义。以太也，电也，心力也，皆指出所以通之具。"（《仁学》）他还认为："仁不仁之辩，于其通与塞；通塞之本，惟其仁不仁。"（《仁学》）这是说，"仁"的境界在于平等，在于中国与外国、社会上层与下层、男性与女性、他者与自我等方面完全的平等，只有实现"通"，才能达到"仁"⑥。

---

① [美]约翰·杜海姆·彼得斯：《奇云：媒介即存有》，邓建国译，上海：复旦大学出版社，2020年，第18页。

② 今道友信：《关于爱》，北京：生活·读书·新知三联书店，1987年，第44页。

③ 陈来：《仁学本体论》，《文史哲》2014年第4期。

④ 陈来：《仁学本体论》，《文史哲》2014年第4期。

⑤ [美]约翰·杜海姆·彼得斯：《奇云：媒介即存有》，邓建国译，上海：复旦大学出版社，2020年，第51页。

⑥ 彭亚琳：《论"仁"的历史演变及其当代内涵》，《淮南职业技术学院学报》2009年第4期。

谭嗣同所提倡的"仁"以平等为重要标志，不难看出民主革命时期"仁"的概念开始带有西方文化的色彩。孔子以"仁"为核心的思想学说曾在西方受到广泛欢迎，但在 18 世纪后半叶之后，一些西方学者对于传统仁道思想中的道德说教的态度逐渐变得负面①。1784 年，德国历史学家赫尔德就在他的著作《关于人类历史的哲学思想》中不失尖锐地表示，孔子所提出的"仁"是一副道德枷锁，它长久以来束缚了人的头脑，"使得专制帝国中产生不出第二个孔子"②。

从明末清初开始直到清朝中叶，耶稣会士来华传教，西方科技开始传入中国。随着西学东渐的进行，西方启蒙思想中平等的理念渐渐进入中国学者的思维体系之中，成为一种跨文化传播现象。谭嗣同等中国学者发现，基督教中"爱人如爱己"的观念，与孔子所提倡的"己欲立而立人，己欲达而达人"的"忠恕"之道有着异曲同工之妙，这两种对他人的爱都不因地位或身份的不同而产生差异，逐渐融合成以"仁"为中心的一种平等观。但由于文化背景的不同，中国的仁学思想更多以"爱亲"出发，强调"老吾老以及人之老，幼吾幼以及人之幼"，这种广义的博爱，所产生的基础仍然是亲情这一人情社会的基本纽带，而不是像西方价值观念一样产生于个体的完整性③。由此可见，仁学的跨文化传播实践不仅在一定程度上促进了东西方文化的融合，也进一步凸显了不同文化间的差异④。并且，基于跨文化传播理论，我与他者的关系是平等的主体，在同一个传播过程里，双方在差异之中更加深入地理解自身⑤。"仁"的跨文化传播同样如此，在对"仁"的不懈讨论之间，不同文化的群体由此对他们本身的道德观念和价值取向产生更独特的认识。

三、"仁"传播观念的当代价值

传统的"仁"学思想，不仅适用于过去的年代，在当代也有着珍贵的应用价值。"仁"作为一种历史悠久的道德资源，其所包含的友爱、善良的价值取向，应当成为如今建设和谐社会的精神目标⑥。在"仁"的精神指引下，人们彼此平等相

---

① [德] 胡塞尔：《欧洲科学的危机与超越论的现象学》，王炳文译，北京：商务印书馆，2009 年，第 11—12 页。

② [德] 利奇温：《十八世纪中国与欧洲文化的接触》，朱杰勤译，北京：商务印书馆，1962 年，第 25 页。

③ 刘大椿：《西学东渐：中国近现代科技转型的历史轨迹与哲学反思（第一卷）》，北京：中国人民大学出版社，2018 年，第 16 页。

④ 刘利群、张毓强：《国际传播概论》，北京：中国传媒大学出版社，2011 年，第 35 页。

⑤ 单波：《跨文化传播的基本理论命题》，《华中师范大学学报》（人文社会科学版）2011 年第 1 期。

⑥ 彭亚琳：《论"仁"的历史演变及其当代内涵》，《淮南职业技术学院学报》2009 年第 4 期。

处、秉持着友谊幸福地生活。

（一）有利于提高个人的道德修养

"颜渊问仁。子曰：'克己复礼为仁。'"（《论语·颜渊》）这句话是说，为了达到"仁"的境界，人们就需要克制无谓的私欲并改正天性中的缺陷①。"仁"作为一种内向传播的机制，有效地平衡个人内部"客我"与"主我"的矛盾冲突②，将社会对个人的要求内在化，有利于提高个人的道德修养，促使每个人内省天生的私欲和缺陷。孔子紧接着又说，"为仁由己，而由人乎哉"（《论语·颜渊》），这意味着，只要个人做到非礼勿视等儒家的仁学规训，欲为仁与否全在个人自身③。放眼当下，个人是现代社会组成的最小单元，如果个人的道德修养能够随着"仁"的要求而提高，整个社会的文明程度将会显著提升④。

（二）有利于形成敬老爱幼的好家风

家风是指在一个家庭中世代相传的言行规训。家风的形成与流传，不仅有利于家庭成员的个人成长，还可以促进社会氛围的改善。而仁学思想中敬老爱幼的传统文化对于形成和保持良好的家风具有积极影响⑤。

从情感传播的角度看，"仁"所形成的叙事表层，以孝悌的理念作为原型，古往今来在中国社会都持续具有强大的号召力和影响力⑥。传统意义上对道德、家庭观念方面的传播往往趋于理性，而"仁"所代表的情感传播更少于工具性。家庭是情感流通的场所，在这个冷漠和刚性的世界中家风不仅是一种道德规训，更凸显着仁学思想的人文关怀⑦。

（三）有利于构建人类命运共同体

"仁者爱人，有礼者敬人。爱人者，人恒爱之，敬人者，人恒敬之。"（《孟子·离娄下》）这能体现出，"仁者爱人"的思想促使着人们互相关系、敬爱、怜悯以及尊重。在国际传播的角度上，人与人之间的仁爱可以推广至国与国之间的

---

① 理雅各、杨伯峻：《〈论语〉精选》，《东西南北·大学生版》2007年第9期。
② 谢清果、祁菲菲：《华夏传播理论的内涵、特征及其未来展望》，《今传媒》2017年第1期。
③ 金景芳、吕绍纲：《释"克己复礼为仁"》，《中国哲学史》1997年第1期。
④ 陈春燕：《"以人民为中心"发展思想的时代价值》，《沈阳工业大学学报》（社会科学版）2018年第5期。
⑤ 刘旭方：《孔子仁学思想的当代价值研究》，《法制与社会》2018年第14期。
⑥ 蒋晓丽、何飞：《情感传播的原型沉淀》，《现代传播》（中国传媒大学学报）2017年第5期。
⑦ 李建军、刘会强、刘娟：《理性与情感传播：对外传播的新尺度》，《江西社会科学》2015年第5期。

协作共赢。例如，今天的"一带一路"的建设能帮助沿途的中亚各国缓解就业压力，正体现了"一带一路"的宗旨，也就是"同沿线各国分享中国发展机遇，实现共同繁荣"①的发展目标。"一带一路"不仅是一项建设工程，更能作为一种国际传播策略，基于"仁者爱人"的儒学理念，促进不同文化背景的经济体之间的尊重理解，从而共享发展成果，形成更具合作精神的国际格局。

不仅仅是"一带一路"建设，早在十八大报告中就已指出的人类命运共同体思想，已经将儒家的"仁者爱人"理念融入其中②。时任国家主席胡锦涛就指出："人类命运共同体思想在追求本国利益时兼顾他国合理关切，在谋求本国发展中促进各国共同发展。"③这意味着，"仁"的国际传播概念将仁学思想从一种古老的民族伦理上升到了现实中的世界关怀④。习近平同志最近也在演讲中强调，"谋求开放创新、包容互惠的发展前景"⑤是人类命运共同体思想的基本原则之一。有了以"仁"为核心的国际传播策略，通过本土化的宣传和阐释，国际舆论就能进一步理解到中国坚持对外开放的决心和毅力，改变外媒对于中国的固有印象，向世界展示一个真实、全面的中国，进而强化国际合作，加速构建一个平等、互利、互助共赢的人类命运共同体。

总而言之，华夏传播观念中"仁"的思想，穿越了千年历史，为全人类的可持续发展和和谐生活产生了积极影响。华夏"仁"的传播观念具有丰富的文化蕴涵与鲜活的当代价值，值得未来的学者进一步探索其包容的传播学意义与可能性。

（杨雯卿　谢清果）

---

① 本刊综合报道：《中国发展新起点 全球增长新蓝图——习近平主席在二十国集团工商峰会开幕式上的主旨演讲》，《南方企业家》2016年第10期。

② 朱婷婷：《人类共同价值视域下构建人类命运共同体的途径探析》，《中共济南市委党校学报》2020年第1期。

③ 《坚定不移沿着中国特色社会主义道路前进 为全面建成小康社会而奋斗》，《人民日报》2012年11月18日，第1版。

④ 虞花荣、付英娜：《人类命运共同体对儒家"仁爱"思想的继承和超越》，《湖南科技大学学报》（社会科学版）2019年第4期。

⑤ 《携手构建合作共赢新伙伴 同心打造人类命运共同体》，《人民日报》2015年9月29日，第2版。

第五章　尽善尽美：华夏"善"的传播观念考察

"善"从字源来看，就同传播意象关联密切。华夏"善"的传播观念对传播内容做出了依礼表善、慎言和尽善尽美等具体规范，为传播效果设定了"和"的目标。可以说，其以源自伦理认同的规范性力量影响传播过程，对于增进文化认同，铸牢中华民族共同体意识起到了助推作用。

《说文解字》载："善，吉也。从誩从羊。"从字源可见，"善"同传播关联密切。"善"的伦理观念在中国的出现可追溯至周公以殷为鉴，制礼作乐，把"礼"作为辨别善恶的准则。然自西周以降，礼崩乐坏，宛若《尚书》所言"德无常师，主善为师。善无常主，协于克一"[①]，"善"的准则无定法，顺势再度变迁。春秋战国，百家争鸣，各家就"善"的理解莫衷一是。儒家以内在的心性来界定善，道家以顺自然之道来规定善，墨家以重众人之利来评价善，法家以法代替善，等等。[②]此后，各派思想家就"善"的争辩持续千年，两汉时期佛教的传入和近现代西方哲学思想的冲击又使之更趋复杂化。不同立场的思想家就"善"的起源、义利之辨、理欲之辨、志功问题、道德规范和修善途径等各方面问题保有自身的见解。不同历史时期，时情有别，占据主流的"善"观念亦随之更迭。

近现代针对华夏"善"观念的研究沿着这一路径，主要从伦理学视角切入，进而触及哲学、语言学、社会学和管理学等多个领域。其中，哲学研究数量居多，大致涵盖对以下两方面内容的探讨：一者，"善"观念的辨析。此类研究基于古今中外思想家就"善"的不同诠释，就善的意涵、中外异同、善恶标准、善美关系等问题展开了进一步的探究，当中不乏聚焦于某一派、某几位思想家或某本典籍

---

　　① 《尚书·咸有一德》，宋元人注：《四书五经·书经集传》上，北京：中国书店，1984年，第52页。

　　② 孔繁岭：《中华伦理范畴——善》，傅永聚主编：《中华伦理范畴丛书》，北京：中国社会科学出版社，2006年，第10页。

的"善"观念的解读和阐释。相关成果颇丰，对深化理解"善"的概念起到了助推作用。《善的历程》① 通过对儒家价值体系的考察，展示了儒学当中"善"观念的历史内涵和哲学逻辑。《中华伦理范畴——善》② 则梳理了自先秦至近代"善"观念于中国的生成和演变，呈现了各派思想家观点的异同。同时，鉴于"善"是伦理思想的核心内容，《中国人性论史》③《中国伦理思想史》④《中国传统伦理思想史》⑤ 等书亦皆涉及了"善"的相关史论。此外，语言学研究集中在对"善"的字源、词源进行考释，例如焦国成《"善"语词考源》⑥ 一文，引经据典分析了"善"字的本原义和伦理义，就"什么是善"的问题做出了回答。社会学、管理学研究则多试图从华夏"善"观念中寻觅应对近现代社会道德危机问题的思想指引，进而望实现公共事务管理层面的"善治"。

　　自古至今，针对"善"的阐释与研究可谓绵延不绝，浩如烟海，由传播学视角出发解析"善"观念者却相对罕见。"善"，古体作"譱"，《说文解字》载："善，吉也。从誩从羊。此与义美同意。"⑦ 针对这一条的解读，意见不一。《汉字源流字典》注解"善"：其本义是像羊一样说话，有吉祥美好之义。⑧ 学者刘文艺则认为此意指当人们在争言而相持不下的时候，代表公正的"羊"可以做仲裁者。⑨ 焦国成反对了这一观点，并论证说明"善"的本意极为简单明了，"它不过是说人们争言羊是最好的"⑩。无论何种解读，皆表明了"善"同交流、同传播之间的密切联系。其作为对于传播内容的一种良性规范，要求人们在人际交往过程中多说吉祥的祝福之语，成为人们意见不一时的裁决标准，也指向人们最终达成共识的结果。由此观之，"善"在一定程度上亦已成了一种传播观念。

　　那么，作为传播观念的"善"具体应当如何理解？这一观念又以何种方式，对后世产生了怎样的影响？为回答这些问题，也望为补充现有研究略尽绵薄之力，本章意欲从传播学角度对华夏"善"观念的历史变迁、文化蕴含和当代价值进行综合探究。"善"观念的历史论争中充斥着矛盾与变数，但这并不意味着"善"全

---

①　杨国荣：《善的历程》，上海：上海人民出版社，1994 年。
②　孔繁岭：《中华伦理范畴——善》，傅永聚主编：《中华伦理范畴丛书》，北京：中国社会科学出版社，2006 年。
③　徐复观：《中国人性论史》，上海：华东师范大学出版社，2005 年。
④　罗国杰主编：《中国伦理思想史（上下卷）》，北京：中国人民大学出版社，2008 年。
⑤　朱贻庭：《中国传统伦理思想史》，上海：华东师范大学出版社，2009 年。
⑥　焦国成：《"善"语词考源》，《伦理学研究》2013 年第 2 期。
⑦　（东汉）许慎撰，（北宋）徐铉校订，王宏源新勘：《说文解字》（现代版），北京：社会科学文献出版社，2005 年，第 140 页。
⑧　谷衍奎：《汉字源流字典》，北京：语文出版社，2008 年，第 1487 页。
⑨　刘文艺：《对伦理"善"的语言学分析》，《理论界》2010 年第 9 期。
⑩　焦国成：《"善"语词考源》，《伦理学研究》2013 年第 2 期。

然无定法。广义而言，遵循马克思主义思想的理解，"'善'是'对外部现实性的要求'"①，换言之，其囊括了人类所有实践的目的。狭义而言，利于他人，即善，这可谓对于"善"最朴素、也最核心的理解。"善"的传播观念就是这样一种利他的道德为人们的传播行为所制定的准则和规范。

一、"善"的传播观念：传播过程的规范

哈罗德·拉斯韦尔于其 1948 年发表的论文《社会传播的结构与功能》中提出了 5W 传播模式，认为社会传播的过程包括五大基本要素："谁（Who）、说什么（Say What）、通过什么渠道（In Which Channel）、向谁（To Whom）、有什么效果（With What Effect）"②。这一模式的建构基于现代性的大众传播活动而建构，诞生于特殊的历史背景。此后，其引发了后世学者经久不息的争论，并导向了传播学研究中控制分析、内容分析、媒介分析、受众分析和效果分析这五大主要领域的细分。同时，作为传播学经验主义学派的重要理论之一，在这一模式影响下的传播学研究更多地偏向了实证主义范式。由此可见，从产生至影响和应用，5W 传播模式极具现代性和西方特色，但是作为较为精准地把握住了普遍性传播规律的经典理论，其对于华夏传播理论建构的定性研究仍保有较高的参考借鉴意义。是以，本章意欲从更广泛的传播活动层面理解这一传播模式中的五大要素。

结合 5W 传播模式对"善"的传播观念给予观照，可见其作为一种规范性的力量，对传播内容提出要求，又以达成个体的"良善"、人际关系的调和与全社会的和谐为其传播效果的最高目标，为传播活动确立了应当遵循的准则。这一准则适用于每一个体，盖因人作为一种社会性动物，终其一生离不开与人沟通、与社会接洽的传播活动。依照马克思理解，人的本质"在其现实性上，它是一切社会关系的总和"③。而在社会关系网络中，每个人都既可以是传播者，也可以是接受者。"善"的传播观念即借助自身本源性的伦理道德意涵，为人们的言行举止提供了典范式的参照，从而约束人们的传播活动以维系社会关系网络，保障人与人之间的和睦共处。"止于至善"是中国古代传播活动所追求的传播取向④。

---

① ［苏联］弗拉基米尔·伊里奇·列宁：《哲学笔记》，北京：人民出版社，1974 年，第 229 页。
② ［美］哈罗德·拉斯韦尔：《社会传播的结构与功能》，展江、何道宽译，北京：中国传媒大学出版社，2013 年，第 35—36 页。
③ 《马克思恩格斯选集》第 1 卷，北京：人民出版社，1972 年，第 18 页。
④ 谢清果、陈昱成：《"风草论"：建构中国本土化传播理论的尝试》，《现代传播》2015 年第 9 期。

（一）善行善言：对传播内容的规范

那么，"善"的传播观念对于传播内容具体做出了怎样的规范？这可分从"应当如何"和"不应如何"两个层面展开，代表了这一规范所提倡和所反对的两个面向。

1. 依礼表善：善的理想交往追求

首先就善的传播观所提倡表达者，结合"善"语词的考释观之，这指向了奉送祝福与赞许、表达欣赏与喜爱的亲善性内容。这一内容应出于真诚的善意，又需达成用词的雅致与合乎礼数，以臻于尽善尽美。

古籍中所运用的"善"，含义丰富，其中即包括以下数种：一者，吉祥。例如《说文解字》所注"善，吉也"，又如善时、善征、善日等词语。二者，善良。《大学》载"大学之道，在明明德，在亲民，在止于至善"，即表明善同德性之间的互通之处。三者，亲善，友好。《正字通》载"与人交欢曰友善"，交善一词常被用以形容双方之间的友好关系。四者，赞许、欣赏。《论衡》载"使孔子欲表善颜渊"，《庄子·至乐》载"昔者管子有言，丘甚善之"，《韩非子·八奸》载"群臣百姓之所善，则君善之；非群臣百姓之所善，则君不善之"，皆取此意。再如常用于应答的感叹词"善！"亦表此意。五者，喜爱。例如《左传·襄公三十一年》所载"其所善者，吾则行之，其所恶者，吾则改之"。六者，爱惜，珍惜。例如《荀子·强国》载"故善日者王，善时者霸"。可见，"善"字本身即同"交往"关联紧密，且其意涵具备纯粹的正面性。它可以代表双方互动良好的正向关系，又为促进关系的进一步发展给出指引。由此生发的"善"的传播观要求着传播者本性的良善，或者至少其传播实践当出于表达祝福、赞赏与喜爱的善意。

在真诚友好的基础之上，"善"的传播观要求着合于礼数的美言美语。"善"做形容词时具备"完好、美好"之意，例如《广韵》所注"善：良也，佳也"，善言、善本、善风等词皆取此意。这即对交流过程中用词的典雅与合适提出要求，而汉语中敬称、谦辞、颂词、卑辞等礼貌用语的发达即代表了其所产生的结果。华人的交往过程中，依据对方的身份、地位，彼此间的身份差距和关系亲密度，以及差异化的使用场景等条件变化，运用的礼貌用语迥异。这使得汉语中称谓语、谦恭语、招呼语和祝福语等词语在量上不可胜数，且针对相同的对象和场景，也常具有多样化的表述。这皆旨在尽可能地实现表意的准确和恰当，而其准确与否的重要评判标准之一即儒家之"礼"。

华夏"善"学说体系的初步形成以孔子创立"仁学"思想为重要标志。有学者评价，"仁者众德之统，万善之源"①，"仁"之地位可见一斑。针对如何理解和践行这一思想，《论语·颜渊》载："颜渊问仁，子曰：'克己复礼为仁。一日克己复礼，天下归仁焉。'颜渊曰：'请问其目。'子曰：'非礼勿视，非礼勿听，非礼勿言，非礼勿动。'"②简而言之，孔子将"克己复礼"视作实现"仁"的途径，并将"礼"作为人们日常言行所应依照的尺度。这要求着人们克制自身私欲以贴合礼仪，尤其是在应对人际关系的传播活动中。这是向他人表达善意、协调人与人之间关系、缓和各方面冲突、以望保障社会安宁的途径。这也是"善"的传播观所望实现的目标。

2. 慎言："善"观念对言语传播的特别要求

若将善的传播观念所提倡者概括为依礼表善言，则其所反对者便是无礼的恶言，包括中伤他人的恶语、欺骗他人的诳语、挑拨离间的谗言、无凭无据的胡言、妄自尊大的狂言和无实际意义的空言等等。这一反对的本质是以利他性为主导的"善"对于损害他人的言行的批驳。

在传播过程中，言语可以极具杀伤力。以口语传播为例，彼得斯曾指出，虽然口语作为声音——其实质是压力通过某种介质（空气、水和土等）的传导——是物质但不耐久的③，于空气中转瞬即逝，但是，这并不代表其全然不留痕迹，有些伤人之语一说出口就似乎会永远悬在空中，挥之不去，在被伤害者的记忆中会留下灼伤的印记④。中国典籍中亦不乏相关表述，例如《五灯会元·洪州法昌倚遇禅师》载"利刀割肉疮犹合，恶语伤人恨不销"，《增广贤文》载"好言一句三冬暖，恶语伤人六月寒"，这些熟语表明了恶言恶语之于他人精神层面的深重伤害，较之肉体层面的创伤更难以愈合。且"言者无心，听者有意"，交流过程中又常存在这样一种"说话的人不注意，听话的人却很留神"⑤的情况，并非出于恶意之言亦可能因不够严谨的表达而招致他人误解，进而导致他人受伤。这样在面对面的口头沟通中所造成的伤害是恶言危害中最为直接的一项，其他类别的恶言或许传播方式和影响力与之有别，但是在凌辱他人尊严、侵害社会利益这一点上是一致的。例如甲骨文刻辞所载"疾言，唯害"⑥，即说明了早至殷商时期，流言的危害已被镌刻与警惕。这样的中伤最终可能反作用于施害者自身，例如《礼记·祭义》载

① 谢无量：《中国哲学史》，北京：中华书局，1924 年，第 65 页。

② （清）刘宝楠：《论语正义》，北京：中华书局，1990 年，第 483 页。

③ [美] 约翰·杜海姆·彼得斯：《奇云：媒介即存有》，邓建国译，上海：复旦大学出版社，2020 年，第 286 页。

④ [美] 约翰·杜海姆·彼得斯：《奇云：媒介即存有》，第 333 页。

⑤ 张鲁原编：《中华古谚语大辞典》，上海：上海大学出版社，2011 年，第 321 页。

⑥ 郭沫若等：《甲骨文合集》，北京：中华书局，1978 年，第 440 页。

"恶言不出于口，忿言不反于身"，换言之，口出恶言伤人伤己，在交互的人际关系中吐露恶言便常只能得到他人的怨怼作为回应。

是以，为了最大限度避免恶言伤人，"慎言"成了"善"的传播观中必然的要求。这种对言语的审慎态度，源远流长。《诗经·大雅·抑》有言："慎尔出话，敬尔威仪，无不柔嘉。白圭之玷，尚可磨也；斯言之玷，不可为也。"①《抑》全篇相传是卫武公为规劝讽谏周平王而作，此句即告诫君王应当谨言慎行以维护自身威严，维持举境美好安宁。且其指出，白玉有瑕，尚可以通过琢磨挽救，言论有差错，却再难以挽回。这表明是时的人们已于一定程度上认识到了口语的特征，即一旦言从口出，便覆水难收，"第一稿就是最终稿"②。

同样是基于这一认识，"慎言"被进一步继承和发展，其中尤以孔子的总结和论陈影响最为深远。现有研究当中，张景云认为"慎言"的实质是通过"五常"伦理制约传播，维护社会秩序③。郭春萍以《论语》所载"刚毅木讷，近仁"代表孔子的慎言观④。杨万里指出慎言是仁、礼等伦理原则的直接外化⑤。沈熔珍概括慎言的内涵为言忠信、言合礼、言合宜等，并以此反思当代的媒介审判想象⑥。林凯则剖析了慎言观背后占据主导的各种德性情感，点明孔子慎言的目的即在于培育个体德性的修养，强化阶级之间的互动交流，保持社会秩序的稳固，构建新的理想社会⑦。综合观之，孔子思想中慎言同仁、礼之间的切实联系已得到多方论证。其贯彻着"仁者爱人"的基本思想，是"礼"的伦理规范作用于传播的结果。

"慎言"从"善"的观念出发，要求着传播者审慎思考经由自身所发出的传播内容，以望扼杀恶言于摇篮，达成群居和一的最终传播效果。

二、"善"的和谐旨趣：传播效果的目标设定

从上述分析中，我们不难看出"善"的传播观念所期望取得的传播效果，自始至终是统一的，即"和谐"。就此，陈国明曾提出迈向跨文化理解的中国传播"和"理论：和谐是中国人交流的终极目标，受到三种本体性假设（变化、有序循环、不断运动）的约束。和谐的实现要求人们将仁、义、礼三原则加以内化，对

---

①　程俊英、蒋见元：《诗经注析》，北京：中华书局，1991年，第859页。
②　[美]约翰·杜海姆·彼得斯：《奇云：媒介即存有》，第333页。
③　张景云：《"五常"与儒家"慎言"传播思想》，《国际新闻界》2007年第2期。
④　郭春萍：《孔子"慎言"观考》，《宁夏大学学报》（人文社会科学版）2009年第1期。
⑤　杨万里：《孔子慎言观产生原因之探》，《阴山学刊》2010年第5期。
⑥　沈熔珍：《从孔子"慎言观"谈"媒介审判"》，《传播与版权》2019年第10期。
⑦　林凯、谢清果：《"慎言观"视域下孔子的情感传播观念研究》，《华夏文化论坛》2020年第1期。

时、位、几三种因素加以适应，对关系、面子和权力加以适当运用①。邵培仁和姚锦云进一步指出"和—合"价值是从其反面即"冲突的永恒问题"凸显而来，是中国人从历史中凝结的人类相处之道，即"和而不同""保合太和"，具有普适的意义②。谢清果在论述华夏传播"心传天下"的理论特质时亦曾表明，华夏传播理论的核心即是强调和谐传播③。可见，"和谐"作为华夏传播整体层面所欲达成的最终目标效果，这一观念本身已被上升至理论高度，其足以调和矛盾、冲突的价值已经得到领域内学者的普遍认可。而"善"的传播观以实现和谐为目标，相应的，其也可谓"和"的观念奏效的基础。

　　"善"的传播观念所望达成的"和谐"，主要落脚在保障更好的集体生活层面。"善"字相关语词的用法覆盖形容词、副词、名词、动词和感叹词等多类词性，共计二十余种含义④。焦国成认为这些含义实际上都指向一点，那就是好生活。有利于或有助于人们过好的生活的事物、品质、行为、技能、关系和趋势等等，都被视为善的事物⑤。这一观点把握住了"善"的精髓，基于此更为具体地描述，"善"所指向的生活无疑是一种集体生活。上文已述，"善"的意涵中包含着以"礼"对个体品性、技能和交往行为的规范，要求着个体在精神层面考虑他人利益与感受，在物质层面凭借自身技能创造财富而非侵占他人财产，在与人交流过程中注重善意地表达和维系友善关系。这般对个体的规训是为了满足维系正常社会交往，保障人与人共同生活的需要。正如彼得斯所言，如果人与人要紧密地生活在同一个空间中，礼节——一种对人际互动的调节机制——就相当于一种关键的驯化方式。道德体系之所以出现，是为了激发更广范围内的同情，这显然是文明化的体现⑥。由此观之，华夏"善"的传播观念即可谓华夏文明对于如何调节人际互动这一问题的思考中占据重要的一席之地的应答，其目的即在于借助软性的情感共鸣和硬性的言行规范，合力保障集体内部的和谐。

　　同时，这一"和谐"的目标分从个体、人际和社会三个层次，循序渐进。《尚书·尧典》记载尧的功绩时，有此一句："克明俊德，以亲九族。九族既睦，平章

---

　　① 陈国明：《有助于跨文化理解的中国传播和谐理论》，J.Z. 爱门森编译：《"和实生物"——当前国际论坛中的华夏传播理念》，杭州：浙江大学出版社，2010 年，第 19—34 页。
　　② 邵培仁、姚锦云：《传播理论的胚胎：华夏传播十大观念》，《浙江学刊》2016 年第 1 期。
　　③ 谢清果、祁菲菲：《中西传播理论特质差异论纲》，《现代传播》2016 年第 11 期。
　　④ 善的含义：1. 形容词：吉祥、善良、美好、高明、亲善、熟悉、多；2. 副词：很好地、擅长于、易于、多、大；3. 名词：善良、通"膳"、姓、通"单"；4. 动词：赞许 / 欣赏、修治 / 妥善处理、做好 / 改善、擅长、喜好、羡慕、友好、爱惜、揩拭；5. 应答词表同意、感叹词表赞赏。
　　⑤ 焦国成：《"善"语词考源》，《伦理学研究》2013 年第 2 期。
　　⑥ [美] 约翰·杜海姆·彼得斯：《奇云：媒介即存有》，第 176 页。

百姓。百姓昭明，协和万邦，黎民于变时雍。"① 这是现存典籍中之于德性的"善"同"和谐"间关系较早也较为经典的表述，其中"协和万邦"一词更是成为当今中国处理外交关系、参与全球治理的指导思想的重要来源。此句原意指代，尧能够彰显自身的崇高品德，以使族人亲和团结；族人相处既已和睦，可辨别而彰明百族的善恶；各族政务显明，可协调各国诸侯，黎民百姓也由此交相友好，时世太平。从中可见两条不同的传播次序：一者，"善"的伦理观念由上至下的单向性传播。这一过程实质是一种上行下效的中国古代政治传播实践，是借助教化传播所达成的社会控制，相关论证在"风草论"的建构中已有详述②。二者，"善"的传播观念由个体至社会的"和谐"实现途径。在未有互联网技术的中国古代，这一过程客观上基于信息经由人际关系网络由近及远的传播路径，即信息的影响力通常由个人传至其强关系连接者，再至其弱关系连接者，最终推至整个关系网络。这一途径又同后世儒家"修身齐家治国平天下"的思想一脉相承，充分体现了内向传播、人际传播与组织传播间的层层递进与最终的融合③。

三、"善"的文化传播功能：助推中华民族共同体意识铸牢

由上可见，"善"的传播观念设定了传播效果的目标，引导着传播内容向着"善"的典范靠拢，以最终成就"和谐"。这整一过程的实现有赖于"善"的传播观所具备的规范性力量。进一步追本溯源，这一力量来自作为传播主体的人们对于共有的"善"的伦理观念的认同。"善"的伦理观完善于思想研讨的传播活动中，论辩作为促进特定问题达成共识的智性活动成为其内在含义形成的途径。围绕"善"的基本内涵所展开的论辩明晰了善有别于恶的原则和评价标准，指出了善的修养途径，推动了符合善准则的伦理为大众所接受和遵循。伦理认同作为血脉基因能够夯实文化融合和精神同构，进而推进中华民族共同体意识的"铸牢"过程④，"善"的传播观作为伦理观的外延，便是其影响力得以发挥的重要一环。

事实上，"善"的传播观念对于传播内容的规范并不仅停留在口语层面，从文字至影像，不同形式的内容皆受制于此，各类文学艺术作品亦涵盖在内。对于中国文学艺术而言，追求"善"与"美"的统一可谓亘古不变的主题。从孔子评乐，提出"尽善尽美"，这一基调奠定并影响中国文艺至今。"善"的伦理观念作为思

---

① 《尚书·尧典》，王仁明等译注：《四书五经》，呼和浩特：远方出版社，2004年，第437页。

② 谢清果、陈昱成：《"风草论"：建构中国本土化传播理论的尝试》，《现代传播》2015年第9期。

③ 谢清果、祁菲菲：《华夏传播理论的内涵、特征及其未来展望》，《今传媒》2017年第1期。

④ 郑文宝：《伦理认同：中华民族共同体文化认同的拥趸探赜》，《云南民族大学学报》（哲学社会科学版）2021年第4期。

想内核，通过"善美统一"的规范融入中国文艺之中。而文学艺术作品作为文化与精神等抽象概念的现实性载体，将"善"的影响力进一步传递。由此，"善"的伦理观念中对于个人德行的要求和"善"的传播观念中对于人与人之间友善关系和天下和谐的希冀皆注入华夏文化之中，既为中华民族整一民族所共享，又助推着中华民族共同体意识的凝聚。具体而言，这一过程可分从"尽善尽美"的文学艺术指导思想和中华民族共同体意识凝聚这两个部分展开详细阐释。

（一）"尽善尽美"：中国文学艺术的指导思想

"尽善尽美"一词最早出自《论语·八佾》，原文载："子谓《韶》，'尽美矣，又尽善也。'谓《武》，'尽美矣，未尽善也。'"[①]朱熹注曰："《韶》，舜乐。《武》，武王乐。美者，声容之盛。善者，美之实也。"[②]换言之，孔子认为舜时舞乐既声势浩大，具备形式之美，又彰显舜之德性，具备内容之善，相比之下，武王时舞乐内含征伐之煞气，失礼失善，徒余形式。孔子对舞乐的这一评价，同他对君子的界定异曲同工。《论语·雍也》载："质胜文则野，文胜质则史，文质彬彬，然后君子。"[③]由此可见，对于为人处世，孔子要求表里如一，对于舞蹈、音乐等艺术形式，他亦主张外在形式之美和内在道德之善的统一。就此，新儒学的大家之一徐复观有言："由孔子所显出的仁与音乐合一的典型，这是道德与艺术在穷极之地的统一，可以作为万古的标程。"[④]孔子"尽善尽美"的思想确也万古长青，其作为中国文学艺术作品创作的指导思想和艺术价值评判的重要标准之一，不断流传与演变。荀子提出"美善相乐"[⑤]，主张美善结合，相得益彰。《礼记·乐记》载："乐者，德之华也。"[⑥]"乐者，所以象德也。"[⑦]"观其舞，知其德。"[⑧]其将舞乐等艺术同德行之善紧密结合。这些思想皆切实影响了中国艺术，著名的历史学家钱穆总结中国艺术时便曾表明："中国艺术不仅在心情娱乐上，更要则在德性修养上。艺术价值之判定，不在其向外之所获得，而更要在其内心修养之深厚。要之，艺术属于全人生，而为各个人品第高低之准则所在。"[⑨]

"善"与"美"的统一，又并非儒家一家之言。以道家为例，老庄对于"善"

---

①（清）刘宝楠：《论语正义》，北京：中华书局，1990年，第135页。

②（宋）朱熹：《四书章句集注》，北京：中华书局，1983年，第68页。

③（清）刘宝楠：《论语正义》，北京：中华书局，1990年，第233页。

④ 徐复观：《中国艺术精神》，沈阳：春风文艺出版社，1987年，前言，第5页。

⑤《荀子新注》，北京：中华书局，1979年，第337页。

⑥《十三经注疏》，北京：中华书局，1980年，第1536页。

⑦《十三经注疏》，北京：中华书局，1980年，第1534页。

⑧《十三经注疏》，北京：中华书局，1980年，第1534页。

⑨ 钱穆：《现代中国学术论衡》，北京：生活·读书·新知三联书店，2001年，第261页。

的定义事实上有别于儒家以"仁"为核心的伦理之善。《道德经》第八章载："上善若水。水善利万物而不争，处众人之所恶，故几于道。"① 这表明老子以是否接近"道"作为"善"的评判标准，其以水为喻，推崇"不争"，这既指代为人处世默默奉献而不争名夺利，也意指顺应自然天道，行无为之为。同时，《道德经》第四十一章载："大音希声，大象无形，道隐无名。"② 《庄子·知北游》载："天地有大美而不言，四时有明法而不议，万物有成理而不说。圣人者，原天地之美而达万物之理，是故至人无为，大圣不作，观于天地之谓也。"③ 《庄子·天道》又载："静而圣，动而王，无为也而尊，朴素而天下莫能与之争美。"④ 概言之，道家对于"美"的定义可总结为"自然""朴素"和"无名"，其评判标准同样是是否近于"道"，美不言说自身之美，如同人不标榜自身之善。虽然《道德经》第二章有言"天下皆知美之为美，斯恶已；皆知善之为善，斯不善已"⑤，其将美恶相对，将善与不善相对，使得"美"与"善"的概念相对独立，但是从根本上讲，道家的"美"与"善"统一于"道"中。

"尽善尽美"的具体内涵或因对于"善"的理解有异而不尽相同，但是核心的美善关系上两者的统一仍被普遍认可。这一思想深刻地影响了中国的文学艺术，进而使得中国美学具备自身鲜明的特色。简而言之，中国美学要求审美意识具有纯洁高尚的道德感，注意审美所具有的社会价值，反对沉溺于低级无聊的官能享受 ⑥。有学者认为，中国美学精神既是中华民族生存与发展的结晶，又是中华民族生存与发展的原动力 ⑦。此言将中国美学精神视作原动力，似有过分拔高美学之嫌，但是以"尽善尽美"为指导的中国文学艺术对于铸牢中华民族共同体意识的助推作用，可谓名副其实。

（二）"善"的传播观念：落实中华民族共同体意识建构

共同体（community）的概念，依据威廉斯的研究，其英文词源最早可追溯至拉丁文"communis"，有共同承担之意，"community"意味着某种共同的纽带联

---

① 陈鼓应：《老子今注今译》，北京：商务印书馆，2006 年，第 102 页。

② 陈鼓应：《老子今注今译》，北京：商务印书馆，2006 年，第 229 页。

③ 陈鼓应：《庄子今注今译》，北京：中华书局，1983 年，第 563 页。

④ 陈鼓应：《庄子今注今译》，北京：中华书局，1983 年，第 337 页。

⑤ 陈鼓应：《老子今注今译》，北京：商务印书馆，2006 年，第 80 页。

⑥ 李泽厚、刘纲纪主编：《中国美学史》（第 1 卷），北京：中国社会科学出版社，1984 年，第 23 页。

⑦ 陈望衡：《中国美学精神简论》，《中州学刊》2021 年第 6 期。

结起来的生活有机体①。德国社会学家滕尼斯将之引入社会学领域，他认为共同体是依靠传统的自然感情而紧密联系的交往有机体②。其后，国内外社会学家针对"共同体"的定义近百种，尚未完全达成共识。就此，被广泛引用的杜威所言或许可供参考。他认为，在共同（common）、共同体（community）和沟通（communication）这几个词之间，不仅仅只是字面上有联系。人们因为有共同的东西而生活在一个共同体内，而沟通乃是他们达到占有共同的东西的方法③。概言之，共同体的存续以共同占有物为前提条件，以沟通为协调和维系的手段。

在此基础上，安德森曾从民族内部可能存在普遍的不平等与剥削这一层面上，认为民族被想象为一个共同体④。但是，单就中华民族而言，国内学者大多并不赞成这一见解。朱碧波便曾明确指出，中华民族并不是一个想象的共同体，而是一个有着共同历史叙事、集体记忆和命运关联的历史命运共同体⑤。依照严庆的研究，从本体与意识的视角来看，这一界定肯定了中华民族这一共同体的客观存在，也点明了严庆认为"中华民族共同体"所强调的"共同"的民族实体意义⑥。与之相对的中华民族共同体意识则是对于这一客观存在的心理认同，沈桂萍将之界定为各民族共建中华民族、共享中华文化意识⑦。这一定义尚值得商榷与完善，但是文化于其间的重要性却已可见一斑。杨鹍飞曾更为直接地指出："对于任何一种共同体而言，共同体文化的价值就在于凝聚共同体成员的认同意识。文化作为一种软实力，是共同体保持自身活力的精神源泉，也是影响其他共同体成员接受认可本共同体的重要手段。"⑧

综上，中华文化之于中华民族共同体意识建构的关键性作用已在前人学者的论证中得到彰显。中华优秀传统文化作为中华民族所共享的精神层面的财富，可谓中华民族共同体这一实体存在的前提条件之一，而文化的传播与传承作为纽带

---

① ［英］雷蒙·威廉斯：《关键词》，刘建基译，北京：生活·读书·新知三联书店，2005 年，第 79 页。

② ［德］斐迪南·滕尼斯：《共同体与社会：纯粹社会学的基本概念》，林荣远译，北京：商务印书馆，1999 年，第 54 页。

③ ［美］约翰·杜威：《民主主义与教育》，王承绪译，北京：人民教育出版社，1990 年，第 9 页。

④ ［美］本尼迪克特·安德森：《想象的共同体：民族主义的起源与散布》，吴叡人译，上海：上海人民出版社，2011 年，第 7 页。

⑤ 朱碧波：《论中华民族共同体的多维建构》，《青海民族大学学报》（社会科学版）2016 年第 1 期。

⑥ 严庆：《本体与意识视角的中华民族共同体建设》，《西南民族大学学报》（人文社科版）2017 年第 3 期。

⑦ 沈桂萍：《培育中华民族共同体意识　构建国家认同的文化纽带》，《西北民族大学学报》（哲学社会科学版）2015 年第 3 期。

⑧ 杨鹍飞：《中华民族共同体认同的理论和实践》，《新疆师范大学学报》2016 年第 1 期。

链接与维系着这一共同体的存续。其激发着国人的文化认同，进而增强了人们对于整个民族共同体的认同感和归属感，巩固着中华民族共同体意识的建构。但是，"文化"可谓一个包罗万象的抽象概念，其庞杂的内涵使这一建构路径首先面临着寻找落点以落于实处的问题，"善"的传播观念为之提供了指引。

概言之，从"文化"到"中华民族共同体意识建构"，两者之间需要传播的实践。但是显而易见，并非所有的传播实践都利于这一过程的实现，是以，"善"的传播观念在其间起到了规范传播过程的作用。青觉和赵超曾指出，家庭、学校、社会交往、大众传播、政治符号等社会化媒介在形塑中华民族共同体意识的过程中扮演着关键性的作用[①]。两位学者并非来自传播学领域，因此这一句表述事实上存在一定概念运用上的混乱，但是"传播"的关键性作用已在其文中得到论证。而华夏"善"的传播观念中蕴含着"和"的传播效果追求，其以日常言行和文学艺术作品等具体形式作为"文化"的切口，通过对于这些传播内容的规范影响了受众心理，助推了中华民族共同体意识的建构。无论是规范表达的依礼表善和慎言，还是要求文学艺术的尽善尽美，"善"的传播观念向文化的载体和传播过程施加着自身的影响力，以求实现"和谐"的目标。这从行为和目的的双重层面上利于中华民族共同体内部的团结，进而增强了人们对于这一共同体的认同意识。

（刘苏琳 谢清果）

---

① 青觉、赵超：《中华民族共同体意识的形成机理、功能与嬗变——一个系统论的分析框架》，《民族教育研究》2018 年第 4 期。

第六章 谦谦君子：华夏"谦"的传播观念考察

谦，本义指谦虚、谦逊。它来源于甲骨文图案手持麦穗顺天时以人合天的象形，而《周易》之《谦卦》则把谦德纳入了包含卦体、卦位、爻位的严格知识架构。谦作为一种品格，更被后世所倡导和推扬。谦是君子的德行，《论语》中谦包含谦敬、谦逊、谦恭和谦让的含义，是君子由内而外的感性形象；谦是人际之道，在谦敬词使用中"尊人抑己"的文化特质一脉相承。结合传播学语境以及在不同情境中的交往沟通的思考，知谦、行谦、致谦，是本章通过对谦历史变迁、文化内涵和当代价值挖掘从而得出的华夏谦文明观念的考察。

"谦"的繁体字为"謙"，是由"言"和"兼"两部分组成的，其象形体及字体演化如下图所示。而追溯"兼"的甲骨文字形，从"禾、禾、又"，仿佛一个人手持两株禾苗。这寓意着在寒冬里不仅贮藏已有的果实，而且孕育出新的禾苗为"兼"。它寓意着要想保住大有之成果并且要求得进一步的发展，就得遵循天地时序规律、"冬藏"且"春长"。而"谦"左侧的言字旁，则是把规律引申到人事上，如《易经》中的谦卦是讲谦让卑退之道，不居功自傲，既能保住已有成果，又能不断开拓进取，万事皆可亨通[①]。

从"谦"的字形构建里"言说"的存在及其所指内涵，均可见口语传播、人

---

① 张武忠：《"谦"字的含义》，2017 年 2 月 15 日，http://www.360doc.com/document/17/0802/09/44257424_676014664.shtml，2021 年 6 月 19 日。

际交往传播与谦的密切关联。郑桃云从语用学角度对比中西文化中"谦虚"的不同内涵发现对比外国人习惯在平等的姿态上接受褒奖，我国语境下谦虚则体现为贬己尊人、面对表扬采取推让策略以及擅长使用谦敬词等等①。所以本章从梳理"谦"的起源、变迁着手，挖掘我国"谦"文化的内涵，发现谦与传播学的密切联系和相互影响。

一、山入地中：《易经·谦卦》的意象

谦，可追溯到《周易》中的"谦卦"，作为独特的第十五卦，其六爻（组成《周易》卦的长短横道，即"—"和"--"。"—"是阳爻，"--"是阴爻）皆吉利。

谦卦，可以视之为古人凝聚智慧与精神内涵而创造的一个解读谦本质的符号。而结合符号学的理论，索绪尔提出的"能指"和"所指"二元结构关系一定程度解释了符号之内涵：能指意味音响形象，所指指的是概念意义②。1897 年皮尔士丰富了符号的三元关系，提出了表象 sign/representamen、解释体 interpretant 与对象 object③。表象是某种对某人来说在某方面代表某事物的东西，可以大致理解为索绪尔理论中的能指。获取表象后，信息受众会联系到一个对等的或者有可能是更为丰富的符号，即解释体。解释体既指"意义"或"内容"，也可以理解为"解释者"（interpreter）。它所阐释的某物正是对象，也就是所指。因此三元体系凸显强调了解释体的作用，解释体可以说由表象触发，而且要更加丰富发达，同时作为"所指"的对象又能被不断重新解释。由此可见解释体内在的含义丰富性，外在的依靠解释者宣传的人际传播沟通性。所以本研究首先结合层层卦象深入挖掘谦卦其解释体内涵的意义，而后联系古代君子的光辉品格来看谦的"解释者"人际传播的风范。

在《周易》中，谦卦的卦象为：下艮、上坤。学者余治平结合《易传·象·谦》中"天道下济而光明，地道卑而上行"，解读卦象，阐释出"地的位置虽然卑下，但其气却能够向上运行"的道理④。由此可见农耕社会中的人们俯仰天地，觉察大地虽相比之下处于低端却仍孕育万物而上升至高处，最终与天气相交接的规律。这也正反映了将自然现象、客观世界归纳总结，而抽象出"谦"这一卦象形作为符号。

---

① 郑桃云：《中西方文化中"谦虚"的不同内涵及其成因》，《继续教育研究》2009 年第 2 期。
② ［瑞士］索绪尔：《普通语言学教程》，北京：商务印书馆，1985 年，第 102 页。
③ ［美］皮尔斯：《皮尔斯：论符号》，成都：四川大学出版社，2014 年。
④ 余治平：《谦谦君子，卑以自牧——由〈周易〉谦卦而引申出的一种儒家修身工夫》，《哲学分析》2013 年第 5 期。

其次，其卦辞曰："谦：亨。君子有终。"这就由对生态环境的概括拓展到人类社会的哲思，正与"得道多者，失道寡助"一样，怀谦，方可亨通顺达而善始善终。

深入了解"谦卦"更要综合包含地道、人道、天道的六爻的不同层次解说。初六的爻辞说："谦谦，君子用涉大川，吉。"君子立于河川之滨要"战战兢兢，如临深渊，如履薄冰"，这样的谦敬之心有助于保障安全从而吉祥顺利。

六二的爻辞说："鸣谦，贞吉。"《易传》对此的补充是："中心得也。"说的是虽然享有名誉却依旧谦逊的人可以值得信赖，他们行为举止恰如其分。

其后的九三爻作为谦卦中唯一的阳爻，处在下卦之极和上卦之下，发挥着承接中枢的重要作用。其爻辞云："劳谦，君子有终，吉。"这可视为对前一段的补充，且强调了有功劳却不傲慢的谦德，是符号外延与内涵的兼容并包。

接着六四爻辞："无不利，撝谦。"王弼结合六爻的位置排列解释："处三之上，而用谦焉，则是自上下下之义也。承五而用谦顺，则是上行之道也。尽乎奉上下下之道，故'无不利'。"①同时《释文》将"撝"解为"宣"，指的是明、智。撝谦，说的是智慧且谦虚。这是从修身养性层面对怀谦的要求。

六五云："不富以其邻，利用侵伐，无不利。"国家再富强壮大也应友好对待邻国，这与上六爻辞"鸣谦，利用行师征邑国"所说的即便在外征伐获得战功也应该谨慎谦逊从而圆满是相辅相成的，前者是外交上的策略、后者是内部管理的方向。

综合"谦卦"的源流、爻辞的解说，可见古人从天地自然获得启迪，而融入自我修养、人际沟通、治国理政的考量，将诸多哲理凝结在"谦卦"这一符号中，从而传播推广，将谦的哲学内涵普及与运用。

二、君子有终：盈虚往复的完整循环体系

"谦虚"是当今人们常结合使用的词汇，而虚实则有别于谦。结合上述"谦卦"的六爻与各文献，陈碧把谦虚概述为一个循环往复的完整循环②——

（一）由"有"到"盈"

若从"有"的状态出发，过多则变成"盈"，而这种过多的积累状态则是难以长久的，正如《序卦传》有言"有大者不可以盈，故受之以谦"。所以要防止过满，则需以谦虚姿态称物平施，把自己多余的给予他人。比如回顾新媒体的发展，它

---

① 王弼、孔颖达：《周易正义·谦》，北京：九州出版社，2021年，第82页。

② 陈碧：《〈周易〉谦卦的哲学、伦理学内涵》，《道德与文明》2004年第1期。

体现了中心化传统媒体到去中心化 PGC 兴起的迭代潮流，草根人群得以发声并获得极大的关注，正体现了人人都有麦克风时代信息充盈、传播权利平施，而带来优质内容不断涌现、创意新奇不断登场的百花齐放盛景。

（二）由"平"到"轻"

这样的谦虚是把自我放在"轻"的状态，如《周易·杂卦第十一》说的"谦轻而豫怠也"。与西方霸权主义国家的强势崛起不同，中国寻找的是和平共赢的道路，这正体现了谦虚的"平"与"轻"的环节。人类只有一个地球，各国人民共处一个世界，2012 年 11 月中共十八大明确提出要倡导"人类命运共同体"意识[1]。习近平总书记指出国际社会日益成为一个你中有我、我中有你的"命运共同体"，面对世界经济的复杂形势和全球性问题，任何国家都不可能独善其身。这一概念的提出，充分展示了国际传播领域谦虚精神的正确性和可行性。

（三）由"下"到"让"

轻的核心在于身处低"下"、甘于卑微；而"下"表现在行动上则是谦"让"，先人后己。近年来对外宣产讲好中国故事是研究热点，而讲故事，是国际传播的最佳方式，因为故事时常会引起听众的共鸣，这实则是从他们的视角出发来考虑的信息传递。所以以谦让的态度出发，讲好中国故事就需要讲事实、讲形象、讲情感、讲道理，讲事实，以形象打动人，以情感感染人，以道理影响人。通过组织各种精彩、精炼的故事载体，把中国精神寓于其中，使世界人民想听爱听，听有所思，听有所得。

（四）由"虚"到"征"

"轻""下""让"这三者都体现了一种虚的状态，虽放低身段，却实质上不忘努力进取，这正如"利用行师征邑国"指明的"征"，大功告成而归于"有"的起点。由此，一个谦虚实质内涵的周而复始、螺旋上升的体系便得以构建。

笔者认为虽然谦虚包含了社会发展、国家壮大兴旺等宏观层面的方向，但对于个人的世界观、人生观、价值观塑造这个微观层面更为适用，因为谦虚的循环理论指出了向外汲取信息、向内改造和丰富知识体系的互动过程，通过谦轻谦让不断排除信息的干扰噪音，而获得准确真实且接近真理的信息与奥义。

---

[1] 《中共首提"人类命运共同体"倡导和平发展共同发展．十八大专题报道》，2012 年 11 月 11 日，http://cpc.people.com.cn/18/n/2012/1111/c350825—19539441.html，2021 年 6 月 15 日。

三、谦和天下：以谦谦君子为代表的理想人格

"君子"原先是对古代贵族的尊称，直到孔子将它赋予了社会道德的含义。"君子是孔子认为现实社会中可以实现的理想人格。"胡继明和黄希庭认为君子不仅要有仁义礼智等内质，更要兼具由内而外的品性。结合《论语》中对君子的诸多点评，笔者认为"谦"始终贯穿其间，而谦虚随和的君子品性也展现出中华传统美德与伦理学的诸多文化内涵。

景怀斌从儒家的人格结构里提取出"仁、礼、知"三个重要构成要素[1]，而胡继明等将"义、信"也纳入其中[2]，由此"仁义礼知信"便展现出君子的基本特征。在此五个要素中，笔者认为重视礼节的道德规范代表的"礼"以及智慧理性的自觉意识代表的"知"，二者与"谦"密切相关。

（一）人际交往的谦礼

"礼之用，和为贵。"[3]礼仪是人与人之间和谐交往的纽带，是社会生活稳定运作的制度，是衡量一国之政的标准之一。而由布朗与莱文森提出的礼貌理论认为：人都有想保持被他人支持理解、称赞鼓舞的积极面，以及不想被他人打扰的消极面这两面性的需求。礼仪的规范、礼法的规章，其精神内核是要求人们相互尊重、保护隐私和权力的边界感，是一种不越界的谦。孙小玫等结合《论语》谦虚、谦敬、谦恭、谦让的含义，分析得到"谦"与"礼"实则为内容和形式的关系[4]。"谦"可视为一种行为状态，是具体情境中自我修养的德行；而"礼"则是源远流长积淀的具有社会性的规范形式，是谦虚谨慎的向外投射。笔者认为"谦"和"礼"的互动，能促进君子达到"内圣外王"的状态，得到个体内外一致的和谐传播。

（二）内省传播的谦智

"知"是心灵认知世界的能力，"智"是理性判断能力与态度行为倾向的衡量。社会心理学家查尔斯·霍顿·库利在其著作《人类本性与社会秩序》中提出镜中我理论，指出人的自我的认识是借助与他人的社会互动形成的，别人对自己的评价和态度等是反映自我的一面镜子，而个人正是用这面镜子认识自己。"见贤思齐焉，见不贤而内自省也。"了解到的有贤德之人，这是一种认知上的刷新；接着取长补

---

① 景怀斌：《儒家的人格结构及心理学扩展》，《现代哲学》2007年第5期。

② 胡继明、黄希庭：《君子——孔子的理想人格》，《西南大学学报》（社会科学版）2009年第4期。

③ 孔子：《论语·学而》，北京：北京联合出版社，2015年7月。

④ 孙小玫、阮航：《〈论语〉中的"谦"及其现代价值》，《社会科学辑刊》2003年第3期。

短、汲取他人优点补全自我的不足，是态度和行为上的智慧且谦虚体现。同时，知道了有不道德的事件而自我反省有没有同样的错误，也是要求人们心怀谦虚谨慎、理性判断。冯友兰认为"智是对仁义礼的了解"[①]，知和智都包含了对世界的意识、态度、行为的积累和培育，在日积月累的过程中奠定仁义礼的价值观，最终成为明智之人。

（三）社会模仿的谦仁

论及君子的高贵品格，儒家的核心观念"仁"与"和"是永远的核心议题。作为君子毕生的道德目标，"仁"常常令人们"仰之弥高，钻之弥坚"[②]，这种仰视和崇敬的态度反映出认识到自身不足的谦虚恭敬心理。孙小玫等指出"谦"是意识到了自己与理想目标的差距，是一种略为消极和自卑的心态。但"仁"又是促进人们转化为向前奋斗的热情，"我欲仁，斯仁至矣"[③]。另一方面，每个人都是独特个性的存在，但如果没有谦虚、礼仪的调和，社会势必混乱而各自纷争。同样个人的内心也是如此，若不常怀有谦敬之心，认知与行为的不一致也可能促使个人陷入分裂状态。"君子和而不同"，这种和谐包容的态度可归因于谦的成就。

综合而言，谦谦君子的性格品德习性是具有感染力的，他们作为古代社会的理想人格，也可视之为儒家文化的关键人物或意见领袖。个人以身作则，群体美美与共。君子不仅是谦和的象征，更是弘扬仁义礼智等诸多优秀精神的领袖和担当。

四、谦贯古今：谦德的当代价值

"谦"由古人对天地大道的抽象提炼后，在重宗法和等级制社会的发展中源远流长，结合儒家的仁义礼智等价值取向，对个人自身的成长勾勒了谦和谨慎的君子楷模，对中观社会治理层面拟定了和谐谦敬的秩序规则，对宏观世界交流往来方面描绘了和而不同相互尊重的美好图景。虽然历史前进的步伐带动我们跨入民主平等的社会主义新时代，但"谦"作为一种传播核心理念仍在各维度发挥着重要作用。

（一）人际传播层面的谦

"满招损，谦受益。"个人的谦德在现代社会可反映在日常交往的谦敬语使用

---

① 冯友兰：《新原道》，北京：北京联合出版社，2018年06月。
② 孔子：《论语·子罕》，北京：北京联合出版社，2015年7月。
③ 孔子：《论语·述而》，北京：北京联合出版社，2015年7月。

上。李树新[①]认为古代封建宗法社会的尊卑有序、贵贱有别促成了传统称谓语的深深植入。同样，刘宏丽[②]点明文化与传播是密不可分的，礼文化最终目的是为了促使社会的"养"，也就是长治久安。因此用等级和伦理"分"人们的不同地位，促使每个个体处于对上尊敬对下谦让的状态，那么"让"就是"分"的补充，"分"和"让"这两个环节各自为"谦"的前提和条件，"谦"也就是"礼"的载体和实现手段。

人际交往中的谦敬语尤其为"谦"精神的生动表现，从个人自称到所属关系，以及情景关系的用语都展现出"尊人抑己"[③]的特点，比如君王自称为"孤"、人们称有地位受尊重者为"阁下"、称自家年轻的辈分为"舍妹""舍弟"等、呼他人亲友为"令尊""令堂"等。虽然我们步入了人人平等的新社会，但称谓语中仍然闪耀着谦敬的光辉，比如毛主席在1959年提出党内统一称呼同志而不带职衔，这是一种亲切近人的相互关怀，尤其对于高层领导来说要求他们时刻提醒自己放低身段、将谦德之心贯穿生活和工作。

（二）人与自然传播层面的谦

人与人的因缘际会之外，人与自然的和谐相处也应遵循谦道。不仅人类应该从天时地利、自然生息中谦虚向学，将天道纳入认知和探索的范围，正如《道德经》中所说"天之道，利而不害；圣人之道，为而不争"。而且要敬畏自然，保护生态环境，绿水青山就是金山银山。实际上人类对大自然的索取与回馈也属于与自然的交往和沟通的传递过程。蓝强等人结合马克思主义生态辩证法指出生态吸引与生态排斥、生态平衡和生态失衡、生态危机和生态发展是构成"人—自然"系统演化的基本环节，在其中要完善生态伦理观[④]。

在笔者看来，稳定和谐可持续发展的人与自然伦理观正如"谦"的核心要义所指出的，首先在交往沟通的过程中需要摈弃以自我为中心的主观唯心主义，要以尊重大自然为根本点，在开发和使用水电、燃料、矿物、风力等资源的同时承担还原生态的责任与义务。

其次，正如前文所述，谦文化实质是循环往复的系统，因此人类与自然的沟通传播理应注重时空观上的延续不断，所以在空间维度上人类在面对自然资源的分配

---

①　李树新：《现代汉语称谓词与中国传统文化》，《内蒙古社会科学》（文史哲版）1990年第3期。

②　刘宏丽：《中国传统礼文化与敬谦语传播关系研究》，《河南大学学报》（社会科学版）2010年第5期。

③　徐媛媛：《从谦辞和敬辞看中国文化中的尊人抑己的特质》，《汉字文化》2020年第23期。

④　蓝强，龙剑兴：《马克思主义生态辩证法——"人—自然"系统的理论表达》，《岭南学刊》2021年第3期。

时要确保明确规划、平等谦和共享。比如解决我国自然资源地区分配不协调的西电东送、西气东输和南水北调，都体现了不是居高自傲而是谦和共享的传递和平等传播观念，而正如美国社会学家库利在 1909 年出版《社会组织》中谈及"传播"中指出："传播指的是人与人关系赖以成立和发展的机制，包括一切精神象征及其在空间中得到传递、在时间上等到保存的手段。"[①] 在时间维度上，人类代际的生态伦理观改进也至关重要。"但存方寸地，留与子孙耕。"以耕地的合理开垦为例，不仅需要严格管控污染原材料的排放工作，而且应该建立桑基鱼塘等等可长期保存土壤养分的耕种模式，同时对于我们国家而言，从政策规定上做好土地污染保护工作，守住耕地规模控制的红线，必须解决意识层面的懈怠情绪与价值观偏差。

（三）人类文化传播传承层面的谦

而谦融入社会文化的传承层面，可以参考《自私的基因》一书来展开对自私与无私的辩证看待——

谦虚要求我们先人后己，放低自己的姿态，这是一种无私的行为，而书籍的作者道金斯指出动物界同样有不少看起来非常无私的行为，但归根结底它们的所作所为还是自私的，比如乌鸦牺牲自己救同伴的例子中，乌鸦在遇到天敌的时候不会马上逃跑，而是发出警报，告诉别的乌鸦赶快藏好，这样它自己就会被老鹰等盯上。这对单个乌鸦来说并不是最优的，但是对于群体来说，其行为保护了乌鸦这个基因的繁衍。因为从遗传学的基因复制角度来看，一个基因不只有一份拷贝，它可以有很多份拷贝，广泛存在于很多的个体中间。这时候，基因的利益不能只看一个单独的个体，而是要算总账。如果一个基因发现牺牲某个个体，可以使自己在更大的范围内获益，那么这种牺牲其实是符合基因的利益的，它是一种进化学的自私行为。

沿着作者道金斯的思路，学者陈嘉映引入博弈论的计算指出这可以看作一种互惠的利己论。在重复发生的囚徒困境中，博弈双方采用某种合作策略即以德报德以怨报怨的策略，与一味欺骗、背叛相比，对自己更加有利。但他也提到像仁爱、恻隐和宗教信仰等体现的纯粹利他行为，并不能为这套逻辑所解释。

对于此笔者也赞同谦卑的精神并不是无私外表下的自私真实面目，虽然不乏有些人对别人展示出谦卑的态度只是为确保他人对自己礼貌相待，但是如前文追溯谦卑的渊源，是来自人类感恩大自然的馈赠，是一种自发的自然的不求回报的行为。

---

① Cooley, Charles Horton: *Social Organization: A Study of the Larger Mind*, New York : C. Scribner's Sons, 1929.

再如卑以自牧的谦谦君子，他们对外界的谦虚态度是无差别的，不是区别对待的，若要像作者提出的基因自私论推演那么人类的谦虚品德便是对基因的背叛。

当然道金斯自己也指出，身为万物灵长的人类，我们的独特之处就在于创造和延续了文化[①]，我们在觅母的驱动下学会了去背叛基因，而觅母是模仿的过程从一个大脑转移到另一大脑，从而在觅母库中进行繁殖。觅母具有高的生存价值及在文化环境中的稳定性和渗透性。文化的传播和遗传有些相似，它能导致某种形式的进化。这样一个觅母之所以能在文化长河中完整留存下来，代代相传，归因于我们是有自觉意识的人，跟基因相比，我们有超越时空的能力，将自己的文化记录保存下来。这是我们不同于基因的地方，我们能将自己的优秀文化代代相传，甚至不朽地保存下来[②]。回顾谦德文化的传承，从最初的甲骨象形字，到《论语》论及的谦虚君子人物形象，以及不同情境中人们交往沟通的谦虚原则，可以将"谦"也视为一种"觅母"，通过不同的载体来传播，从而达到了传承文明的意义。

（四）政治传播层面的谦

修身、齐家、治国、平天下是古代人生追求的目标。谦对于处理国与国之间的关系、对于天下的太平繁荣也具有深刻意义。20 世纪 90 年代初，邓小平同志纵观世界新旧交替的格局，提出了"冷静观察，稳住阵脚，沉着应对，韬光养晦，有所作为"的战略方针，这不仅是谨慎分析我国所处国际地位的警示，也是告诫外交上要有卧薪尝胆的肚量，保持谦敬低调的态度，当实力与自信增强之时便可大有作为。王缉思认为虽然与几十年前相比我国当下综合实力已有了极大的提升[③]，但国际压力和面对的问题却更为多样和变化，因此韬光养晦策略仍具备很强的实用价值。我国追求和平发展的道路，立志于构建人类命运共同体，这与美国等霸权主义国家表现出的排异和争斗是截然不同的，和平崛起并担当国际成员的道义，是谦德倡导的"内圣外王"这种和谐的体现。

从商业竞争到治国理政再到个人修为，谦都是包含了相互尊重、和谐团结而同时不排斥竞争、相互激励达成双赢的积极发展态势。谦的精神是中华民族源远流长的美德，也会在今天明天不断发挥着人类文明的光辉。

（郑心仪　谢清果）

---

①　理查德·道金斯：《自私的基因》，北京：中信出版社，2019 年 6 月。

②　蒋雅君：《〈自私的基因〉读书札记》，《戏剧之家》2018 年第 26 期。

③　王缉思：《中国的国际定位问题与"韬光养晦、有所作为"的战略思想》，《国际问题研究》2011 年第 2 期。

第七章 天叙有典：人际传播中的五伦关系论

　　五伦思想是中国伦理思想的精髓，至今仍然在华夏民族的自处和他处中发挥着隐形的影响力。本文重点站在古代视野中，用传播学理论解构古代五伦关系及其传播思想，阐发五伦之特点，以及如何通过五伦五典界定人际互动的表演规则，从拟剧论的视角论述中国人际交往的特殊性。再把视点转向新时代，从"人情""义务""私德"几个关键词着手探讨五伦关系在新时代人际互动的适用性与冲突。

　　五伦思想是中国伦理思想的精粹，它形塑着中华民族几千年来的人际交往逻辑，对人们的传播观念和行为准则有着巨大的影响力和指导力。中国现代著名哲学家贺麟认为：五伦的观念是几千年来支配了我们中国人的道德生活的最有力量的传统观念之一，它是我们礼教的核心，是维系中华民族的群体的纲纪。[①] 从传播的视角看，五伦关系在建构和维护中，传播行为必不可少，而最基层的传播类型就是人际传播，是君臣、父子、夫妇、兄弟、朋友等两个个体之间的交往互动。因此，中国古代社会的五伦关系其实是对传统人际关系的简单、系统的概括，探讨五伦关系的生成过程就是探讨古代人际传播中的规则和法度，这种规则和法度可以用"天叙有典"四字概括。《尚书·皋陶谟》中有言："天叙有典，敕我五典五惇哉！天秩有礼，自我五礼有庸哉！天命有德，五服五章哉！天讨有罪，五刑五用哉！"这里的五典指的是五种常法，即父义、母慈、兄友、弟恭和子孝；五礼指的就是五种人伦关系，即君臣、父子、兄弟、夫妇、朋友。这五类关系构筑了古代中国社会结构的范型，塑造了古代汉民在人际传播中的基本范式。

　　"伦理"一词最初见于《礼记·乐记》："乐者，通伦理者也。"郑玄注："伦，犹类也；理，分也。"这里的"伦理"指类别条理，那么"人伦"即指人与人交往中的条理、边界和规则。五伦思想起源于先秦时期，最早完整提出五伦思想者是

---

① 贺麟：《近代唯心论简释》，上海：上海人民出版社，2009年，第203页。

儒家大师孟子。《孟子·滕文公上》有曰："圣人有忧之，使契为司徒，教以人伦：父子有亲，君臣有义，夫妇有别，长幼有序，朋友有信。"孟子首次将复杂的人际关系概括为父子、君臣、夫妇、长幼、朋友五种人伦，并且深度阐发这五种人伦关系应该建构成"亲、义、别、序、信"的理想状态。由此，五伦思想通过规定个人角色分工和义务分配，正式成为统治阶级利用"德治""礼制"统合社会、治理汉民的有效手段。

五伦思想除了具备稳定社会、安邦治民的功效外，还是个人修身成德的必要路径。《中庸》里讲"五达道"，即"修身"的五条最通达的道路："天下之达道五曰君臣也，父子也，夫妇也，昆弟也，朋友之交也。五者天下之达道也。"也就是说，人们正是在最基本的五伦关系中修身成德、通达升华的，那么如何达成身修的人生理想，经典古籍中也给出了操作准则。《大学》有云："为人君，止于仁；为人臣，止于敬；为人子，止于孝；为人父，止于慈；与国人交，止于信。"《礼记·礼运》有"十义"之说："何谓人义？父慈、子孝，兄良、弟悌，夫义、妇听、长惠、幼顺、君仁、臣忠，十者谓之人义。"即作为社会个体承担着不同的社会角色，我们必须在十种角色中找准定位，明确交往对象，再履行相应的义务，为父须慈，为子须孝，为兄须良，为弟须悌……如此各就其位、各司其职，才能进入身修通达的理想境界。正统十二年，明宣宗朱瞻基编写《五伦书》，宣扬忠、孝、悌、忍、善，覆盖父子、君臣、夫妇、兄弟、朋友五伦道德根本，采集经传子史中嘉言善行，类分成帙，分为《君道》《臣道》《父道》《子道》《夫妇之道》《兄弟之道》《朋友之道》，可以说，古代人际传播中的行为准则至此已然定型。

五伦思想经过五四运动后反孔反礼教思潮的冲击，发生了一定范围的震荡，例如夫义妇顺之道在男女平等的西方伦理思想轰炸下成为糟粕。web2.0的到来擦除了伦理的地界和国界，全球范围内的伦理思想发生交流、融合和碰撞。当今中国的人际交流网络已不是五类关系可以涵盖清楚的，人际传播的规则和模式也不是"天叙有典"可以阐述明白。但是，即使如此，绵延了几千年的五伦思想依然在现代留下了痕迹，这一方面源于目前中国人口绝大多数曾接受过五伦思想洗礼，在西化、开放、多元的人文环境中成长的一代还未成为社会的中流砥柱；另一方面是因为传统五伦思想有着适应于现代社会、吻合于全球普世价值观的成分在，例如朋友诚信、兄弟友爱等，这也是传统五伦思想走向现代化、科学化的核心生命力所在。本章重点站在古代视野中，用传播学理论解构古代五伦关系及其传播思想，阐发五伦之特点，以及如何界定人际互动的表演规则，再把视点转向新时代，从"人情""义务""私德"几个关键词着手探讨五伦关系在新时代人际互动的适用性与冲突。

一、五伦关系：传统社会的人际网络模型

在中国古代，交通和传播工具的欠发达使人与人之的联结变得困难，从个人延伸出去的社交网络十分有限、壁垒重重。多数普通人的一生都未走出依山傍水的村庄，即使后来城市化兴起，中国人还仍然保持着对世外桃源、清净乡村的习惯和向往。在这种封闭的地理环境下生存，人们的关系网络也十分简单，无外乎君臣、父子、夫妇、兄弟、朋友五类人际关系，例如一名男性的一生所扮演过的角色也无外乎臣、子、夫、父、兄、弟、友这么七种角色。从某一个角色节点向外可以延伸为7种关系（如图1所示）。之所以不是前文所述5种关系，是因为兄弟和父子这四种角色可以同时存在，而作为每一组关系的传播对象，即图示第二圈，可以继续作为角色节点向外延伸又成就7种关系，由此不断扩散，构成了中国传统社会的特殊人际网络。接下来笔者将讨论这种特殊网络的几个异同点，及其对人际传播的影响。

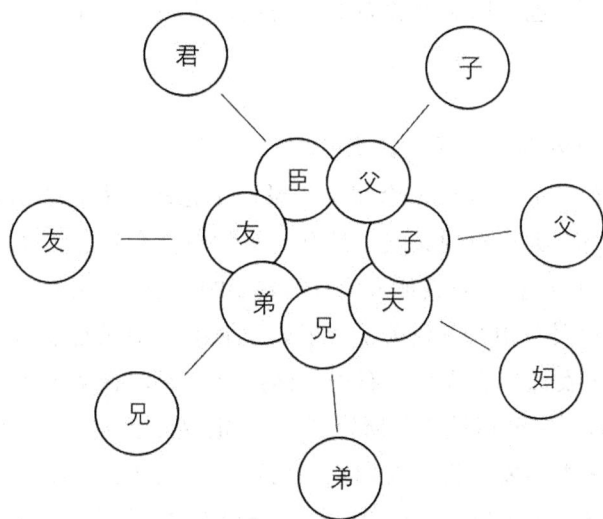

图 7-1 中国古代社会个人角色及人际网络模型

（一）以人情关系为链接纽带的熟人社会

如前所述，中国地理环境的封闭性使社会形成小圈子模式，圈子内部个体联系紧密，往往能建立几代人的长久稳固的关系，但圈子之间却经常筑起高墙。费孝通曾将因血缘、地缘关系组建起来的社会称为礼俗社会，而将以劳工合同和法律维系起来的社会称为法理社会。① 中国古代社会就是典型的礼俗社会。礼俗社会虽然分工并不明确，却形成了一套基于伦理道德的特殊秩序，这种人伦秩序相比工业社会的明确分工更能安邦固民。除此之外，礼俗社会的成员之间依靠"人情往来"来维系关系，频繁的你来我往很快由陌生人变成熟人，由圈外人变成圈内人，彼此知根知底、相互帮衬，因而以人情关系为链接纽带的熟人社会是十分稳固和长久的，社会成员也相对容易建立归属感和认同感。再回到五伦关系谈，君臣、父子、夫妇、兄弟、朋友五种人际关系的维系同样以"人情"为纽带，节日互拜、生日互贺、困难互助，汉族先民们以"礼物"作为传播的符码，搭载着人情的意涵，相互授受。

中国的五伦关系还有一个特点是崇尚家庭与血缘，即把一个人纳入熟人圈的标志是把他纳进家庭圈。在五伦关系中只有君臣和朋友处于家庭之外，然而在宗法制下，诸侯王亲与臣之间多存在血缘关系，君臣多父子；朋友之间也会通过结拜金兰的仪式变成兄弟关系，朋友多兄弟。这说明熟人社会的本质是家庭社会，五伦关系的建设基本也参照家庭关系的礼制进行交往，这才有家天下、天下一家的价值追求。

（二）人际互动及其影响的特殊次序

五伦观念中有一个经常被讨论却至今没有定论的议题，即五伦的顺序问题。王岱舆认为夫妇是人类出现的起点，没有夫妇就不会有君臣、父子等众人伦，夫妇是所有人伦存在的前提，对其他人伦有重要影响，当为众伦之首。② 这种说法不无道理，《易经·序卦》中对五伦关系做了如是描述："有天地然后有万物，有万物然后有男女，有男女然后有夫妇，有夫妇然后有父子，有父子然后有君臣，有君臣然后有上下，有上下然后礼义有所错。"在一定程度上佐证了王岱舆的观点。李贽从朴素的男女平等出发，将"夫妇"一伦置于五伦之首，而"君臣"一伦则由五伦之首置于末位。他认为，天地之道是"造端于夫妇"，将两性关系上升到天地的起源和万物运动变化的依据。③ 这里，夫妇一伦依然被置于首位，之后随着血缘关系的远近依次排序。

如果说以上排序的坐标轴考虑的是血缘关系的亲疏远近，但夫妇之间其实没有真正血缘关系，何以放在五伦之首，这是有问题的。而且，仅仅依靠一条血缘关系也无法覆盖全部的排序坐标，这是因为五伦关系中传播的频度和深度差异极

---

① 费孝通：《乡土中国》，北京：人民出版社，2008 年，第 68 页。
② 马晓琴：《五典学说与新时代伦理建设》，《青海民族研究》2020 第 4 期。
③ 马晓琴：《五典学说与新时代伦理建设》，《青海民族研究》2020 第 4 期。

大，不同人伦对个人的性格、人格、品行、德行的影响程度也并非一致。因此在笔者看来，可以从三大价值体系出发为五伦排序：第一是参照个人自然成长的顺序，从幼儿至成年至老年，和五伦人际交往对象的出场顺序来划分；第二是参照五伦对个人影响的程度排序；第三是参照从家庭到社会、血缘亲疏的远近排序。按照这三个思路，五伦次序应该为"父子、兄弟、夫妇、君臣、朋友"。父母是子女的第一任老师，他们在个人人生中的出场顺序最早，与个人的传播交流最频繁，对个人的影响也最深刻，血缘亲疏也是排第一位，因而父子之伦是众伦之首；其次应当是兄弟姐妹之伦；再次，循着古人"先成家后立业"的人生轨迹，位于第三伦的应该是夫妇，这是一种法律认可的亲属关系，直接影响到未来人生的发展轨迹；从第四伦开始脱离血缘关系而建立起社会关系、政治关系，即朋友一伦和君臣一伦。笔者对五伦次序的这种划分在儒家《礼记·礼运》篇中的"十义说"得到佐证。父慈子孝是父子之伦，兄良弟悌是兄弟之伦，夫义妇听是夫妇之伦，长惠幼顺是长幼之伦，君仁臣忠是君臣之伦。十义明确为五伦的先后次序做了划分，将最具血缘关系的父子放在首端，将具有政治关系的君臣居于末位。可见从笔者的三个判断体系基本可以确定古代社会五伦思想及其影响的特殊秩序。

（三）男性是人际网络中的中心节点

传统五伦思想具有严重的尊卑观念和性别歧视，五伦中唯一的一个女性角色"妇"处于尊卑体系中的"卑"的一方。其实自父系氏族社会开始，男尊女卑思想就已建立，演化千年之后，男性获得了稳定的统治权，独揽国、家的政治和经济大权，因而古代社会网络结构都是以男性为中心节点而展开的，上述人际网络模型也只适用于古代男性角色。女性社会地位低下，未成年时深居闺中附庸于父亲，成年后深居家中相夫教子，附庸于丈夫，基本没有家庭以外的传播行为和交际网络，因而一个古代女性的一生所扮演的角色只有"女""妇""母"三种，困于家庭之中。可以说，男尊女卑的社会秩序塑造了五伦关系的性别视角，五伦的确立又加剧了女性的封闭，成为维护男性特权的配套设施。

这种性别角色的不平等在中国近代发生了觉醒。中国历史上有两次大型的妇女解放运动，分别在五四时期和新中国成立初期。循着西方女权主义思潮，中国女性开始争夺话语地位的平等，越来越多女性主义者主张家庭与事业重新分工，但是，历史的惯性以及男性在生理心理等多方面的天然优势使得中国社会至今依然以男性作为人脉网络的中心节点为主流。

二、天叙有典：界定人际互动的表演规则

前面已详细论述古代社会五种人伦关系的特点，那么在人际交往、互动和关系维系中，人际传播还遵循着一套特殊的运行规则。《尚书·皋陶谟》中"天叙有典"指代五典，即父义、母慈、兄友、弟恭和子孝等等，五典规定了众角色的行为标准和理想状态，人们在"礼"的约束下参照这种规则进行传播和互动。

（一）拟剧论视角下的五典内涵

美国传播学家戈夫曼认为，社会和人生是一个大舞台，社会成员作为这个大舞台上的表演者都十分关心自己如何在众多的观众面前塑造能被人接受的形象。然而，作为不同角色的个人所处的舞台是不同的，个人必须按照角色剧本表演，拟剧论研究的是人们运用哪些技巧在别人的心目中创造印象。无独有偶，中国在五典中所规定的如父慈子孝、兄良弟悌、夫义妇听、君仁臣忠、朋友诚信正是为每一个角色确立了一个理想剧本和形象，古人严格按照五典的规则表演，成就了一个礼仪之邦和道德之国。如果说五典是从价值思想的高度引领古人，那么《弟子规》和《礼记》就是从日常实际操作方面指导古人。例如《礼记·曲礼上》有云："凡为人子之礼：冬温而夏清，昏定而晨省，在丑夷不争。""为人子者：父母存，冠衣不纯素。孤子当室，冠衣不纯采。""父母有疾，冠者不栉，行不翔，言不惰，琴瑟不御，食肉不至变味，饮酒不至变貌，笑不至矧，怒不至詈。疾止复故。"这些都是父子之伦中，作为"子"角色具体表演规则。

然而与西方拟剧论不同的是，中国的表演并不区分前台和后台。戈夫曼认为，人们在台前表演的是戴着"假面具"的自己，前台和后台往往呈现一个人的两面，后台是为前台表演做准备的场合。而中国人的伦理教化重在"教化"，古人读私塾上学堂，学的不是科学知识，而是儒家经典、教人为人处世的道理，所以中国式的教育是"以德化人"，将社会崇尚的理想人格融进每个人的内心，外化于行，中国人的人际表演也不是行动导向的，而是内心导向的。相比于西方重前台，中国人更重前台与后台的交融，君子言必信、行必果，内心指引行动，再用行动强化内心，否则会被认定为"虚伪""假面""不诚实"而背离主流价值。中西方关注前后台的不同促使两个民族形成了不同的气质——一个重表象，一个重内里。

（二）五典规则建立的缘起和意义

为什么中国社会要建立起这样一套人际交往规则？五典在五伦关系中带来的是束缚还是成就？在笔者看来，首先五典的缘起其实是对最本质人性的回归。父母生育子女、含辛茹苦培养成人，子女应当知恩图报，由此产生父慈子孝的典则，兄弟

姐妹之间血浓于水，长兄为父照顾弟妹，相互帮衬和睦共处，由此产生兄良弟悌的典则……人类对稳定、和谐、幸福、友爱等本性的追求造就了五典的起源。其次，五典讲究尊卑长幼的秩序伦理，能够大大降低互动的成本和提高决策的效率。在西方法理社会中，因追求表达自由，人际传播很难达成共识，互动成本很高，议题反复讨论后最终也只能由"少数服从多数"的原则来决策，这种社会规则带来的问题是非主流意见者并不服从于主流意见的判断和统治；而在中国伦理规则之下，面对同一议题，社会达成共识的速度很快，决策效率更高，并且决策者多是由圈层中的意见领袖，其他人愿意一同承担决策风险，这也解释了中国人能在疫情暴发时刻临危不惧、万众一心地遵照决策者的指令，顺利战胜病毒的原因。

面对西方的指责，中国的五典规则确实在一定程度上有悖于西方所谓的"人权"，但思想的同化并不像《1984》中描绘的那么可怕，并不全然给中国人的思想造成绑架。拿西方的自由主义主张来说，自由不是绝对的，自由伴随着责任。中国的五典规则就是在人性的相对自由之下，对个人的责任加以界定，使它有助于成就人性中"善"和"无私"的一面，有助于维系舒适稳定的五伦关系，有助于社会的有效互动和快速反应。

（三）五典规则中权利和义务对等

五伦关系确定了古代社会的尊卑长幼秩序，处于尊的一方享有被服务的特权，而处于卑的一方天然服务别人，人伦的双方处于倾斜的天平的两端，看起来并不公平。为了消除这种不公平状态，统治阶级也做出了有益的规定，即把受益者或"尊"的一方的责任置于"卑"的一方前面，如父慈才子孝，兄友才弟恭，夫义才妇听……父母有着被孝顺的权利，但必须首先承担起培养、教育、关爱子女的责任；哥哥有被弟妹敬爱的权利，但也必须对其友善，照顾和包容他们；丈夫有被妻子伺候、顺从的权利，但首先要对妻忠诚和仁义。而一旦处于尊的一方只享有权利而不履行义务，那么通过舆论的造势和沉默的螺旋使动，他的妻、子、弟、臣、朋友都可以不遵守人伦要求，拒绝扮演那些理想的角色。由此可见，人际交往中的受益方也并不轻松，他们站在舆论的风口浪尖，履行高于和先于服务方的义务要求，是整个五伦关系的典范和榜样。

再把视角转向"卑"的一方。他们的义务是孝，是悌，是听，是忠，而他们所获得的权利是被庇护和收养，他们无须承担来自社会生存的压力，扮演好各自的角色便能好好生活，虽然地位相对不高但是吃穿不愁。与西方伦理思想一样，西方在强调自由是有限的、自由伴随有责任的同时，这个东方大国也早已认识到人际相处要讲究权利和义务的对等。最能体现这种对等思想的当属朋友一伦。朋友不分高低贵贱，朋友之间的义务履行也是非制度化的，如若一方没有履行诚信、有难同当的义务，另一方断然弃之，不会对个人产生太大影响。综合来说，中国人对义务的重视程度要远远大于权利，义务优先而后权利，责任优先而后私利，这是具有中国特色的义利思想。

三、五伦关系在新时代人际互动的冲突与磨合

2015 年，习近平总书记在主持中共中央政治局第二十九次集体学习时指出："中华优秀传统文化是中华民族的精神命脉。要努力从中华民族世世代代形成和积累的优秀传统文化中汲取营养和智慧，延续文化基因，萃取思想精华，展现精神魅力。要以时代精神激活中华优秀传统文化的生命力，推进中华优秀传统文化创造性转化和创新性发展，把传承和弘扬中华优秀传统文化同培育和践行社会主义核心价值观统一起来，引导人民树立和坚持正确的历史观、民族观、国家观、文化观，不断增强中华民族的归属感、认同感、尊严感、荣誉感。"① 五伦观念是构成中华民族之文化精神的重要源泉之一，其中所倡导的个人角色定位，如父母、兄弟、朋友等依然符合新时代华夏民族的交往模式，但夫妇一伦、君臣一伦在平等观念和劳动雇佣制的冲击下与新时代格格不入，因而需要被改造和创造性转化。

（一）五伦思想与新时代的冲突

1. 人情关系与协作关系的冲突

中国传统家庭圈子式的社会结构以人情关系为链接纽带，而在今天，伴随城市化的兴起和流动人口规模的急剧上升，社会结构具有关系流动率高、变化频率大、人际网络松散的特征，多以协作关系、法律关系为链接的纽带。例如"君仁臣忠"的思想无法平移到今天的上下级关系中，上级与下属并没有仁或忠的道德要求，只需履行合同中的法律义务，并且凭自愿可以任意解散这种关系。朋友之间也常以资源共享、人脉互助的协作关系为链接的纽带，人情味寡淡。因而在如今的中国，有人偏向人情交往，有人偏向协作交往，当这两类人共事的时候将不可避免产生冲突。电影《中国合伙人》即拍摄中国式兄弟关系在团结携手共创事业之后，面临着公司协作利益的重重考验，电影最后，人情关系败给了协作关系。但是，人情关系并没必要与协作关系划清界限，中国社会依然是二者相混合的社会，这是因为，在协作失灵的情况下，人情关系可以补足协作关系的障碍和缺陷，能够机动地调节关系交往，达到和谐的状态。

---

① 《习近平主持中共中央政治局第二十九次集体学习》，2015 年 12 月 30 日，http://www.gov.cn/xinwen/2021-05/01/content_5604364.htm。

2.私德与公德的冲突

五伦思想中暗涵着"等差之爱"，爱有等差就是承认传播交往的对象存在亲疏远近，需采取有差别的、分等级的方式和态度对待他们，这就是儒家思想中"尊尊、亲亲"观念的演化。[①]五伦中只有探讨"小我"的角色定位和规则，在私德的建设中颇有成就，但忽视社会中的其他人，造成对陌生人的冷漠与无视，公德之义有所欠缺。李国鼎先生认为：爱有差等是人作为动物的天然结果，是人性之本真，我们可以通过思想修养来突破等差之限制。[②]其实，中国传统文化思想中有着公德的丰富资源，例如孟子说的"老吾老以及人之老，幼吾幼以及人之幼"、墨家的"兼爱"思想等等，只是这些思想没有被纳入五伦体系之中而已。新时代的中国是公德与私德并重的中国，为了适应时代发展，李国鼎创造性地拓宽五伦范围，提出建立"第六伦"即群己关系，这一人伦观念的提出为狭隘的五伦思想附上了公德的内涵，颇有建设性意义。

（二）五伦思想的适用性与接续发展

1.社会共识与行为参照体系的稳定

社会要想作为统一的整体存在而发展下去就必然有一套全社会所认同的道德体系和行为参照体系，五伦思想就提供了这一参照系，它如潜网般凝聚中国力量，推动社会黏合，防止社会解体，维护稳定秩序。对个人而言，五伦思想划定了个人的行为参照系，是非对错善恶以此为界，有助于人们做出合理的行为决策，因而即便在新时代，五伦思想依然具有弘扬的必要。美国社会学家库利认为：人际互动也是自我互动，他人对自我的看法、意见、评价等是个人认识自己的一面镜子，透过镜中我能够清晰、客观地把握自己。小到个体的镜中我，大到国家的镜中我，都是社会共识系统建立的必然路径，在这一过程中，加强传播与沟通的频率、深度、广度，提高本意交流和情感交流成分，稳定五伦作为中国人的行为参照体系，有重要的文化意义、价值意义。

2.五伦思想的矫正

李国鼎认为：传统社会中人口流动性小，人际的相处可以透过五伦而有效运作。然而，现代社会里，特别是在都会区里，一个人接触互动的，主要都是"不知名的第三者"，如超市里的售货员等。这些人都不在传统五伦的网络上，五伦无

---

① 彭虹斌：《从等差之爱到平等之爱——中国市民社会背景下的伦理转换》，《广东水利电力职业技术学院学报》2017年第15期。

② 李国鼎、郭为藩、吴忠吉：《富裕的伦理》，台北"行政院文化建设委员会"，1991年，第6页。

从发挥功能。因此，现代社会需要"第六伦"——群己关系，一个人和陌生人、不知名的第三者之间，彼此相处互动的游戏规则。^①贺麟认为：五伦观念突出人与人之间的关系，这恰好是突出中国文化特色，需要发扬，同时，也应当将"五伦"与"五常"挂靠，强调仁义礼智信之五常德，消解"五伦"的权威性、偏狭性，以适应时代需要。在我看来，五伦思想中父子、兄弟、朋友三伦是全世界范围内人性共通的价值坐标，需要矫正的是行为主体的范围，例如父子一伦要加上母女的角色，兄弟一伦要加上姐妹的角色，提升女性的存在感。而五伦思想中的夫妇一伦和君臣一伦在价值观上需要重新界定，尽可能体现平等、责任和自我意识，如夫妇相和，上下级有责。

综上所述，大凡稳定的社会组织皆有一套由全体成员达成基本共识的价值系统。传统"五伦观"作为维系中华民族的群体纲纪，是两千多年来支配中国人生活内容与方式的重要价值系统之一。^②虽然五伦思想经过 20 世纪初的社会震荡和 21 世纪的互联网冲击已然发生了表层和内里的变化，但是其依然发挥着维护社会稳定、提供行为决策依据的重要作用，在人际传播中具有极强的中国特色。因而比起全盘西化，对五伦进行创造性转化更适应于中国社会，在百年未有之大变局这一关键时间节点中，守护中国人认同的根，立足中华传统文化发扬创新才能在世界面前有底气、有骨气。

（周云梦　谢清果）

---

①　李国鼎：《经济发展与伦理建设——第六伦的倡立与国家现代化》，《联合报》，1981 年 3 月 18 日，第 2 版

②　李杨：《贺麟"五伦新观"三特征》，《文化学刊》2020 年第 11 期。

第八章　水舟覆载：先秦儒家君民政治传播观念研究

　　"水舟覆载"以舟为君，以水为民，展现先秦时期儒家学派的"君—民"政治传播观念。孔子提出以德政为主的观念，孟子提出"民贵君轻"，荀子则承前启后提出"水舟覆载"的君民政治传播观。先秦儒家的政治传播话语厘清了君主与人民的权利与义务，同时也沦为统治阶级加强中央集权的政治工具。本文从话语视角出发探讨先秦儒家政治传播观念中的"君—民"政治传播，解释先秦儒家"君—民"政治传播观念发展过程中所隐含的政治话语变迁。

　　政治传播是在国家的政治制度体系内，以统治者为中心的多通道、多媒体、多符号传播政治信息，以达到控制、监督、整合社会的态度与行为的对策[1][2]。中国古代政治实践中的政治传播思想、政治传播制度、政治传播实践，作为后世传播治理的文化宝库，具有重要的参考价值。目前，我国古代政治传播研究主要集中在：其一，先秦诸子的政治传播思想梳理，从中考察诸子百家的政治传播观念的形成、发展与革新；其二，面向君臣、君主、民众的思想控制手段研究；其三，通过不同叙事策略、文学体裁等进行舆论控制的政治传播策略研究；其四，政治传播实践的传播效果研究。此外，不乏从控制论、劝服论、媒介技术论的视角出发对中国古代政治传播进行分析与研究。中国古代政治传播思想是在特定历史条件下诞生的产物，也是中华文化中不可忽视的部分。政治传播思想指的是涉及政治传播的传播思想，在中国古代语境下为政治控制中的传播思想[3]。目前在对于中国古代政治传播的研究著作中，有关政治传播思想的文章以梳理性研究为主，较少跳出文本本身探讨其话语的形成与发展，以透视中国古代政治权力话语对维护

---

①　邵培仁：《政治传播学》，南京：江苏人民出版社，1991年，第25页。
②　陈谦：《中国古代政治传播思想研究》，北京：中国社会科学出版社，2009年，第21页。
③　陈谦：《中国古代政治传播思想研究》，北京：中国社会科学出版社，2009年，第23页。

王权政治的作用。

"水舟覆载"即"君者，舟也；庶人者，水也；水则载舟，水则覆舟"（《荀子·王制》），意为统治者像船，百姓如水，水既能让船安稳地航行，也能将船推翻吞没，沉于水中。"水舟覆载"常用于表示人民对于君主的重要性与潜在威胁，以此作为告诫统治阶级处理与人民关系的依据。作为中国古代政治传播观念之一，"水舟覆载"以舟为君，以水为民，展现先秦时期儒家学派的"君—民"政治传播观念。先秦儒家"水舟覆载"政治传播观念诞生与发展时正处于中国古代政治制度与思想观念发生巨大变革的时期，因此诸子百家面向君主进行政治传播思想的交流尤为重要，影响王权政治在特定时期的统治。而从先秦儒家的政治传播中，不难发现其"民本思想"已经初步显现，但与现在所认知的民本观念具有一定差异。

福柯提出的话语理论指出话语与权力具有共生性，话语的产生与发展都受到权力的支配，从而被控制、选择、组织与传播，并与社会环境、社会问题紧密相连[①]。他认为："话语是由符号构成的，但话语的功能远远多于符号的指称。'语言之外的东西'才是话语研究的对象。"[②] 政治话语是政治共同体内用以维持特定阶级权力地位的语言行为和政治表达方式[③]，"水舟覆载"政治传播观仍然是统治阶级用以维护统治地位的思想工具。本章试图从话语视角出发探讨先秦儒家政治传播观念中"君—民"政治传播部分，解释先秦儒家"君—民"政治传播观念发展过程中所隐含的政治话语变迁。

一、先秦儒家"水舟覆载"君民政治传播话语的含义

实际上，教化传播是儒家政治的中心问题，因而各个时期先秦儒家代表人物的政治思想，及其体现的政治传播观念均是围绕以教化为中心的信息规范展开的。而从话语理论对先秦儒家"水舟覆载"君民政治传播进行研究，势必需要回答谁在说话、说什么、如何说、为了什么、产生什么影响等问题。先秦儒家的政治思想通过口语传播进行，而其政治传播思想又通过对教化的完善体现，但出于不同的目的，为了达成的效果不同，各个时期代表人物政治传播思想的话语又各有差异。

---

①　刘建明：《话语研究的浮华与话语理论的重构》，《新闻爱好者》2018 年第 9 期。

②　Foucault Michel: *The Archaeology of Knowledge*, London: Routledge, 2002, pp.54.

③　彭剑：《政治传播话语：概念界定及创新表达》，《编辑之友》2021 年第 1 期。

（一）孔子"德政为主"的政治传播观

春秋战国时期社会转型，礼崩乐坏，社会矛盾激化，僭礼之事频发，礼制权威受到挑战。而这个时期，孔子所提出的政治思想也主要围绕人伦道德教化与维护等级秩序展开。

孔子提出"修己以安百姓"（《论语·宪问》）肯定了统治阶级的道德修养在君民关系的协调与民众管理方面的影响，强调君主在民众中的表率作用，陈谦将孔子的这一政治追求归纳为"表率政治"①。可以窥见，孔子对于君主的德行寄予厚望，而君主要达到对人民的统治也需要通过道德示范进行。此外，孔子还指出"一言兴邦，一言丧邦"（《论语·子路》），认为君主的言论对于国家的兴亡具有重要的影响，因此统治阶级在进行语言传播时需要注意"慎言"。而"君子名之必可言也，言之必可行也。君子于其言，无所苟而已"（《论语·子路》），也是孔子对君主言论与行为相统一的期望，认为君主要言而有信，对待承诺的事不可草率了事。这意味着君主不仅需要"慎言"，并且要做到言行合一。从孔子的政治思想来看，他将君主放置于绝对强势的地位，即言行对于国家具有影响力，将维护国家稳定主要归结于君主自身的德行。

总体而言，孔子的政治传播观以"德政"为主，倡导君德以及从君德而生的政治影响力②，强调政治中枢在进行政治传播时的道德素质。一方面，这重申了统治阶级的地位，重视君主对民众的辐射作用；另一方面，也从君主自身道德、行为出发进行约束，注重君与民关系的维护。孔子一生投身于教育活动，将政治与教育结合，因此"德政"的政治思想也被运用至政治教育中，形成政治教化。教化指的是统治者对臣民进行的，关于道德伦理的教育，本质上是政治活动。相比于刑政，教化在政治制度中的作用在于将社会规范深入人民的心理，内化为习惯。实际上，孔子的"君—民"政治传播话语体现的是以统治中枢为中心的示范传播，其目的是通过教化提高国家从统治阶级到人民的道德素质，达到统治阶级树立道德榜样而人民自觉服从统治的效果，以此更好地施行"德政"。

（二）孟子"民贵君轻"的政治传播观

孟子时期将民众的地位进一步提升，提出"民贵君轻"（《孟子·尽心下》）的观念，这也被认为是中国古代早期"民本思想"的初步显现。与孔子的政治传播观念相似的是，孟子也关注统治阶级的道德修养，提出"惟仁者宜在高位，不仁

①　陈谦：《传播学视野中的中国古代政治——以"一言兴邦，一言丧邦"的传播观为例》，《青岛大学学报》2005年第4期。

②　陈谦：《中国古代政治传播思想研究》，北京：中国社会科学出版社，2009年，第35页。

者而在高位，是播其恶于众也"（《孟子·离娄章句上·第一节》），认为在高位的君主应该实行仁政，同时又再次强调了政治共同体中的等级秩序，即居于什么地位的人就应该做什么样的事，居于高位者宜施行仁政。

在孟子看来，"以民为本"就需要统治阶级做到"养民、活民、乐民"，即养民、戒杀、与民偕乐。养民方面，孟子提出"明君制民之产，必使仰足以事父母，俯足以畜妻子乐岁终身饱，凶年免于死亡。然后驱而之善，故民之从之也轻"（《孟子·梁惠王上》），从百姓角度出发，认为英明的君主需要规定百姓的产业使其丰衣足食。而在活民方面，孟子主张"不嗜杀人者能一之"（《孟子·梁惠王上》），表明不嗜好杀人的国君能够统一天下，将仁君与百姓置于"解救与被解救"的关系中。在乐民方面，孟子借周文王在百姓修建灵台时的言语关心一事提出"古之人与民偕乐，故能乐也"（《孟子·梁惠王上》）的观点，指出关心百姓的国君能够与百姓一同享受快乐。从孟子的政治思想看来，"养民"时君主为民制定产业发展，"活民"时君主不滥用权力杀戮百姓，在提及"乐民"时也以周文王命令百姓修建灵台为例，可以见得虽然孟子主张"民贵君轻"，但其政治思想均是建立在君主的绝对统治基础上的。

总体上看，孟子的政治传播观也在一定程度上更加侧重于百姓享有的权利以及君主对人民的责任。与孔子的君民政治传播观不同的是，孟子的观点从更加贴合百姓实际的角度出发劝诫君主施行仁政，重视民众在君主统治下的生存体验，在孔子"庶—富—教"治国理论的基础上，孟子的政治传播观念丰富了教化传播的条件。"先富后教"是教化传播的先决条件，孟子提出"善教才能得民"的观点，认为"善教民爱之"、"善教得民心"（《孟子·尽心上》），指出教化需要一定的条件与方法。而孟子"君—民"政治传播话语表达了其认为在教化政治传播实行之前，需要保证人民富足、生活安乐的观点，以此保障教化的实施，充分发挥教化在政治传播中的作用。

（三）荀子"水舟覆载"的政治传播观

与前人的政治思想相同的是，荀子也重视君主个人道德修养，提出"君者仪也，民者景也，仪正而景正。君者槃也，民者水也，槃圆而水圆"（《荀子：君道篇第十二》），强调君主要修养身心，为人民以身作则。荀子肯定"民"之于"君"的正面影响，但同时也看到了"民"之于君的负面影响，其"水舟覆载"政治传播观既指出了民能够助推君主管理国家，又指出了民能够翻覆君主的潜在威胁。基于此，荀子的政治思想主张"礼法并进"，强调君主对于国家发展与人民生活的独一无二的地位。荀子提出"故圣人化性则起伪，伪起而生礼义，礼义生而制法度"（《荀子·性恶》），倡导用礼义与法度约束人性，是为"化民"之道。同时，他将礼义、法度的制定上升至"圣人"的层面，以其规范等级秩序与社会刑罚的同时将管理国家的君主蒙上"圣"的意味。此外，荀子还提出"天之生民，非为君也；天之立君，以为民也"（《荀子·大略》）、"君子者，天地之参也，万物之总也，民之父母也"（《荀子·王制》），认为为君者应当为民做事，同时又将君主视为"天之子""百姓的父母"，把君主的地位提高到天命人伦的层面。

尽管荀子的思想常被认为与孔、孟儒学相违背，但其政治思想基本延续了先秦儒家对统治阶级崇高道德修养的期望，以及对君主实行仁政的肯定。但与前人相比更为特别的是，荀子的政治思想更加侧重百姓对君主至高无上地位的尊崇，表达了其对于政治传播过程中责任与权力相统一的观念。因而，荀子的政治传播观强调以"强国"为目的，在以教化为中心的信息规范中体现为统治阶级的道德素质及其推崇的礼义法治都对人民教化负责。其政治传播话语旨在提高了教化在社会中的地位[1]，强化教化在政治控制中的效果。

先秦儒家学派的政治思想始终肯定了君主的德行对于民的正面作用，并提出养民、对民教化的观点，这些都体现了"君"对"民"的责任与作用。而到了后期，荀子的观点进一步补充了"民"对于"君"的义务[2]，即遵照礼制、尊君等，这使得先秦儒家学派对于"君—民"关系的理解更加完整。

二、"水舟覆载"先秦儒家政治话语的传播背景

话语具有一定的阶级性以及意识形态性，需要放置于语境与历史变迁下看待。社会环境和历史问题的出现也造成了特定时期的话语出现，或使话语发生变化[3]。先秦儒家的"水舟覆载"君民政治传播话语也正是在中国古代发生巨大变革的时期出现，其政治话语也因历史条件与历史问题的出现而发生改变。

（一）西周时期"君权天授，民顺天意"的舆论环境

西周时期是我国历史上奴隶制度完善的时期，统治阶级的统治手段日渐成熟。这个时期，统治阶级吸取夏商灭亡的教训，意识到分封制对权力的分割，以及人民在其中的力量，进一步加强统治。

一方面，西周依旧延续夏商时期的"天命论"，将君主授予视为上天的旨意，

---

① 廖其发：《先秦两汉人性论与教育思想研究》，重庆：重庆出版社，1999 年，第 215 页。

② 孟凯：《论"民贵君轻"与"君舟民水"——先秦儒家民本思想研究》，《北京工业大学学报》（社会科学版）2013 年第 13 期。

③ 刘建明：《话语研究的浮华与话语理论的重构》，《新闻爱好者》2018 年第 9 期。

不仅如此，更以"天罚"作为威胁要求人民顺应天命。西周时期提出"尔不克敬，尔不啻不有尔土，亦致天之罚于尔躬"（《尚书·多士》），即要求人民保持对君主的尊敬，否则无法保有土地还会受到上天的惩罚。"天命论"将君主置于国家的绝对掌控地位，更体现了统治的不可违抗性，这一政治话语也顺应了西周对于加强君主制的需求。

另一方面，西周统治者也从前车之鉴认识到劳动人民的力量，因此也对统治阶级的德行做出要求，重视人民的意见，提出"天命"并非固定不变。周王朝提出"敬德保民，以德配天"（《尚书·蔡仲之命》）的政治路线，认为天子应当崇尚道德，保卫国家，拥有德行的人才可承受天命，失去德行就会失去天命。同时，又提出"人无于水监，当于民监"（《尚书·酒诰》），认为人不应当以水为镜，而要以人民群众的言论、反应来反省自己，检查为政的得失，这一政治传播思想对西周的统治阶级提出重视民意的要求。

"天命论"将王权政治蒙上"神权"的外衣，这一时期的政治话语传播强调君权天授，且民顺天意，而"天命可变"又意指权力的可流变。"天命可变"与"天命论"相互制衡，同时满足了西周统治阶级对于加强王权与警惕人民的需求。

（二）先秦时期"圣人为王，礼法并行"的政治传播机制

而至春秋战国时期，国家从分裂走向统一，这一时期诸子百家争鸣，在前朝覆灭的教训基础上进一步完善政治传播思想。先秦儒家的"水舟覆载"君民政治传播观对西周时期的政治话语进行了延续，同时也进行了一定程度的颠覆。

1."君—民"：重视君主道德素质对民的示范传播

西周时期基于"君权天授"要求君主德行修养才能承受天命，与之不同的是，先秦儒家对于德行的要求是建立在君主自身强大政治影响力的基础上，可以看作与"魔弹论"相似的传播观[①]。孔子提出"其身正，不令而行；其身不正，虽令不从"（《论语·子路》），认为君主端正自身品行，百姓就会服从命令，若君主品行不端，则百姓不从命令。同时，孟子也提出"行有不得者皆反求诸己，其身正而天下归之"（《孟子·离娄上》），表明行为达不到预期效果应该从自身出发反省，自身端正了才能天下归服。先秦儒家的政治传播观延续了对君主德行的要求，但同时其政治话语也从西周时期的"君权天授"对君主的规约与对人民的控制，转变为德行对君权影响力的作用，强调君主修身以作为传播示范对民众进行管理，

---

① 陈谦：《传播学视野中的中国古代政治——以"一言兴邦，一言丧邦"的传播观为例》，《青岛大学学报》2005 年第 4 期。

透露出君权的影响力出自品行的端正而非天命。

2. "民—君"：遵循"礼"的民意表达

延续西周时期"君主需重视民意"的政治传播观，先秦儒家同样重视民意的表达。"左右皆曰贤，未可也；诸大夫皆曰贤，未可也；国人皆曰贤，然后察之；见贤焉，然后用之"（《荀子·君道篇第十二》）意在指出君主需要获悉民，任用人民认可的贤才。但同时，先秦儒家学派又为民意的表达设置了道德门槛，"名不正，则言不顺；言不顺，则事不成"（《论语·子路》）、"君君、臣臣、父父、子子"（《论语·颜渊》）等观念表现出儒家对于等级秩序的重视，认为各阶级的人做事要符合其名，遵循"礼"的原则。同时，孟子也提出"正人心，息邪说，距诐行，放淫辞"（《孟子·滕文公下》），主张反对邪说，批判放纵的行为，排斥荒唐的言论，因此人民并未获得完全的言论批评自由，而是需要在等级秩序的限制下发表民意。与西周时期"当于民监"的政治传播观念相比较，虽然先秦儒家同样提出重视民意的观点，但是依旧要求遵循"礼"的原则，规范信息传播的等级秩序，同时，又设置"名正言顺"、忌"巧言令色"、"息邪说"等道德门槛，一定上又阻碍了民意的传达。因此，先秦儒家政治传播观念所体现的政治话语暗含着民众享有发表民意的权利，但仍然需要承担遵守礼制的义务。

三、作为君主权力工具的"水舟覆载"政治传播话语

从先秦儒家"水舟覆载"的政治传播话语中，不难看出孔子、孟子、荀子对于统治阶级道德修养与言行的要求。一方面，先秦儒家的政治传播思想表达出对君主德政、慎言的期望，另一方面，这也启发君主利用先秦儒家思想加强君主统治。因此，"水舟覆载"的君民政治传播观也被用作统治阶级进行信息规范、达成政治控制的工具。

（一）"水舟覆载"政治传播话语：圣化君主的依据

德政将道德与政治相结合，是先秦儒家政治传播的主要思想之一。孔子认为，为政者有德才能获得人心，成为天下"圣主"[①]。以此，孔子推崇"内圣外王"之道，形成"泛爱众而亲仁""博施济众"的观点，而"仁"是其核心。荀子提出圣王的观点，他认为"圣"指的是道德，而"王"则指的是礼法，实现圣王可以通过"礼""乐"实现，即"圣因德显，王以位彰，德由乐和，位由礼尊"[②]。荀子的

---

① 韩星：《内圣外王之道与当代新儒学重建》，《新疆师范大学学报》（哲学社会科学版）2016年第6期。

② 曲祯朋：《荀子"圣王"观与儒家道统论的内外维度》，《原道》2020年第1期。

"圣也者，尽伦者也，王也者，尽制者也，两尽者，足以为天下极矣"（《荀子·解蔽》），认为圣人极尽道德伦理，君主极尽管理的方法，极尽两者才能统治天下。这一观点是对孔子"内圣外王"之道的继承与发展，将对君主的期望提升至圣人的地步，推崇"圣王政治"。

先秦儒家政治传播话语将"圣"与"王"相联系，将政治圣贤化，把君主放置于道德与权力不可动摇的地位。荀子认为，"民众愚而难晓，只是教化的对象"[①]，因此需要圣贤的君主加以启发、教化。从荀子的观点中可以看出，先秦儒家提倡有道德修养的人做王，即"圣人宜为王"，而这一观点被统治阶级所接纳并利用，成为圣化帝王的依据。随着此后"圣王"观念的发展，皇帝被视为圣人，其言行决定被认为是圣明的，"圣王"的政治话语传播也完成了从"圣人宜为王"到"帝王为圣人"的转变[②]。在汉代，先秦儒家"内圣外王"的圣王政治被统治阶级异化，在"罢黜百家，独尊儒术"的影响下，圣王政治进入实践，逐渐形成"霸王道杂之"的政治文化模式，最终发展了"外王"而使"内圣"萎缩。

（二）"水舟覆载"政治传播话语：君主对"言语传播"的控制

先秦儒家诸子面向统治阶级的政治思想传播本质上是一种言语传播，而统治阶级又在这些言语的指导下"以言行事"进行政治统治。哲学家 Austin 提出言语行为理论，认为说话即实施行为，言语行为体现话语中的权力[③]。因此，先秦儒家政治传播即是通过言语行为传达话语中的权力。

关于"言"，"一言兴邦，一言丧邦"（《论语·子路》）的观念被认为是中国古代政治传播思想的基本特征[④]，而这其中蕴含的是君主掌握话语权力的观点，即这一话语透露出统治阶级言语行为对于国家管理与发展的强大作用。在此基础上，先秦儒家认为统治阶级还需要"慎言"，同时需要在"名"的规约下发言。先秦儒家诸子对于语言传播提出诸如"非礼勿言"（《论语·颜渊》）、"言行，君子之枢机"（《周易·系辞上》）、"讷于言而敏于行"（《论语·里仁》）、"名不正，则言不顺"（《论语·子路》）、"息邪说"（《孟子·滕文公下》）等观点，反映出言语传播在政治传播中的重要性，并且需要在一定的秩序中实行言语行为。从以上观点，可以看出其中言语行为仍旧要求符合秩序规范，而等级秩序又是统治阶级达成政治控制的产物，这依旧透露出话语权力掌握在统治阶级手中的思想。综上所述，先

---

①　东方朔：《权威与秩序的实现》，《周易研究》2019 年第 1 期。

②　张分田：《秦始皇传》，北京：人民出版社，2003 年，第 227 页。

③　Austin J L: *How to Do Things with Words*, New York: Oxford University Press, 1962, pp. 14.

④　陈谦：《中国古代政治传播思想研究》，北京：中国社会科学出版社，2009 年，第 61 页。

秦儒家对于"言"的谨慎主要基于君主对于人民的示范作用，以及对于合乎"名"的等级身份秩序的坚持。不仅君主慎言，人民也需要慎言，而这份谨慎是在礼制规范下的要求，即进行符合身份地位的发言。这样名、言、行相统一的政治传播话语对统治阶级的政治实践起一定的约束作用，同时又启发统治阶级将其作为管理国家、加强君主统治的工具。

先秦儒家对言语传播的强调也让统治阶级意识到"言"对于管理、控制人民的重要作用，对于统治阶级来说，传达了掌握话语权力以控制人民的意思，即"控制言论就能达到统治的目的"。因此，先秦儒家的政治传播话语启发君主，可以施行一定的举措加强对信息的控制，监听臣民，以进一步加强中央集权统治。先秦时期的信息监控、秦代"燔诗书而明法令"等都反映了这类政治传播话语，使得国民思想被管控，语言传播愈发谨慎，权力被统治阶级进一步收紧。

综上所述，在理解先秦儒家政治传播话语时，可透过其传播过程中的各个关系进行分析，讨论话语的主体、话语媒介、话语意图、话语效果，以及话语传播的历史文化背景[1]，以此理解整套政治话语传播的运作逻辑。基于以上对先秦儒家的"水舟覆载"君民政治传播观的话语分析，能够发现该政治传播话语均是发生在孔、孟、荀子与统治阶级之间的对话，是政治家面向君主的政治传播，本质上是为统治阶级统治服务的，因而其约束君主、重视人民等观念皆为君主利用，成为权力的工具。先秦儒家"水舟覆载"君民政治传播观也被后代儒家学者传承，甚至直接被君王引用、标榜自己，可见其"君—民"政治传播思想的影响力。

治理国家者为"舟"，民情舆论为"水"，保持执政组织内部清正廉洁、重视人民的意见以及把控舆论对于国家的安稳运行十分重要。如今，中国已经是社会主义国家，脱离了古代封建制度下的语境，但是先秦儒家"水舟覆载"的君民政治传播观仍然对现在中国执政党与人民关系的处理具有一定的借鉴意义。

（黄舒婷 谢清果）

---

① Shi Xu: *Chinese Discourse Studies*, Basingstoke: Palgrave Macmillan，2014.

第九章　以情导民：古代舆论政策与情绪传播研究

　　长久以来，由于网络舆论场内的情绪问题常常与后真相等负面问题相连，关于情绪的研究一直是讨论如何规避情绪带来的问题。很长一段时间里，情绪都没有被作为单独的问题进行深入研究。但同时，情绪作为舆论的一部分，在研究舆论的形成等问题上也具有重要意义。本章通过对古代传统社会舆论场内情绪的研究，探讨情绪在舆论场内存在和传播的方式，同时也将情绪视为一种舆论引导和说服手段，重视事件中情绪的作用，继续发展情绪传播研究的相关内容。

　　情绪，通常被人们认为是一个心理学范畴的词汇，长久以来在新闻传播领域没有得到非常广泛的研究。随着后真相时代与新媒体时代的到来，个人情绪的表达变得越来越公开化，这种分散的情绪通过社会化媒体不断汇聚，最终转化为一种社会情绪，在网络空间得以传播和流通。快速流动与聚集的情绪具有极强的影响力，使得事实在情绪的裹挟中一次又一次被推近或推远，情绪不仅影响着新闻事件的报道，同样也推动着舆论的走向。情绪与舆论密切相关，在舆论学中，情绪被认为是舆论的一种表现形态。刘建明在《基础舆论学》中提道："潜在舆论是意见的萌芽或潜伏形式，情绪是这种舆论的唯一外部形态。"[1]在这样的背景下，情绪在新闻传播中的影响越来越受到人们的重视，越来越多的学者开始关注情绪与网络舆情、舆论的关系。

　　从古至今，人们用于情绪表达的方式和传播的场域随着所处社会对言论的政策而不断发生着改变。网络社会固然给予了民众发表情绪的自由空间，但在传统社会中，民众同样也具有特殊的情绪表达方式和手段，并借助这些方式构建着传统社会的舆论。因此，本章将从古代的情绪传播与舆论发展的关系入手，讨论历史上官方与民间之间如何进行情绪沟通，探讨情绪在舆论形成、动员等方面的意

---

① 刘建明：《基础舆论学》，北京：中国人民大学出版社，1988年，第350页。

义，从梳理和分析中借鉴、反思，以此来促进当下对于情绪、舆论和网络的研究。

一、情绪传播与华夏舆论的研究概况

情绪是影响舆论生成与传播的重要内部因素，在过去的研究中，人们往往把情绪当作一个生理和心理因素，认为它是造成舆论非理性的原因之一，而较少将其应用在舆论的形成发展研究中，去探究情绪和舆论的关系。随着情绪的重要意义被认识，学界开始对情绪予以关注。情绪作为人类固有的一种内心状态，从人类出生时便拥有，并通过参与社会行为去不断向外界习得、纠正和控制，作为影响舆论的因素，其影响机制是可追溯的、长远的。因此，传统社会中对情绪和舆论的认识同样值得回顾与借鉴。通过综述，能够了解当下对情绪传播与华夏舆论研究的现状，在此基础上将二者结合，以此来探讨中国传统社会中是如何认识情绪和舆论、如何利用情绪、如何解决情绪带来的问题的。

（一）情绪与情感关系辨析

情绪与情感是人们经常混淆的词，但实则二者之间是有所区别的。情绪，如喜、怒、哀、乐等，具有情境性和暂时性等特征，而情感，如爱、恨、友情、爱情、爱国之情等，则较为深刻和稳定。情绪是人与生俱来的生理反应，而情感则是一系列情绪体验累积和社会关系影响的综合产物。相较情绪，情感一旦形成，改变较不容易发生，变化更有迹可循，因此情感多被用于说服当中。情绪的变化受到外界环境、个人自我调节等多种因素的影响，情绪常常稍纵即逝，很容易受当下情境的影响而变化。情绪就像漂浮在海水上的冰山一角，被暴露出的情绪只能代表一部分即时的内心反应，而冰山之下往往累积着大量的情绪和情感体验，在时间和社会契机的作用下，情绪带来的影响不可小觑。

情绪与情感并不是割裂的，二者不可分割。情感在情绪体验的累积下而形成，并且在进行表达时，情感也会通过情绪表现出来，如"有朋自远方来，不亦乐乎？"对友情的珍视往往通过个人愉悦、快乐的情绪进行表达。因此，在研究舆论中情绪的作用时，情感有时也是必须提及的因素。

（二）情绪传播研究概述

目前，学界对于情绪传播的研究大多集中于网络传播中的情绪，并且许多研究未将情绪与情感二词做过多区分，在文章中通常二者交替使用、兼并而谈。研究主要从以下几个方面展开：一是从情绪传播的机制入手，探讨在网络事件中情绪是如何扩散和传播的，呈现出怎样的传播路径，如李春雷（2016）对百度修改 PX 词条事件进行的量化与质化相结合的研究 ①，此外，赵卫东（2015）②、田维钢（2019）③、王一岚（2019）④ 等学者也进行了此类研究。二是从叙事学和情感动员的角度入手，并未对情感和情绪二者做明确划分，探讨网络公共事件中的情绪化叙事以及情感动员的策略形式，如郭小安（2013）⑤、白淑英（2011）⑥、杨国斌（2009）⑦、孙卫华（2020）⑧。

除此之外，赵云泽（2020）重新梳理并厘清了情绪传播的相关概念，将情绪传播界定为"个体或群体的情绪及与其伴随信息的表达、感染和分享的行为"⑨。并对近些年来关于情绪传播在新闻传播研究中的地位变化进行了总结，强调应将情绪传播作为新闻传播研究的发力点，以情绪传播研究促进舆论学的纵深发展，让其进入新闻传播研究的元理论视角。

纵观有关情绪的研究，由于人们一直对情绪一词持负面态度，将其放在理性、客观的对立面上，早期涉及情绪的研究只把情绪当作谣言、"后真相"的非理性助燃剂，探讨如何规避情绪化，如何进行舆论引导，真正认识并重视情绪作用的转变发生得较晚，所以目前研究的角度和深度仍显不足，致使舆论研究出现情绪传播方面的缺失。而在华夏传播研究中，学者们也更加重视与社会关联更深的"情感"一词，对情绪的研究并未有所体现。情绪作为舆论的一部分，与舆论研究密切相关，将情绪放在舆论史的研究中，关注情绪在舆论产生中的作用，结合中国古代社会因素与舆论本体进行研究，仍有可供探究的空间。

（三）华夏舆论研究概述

1936 年，林语堂先生的《中国新闻舆论史》率先开辟了中国舆论史研究的先河，以清议、歌谣等中国古代特色舆论活动探讨了中国舆论发展的历史。⑩ 受此

---

① 李春雷、雷少杰：《突发群体性事件后情绪传播机制研究》，《现代传播（中国传媒大学学报）》2016 年第 6 期。

② 赵卫东、赵旭东、戴伟辉、戴永辉、胡虹智：《突发事件的网络情绪传播机制及仿真研究》，《系统工程理论与实践》2015 年第 10 期。

③ 田维钢：《微博评论中的网民情绪传播机制及策略》，《当代传播》2019 年第 1 期。

④ 王一岚：《社交媒体语境下情绪传播的机制》，《青年记者》2019 年第 16 期。

⑤ 郭小安：《网络抗争中谣言的情感动员：策略与剧目》，《国际新闻界》2013 年第 12 期。

⑥ 白淑英、肖本立：《新浪微博中网民的情感动员》，《兰州大学学报》（社会科学版）2011 年第 5 期。

⑦ 杨国斌：《悲情与戏谑：网络事件中的情感动员》，《传播与社会学刊》2009 年第 9 期。

⑧ 孙卫华、咸玉柱：《同情与共意：网络维权行动中的情感化表达与动员》，《当代传播》2020 年第 3 期。

⑨ 赵云泽：《情绪传播：概念、原理及在新闻传播学研究中的地位思考》，《编辑之友》2020 年第 1 期。

⑩ 林语堂：《中国新闻舆论史》，上海：上海人民出版社，2008 年。

书影响，许多学者对中国舆论史的研究也围绕着梳理和讨论这些形式及活动展开。一是以某一历史阶段或该阶段的代表性舆论活动为主体，从史书和经典中寻找佐证，探讨古代舆论活动、舆论思想、舆论特征和舆论管控对策等内容，如赵凯（2003）[①]、夏保国（2009）[②]、侯珊珊（2009）[③]、张萌萌（2020）[④] 等。二是从中国古代舆论历史演变角度，以时间为发展脉络，结合社会历史语境的政治、文化、社会等因素，梳理各个历史阶段的舆论环境情况及其舆论活动，探讨舆论活动背后的意义，以此把握华夏舆论传播的主要形态和历史特征，如谢清果（2016）[⑤]，研究已相对成熟。这一舆论史的梳理方式，陈虹（2016）[⑥] 也同样做过类似阐述。舆论史研究要以史为据，从舆论本体的内在关系和舆论与社会的外在联系入手，厘清舆论本体的要素构成，为构建舆论史的跨学科研究体系提供了丰富的建议。

目前，虽然已有许多学者对中国古代舆论史进行了研究和梳理，但是由于舆论史的研究有着丰富的史料，因此未来仍有许多可供研究和值得细化的内容和角度，以古代舆论思想观照当下舆论发展，以此来不断丰富和构建我国舆论学学科体系。

二、官方与民间：传统社会下舆论场域的构建

传统社会的舆论场域往往是在官方与民间之间流动，或官方设置舆论导向，或民间舆情影响官方政策实施。彼此交织，形成了诡谲的社会政治生态。

（一）传统社会的舆论与情绪

民意是中国传统社会对舆论的朴素认识，在不同时代，社会中情绪的生成、传播和宣泄都有其各自特点。传统社会中，舆论场域同样是官方与民间双向互动形成的结果，依据时代和文化特征，传统社会形成了自己独特的情绪特征，这种情绪底色潜移默化地影响着舆论的形成。

1."舆论"与"民意"

"舆"最初在《说文解字》中被解读为"车厢""轿子"，后引申为"众""众

---

① 赵凯：《秦汉时期的舆论及其社会影响》，博士学位论文，中国社会科学院研究生院历史系，2003 年。

② 夏保国：《先秦舆论思想探源》，博士学位论文，吉林大学历史学系，2009 年。

③ 侯珊珊：《古代民谣作为舆论的特点分析》，《青年记者》2009 年第 24 期。

④ 张萌萌：《故事化舆论：作为华夏民间舆论传播活动的古代"说书"》，《中华文化与传播研究》2020 年第 1 期。

⑤ 谢清果、王昀：《华夏舆论传播的概念、历史、形态及特征探析》，《现代传播》2016 年第 3 期。

⑥ 陈虹、潘玉：《跨学科视野下中国舆论史研究体系构建》，《新闻记者》2016 年第 10 期。

人"之义。"舆论"即"舆人之论",用以表示公众的意见或言论,但此处的公众多指底层百姓。在传统社会语境中,狭义的"舆论"几乎等同于"民意",在后文的论述中将交替使用"舆论"与"民意",不对二者进行过多区分。

在民意、舆情与舆论三个词义的讨论中,有学者总结民意具有三个基本相同的特点:"第一,民意指来自民间或非政府机构的个人、团体和公众的意见,含公开和非公开的;第二,阐发意见的对象通常是与提出意见者相关的社会事物、事件和问题等;第三,在意见的阐发方式上具有多种形式。"[1]基于以上特点,可将古代的舆论定义为公开与非公开意见并存、通过多种形式阐述的与百姓切身相关的舆论。林语堂在《中国新闻舆论史》的前言中也将中国古代的新闻舆论史称为"民意与专制的斗争史"[2],虽然舆论的主体为民众,但是仍要围绕着政策的制定者(统治者)和民众二者进行分析和讨论。

2. 情绪的作用与舆论的形成

赵云泽对情绪传播的界定中涉及"个人""群体"以及"社会行为"三个关键词,个人情绪的影响是微弱的,只有通过与他人的交流和共享才能发展为社会情绪,并通过社会情绪形成舆论。在这一过程中,网络社会凭借其媒介的特殊性,打破了空间和时间的限制,让群体间的情绪能够迅速传递并产生效果。而在口语传播时代的传统社会中,由于地理的限制,个人情绪很难通过简单的表达和交流上升为社会情绪。此时,能够产生舆论的"场域"和用以沟通的特殊"媒介"就扮演着极其重要的作用,架起了个人与个人之间情绪、感受交流的桥梁。虽然没有网络社会方便的媒介,情绪的作用依然不可小觑,人们常常将其用于与政治相关的社会管理和舆论造势当中。

(二)传统社会的情绪底色与表现

1. 传统社会的情绪底色

费孝通在《乡土中国》中所描绘的传统乡土社会,在一定程度上可以用于观照中国古代传统社会的特征。中国社会的基层是乡土性的、不流动的、地方性的,有着非常浓厚的"稳定性"色彩,也由此形成了一个由熟人组成的"熟悉"的社会。这个社会靠"血缘"和"礼法"进行维系,为了维持稳定的关系,人们依照儒家的三纲五常行事,讲究"君为臣纲,父为子纲,夫为妻纲",依据礼法传统来

---

[1] 王来华、林竹、毕宏音:《对舆情、民意和舆论三概念异同的初步辨析》,《新视野》2004 年第 5 期。

[2] 林语堂:《中国新闻舆论史》,上海:上海人民出版社,2008 年,第 2 页。

约束行为和关系。①

在这种"稳定性"的影响下，社会的情绪也是趋于"稳定的"。除了"血缘"关系外，人际交往间的情绪表达还受到"面子""人情"等因素的影响。由于儒家"己所不欲，勿施于人"（《论语》）推己及人的思想，人们在情绪表达和社会交往时更会注意以他者为本位，注重对方的情绪和感受。

除了社会中以礼和传统形成的规约外，道家、佛家以及中医养生等思想也左右着人们的情绪表现。道家讲求阴阳平衡，不追求极端的状态，在老子的《道德经》中有很多类似的阐述，如"反者道之动，弱者道之用"（《道德经》），强调道的作用是微妙的、柔软的，同样也强调不争、无为和道法自然的态度。一部分精英分子还会追求儒家所推崇的理想人格，克己复礼，以成为"圣王"，在不断内省修身以成圣人的同时，还注重肩负社会责任。因此，在中国古代舆论史中，士大夫等知识分子在舆论场上常发挥更加重要的作用，实现统治者与民众的沟通。

2. 传统社会的情绪表现

基于以上因素，中国传统社会情绪的表达通常是内敛的、隐晦的。这意味着个人情绪在社会上更具有隐匿性，加之传播媒介的不发达，情绪更难直接形成舆论被统治者所获知，成为社会议题。士大夫等知识分子可以通过官方的手段进行进谏和提案，来向统治者汇报自己管辖范围内的民众情绪，民众通过登闻鼓等方式来申冤和表达情绪，但是民众往往无法直接接触到统治者。

因此，个人为了更好地表达和宣泄情绪，使得情绪在传统社会中多通过特殊的媒介来表现，如知识分子创作的诗歌，民间口头流传的歌谣、说书等。文学创作中大量使用托物言志、借物寓意、借景抒情的手法，将在仕途中的挫折、对社会和统治者的不满进行文学化的情绪表达。通常这种表达并不是情绪的终点，词会被编写成曲在民间传唱，说书也通过来往的听众、过客进行口头的传播，歌谣更是如此。在生活日常中这些情绪被传播到了更远更广的地域，个人情绪得以聚集，汇聚成为更明显、更有力的社会情绪。如果舆论环境不够开放，社会问题也会长久地累积，直至通过极端群体事件的爆发，情绪才能得到宣泄，如历史上的农民起义和学生运动，这种舆论下携带的情绪往往是负面的，如憎恨和哀怨。

三、官方与民间的博弈：舆论政策与情绪的传播途径

在认识到情绪与舆论后，情绪的传播和舆论作用便成了重要议题。传统社会中，统治者们大多能认识到"民意"这一概念，只是面对"民意"的态度有所不

---

① 阅读费孝通《乡土中国》有感，部分有参考。

同，并且还会运用情绪为舆论造势以维护自己的统治、出兵讨伐等政治目的。同样，民众也会借用这种情绪的力量来创造舆论以实现对统治者施压、争取自己权益的目的。

情绪对舆论的影响主要表现在三个方面：一是官方利用情绪，形成良好社会舆论环境进行政治统治；二是民间凝聚情绪形成舆论，对统治者或政府进行施压实现民众诉求；三是利益集团借用民众情绪，为自己造势以达到与官方抗争，甚至推翻官方统治的目的。

（一）舆论与情绪的关系

传统社会，个人意见的表达和跨地域民众之间的交流并不通畅，因此往往难以形成舆论。但是用于表达情绪的歌谣、示威、起义等方式却可以将情绪和意见公开，通过外显化的方式塑造舆论，舆论与情绪是相辅相成的。

1. 情绪形成并塑造舆论

面对社会问题，个人的情绪往往太过微小，在历史上记载的诸多群体事件中，最开始民众的诉求都是解决问题，如南宋、清朝等多个朝代都发生过的官府与民众因粮食问题而形成的事件。由于民意表达渠道不够畅通，官员对民众意愿不够重视，原本相对平和的诉求就会演变为激烈的情绪，如对政府未能替民众解决问题的怨恨、对互相推诿的官员的憎恶，情绪的外显化促使民众走向街头、走进衙门进行群体性的示威。随着情绪的爆发，越来越多的民众加入群体当中，将原本模糊的诉求升级为对政府和民生问题的问责，加剧了舆论形成的速度。无疑，情绪为舆论的形成提供了强有力的支持，使得人微言轻的百姓也能争取自己的权益。

2. 舆论为情绪的表达提供场所

另一方面，舆论形成后，情绪的表达也更加容易实现。由于中国人内敛含蓄的情绪底色，在舆论未形成之时，情绪的表达都只能是私下的、小范围内的，以家庭、学院等为单位。这样的群体，力量较弱，比较容易受到统治阶级的挫伤而最终无法形成广泛的影响。但是舆论意味着更大范围的群体与民众力量的汇集，舆论本身塑造了一个更坚固的场所，在舆论的庇护下，更多民众的情绪能够得以表现。而且当舆论事件发生并取得成功后，它往往也会成为未来情绪表达的重要参考和蓝本。

（二）舆论政策下民众情绪的官方表达

从先秦到明清，统治者们采取了一系列的监察和管理手段来管理舆论，大致可按照舆论环境的开放程度将其划分为三类：开放舆论、禁锢舆论和相对开放的舆论。政策的差异表现出了统治者们对于群体情绪和舆论的两种看法，"疏"或是"堵"。但无论政策如何，都是统治者出于维护中央集权与自己的统治而实行的，对情绪的管理和利用成为一种政治手段。

其中，开放的舆论环境以先秦为代表。尧舜时期，作为舆论主体的民众可以通过在宫廷外敲"谏鼓"来进谏；商朝时，有专门负责采风的官员深入民众身边，对流传的歌谣进行记录，并反馈给统治者；春秋战国时期，百家争鸣，言论环境相当开放，由此形成了良好的文化和舆论态势。[①] 在这一时期，《左传·襄公三十一年》里还记有"子产不毁乡校"的故事。乡校是地方的学校，同样也是国人议论政治的地方。对于这样的场所，郑国大夫然明问子产将乡校废除如何？"我闻忠善以损怨，不闻作威以防怨。岂不遽止？然犹防川：大决所犯，伤人必多，吾不克救也；不如小决使道，不如吾闻而药之也。"子产认为，乡校的设立十分必要，通过乡校能够听取人们的意见，让民众拥有反馈信息和表达情绪的场所。防止民怨就像阻塞河水一样，堵住民众的嘴，不让其发泄情绪很可能会造成更严重的后果，这也是古代对于民意的重要比喻。在这一阶段，无论是民众还是知识分子，都有能够发表言论、表达情绪的场所。

汉朝、魏晋、南北朝、隋、唐、宋朝的舆论环境相对开放，宋代的舆论环境中更加具有民众自发性的特征。由于宋代商品经济发达，城市规划完善，人口也由此上升。因此，诞生了一众经济文化活动场所，如瓦肆、酒店、茶坊等，这些文娱场所的情绪交流和言论交换作用得以凸显。这种能够使民众聚集的场所更能促进舆论的产生，人们在聊天和推杯换盏中谈论民生、政治，进行情绪的感染，更加近似当下网络社会上的传播环境。

禁锢的舆论环境则以秦朝为代表，除此之外，元、明、清也是舆论环境禁锢的时代。这些朝代大多轻"疏"重"堵"，以设置官员进行舆论监督和审查的方式来杜绝负面舆论的产生，这样的措施虽然有利于中央集权，但却不能广泛听取民意。高压下，社会问题的积累不会停止，群体情绪长时间无法排解，终有一天会通过起义等方式彻底将情绪和不满宣泄出来，如秦朝的陈胜、吴广起义。

（三）压抑下的反击：陈胜、吴广起义中的情绪传播

在《史记·陈涉世家》中记载了陈胜、吴广的起义经历，比起秦朝的统治者，陈胜和吴广更懂得利用群众和情绪来达到一呼百应的目的，成功说服他人与自己

---

① 谢清果、王昀：《华夏舆论传播的概念、历史、形态及特征探析》，《现代传播》2016 年第 3 期。

进行起义。起义前，陈胜说"天下苦秦久矣"（《史记》），可见秦朝的法制和管理使得百姓苦不堪言，舆论禁锢下，人们对秦的不满情绪与日俱增。因此，在决定起义后，陈胜通过以下情绪传播策略来帮助自己获得支持。

1. 正名分，进行情感动员

虽然陈胜和吴广只是屯长，但是却能顺利起义，获得民众的舆论支持，离不开情绪策略。"今诚以吾众诈自称公子扶苏、项燕，为天下唱，宜多应者。"（《史记》）他们认为扶苏和项燕受百姓爱戴，于是借二人的旗号名正言顺地伐秦，能够以正义的旗号得到民众的拥护，调动民众的情绪，将百姓对扶苏和项燕的爱戴转移到对起义军的身上。

2. 借鬼神，增添神秘色彩

在确定好起义名义后，陈胜、吴广二人借鬼神之名为起义和称王增添了宿命感和神秘感。君权天授，颠覆皇权仅有起义的正义性还不足够，古代社会中人们对于与鬼神有关的灵异事件既信服又恐惧。将写有"陈胜为王"的绸子放入鱼腹，又学狐狸叫的声音喊"大楚将兴，陈胜为王"，让看见绸子和听见声音的人都十分惊恐，但正是这种惊恐，使得人们格外信服陈胜，将对神秘不可知的迷信转移到陈胜身上，认为他的起义是由上天认可的。

3. 借情分，煽动情绪感染

吴广素来爱护士兵，在士兵中有良好的口碑和人缘，他激怒将尉让将尉惩罚自己，以此来煽动士兵们愤怒的情绪。又趁着情绪高涨，他宣扬起义的正当性，在群体中情绪以感染的方式进行传播，推动起义的进行。

由秦的灭亡和陈胜、吴广起义的经历看来，情绪在形成舆论和促进舆论的发展方面具有非常重要的意义，这也正是对当下网络环境中情绪影响舆论的情绪动员等策略的印证。

（四）"谣"：作为抵抗的民间情绪传播方式

舆论的禁锢下，除了上述爆发的运动，民间还有一种独具特色的情绪和舆论传播方式——"谣"。《尔雅》中这样解释"谣"，"徒歌谓之谣"，即没有伴奏的歌唱。在口语传播时代，"谣"以它口口相传、易于传播的特性，成了人们表达情绪、描绘社会问题的重要传播媒介。古代文人好用诗歌来表达情感，而在受教育不多的平民百姓中，"谣"更易习得，更易流传。即便政府对舆论严加限制，也很难完全杜绝口头传播。此外，"谣"通过民间自发传播的方式进行传唱，其传唱度极高，并且往往很难找到传唱的源头，因此具有一定的"匿名性"特征。

在言论受阻、民意无法上达的时代，个人的情绪也被压抑至底层，"谣"成了普通百姓的情绪宣泄的特殊出口。一方面"谣"的言辞犀利、语言直白，直指当权者，批判社会问题；另一方面，"谣"的传播可以发生在社会各年龄、各阶层和各种生活场景之中，并不影响正常的劳作。"谣"还起到了唤起、激发民众情绪的作用，让民众相信这种社会问题带来的愤怒情绪是大势所趋，因此促使平民百姓从众地加入"谣"的传播当中。

有时"谣"以一种预言的形式出现，往往与鬼神挂钩。除了陈胜、吴广起义以外，元朝起义的白莲教韩山童、刘福通等人也借用"谣"到处散布"莫道石人一只眼，挑动黄河天下反"的民谣，并暗地里凿了一个独眼石人，在其背后刻上这一"谣"，放置于即将挖掘的黄河河道里。借用人们对天意和鬼神的敬畏和害怕情绪，成功地为起义造势，创造舆论支持。

但同时，由于"谣"的创作和传播成本低，任何人都可以创作"谣"让民众去传播。很多时候，民众由于盲从心理会在传唱中误传"谣言"，甚至被别有用心者利用去煽动情绪，造成负面影响。陈胜、吴广起义时所传的"大楚兴，陈胜王"正属于政治谣言的一种，他们也正是借用"谣"的特性进行情绪传播。

综上所述，与当下的网络媒介环境相比，古代的舆论场域内舆论手段的运用十分多元化，舆论主体更倾向于士大夫等知识分子阶层，他们通过在朝任职、在学院等场所议政等方式参与到国家的政治舆论形成当中。但民众在大部分历史阶段都只能通过民间的一些非官方手段表达情绪，同时这种情绪又因地理限制很难形成集聚，舆论多为"潜舆论"的形态存在于社会当中。但是为了宣泄情绪，民众间由此也诞生了"谣"这种能够广泛地跨地区传播的媒介手段，为形成舆论、表达情绪做出了民间的努力。

情绪在舆论的形成中意义重大，早在古代就已有君主和士大夫看到了民意、群体情绪对于统治和社会的影响。但由于古代媒介信息传播不够通畅，民众对于舆论形成的参与度低，时常使他们处于无意识的群体状态，情绪表达相对被动，也容易被煽动情绪、传播谣言。

因此，参照古代舆论与情绪的发展，在当下的网络社会，重视情绪的意义同样非常重要。网络社会中，民众已拥有了表达情绪非常便捷的媒介方式，但是，鉴于古代"谣言"的传播，民众主体意识同样重要。因此，为了避免情绪被有心者利用，避免群体盲目性造成的事实失焦，仍需要不断为民众拓宽信息公开渠道，合理利用情绪进行网络舆论治理，增强民众参与意识与参与理性。

（段雨楠 谢清果）

第十章　身份显赫：华夏身份传播论的意蕴考察

传统中国社会奉行身份制，成员的生存资源依据身份及身份间的关系进行配置，在封建制度下依据一定标准形成精细的等级秩序。本章引入政治社会化理论、社会建构论加以分析，考察在古代政治传播语境下，君王、士人阶层的身份认同与塑造的问题，身份如何成为一种统治阶级巩固王权的治理手段，以及在跨文化传播实践中，佛教中国化进程在面临身份冲突时，佛教外来身份发生的流转与变迁过程，身份重构和认同如何促进了文明交往。放置于当代新媒体环境中，青年亚文化群体的传播行为是构筑群体身份认同的方式，与此同时，数字传播时代应积极主动构建中国文化身份。

纵观文献可以发现，对于"身份"的相关研究呈现出两个面向，一是身份政治，二是身份认同。西方古典研究聚焦于政治学、社会学视角探讨公民身份，从古典身份理论到现代公民身份理论，英国社会学家 T.H. 马歇尔提出"公民身份"这一概念，他认为公民身份由公民的要素、政治的要素和社会的要素所组成。公民身份可以定义为各种实践的集合，例如司法的、政治的、经济的、文化的等等，通过这些实践，人们获得了成为社会成员的能力，并相应形塑了资源在个人和社会群体之间的流动[①]。

身份政治以身份认同为基础，涉及国家或政治共同体内部不同身份成员之间的关系，包含多种价值、多种文化的区隔与互动[②]。身份认同会强烈地影响人们对社会结构和外部世界的认知。以身份建构政治形成认同的现象古已有之。古希腊的身份政治建立在希腊人对各自身份的差异认同之上，形成各司其职的社会群体，

---

① 布莱恩·特纳：《公民身份与社会理论》，长春：吉林出版集团有限责任公司，2007 年，第 3 页。

② 林红：《身份政治与国家认同——经济全球化时代美国的困境及其应对》，《政治学研究》2019 年第 4 期。

如公民群体、奴隶群体、女人群体，不同身份维度决定了身份主体的政治行为界限和个人能力界限。在中国古代社会当中，伴随着封建制度的强化，亦有不同程度的社会群体划分，形成士农工商的阶层职业分工。官僚制下不同层级的官员环环相扣，官阶越高，代表的身份地位越高，所掌握的权力越大。

　　放置于当代，开始逐渐出现"身份传播"一词，更多的是从身份认同的角度，探讨某一群体的身份认同及建构问题。传播媒介作为影响政治社会发展的重要因素，通过与之特性相涉的传播逻辑生成特定的社会认同[①]。曼纽尔·卡斯特认为，认同是人们意义与经验的来源，因为涉及自我建构和个体化的社会过程而更具稳定性[②]。在互联网与新媒体高速发展的时代，网络空间也同样遍布权力等级，具体体现为话语传播力与影响力的强弱。网络身份的符号化并不能抹平身份的差异与等级化。符号化的主体身份能够通过话语制造与符号互动建构政治话语，较高等级的话语身份引导较低等级身份者的认知与行为。

　　基于此，本章探讨中国古代封建制度下"身份"在其中扮演的重要角色，将"身份"放置于传播学语境中加以考量，探讨"身份"是如何作为一种无形的传播媒介，建构中国人的社会交往方式和管理模式的。具体来看，在古代政治传播语境下，君王、士人阶层的身份如何被建构起来，身份如何成为一种统治阶级巩固王权的治理手段？在文化传播方面，不同民族宗教在面临跨文化交流冲突时，身份的重构和认同如何促进传播，身份在传播过程中发生了何种流转与变迁？

一、"身份传播论"的建构与界定

　　在人类社会最初，身份是个体成员交往中识别个体差异的标志和象征。身份也决定了与他人的关系定位，以及所确定的身份关系中的行为准则。学者杨国斌认为，身份是个体本身或他人对他在社会关系中所处位置的心理确定性和稳定性，是与社会位置相一致的权力责任和社会预期等一系列因素的集合，其核心内容包括特定的权利、义务、责任、忠诚对象、认同和行事规则等[③]。在中国传统社会中，身份有其特定的含义，个体身份和他们的权利、义务相捆绑联系，并由此产生一套特定的行事规则。

---

　　① 张爱军：《后政治传播时代政治认同的特征、趋势与建构困境》，《湖南师范大学社会科学学报》2021年第2期。

　　② [西班牙] 曼纽尔·卡斯特：《认同的力量》，北京：社会科学文献出版社，2006年，第34页。

　　③ 杨国斌：《社会阶层论》，北京：中国社会科学出版社，2009年，第86页。

（一）"身份"的产生与发展

狭义上来看，身份指人的出身和社会地位。传统中国是个讲究身份和阶序意识的国度，成员的生存资源主要依据身份及身份之间的关系而配置，它不仅存在于不同地位的人之间，在相同身份、地位的人之间，也依据一定标准形成精细的等级阶序。这种身份制度主要体现在君权、父权和夫权上。君与臣、父与子、夫与妻之间是一种绝对的人身支配关系，无任何的平等可言，正所谓君："君要臣死，臣不得不死；父要子亡，子不得不亡。"

《宋书·王僧达传》里曾记载："固宜退省身份，识恩之厚，不知报答，当在何期。"在中国，身份制作为一种意识形态是中国传统文化的组成部分和重要的道德行为规范，它对中国人所产生的持续作用在他们心理层面凝结成一种"身份情结"①。

直到 19 世纪末 20 世纪初，随着中国社会一系列的改革和革命，古老的中国身份制开始瓦解，逐渐迎来身份的解放。旧的制度解体，而伴随着该制度一起发展持续的观念并没有随之消失。那些几千年沉淀下来的以习俗道德为基础的惯性思维倾向和行为倾向，已经辐射到人们日常生活的各个领域，影响着人们的行为方式。其意识结构中会对应地建立一整套价值观念体系，在他们各自的具体活动情境中左右其行为的价值取向。

（二）中国传统社会中的身份

"身份"一词古已有之，传统中国社会很注重身份，在等级制度下身份的划分尤为明显。人们将身份视为获取特权的主要途径，身份成为确定人们地位、权力大小、权利和义务多少的根本标准。身份的本质是讲究差别、亲疏、尊卑、贵贱，因而身份成了人与人之间的分水岭，人与人之间一切差别的总根源。在封建王朝中，一个人的身份地位会影响到其生存环境及财产继承。

身份等级将人划分为三六九等，破坏社会和谐。正如马克思所指出的，封建制度就其最广的意义来说，是精神的动物世界，是被分裂的人类世界。在封建社会这种身份社会里，人像动物一样也按纲、目、科、属、种来分类，等级森严②。身份社会是一个背离法治的"人治"社会。身份社会处处讲究身份，其目的在于拔高少数有身份的人，而贬低绝大多数无身份的人，身份就是人与人之间不平等的表现，也是维护人与人之间不平等最有力的工具。"官恒为官，民恒为民"，想

---

① 郭玉锦：《身份制与中国人的观念结构》，《哲学动态》2002 年第 8 期。
② 邱本、董进宇、郑成良：《从身份到契约——中国法制现代化的历史进程》，《法制现代化研究》1999 年第 5 卷。

要实现阶层流动和身份变迁难度极高。

中国人"身份情结"主要包含名号、名分、面子、阶序和差序、谦卑、主仆关系等等。身份制度的意识形态一直控制着中国社会秩序，形成中国文化的重要结构部分，一代一代地传递着、强化着，深刻留存在个体的潜意识之中。

中国人的社会化环境大都在浓重的身份观念下完成的。在传统农业社会中，绝大多数人的一生都是在家庭中度过，他们从小受到严格而特殊的身份教化训练，获得强烈而持久的身份伦理生活经验，养成敏感而固执的身份意识。在传统社会中，中国人的组织生活不论是在家族中还是在社会上的身份伦理生活所获得的经验，经常强调身份规则，甚至认为讲究身份规则是"天理所然"①。人们自小就认可并遵循这样的一套身份准则生活，失去了反抗和质疑意识，而是顺从、服从和接受。这些身份伦理规则在个体成员中形成的身份制便成为中国人诠释、理解一切组织生活的基本依据，并实践在广泛的日常生活中。身份不但成为中国人的社会、经济及文化生活的核心要素，甚至也成为人生价值观的主导因素。

（三）从身份到身份传播

"身份"在古代可以看作一种标识、一种地位的象征，更可以被视为封建王朝的一种治理手段，在其中，身份被赋予了"传播"的含义。王权政令的下达、信息的输出依托官僚层层传递，不同身份拥有不同的地位、权力，在传播过程中行使的话语权和话语方式也有所区别。因此，笔者认为，"身份传播"是一种以身份为中介或手段影响人们社会交往的传播方式。扩而言之，人们在社会交往中根据身份在传播过程中被赋予的意义量级，调适自己的行为，从而影响着信息传递方向和程度、关系强弱和意义分享深浅等传播效果。

身份传播是将身份放置于传播语境中考量，探析身份在人类传播行为中产生的作用，宏观上可将身份划分为以下几种类型：

1. 政治身份与传播

在社会生活中，人们要在一定的社会联系中确定自己的身份，比如把自己看作某一政党的党员、某一阶级的成员、某一政治过程的参与者或某一政治信念的追求者等等，并自觉地以组织及过程的要求来规范自身的政治行为。政治身份表明了一个人在政治上的归属，如所参加的政党、政治团体，也间接表明个人的思想倾向、政治立场和政治观点。有了这层政治身份，人们在社会政治生活中会产

---

① 邱本、董进宇、郑成良：《从身份到契约——中国法制现代化的历史进程》，《法制现代化研究》，1999 年第 5 卷。

生一种感情和意识上的归属感。像国家领导人、新闻发言人等，带有一定的政治身份和政治元素，他们相应的传播行为和形象展示，就是一种身份传播。

2. 经济身份与传播

经济身份传播主要是财富对于传播的影响，也包括商人身份在古今社会地位中的影响。从古代的重农抑商政策，到当下的重商主义之风盛行，商人的地位发生了变化。"重农抑商"政策的施行归根结底由经济基础决定，中国封建社会以自给自足的自然经济为主，历代统治者都把发展农业当作"立国之本"；另一方面，采取"重农抑商"统治政策有助于实现和维持中国传统伦理文化秩序。唐宋以来，重农抑商的政策有了某种松动，人民生活水平有所提高；明清时期，商品货币经济空前活跃，国家财政收入也从商业税收中得到了很大的补充，商人的社会地位相应有所提升。拥有雄厚资本的人，往往掌握更多的话语权，参与到国家决策中，影响社会经济的发展运行。自带流量的企业家、意见领袖可以影响传播的风向，引导社会舆论，例如当下社交媒体中的微博、热搜，很大程度上受到资本利益的裹挟和影响。

3. 文化身份与传播

斯图亚特·霍尔认为，文化身份是流动和建构的过程[①]。文化身份是一个文化群体成员对其自身文化归属的认同感，其特征由一种文化群体成员的言行表现出来。当来自不同文化背景的人们进行传播活动时，他们各自的文化身份将给传播内容与方式带来影响[②]。跨文化身份用来标识个体超越自身原有文化，适应一种新的文化，并在这一过程中获得对两种文化另类见解的能力。而文化身份传播探讨具有某个民族的文化背景的人在另一民族的土壤中是如何维系自己的文化身份的，在文化身份下对于推动文明传播和发展具有何种意义。文化身份广泛应用于外交、国际传播及跨文化传播领域，是凝聚民族共同体的精神纽带。不只是人，也可以是组织机构，甚至是代表物、符号等，都具备成为文化身份的可能。例如中国传统文化元素在海外的传播，奥运视角中当代中国文化身份的建构等问题[③]。

4. 社会身份与传播

狭义的社会身份严格遵循社会等级制度，是一个人权力、声望、职业、财富的象征；广义的社会身份指个体在一定社会关系体系中所处的位置，反映了个体

---

① 徐明玉：《斯图亚特·霍尔的文化身份理论研究》，博士学位论文，辽宁大学文学院，2020年，第76页。

② 刘双：《文化身份与跨文化传播》，《外语学刊》2000年第1期。

③ 杨珍：《当代中国文化身份建构——基于奥运传播的视角》，北京：北京体育大学出版社，2011年，第63页。

与社会整体的关系及在与社会整体互动关系中的社会地位。人的社会关系具有多重性，在社会空间占据的位置与社会的联系也并非单一，其中以经济地位最为重要，在阶级社会中集中体现为阶级地位。不管是自然形成的身份，如性别、血缘等，还是社会分工的产物，如职业、职务等，都须得到社会的公认，社会身份也规定了与之相应的权利、义务和责任。社会身份是人际关系维持的介质，是阶层流动的动力，人的传播行为方方面面都依赖于社会身份的维持。

社会身份与社会角色的关系密不可分。美国社会人类学家拉尔夫·林顿最早考察社会地位与角色的关系，并发展了"地位角色理论①"这一理论，认为地位是权力与责任的综合体，角色是地位的运动表现，中国传统儒家学说中提出的"正名循礼"及"君君臣臣，父父子子"的说法，被认为是对地位与角色关系最早的论述。

二、王权制度下的身份编码与权力空间

依托于官僚体制和等级制度，我国封建王朝持续统治了几千年。将身份层层划分进行"编码"，权力也依循此自上而下运行。先秦儒家伦理形成于私有制基本确立、国家政治生活由"公天下"向"家天下"转变、以家族本位为特点的春秋战国时期。此后，儒家伦理不断强化身份特性，围绕着"家天下"的政治体制，家庭乃至国家都依赖于等级和权力运转。

（一）儒家思想对于"家天下"的身份诠释

中国的政制系统无法在家与国的不同构造及其基础上进行形式化区分，从而将家内因素，例如传统、习俗、孝道等带进了国的系统。公私分化无法在观念与制度上呈现，因此带来了"家天下"的问题。马克斯·韦伯将中国视为家产制官僚国家②，而儒教则是官僚阶层的身份伦理，依托于这种官僚体制，皇帝、官员、百姓都进行了身份编码，不同身份下拥有不同的注解，身份是统治阶层维护王权的一种治理手段及工具。整个国家被视为皇帝的个人家产，以俸禄制供职于国家官僚系统的官员则被视为皇帝的家臣，国家的老百姓被视为皇帝的子民；而在地方的官僚系统中，地方官本身又被视为父母官，他治下的基层百姓则是其子民。

在儒教文明中，"家"独占文明建构和维护的总体性地位，从经济、政治到信仰、法律和伦理都依其逻辑而运行。当一种文明将"家"保留在其公共领域的核

---

① 钱栖榕、游国龙：《天下体制下的"角色"与"角色"确认问题——再探"角色原理"的运作》，《国际政治研究》2016年第4期。
② 陈赟：《"家天下"还是"天下一家"——重审儒家秩序理想》，《探索与争鸣》2021年第3期。

心地带，其经济、政治生活就会被内外有别、亲疏远近的特殊主义而非普遍主义伦理支配[①]，而这也是封建王朝"家天下"体制运行的内在逻辑和身份诠释。

以身份作为一种传播载体，皇权政令的上传下达，都有赖于官僚体制，因而权力往往带有强制意味。在传统中国社会，秩序的稳定依赖于传统，受到来自传统的制约，"家"及其衍生形式反而成了国家力量与个人生活的中介，无论是儒教阶层抑或国家统治者，都在顺应这种情况而强化"家"秩序尤其是"家"伦理。

（二）强化官僚制与士人政治身份获得

政治社会化理论认为，培养和造就不同的政治角色是政治统治的必然要求，因此，政治统治者通常有意识地通过政治社会化来塑造不同的政治角色[②]。传统中国社会将家产制与官僚制二者结合起来，而为了避免官吏脱离中央权威，统治阶层推行了科举考试制度，这就使得儒家士大夫阶层获得了政治身份，成为中国文明的真正担纲者[③]。

儒士阶层是家产官僚体制下与皇帝共同治理国家的"管理阶层"。对于一个能够持续运作的政制系统而言，支配者与管理干部之间必须建立相当程度的利害一致关系。在"一王孤立于上"而"众民散处于下"的情况下，儒士成为介于被统治者与支配者之间的中介阶层，儒士身份发挥着重要作用，其使命在于连接无法使国家意志介入地方基层社会的皇权与具有地方性习俗及传统的地方社会，由此加强王权统治，维护社会稳定。

官僚群体并非某一领域的专家，他们被要求的也不是行政效率，官僚的俸禄制并不意味着与专业化相关的权限分工，而是一种定型，只要保持官职身份，他们就能合理享有权力，因而家产官僚制下的官员崇尚官僚身份，而这种身份一旦拥有又很难被撤换。官职作为一种身份被符号化，由此构成了一种系统化与完整化的官僚伦理与官僚哲学。

政治从本质上来说是强制的，政治的强制性预设认同培养了顺从领袖、崇拜权威和因循守旧等政治心理[④]。士人身份通过科举制得以塑造，士人一方面享受着官僚阶层的福利待遇，比如权力、资源和社会声誉，另一方面需要顺从封建体制，因为只有在这种体制下才能维护他们现有的身份，由此，统治阶级的王权得以强

① 肖瑛：《从"家"出发：重释韦伯的文明比较研究》，《清华社会科学》2020 年第 1 期。
② 李元书：《政治社会化：涵义、特征、功能》，《政治学研究》1998 年第 4 期。
③ 陈赟：《"家天下"还是"天下一家"——重审儒家秩序理想》，《探索与争鸣》2021 年第 3 期。
④ 张爱军：《后政治传播时代政治认同的特征、趋势与建构困境》，《湖南师范大学社会科学学报》2021 年第 2 期。

化。统治阶级借由身份对不同子民进行"编码"，建构了利于统治的封建社会。家产制、官僚制和俸禄制共同强化了儒教所塑造的身份伦理，这种身份伦理以对传统的遵循为导向，与"家天下"体制相辅相成一道推进了对传统权力的信仰。

（三）权力运行下士人身份认同的消解

隋唐以后，士人群体大多通过官方政府选拔的方式，即科举制获得政治身份，并以此参与到政治建设与文化构建的实践中，实现其匡扶社稷的理想[①]。在帝制政治框架内，由科举入仕的士大夫群体依托皇权管理国家。士大夫群体作为中间管理阶层，并非他们的一言一行都能拥有绝对的自由，在权力运行体制下，统治者有时会影响或者改变士人阶层的身份认同。

明朝开国皇帝朱元璋以其强权手腕塑造、改变士人群体的身份认知。《明太祖集》集中反映了其对士人身份认同的改造，如采用废相举荐、训诫评判、文学批评等手段，强化君权构建，削弱士人原有的自由独立品质。帝王以权力扭转士人群体旧有的阶层认同观念，实质是对隐士群体不与统治阶层合作而选择避世心态的颠覆。帝王凭借其身份而具备的政治地位、经济资源所形成的权势压迫，对士人群体在文学创作上进行强有力的认同塑造，试图影响当时的文学导向和社会风气，以此达到思想训忠的效果。长此以往，世人群体不再借由诗词文赋表达理想，而是充满了无力抵抗帝王权力后的忧惧。

政治社会化理论认为，认同是社会建构的产物，塑造认同的关键，在于通过家庭、学校、社会组织、大众传媒等手段，使个体产生大家同属一体的想象，形成"想象的共同体"[②]。福柯认为，权力的实行不是靠肉体的惩罚，而是以观察和话语规训的方式进行。权力不仅存在于上级机构的审查中，而且悄然浸入整个社会网络之中[③]。朱元璋推行的这些举措消解了士人群体的阶层身份认同，依凭其强大粗暴的帝王权力将士人原本的阶层身份认同由"士人与皇帝共治天下"变为"士人为皇帝治理天下"，本质上是巩固皇权统治、维护王朝权威的需要，同时也强化了士人群体忠君、爱国、孝亲的意识，潜移默化地实现了儒家价值的教化功能。

马歇尔认为，行使公民身份权利的技术是通过阶级社会背景下的经历和社会化得到发展的，在阶级社会中，依附地位可能破坏个人为获得承认和行使权利所

---

① 沈润冰：《论朱元璋帝王权力对士人身份认同的改造——基于〈明太祖集〉的考察》，《重庆第二师范学院学报》2020 年第 1 期。

② 李家新：《认同建构视角下的两岸青年交流》，《中国青年研究》2018 第 2 期。

③ ［法］米歇尔·福柯：《规训与惩罚：监狱的诞生》，刘北成、杨远婴译，上海：三联书店，2012 年，第 99 页。

必需的素质①。在中国古代阶级体系中，个人依附于地位和等级，个人行使权利的范围也受到其身份的桎梏，士人群体本是统治者遴选出来辅佐君王统治国家的中介阶层，当他们想要肆意地借诗词歌赋表达自身的政治理想抱负或者抒发不满情绪时，会被君王将其控制在自己的权力之下，并以此消解原有的士人群体认同，甚至士人身份的消亡也在君王的一念之间。由此可见，身份只是封建王权制度下统治阶层用来管理国家、强化统治的一种工具，士人群体的自由会受到其所持"身份"的规约，统治阶层不断形塑与强化士人群体认同，也是为了巩固封建制度。

三、跨文化传播实践中的身份秩序隐喻

在政治传播场域里，身份在权力运行与流转中扮演着重要角色，而在文化传播领域，身份也有其特殊意义。一种文化，抑或一种宗教在产生与传播的过程中，能否得到所在地的认可和接纳，需要依托合理性、合法性的阐释。身份所蕴含的角色正当性与合法性都离不开文化的规约。外来文化在其生存、适应过程中，需要建构一种文化身份，以此获得群体认同，才能在不同文化碰撞和交融间得以留存。以佛教中国化的历程为例，佛教传播经历着身份冲突、重构与认同的一系列过程。

（一）佛教身份冲突与认同危机

佛教自西汉末年传入中国至今，得到了广泛的传播和发展，中国佛教体系变得越来越成熟，逐渐与中国的儒家和道教形成了"三教鼎立"的文化格局，已经成为中华优秀传统文化当中不可或缺的构成部分。佛教刚传入中国时，面临着身份冲突问题，汉人政府起初极力排斥佛教，更不允许汉人出家。初期的佛教往往被等同于"胡神"，故有"佛法宜灭，中国不利胡神②"一说，将佛教的外来身份定义为"夷""胡"，并且被贴上野蛮、落后的标签，这是一种不合理的身份隐喻。不仅是政策上的限制，佛教在华传播最大的障碍还在于它与儒家和道教等本土宗教的跨文化冲突。例如，佛教与道教存在教义及宗派地位的争夺问题，在宇宙论或自然观上也存在理论争论，佛教的缘起论强调因果之间的必然联系，而中国道教的自然观则强调因果之间的偶然联系③；除此之外，佛教与儒家思想也面临出世

①　[英]布莱恩·特纳：《公民身份与社会理论》，郭忠华、蒋红军译，长春：吉林出版集团有限责任公司，2007年，第67页。

②　（隋）法琳：《辩正论》，《大正藏》52册，台北：新文丰出版公司，1985年，第540页。

③　楼宇烈：《佛教中国化的启示》，《中国宗教》2016第10期。

与入世、无君无父与伦理道德忠孝观念的对立[1]。

佛教来自天竺，它的这一外来身份无法改变，儒道两家用佛教的外来身份大做文章，以此反对佛教在中国传播的合法性；另一方面，令百姓不解的是，中国本土已经存在了诸多宗教信仰，又为什么要去信奉一个外来宗教呢？如果身份的合法性问题不能解决，那么佛教就很难被中国人所接受。身份冲突和认同危机为佛教在华传播平添了重重阻力。

（二）佛教传播中的等级秩序

佛教在华传播的跨文化冲突与融合说明，身份在传播中往往还昭示着等级秩序。在身份问题上，不同民族出于政治或文化的目的，对佛教的身份进行了多重解读，南北方因为所属政权不同，对于佛教的外来身份也造成了认同差异。

"夷夏之辨"自古有之，用于区辨华夏与"蛮夷"地区，汉晋以后，主要以血缘进行身份区隔。魏晋南北朝时期，南方曾围绕着佛教的身份问题爆发了"夷夏之辨"[2]，这与南方为汉族政权、北方为少数民族政权息息相关。南方以夷夏之别排斥佛教，用身份区隔强化对立，划分等级，把佛教边缘化，将佛教贴上野蛮落后的标签。这种外来身份反而让北方少数民族倍感亲近，从而加强了少数民族的自我认同。佛教作为一种宗教本身没有等级之分，但在跨文化传播过程中，身份变成了一种区隔和阻碍，以"夷""胡"强化外来身份与本民族的对立，让文化身份也带有了等级秩序色彩。

身份问题有时会阻碍传播，有时又助推了传播的发展。面对身份冲突，佛教传播很好地利用了南北的政治生态差异，因地制宜地呈现出不同的传播面目：北方以宗教面目出现，而南方以哲学面目为主。与此同时，佛教选择在魏晋南北朝这个民族大分裂时期进行传播，此时正是少数民族入主中原的民族大融合时代。对于少数民族而言，佛教与他们拥有共同的外来身份标签，接纳佛教正好可以强化少数民族的族群认同，把不同少数民族整合进共同体之中，所以正是佛教的外来身份促进了它在北方的传播。

面临身份质疑和理论冲突，佛教选择主动嫁接儒道的概念体系，通过提供各种文化符号、话语、形象和解释框架等赋予佛教为大多数人所接受的共通意义与价值，从而成为建构文化身份的重要象征资源和文化资源。东晋时期的佛教领袖

---

① 李元元：《佛教中国化历程中与儒、道的相互影响及在当代的发展》，《品位·经典》2021年第4期。

② 赵立敏：《理论、身份、权力：跨文化传播深层冲突中的三个面向——以汉传佛教在华传播为例》，《国际新闻界》2020年第9期。

慧远提出"佛儒合明"的主张，宋代的高僧竺道生用"穷理尽性"来解释经书，此外还从道家学说中吸收了"本无""自然"等思想，以庄喻禅、以禅论庄，从而促进了儒释道三家概念体系的融通[①]。佛教理论逐渐被认知、调和和接受，而这也是佛教身份重构的过程。

（三）社会建构论下的宗教身份重构

身份与地位认同正是一种社会建构的结果。文化身份的重塑，首先要解决观念重构的问题。佛教在传播初期因其外来身份遭到统治者的抵制，随后人们赋予了佛教以新的身份，在南方让佛教辅以哲学的面目出现，化解了身份对立难题；在北方则借由少数民族入主中原这一契机传入，强化政治与文化的融合统一。隋唐时期，中国已形成南北统一的局面，佛教也基本完成了中国化，即具有了中国身份，与本土文化融合发展，例如禅宗、天台、净土等中国宗派的出现。此时的佛教已逐渐缝合了"族际认同"与"国家认同"的裂缝[②]。佛教作为少数民族和汉族共同的信仰，又促进了人们对中华民族的整体认同。

社会建构理论的核心观点认为，社会制度及某些领域的社会知识都来源于人们的社会实践，也就是人所建构的。"社会事实"是人们经由特定过程建构出来的，总是处于不断的变化之中，并关注变化中的权力特性[③]。因此，在社会建构论视角下，人是有资格能力和沟通能力的行动者，并积极主动地建构信仰。宗教文化自身并非一成不变，它可以经过个人或组织，在社会场域中建构。佛教的中国化历程正是有效利用了宗教传播建构了文化身份，以此获得本民族的认可和接纳，加速了民族融合和国家统一。

魏晋时期北朝佛教得到了阶段性的发展，主要以修功德为主，花费了大量的人力物力，修造寺院，建立佛塔，开窟造像；十六国时期后赵帝王石虎因为继承的是少数民族政权，故而大力推崇佛教，认为用外国之神保佑同为外族的后赵政权合情合理，此时佛教传播成了弥合少数民族和汉族差异的有力手段；隋唐时期，中国政治、经济、文化各领域都得到了空前发展，隋唐统治者十分重视佛教的社会作用，以佛教稳定民心，维护统治秩序；隋文帝统一中国后，对佛教大力护持，曾多次下诏在全国建造寺塔，组织翻译佛经。在不同历史时期，统治者出于维护

---

① （梁）释僧佑：《弘明集校笺》，上海：上海古籍出版社，2013 年，第 456 页。

② 赵立敏：《理论、身份、权力：跨文化传播深层冲突中的三个面向——以汉传佛教在华传播为例》，《国际新闻界》2020 年第 9 期。

③ 罗英豪：《社会建构论视角下的现代城市社区意识》，《北京工业大学学报：社会科学版》2007 年第 2 期。

统治的需要和文化发展的需求，佛教的地位几经流转变迁。在统治者的政策支持下，建构了佛教身份的合法性，通过各种方式营造信仰佛教的氛围，推动了佛教的在华传播，加强了文化身份认同。

佛教中国化进程中，从身份冲突到重构，再到文化认同，身份冲突既构成了佛教传播的阻力，又是令佛教不得不做出自我调适并最终走向中国化的动力，更是使中国传统儒道文化重新审视自身并进行创新转化的推力。

四、身份：当代社会交往的情境定义

不论是政治传播还是涉及文化维度，身份作为一种治理手段有助于巩固王权统治，作为一种无形的传播媒介，在文化实践中发挥积极的作用。放置于中国古代，谈及"身份"，更多的是对封建制度和等级秩序的批判，然而在现代语境中，应辩证地看待"身份"及其所涉及的身份传播问题。

（一）新媒体时代下的身份：圈层衍生与情感投射 [1]

从 B 站弹幕到帝吧出征，从参与式文化到网络民族主义，互联网传播中出现了越来越多以趣缘为联结的亚文化群体，因相同的爱好构筑了属于自己的圈层，建构起新颖的身份标签，比如 CP 粉、小粉红等等。他们在群体内部遵守相同的群体规范，将个人情感投射到具体的传播行为当中，进行网络文化二次创作与再生产，从而加强了群体认同和归属。

短视频和直播等新媒介形式拓展了视听微叙事的传播空间，然而在纷繁复杂的互联网传播环境中，难免会出现身份趋同和焦虑问题。比如抖音短视频中的炫富内容，以及当下引发网民普遍关注的"内卷"和"打工人"，容易引发全民焦虑，强化阶级对立和社会不公。与此同时，传播主体的身份危机也易导致传播失范问题，明星和网红的不当言行会带来信任消解和流量流失，冲击了主流价值观，造成不良的社会影响。新媒体时代下的网络身份更具多元性，与此相对应的身份传播行为也带有青年亚文化的烙印。

（二）数字传播时代建构中国文化身份的再思考

中国文化身份可以理解为中国文化区别于其他文化的内在的、差异化的、独特的标识 [2]。它不仅关乎中华传统文化的延续和现代阐释，也涉及当代中国文化的

---

① 王晟添：《身份·联觉·反转：视听微叙事的传播逻辑与对策》，《当代电视》2021 年第 1 期。

② 石义彬、吴世文：《我国大众传媒再现和建构中国文化身份研究——基于数字传播和全球传播环境的思考》，《当代传播》2010 年第 5 期。

沉淀和形塑。数字化媒介技术的进步和社会需求的发展驱动人类传播媒介日新月异地发展演化。因此，充分发挥新媒介技术的作用，凝聚民族认同，建构大国形象，讲好中国故事就显得尤为重要。大众传媒日新月异地发展，在数字社会形成了一道独特的媒介景观，它们正在逐步成为再现和建构中国文化身份的重要途径与资源。依托新媒介技术可以直观地再现一系列中国文化元素以提供建构文化身份的素材，同时，作为提供文化身份的场所、空间和平台，大众传媒还应将文化身份的其他建构资源，诸如语言、文化遗产、价值观念体系等纳入自身的传播体系广泛传播，从而使它们成为再现和建构中国文化身份的组成部分。

综上所述，"身份传播"在当今数字化与新媒体转型的背景下依然焕发活力，不同"身份"主体在不同历史时期，在政治、文化等各个维度都与传播息息相关。

（曹宇雯　谢清果）

第十一章 礼通天下：华夏的人际交换传播学

中国作为一个礼仪之邦，其礼仪文化源远流长。礼始于饮食、祭祀，被用于约束人的欲望和行为，从而更好地维护现实与社会发展。在这过程中，也延伸出了个人言行方式，即独特的送礼文化。送礼作为人们日常生活和人际交往过程中重要的行为方式与传播现象，已然实现了送礼行为的物质内容与其文化意义、仪式情景浑然一体，礼物作为联结人与人之间情感与关系的桥梁，却少有学者从传播学角度来探讨其背后所承载的交往内涵以及文化意义，因而本章将中国的人际交往中的送礼现象作为研究对象，以此审视礼物交换背后的文化内涵，试图从礼物、情境、情感、社会网络结构来对礼物交换传播进行探析。

《礼记·礼器》有言："夫礼之初，始诸饮食，其燔黍捭豚，污尊而杯饮，蒉桴而土鼓，犹若可以致其敬于鬼神。"这句话揭示了礼起源于宗教、祭祀，是用来制约人的行为的工具，礼调节着人的欲望与现实之间的关系，从而使得阶级社会得以平衡和维持。礼有着浓厚的原始宗教印迹，而到了西周以后，礼乐文化体系被空前地建立，"礼"逐渐成为"文化"的代名词，被运用于民众教化、制度等方面，成了约束人们的重要工具。礼不仅仅只用于日常生活中约束人们的行为规范，还与法、宗教、哲学、经济等密切相关。一方面，统治者们寓教于礼，用礼教导人忠诚、恭敬、谦逊、朴实、与人和睦，另一方面，古代中国是一个以礼制为基础的社会，礼仪制度被用来规范社会成员的行为方式。于是，凡事都"有礼可循"，大到举国庆典的各种礼仪规范，小到市民出行的工具，都严格遵循一定的规章制度。而经过历史的演变，礼大致有四层意思，一为上古祭祀的器物及其仪式，二为周代的社会制度规范，三为人际社会关系的准则，四为个人言行的方式。

这里的礼物馈赠已经不再是对上古祭祀仪器、礼乐规章制度、个人行为规范的探索，而是偏重于对微观个人层面的言行举止的探究，将研究的重点放在个人在日常生活中自愿或者非自愿形成的礼物交换行为，从礼物交换现象出发，来探究华夏交换传播现象。

礼物馈赠之所以是一种传播现象，主要体现在以下几个方面：一方面，礼物在馈赠过程中不再仅仅是礼物本身，而是充当承载馈赠双方情感、情绪的物质载体，双方在这一馈赠过程中完成了彼此关系建立、维护的邀请与确定。《诗经·氓》有言："氓之蚩蚩，抱布贸丝，匪来贸丝，来即我谋。"正如诗中所吟唱，年轻的小伙子怀抱布匹来换丝，其实不是真换丝，找个机会谈婚事。正所谓"形而上者谓之道，形而下者谓之器"，人们应该不仅仅只关注礼物在社会人际交往中的流动形式，也应该关注其背后隐含的人际交往的意涵。另一方面，馈赠双方以礼物为载体，通过共同的意义阐释来达到交流的可能。《诗经·召南·野有死麕》有言："野有死麕，白茅包之。有女怀春，吉士诱之。林有朴樕，野有死鹿。白茅纯束，有女如玉。"古人婚礼纳征，用鹿皮为贽。鹿皮是古人婚礼当中的重要贽礼。《诗经》中所吟唱的野有死麕正是古代男女谈情说爱的方式之一：小伙子用白茅包裹着死鹿送于姑娘以表示自己的倾慕之情。鹿这一背后的所指也是礼物馈赠背后所蕴含的意涵，因而礼物馈赠可以看作一种传播现象。

一、礼物文化研究回顾

人与人之间的交往更加频繁，送礼行为在人际交往的过程中将会起到越来越重要的作用。而中华民族受到儒家思想的影响长达两千多年，铸就了中国人"礼尚往来"的性格。而目前对人际关系研究的文献很多，对送礼行为的研究也有一定的文献，结合国内外关于礼物文化的研究，笔者发现文献更多地集中于对于送礼动机、中国送礼文化的特征与禁忌、文化比较研究维度以及经典文献的解读与运用维度等几个方面，具体如下：

（一）送礼动机研究维度

国内外的研究者探索了消费者送礼行为背后的动机，并得出动机差异导致送礼行为的差异。Wolfinbarger 将送礼动机划分为利他型、义务型和利己型①。Goodwin 将送礼动机分为两种——自发型和义务型②。Belk and Coon 提出的 3 个送礼交换模型有助于理解人们的普遍性送礼动机。第一个模型主要是经济视角方

---

① Wolfinbarger, Mary, Finley, Laura J. Yale., "Motivations and symbolism in gift giving behavior," *Advances in Consumer Research*, vol.17(1990): pp.699–705.

② Goodwin, Cathy, Kelly L.Smith, Susan Spiggle, "Gift giving consumer motivation and the gift purchase process," *Advances in consumer research*, vol.17(1990), pp.690–698.

面，使用等值和平等的功利主义动机作为理解社交行为的出发点。第二个模型则浓缩于一般性的互惠概念中，集中于研究礼物的象征价值、送礼如何加强和维持关系，此时的礼物交换是具有目的性的、理性的交换，送礼者试图通过礼物寻求控制。第三个模型是社会交换模型的扩展，其中牺牲和深切地取悦他人的愿望推动送礼，因而被称为"无私的爱"，钱财或等价的考虑对其都不重要[①]。Chen Hao、Chen Hai-tao 通过对社交网络服务（SNS）赠送礼物的小程序的研究，发现幸福感、社会关系维护、便利性和全面性会显著影响社交网络小程序送礼行为[②]。王细等指出，目前学界对送礼行为的理论解释主要有社会交换理论、社会学习理论、面子理论和符号互动理论，未来研究需加深对送礼行为影响因素的探讨，考察网络情境下送礼行为的特殊性，挖掘送礼行为的其他理论解释[③]。学者毕振威运用理论研究和实证研究相结合的方法，指出质量、信息、价格、品牌和时间等五个因素会影响送礼行为。为了加强或者维系感情，人们会以实用性为标准表达真情，主要体现在对质量的关注，且礼物的效用会影响人际交往过程中礼品的选择[④]。学者王群对陕西省汉中市 Z 县居民的送礼行为进行了定量及定性方面的研究，通过对送礼行为多功能的分析来探究支配人们实施送礼行为的原因，将送礼动机归为遵从风俗为主、以表达感激之情为主、以感情交流为主、以提高办事效率为主[⑤]。这一类文献注重礼物的工具性运用，在一定程度上也忽略了礼物的情感、关系等方面的联结。

（二）送礼的特征与禁忌维度

崇尚礼节往来的社会传统在以农耕文化为奠基的中国社会根深蒂固。礼物馈赠的习俗古已有之，在中国人情社会的大背景下，礼尚往来是人类文明中最为古老的交际形式之一，并在历史的长河中形成了中国送礼文化。学者曲文勇指出，礼物充当社会交往媒介的习俗由来已久，伴随礼物馈赠应运而生的送礼行为的异化催生了"礼尚往来"的现象，这一现象是现今中国"熟人"社会的突出表现，甚至在近年来一度演变成一种社会问题。应对"礼尚往来"现象造成的社会问题

① Komter, A.E., Vollebergh, W. "Gift Giving and the Emotional Significance of Family and Friends," *Journal of Marriage and Family*, vol.59, no.3(1997), pp.747—757.

② Chen Hao, Chen Hai-tao, "Gift giving via social network services: the case of a WeChat mini-program used in China," *Data Technologies and Applications*, vol.54, no.4(2020).

③ 王细、段锦云、田晓明：《送礼何以盛行？送礼行为影响因素和理论解释》，《心理技术与应用》2020 年第 8 期。

④ 毕振威：《人际关系视角下的送礼行为研究》，硕士学位论文，中北大学社会学系，2013 年。

⑤ 王群：《社会学视角下送礼行为的多因素分析——以陕西省汉中市 Z 县为例》，《哈尔滨学院学报》2011 年第 32 期。

进行适度的社会控制，并且寻找更适合当代人交往的新的模式，方能维系中国人情社会关系网的平衡性与稳定性①。学者江红艳、许梦梦等人基于情境聚焦理论考察中国文化背景下关系取向如何调节权力感对送礼行为的影响及其内在作用机制，发现在公共关系取向下，高（vs. 低）权力感消费者更倾向于开展送礼行为；交换关系取向下，高（vs. 低）权力感消费者较少倾向于开展送礼行为。而且，送礼感知（即感知愉悦和感知回馈）在不同关系取向下权力感对送礼行为的影响中发挥中介作用②。学者阎云翔指出，在黑龙江下岬村这一个案分析中，礼不仅仅是符号，它自身也是使用价值和交换价值的物质实体，并且礼物的价值主要在于它维系着社会生活的长期秩序而非短期利益的角色。同时，人们使用他们最熟识的人情伦理和关系网络来扩展旧有关系网络以及培养新的短期和工具性人际联系。人们的互惠期望和对个人利益的追求是培养长期、稳定的关系的重要原因③。而这些文献更倾向于从社会学视角来对礼物馈赠进行解读，社会学关于礼物交换的研究，主要关注的是交换方式和社会结构之间的关系，缺乏相关的传播学思考。

（三）经典文献的解读与运用维度

不少学者将研究的重点放在对《礼物》《礼物的流动》等代表书籍作品的解读，并以此为基础进行中国语境下的探析。如学者李建勇以莫斯的著作《礼物》为基础进行解读，指出中国礼物交换从古到今都有，不同时代有不同的交换内容和规则。部落因"礼物之灵"交换礼物，而现今的中国农村地区则因"差序格局"的社会关系结构进行"随礼"。"人情"和"脸面"依然是中国农村地区礼物馈赠的主要动因，然而，以"利益至上"为动因的工具性礼物馈赠随着时代变迁已呈现出新的形态，说明在不同的社会和时代背景下，礼物交换的目的、形式、意义会有所不同，但是莫斯的"礼物交换"理论依然为当今的礼物交换研究提供了理论基础④。

大量的文献集中于对莫斯的《礼物》的解读。学者席婷婷指出，礼物交换中普遍存在着的"送礼、回礼、收礼"义务，使得礼物形成一个流动圈，进而形成

---

① 曲文勇、韦伟：《从礼尚往来到"礼上往来"——中国人情社会礼物态势发展流变》，《黑龙江社会科学》2020 年第 2 期。

② 江红艳、许梦梦、陈红、孙配贞：《中国文化背景下权力感对送礼行为的影响：关系取向的调节作用》，《管理评论》2019 年第 31 期。

③ 阎云翔：《礼物的流动：一个中国村庄中的互惠原则与社会网络》，上海：上海人民出版社，2017 年，第 219—230 页。

④ 李建勇：《冀南地区 S 村礼物馈赠动因之探析——兼谈莫斯〈礼物〉》，《民博论丛》2019 年第 00 期。

一个礼尚往来的社会。礼物之灵赋予礼物一种人与物、主观与客观的共融的特点，体现了礼物的社会性、整体性。礼物交换不仅是个人行为，更是部落间、氏族间的行为①。张露（2015）通过阐述法国人类学家马塞尔·莫斯的礼物交换理论，介绍莫斯三重角色——让·鲍德里亚的理论向导、齐美尔的思想知音和涂尔干的学术继承人的同时，着重从礼物交换的象征性、交换行为的社会性和交换主体的总体性三个角度探析了莫斯的交流传播观，从而得出现代社会交流危机的病症所在——内容象征意义的缺失、连续互动链条的断裂以及主体完整人性的分离②。

学者姜万燕指出，《礼物的流动》是以民族志的写法对 1984—1991 年传统村落黑龙江下岬村的礼物馈赠文化进行了描述，深刻揭示了在我国传统的乡村社会人情关系链的形成机制和互惠文化的建构，通过村落的礼物交换体系和人际关系模型诠释社会中的文化规则和意义，进而凸显了礼物馈赠文化的稳定器作用③。这些著作中的个案分析与民族志调查为我们更好地理解中国社会中的人际关系的复杂性提供了很好的素材，然而并未为我们提供更好地分析中国礼物交换传播的基础性框架。

（四）中外送礼文化比较研究维度

学者姚莹从跨文化交际入手，对中西方送礼文化进行比较，从礼物选择、受礼方式、送礼时机及送礼目的四个维度切入，从地理环境、文化圈、价值观三个角度分析原因，并基于对外汉语教师视角提出优化建议④。

学者孔德会指出，中外关于礼物的选择、表示的含义、送礼方面的禁忌各有不同，并为在以后跨文化交际中实行礼品赠予时给出一定的建议，避免在实际交往中产生不必要的误会⑤。学者玛雅通过调查研究，结合当前的社会现象，以中蒙两国的送礼文化为切入点进行研究，指出了中蒙在礼物颜色、类型以及某些具体场合的选择的异同，并分析其异同原因⑥。学者郝金锡从送礼目的、送礼对象、送礼方式、礼物选择和收礼反应五个方面归纳中西送礼行为的不同之处，分析造成这些差异的文化根源，从而促进中西文化交流，避免在中西跨文化交际过程中因

①　席婷婷：《礼尚往来何以可能——从〈礼物〉看古式社会中的礼物交换现象》，《中央民族大学学报》（哲学社会科学版）2015 年第 42 期。

②　张露：《从礼物交换看马塞尔·莫斯的交流传播观》，《今传媒》2015 年第 23 期。

③　姜万燕：《〈礼物的流动〉——浅析中国传统礼物馈赠文化》，《大众文艺》2019 年第 22 期。

④　姚莹：《跨文化交际之中西方送礼文化差异》，《长江丛刊》2019 年第 2 期。

⑤　孔德会：《中西送礼文化对比》，《北方文学》2018 年第 15 期。

⑥　玛雅：《蒙汉送礼文化对比研究》，硕士学位论文，山东师范大学汉语国际教育，2015 年。

文化差异造成不必要的误会和冲突①。学者杨柳从中西方礼文化的共同特征和差异入手，分别阐述了中西方送礼文化的本质特征，以及中西方送礼观念的差异和造成差异的原因，并通过介绍正确对待中西方送礼差异的方式，旨在为增强人们的跨文化交际能力提供一些有益的借鉴②。此类文献更多关注的是礼物的外在显征，而非其背后的文化特性。

以往关于礼物的研究，大多数外国学者强调我国社会中送礼的目的与功能，将礼物看作功利性工具，而忽略了礼物作为日常人际交往的产物背后的复杂运作规则及文化互动意涵。同样，不少关于礼物的代表作也忽略了中国独特文化背景下促使送礼行为产生的特殊心理机制。在中国独特的社会文化背景下，送礼已然成为人际交往中不可或缺的一部分，这里的"礼"更多地采用"物"的形式，然而它也是社会话语的织线，旨在表达或确立交换者之间的社会联结。因而，本章试图在传播学视角下从礼物交换现象出发，来探究华夏交换传播现象及其文化意涵与缘由。

二、礼物：馈赠中不可或缺的符号

古语有言："礼尚往来，往而不来非礼也，来而不往亦非礼也。"（《礼记·曲礼》）。这里强调在礼节上注重有来有往，借指用对方对待自己的态度和方式去对待对方，更有甚者，人们常常强调应该"投之桑榆，报之桃李"。在礼物馈赠过程中，礼物作为不可或缺的部分，又有着怎样的传播思想和意味呢？

（一）藏礼于器：人与物相融的礼物交换意义

首先，礼物作为礼物馈赠中不可缺少的物质载体，其背后承载的文化意义已然与这一交换现象混为一体。首先需明晰的是礼物的选择并非偶然，它更多的是关于人际关系的表达，在一定程度上体现了人与物的关系——人与物的相互融合。送礼过程中的人物相融实际上是一种"和而不同、藏礼于器"的思想，可以用以表示收礼者的社会地位、身份、与送礼者的关系、尊卑贵贱。礼是制中的，正如古籍所言："礼，时为大，顺次之，体次之，宜次之，称次之。"（《礼器》）礼物的馈赠应当合乎时代环境，合乎社会伦理、人情，同时应当区分对象，并强调礼品与收礼者的身份相称。因而，在一定程度上，礼品本身与送礼者的身份、地位、关系等无法割裂开来。

其次，送礼者与礼物密不可分。一方面，礼物的价值或金额反映了送礼者对

---

① 郝金锡：《中西跨文化交际中送礼行为差异探讨》，《青年文学家》2017年第18期。

② 杨柳：《从礼文化角度看中西方送礼观念的差异》，《青年文学家》2018年第18期。

于送收礼双方的亲密关系的感知，送礼者本身带有的情感倾向通过礼物这一物质载体得以呈现。另一方面，送礼者在进行礼物选择时，并非漫无目的地进行挑选，其中承载着送礼者对于收礼者的情感、地位关系感知、身份感知等，甚至送礼者所送出的礼物是基于收礼者个人喜爱偏好而做出的选择，可以说礼物是送礼者借以表达情绪、展示送礼者与收礼者地位关系的工具，与送礼者密不可分。

（二）尊天重时：物与自然相谐的礼物交换规则

礼物的独特之处还体现在华夏文化的"尊天重时"的物我和谐思想上。中国在面对自然时强调的是天人合一，强调与自然的和谐相处，而西方则主张天人相分，由此产生的思维方式和价值观念的差异也导致了送礼行为、文化的差异。正如《礼运·礼器》所言："先王之立礼也，有本有文。忠信，礼之本也；义理，礼之文也。无本不正，无文不行。礼也者，合于天时，设于地财，顺于鬼神，合于人心，理万物者也。是故天时有生也，地理有宜也，人官有能也，物曲有利也。故天不生，地不养，君子不以为礼，鬼神弗飨也。居山以鱼鳖为礼，居泽以鹿豕为礼，君子谓之不知礼。"其强调的是内在的实质与外在的形式相统一，强调礼应该上合天时，下合地利，顺于鬼神，合于人心，顺于万物，切勿为了凸显礼的珍贵而罔顾天时地利以及万物生发的规律，将不到节令的动植物、不是当地的土特产拿来作为礼品或是祭品。《礼运·礼记》中这一段话也强调即使是在向神或者先人献礼，祭祀后会将献神的生肉、半生不熟的肉放在镬里煮熟，然后区别犬牛羊的不同部位，放到该放的容器里，以招待来宾和自家兄弟，体现了人对于物的态度 ①。反观莫斯的《礼物》中所提及的极具竞争性、对峙性的破坏性的礼物馈赠，在夸富宴上，"人们会烧掉整箱的燃烛或鲸油，烧掉房屋和成千条毯子；还会打烂最珍贵的铜器，然后再投入水中，就是为了打垮对手，'压倒'对手。"钦西安、特林基特与海达人的首领把铜器货币投入水中，而夸扣特尔部落及其同盟部落的首领则把它们打坏，通过这样的挥霍、浪费，首领与属臣与部民之间的等级才得以确立。在礼物馈赠过程中，不同于其他地区试图压垮对方、打倒对方的尝试，物与自然相谐的思想也构成了华夏独特的礼文化。

---

① "故玄酒在室，醴盏在户，粢醍在堂，澄酒在下。陈其牺牲，备其鼎俎，列其琴瑟管磬钟鼓，修其祝嘏，以降上神与其先祖。以正君臣，以笃父子，以睦兄弟，以齐上下，夫妇有所。是谓承天之祜。作其祝号，玄酒以祭，荐其血毛，腥其俎，孰其殽，与其越席，疏布以幂，衣其浣帛，醴盏以献，荐其燔炙，君与夫人交献，以嘉魂魄，是谓合莫。然后退而合亨，体其犬豕牛羊，实其簠簋、笾豆、铏羹。祝以孝告，嘏以慈告，是谓大祥。此礼之大成也。"

（三）礼轻义重：礼物交换的人情底基

在经济社会中，商品是暗含着社会等价交换的概念，等价交换原则是商品交换的基本原则，在商品交换过程中，强调的是物的平等、利益的均等。而礼物更多关注的是人的层面，关注对人际关系网络的维护、发展。

1. 礼物的情义：对利益、经济关系的有意遮蔽

一方面，当商品被当作礼物进行交换时，其商品价值、金额等经济属性被有意无意地遮蔽。学者赵爽、杨波曾指出，现代社会是以商品交换和财富积累为基础的市场社会，而传统社会则被认为是一种以礼物交换为基础的人格化社会[①]。礼物与商品表面上似乎并无联系，货币对商品的购买实际上在商品作为礼物交换过程中是不可或缺的一个环节，但人们通常强调的是礼物的心意，而非礼品的价格。正如俗语常讲的"千里送鹅毛，礼轻情意重"。货币与礼物的完全割裂是不可能存在的，商品交换强调人跟物的分离，而礼物则强调的是人与物的相融，有意模糊了礼物的商品价值属性，更为突出强调礼物的人情味，礼物文化强调人生产出来的物、其使用的物将与人紧密地联系。

另一方面，从功利性角度出发，当礼物被用作扩充人际关系、维稳人际关系网络的工具时，人们不直接暴露自己的真实动机，不要求直接的回馈，在礼物的馈赠过程中，隐藏送礼行为背后的私人利益、理性计算的属性以及掩埋礼物工具性和功利性的特质。通过礼物推进的工具性交换关系会在某种程度上变得人格化，掩盖了其固有的经济利益属性。

2. 礼物的回赠：延时性回报和模糊回报

礼物的流动是一种被动与主动的矛盾体，人们收到礼物满足自己某些需求后，又在这过程中背负了回礼的强迫性、义务性，随后在让渡了某些物品的所有权后，又有了融入他人社会生活圈子、交织出其独特的社会生活的关系网的可能性，而交换双方在这过程中使得自身隐喻的利或者明显的利的需求得到一定程度的满足，根据以往的相互关系来置礼，二者之间进行互惠式的交换。

礼物与商品的区别也在形塑回礼的原则。一方面，交换双方在礼物交换的过程中，通常强调收礼者在接收礼物后返还礼物的时间差或者滞后性，重视回礼者对于时间的把握，要求完成礼物的回献需要时间的延展性，避免把礼物交换变成纯粹的债务清算，避免让送礼者觉得回礼者害怕与送礼者产生关联。另一方面，正如上文所言，礼物并非商品，商品的价值可以通过外界价值尺度来进行衡量，

————————

① 赵爽、杨波：《"重建"礼物关系？礼物与商品的社会关系指向之争》，《北京科技大学学报》（社会科学版）2018 年第 34 期。

而礼物更强调个人心理层面，它虽然强调互惠原则，但互惠原则强调的不是交换价值或金额的完全相等或者等价原则，而是交换双方的互惠均衡原则。在回礼的价值上，回礼者通常选择模糊回报，即不刻意追求礼品回赠的价值完全等同，一般而言回报的价值略高于馈赠的价值，避免营造锱铢必较的局面、让送礼者认为交换双方是等价交换的关系，这也是华夏礼物交换的人情味的体现。

（四）延迟回报：礼物交换不对称的单方面流动

礼物的不对称流动常见于上级与下级、家长与孩子、身份地位高与身份地位低的人之间，而这种不对称的礼物单方向流动是由于家庭发展的周期、社会地位等级决定的，它并不违背礼物馈赠的互惠均衡原则。从馈赠的目的而言，礼物的单方向流动最终的目的也是为了发展自身的人际关系网络、避免不必要的风险。与其他礼物交换不同的是，单方向的礼物流动的礼物馈赠的一方并不期待直接的具体的物质的回馈，而更多的是期待一种非物质性的迂回的回赠方式，包括资源、信息、服务、保护等。从历时性角度来看，在孩童成年以前从年长的长辈那里收到的压岁钱、礼物等在彼时彼地表现为单方向的流动，但在成年后，这种单方向礼物馈赠也一定程度上保障了长辈们被赡养、家长权威的优越性，更有甚者，使得孩童承担起成年后繁衍后代的重任。

三、情感沟通：作为情感交往媒介的礼物

在中国社会交换体系中，人情是重要影响因素。一般而言，人情意味着人的感情、基本情感反应，同时还指代一种社会规则和道德义务。在社会交往过程中，人情甚至被看作资源、恩惠、礼物，在特定情境下可被看作关系的同义词，在某种程度上，人情是一种社会资本，抑或是社会支持。

（一）情感：送、回礼者的情绪表达

不同于莫斯笔下的《礼物》，莫斯笔下关注的是财富的可让渡性使得礼物馈赠者得以收获权力和威望。在中国交换社会体系中，礼物的交换重视的是对于情感的表达。礼物的馈赠实际上也可以反映普通人的感情世界以及礼物在传达感情方面的角色。人们可以选择送不送礼、收不收礼，选择在怎样的场合送什么样的礼或者收不收礼来清楚表达自己对于送、收礼者的情感倾向和态度。

1.情感寄托于礼物载体

礼物的馈赠从情绪角度可以简单分为积极正向的馈赠和消极负向的馈赠。正向积极的礼物馈赠渴望与他人保持情感关系，渴望与他人建立较好的情感联系，

扩充自己的私人关系网络，因而其传达的情绪也是热情、愉快、积极、正向的，更多呈现出一种自愿倾向；诗经《国风·卫风·木瓜》有言："投我以木瓜，报之以琼琚。匪报也，永以为好也！投我以木桃，报之以琼瑶。匪报也，永以为好也！投我以木李，报之以琼玖。匪报也，永以为好也！"你赠我以木瓜，我回赠你以琼琚，只为了珍惜彼此之间的情义永相好。礼物既可以作为一种既表达道德义务，又表达诸如关心、爱慕、感激和悲伤等情感的工具，可以看作送礼者对自身内在情感的自发、自愿的表达。这一点在私人化礼物的馈赠行为中最为明显，如恋人、师生、朋友等被社会网络和感情联系联结起来的个人之间相互礼物馈赠行为就体现了这一特质，交换双方在情感上的联结是可以预见的。交换双方的积极情绪在一定程度上也意味着联盟与共享的开端。

而负向消极的礼物馈赠一般是由于交换双方的沟通以及人际关系出了岔子，从而既有礼物交换模式可能会受到影响，送礼者极有可能选择忽视自身送礼义务，选择直接地退出交换网络；也有可能继续馈赠礼物，但同时表达自己的不满和愤怒。同时，收礼者拒绝赠予、不做邀请，就像拒绝接受一样，无异于宣战，因为这便是拒绝联盟与共享，允许冲突。

2. "君子弗受玉"的传播情怀

不论是在正向主动的礼物馈赠，还是在负向被动的礼物交换过程中，君子思想总在礼物流动的过程中发挥着独特的作用。一方面，古人素来有辞谢礼物的传统，这是一种重情义清财物的君子情怀的体现，也体现了人们在人际交往的交流思想。正如古籍有记载，宋人有人得玉，献给子罕。子罕不受。献玉者曰："以示玉人，玉人以为宝也，故敢献之。"子罕曰："我以不贪为宝，尔以玉为宝。若以与我，皆丧宝也，不若人有其宝。"（《左传·襄公十五年》）子罕以保持良好品德为由婉拒礼物，说明了情义与品德是人们馈赠礼物中更为看重的品质，同样的人际交往思想在"诸侯送圭璋"的聘问仪式中也有所体现。古代行聘问之礼常以圭璋相聘，这是为了凸显礼物的贵重，而收礼者也常还圭璋以凸显自身"轻财而重礼之义"。《礼记正义》孔疏有言："凡行聘礼之后，享君用璧，享夫人用琮。圭、璋玉之质，惟玉而已。璧琮则重其华美，加于束帛。聘使既了，还以圭璋之玉，重其礼，故还之；留其璧琮之财，是轻其财，故留之。重者难可报覆，故用本物还之；轻者易可酬偿，故更以他物赠之，此是轻财重礼之义也。"诸侯之间用珍贵的圭、璋作为礼物，拜见其他诸侯。被拜访的诸侯大多会选择在聘使离开的时候还以玉璋并辞谢，表示自己不能收这么贵重的礼物，称作"辞玉"，从而表达自己重情义轻财务的思想。如果不是贵重物品，诸侯也通常会选择还之以他物。

另一方面，在回礼的礼仪方面，我们不难看出中华儿女讲求君子思维，即使赠礼的过程中可能会伴随着不乐意情绪，但人们通常讲求礼仪的全面周到，也清楚单方面停止送礼和回礼义务容易招致社会非议，因而更多选择以平衡的回礼履行了他们的义务，保持自己道德上的优势，因而人们一般又将其作为不得不完成的义务，履行回礼的义务。中国社会的集体主义偏向在礼物馈赠过程中也得到了体现，通常一次不合时宜、不合社会价值观的礼物馈赠也有可能会招致其他社会成员的反感、抵触，甚至会间接地影响与其他社会成员的社会关系网络。其他社会成员的价值判断、言行方式、评价等也在起到外在规范人的行为的功能，因而，对社会脸面的追求促使社会成员们积极参与礼物交换的博弈、自愿规范着自身行为。因而，人们通常不得不履行回礼的义务，与此同时人们开始关注身体在礼物馈赠过程中的存在以及情绪、情感表达功能，身体可以被用来作为情绪表达的桥梁和纽带，直接明显地传递着情感和信息，通过代人转交等身体避免在场的形式，或者以不情愿、不乐意的情绪或者身体姿势来完成馈赠礼物的过程也是一种情绪表达方式。

回礼的自律性体现了人际交往中的君子思维。我们不能忽视的是一个人可能为了追求个人的利益而做出每一社会交换行为，但也可能因为人际关系中的情感因素以及道德义务做出礼物交换行为。在中国社会交换体系中，在礼物赠送和社会交换的领域，道德义务更有可能主导人的行为。

在中国，均衡互惠原则是交换双方持续延续礼物交换行为的重要前提。人们以往所接收到的礼仪制度便强调了礼尚往来，提倡人们之间的互惠往来，同时把礼的实践具体化为赠礼与收礼行为。古代关于"礼"的文化也在浸润我们的生活，形塑我们的礼物馈赠原则。古语有言："礼尚往来，往而不来非礼也，来而不往亦非礼也。"（《礼记·曲礼》）。人们的回礼行为更倾向为一种自律性，华夏文明注重对于民众的义利观、信的观念、克己复礼等君子观念的培育，通过向民众灌注礼的思想来突显回礼的道德义务。

莫斯的《礼物》提出了在安德曼群岛、美拉尼西亚社会、苏格兰、美洲印第安地区的"礼物之灵"的概念，强调礼物中包含一种神秘力量，是礼物中的神秘力量迫使受礼者做出回报。在这一认知下，物品被认为是原来所有者精神、灵魂的一部分，占有他人的物品是危险的，因而指出了礼物回赠的强制性和义务性。

四、礼物流动的脉络：关系网络的建构

在中国社会交换体系中，礼物的馈赠实际上是在为个人关系网络的建构服务，关系创造出礼物，礼物也在创造关系。而在礼物馈赠过程中，我们可以发现大多数的馈赠行为目的都是为了获得相应的身份认同、社会支持等特定需求。人们通过礼物的交换进行社会网络的建构，而礼物馈赠行为目的在社会关系网络中有所体现。

（一）横向网络的建构

礼物交换双方在馈赠过程中完成了双方的关系的确认，从而得到自己在社会网络中的身份认知与社会支持感知。从横向来看，礼物馈赠行为重视个人关系网络的扩展以及其辐射范围，较大的私人关系网络可充当保护机制，为个人的生存和发展提供更多的机会、信息、资本等。在这一过程中，礼物起到了创造各种社会关系的文化机制作用，从而使得个人横向网络或者横向交换圈的建构得以实现。从某一社会成员礼物交换的范围，我们不难观察其个人社会关系网络的外延范围。学者阎云翔指出，社会关系网络实际上可以通过交换网络的规模、姻亲的比例以及朋友关系间的比率以及越出非亲属关系的规模来加以确认。人们基于自愿主义构建关系，同时姻亲和社区关系在关系网络中发挥着重要角色。人们以自己为中心，将社会关系网络分为核心区域、可靠区域、有效区域、村庄、村庄以外这五种类型①。

（二）历时性网络的动态建构

社会关系网络并不是一成不变的。社会成员通过持续性、连续性的礼物馈赠来维持并强化各种社会关系，而关系的维护也体现了对更好的社会互助的期盼。一方面，每次礼物馈赠都是对交换双方未来关系的维持和强化。另一方面，人们总是以以往的社会交换作为礼物馈赠的重要依据之一。这也在预示了礼物在社会关系网络中的强化支持功能，并且这一礼物交换行为并非一成不变，而可能是因为双方的亲近程度以及以往礼物的贵重程度不断变化、演变的。

（三）初级社会关系网络的混融性

社会网络关系的混融是在社会成员的个人身份认知的基础上提出的，正如学者阎云翔所言，社会网络关系是以个人为中心形成的不同亲疏远近的交换圈，而笔者发现社会横向网络交换圈并不是孤立存在的，社会横向关系网络的混融在初级群体中较为常见。一方面，同一社会成员可能由于其社会身份的不同而同时位于与之相关联的不同社会成员的不同网络圈层。简单来说，A 与 C 有着堂姐妹的关系，A 的阿姨 B 在 A 的横向关系网络中可能属于可靠甚至是有效区域，但对于

---

① 阎云翔：《礼物的流动：一个中国村庄中的互惠原则与社会网络》，上海：上海人民出版社，2017 年，第 219—230 页。

B 的女儿 C 而言，B 却处于 C 的核心区域。另一方面，初级群体的社会关系网络结构的部分重叠是可预见的，但因为关系的维护和强化需要持续、连续的礼物馈赠等机制，因而有着亲属结构关系的不同社会成员之间的社会关系结构会随之发生改变。也就是说，每个社会成员都有以自己为中心的社会关系网络，每个社会成员的社会关系网络也在一定程度上由于亲属结构关系而与自己的初级群体成员之间的社会关系网络有所重叠，而礼物在这其中的流动以及关系的维护和发展会使得同一家族、氏族、部落的社会关系网络越发有自身的特点。

综上所述，礼物作为联结人与人之间情感与关系的桥梁，私人网络在很多时候比物质和金钱更珍贵，人们对于互助的需要也在强化礼物的习俗和关系网络的培养的重要性。但除了意识到礼物是人际传播交往的重要工具以外，我们还应该关注礼物本身、馈赠的情境、礼物所承载的情感以及礼物对社会网络结构的作用。

与此同时，本章也存在较多局限性。首先，研究者由于本身的局限性未能对现实生活中上下级间的礼物交换做出具体详尽的分析。其次，由于研究经费的限制以及经历有限，研究者未能进行较为常见的访谈法、田野调查等方法。最后，人的情感是极其复杂的因素，研究者对其的考量还需进一步提升。

（陈怡楠　谢清果）

第十二章 风生水起：环境传播视域下风水文化的传播与说服

中国古代风水是华夏环境传播的体现：以抽象理念、风水物象或术数等为环境沟通的编码话术，对环境议题进行表征，传播天人合一的自然生态观；另一方面，风水的说服基于受众趋利避害的心理，利用忧国忧己的恐惧诉求，使其保护自然的诉求合乎情理，易于得到官方与民间的认同。作为中国古代传统文化的组成部分，风水是与中国传统文化交织杂糅的环境传播活动，在儒释道等文化土壤中得以发展，获取环境传播的政治合法性。尽管风水带有迷信的糟粕，但提取其环境传播的内核也可为当代环境议题的沟通提供参考。

中国古代"风水"学说渊源已久，与华夏文明交织而生，可溯源至夏，孕育于商周，成形于秦汉，至魏晋而臻于完备[①]。华夏民族信奉风水，强调人之居处，宜以大地山河为主，其实质是天人合一的自然生态观的体现。风水学说影响着中国居民对居住环境（阳宅和阴宅）的选择，也影响了传统民居、村落、城市的分布。

风水，又名堪舆、地理、卜宅、相宅、图宅、青乌术、阴阳等[②]，目前最早的历史可追溯到殷商时期的甲骨卜宅。《葬书》首次提出"风水"概念，以"生气说"为核心，以阴阳为根本，以"藏风得水"为条件，其目标是获得一个理想的生态环境[③]。风水学说认为住宅基地或坟地周围的风向水流等形势，能招致住者或葬者的祸福。风水之法，以阴阳为前提，以"生气"论为根本，通过考察自然地

---

① 万陆：《中国风水文化源流论》，《东方论坛（青岛大学学报）》1994年第4期。

② 张齐明：《亦术亦俗：汉魏六朝风水信仰研究》，北京：中国人民大学出版社，2011年，第1页。

③ 褚良才：《易经·风水·建筑》，上海：学林出版社，2003年，第52页。

理，指导古代人们的生产生活。关于风水的学说流派体系繁多，难免存在迷信糟粕，但总体而言，风水围绕天人合一的思想性内核，发展出阴阳相地术等技术性外核，是古代人们为顺应自然与社会环境而总结出的一门经验型学说。在风水的巫术与科学之辩中，马克斯·韦伯将风水术定性为"作为一种上层建筑的巫术性的'理性'科学"[①]，风水不能上升为现代意义的科学，但是可从环境传播等视角考察风水的文化价值。

　　现当代学者对风水的研究多聚焦建筑设计美学、景观生态学等领域，较少从传播学视角进行探讨，但也有诸多学者认为风水学说是具有传播学意义的。有学者从文化传播、文化沟通的视角，探讨风水学说在地域间、民族间以及国际的传播，比如牛军凯认为风水术从中国传入越南，在影响越南社会的过程中，也逐渐被越南化，变成越南文化的一部分，出现了以喃字写成的地学著作[②]。石硕等认为在 11 世纪以后的藏文文献记载中，文成公主被塑造为擅长风水之术的形象，反映了吐蕃时期以来中原地区风水、占卜和历算知识体系在西藏得到广泛传播的事实[③]。韦宝畏等探讨了风水思想在朝鲜半岛的传播，以及风水与朝鲜族固有的思想观念相结合对韩国居住环境选择的影响和作用[④]。风水与传播学相结合的视角多以空间传播、文化传播等为切入点，缺少环境传播的视域。

　　在风水与环境的研究中，较多文献从环境学与生态观的角度进行探讨，而非环境传播角度。从 19 世纪六七十年代的全球性生态环境危机开始，国外研究者就表示中国风水在建筑景观规划设计和地理学领域具有维护生态平衡和"环境友好"的特质，国内的风水研究，开始从风水有助于克服全球生态环境危机的角度逐步肯定风水[⑤]。刘沛林在解释风水与环境的关系时，提到风水是审慎周密地考察、了解自然环境，顺应自然，有节制地利用和改造自然，创造良好的居住与生存环境，赢得最佳的天时、地利与人和，达到天人合一的至臻、至善境界[⑥]。冯江涛等认为风水学不仅是寻找适合生存和发展的风水宝地，还表现在对自然环境的适应、保

---

　　① [德] 马克斯·韦伯：《佛教与道教》，洪天富译，南京：江苏人民出版社，2003 年，第 156—162 页。

　　② 牛军凯：《试论风水文化在越南的传播与风水术的越南化》，《东南亚南亚研究》2011 年第 1 期。

　　③ 石硕、刘欢：《从文成公主形象看中原风水、占卜知识在西藏的传播》，《西南民族大学学报》（人文社科版）2020 年第 5 期。

　　④ 韦宝畏、许文芳：《风水文化在韩国的传播及对韩国居住环境选择之影响》，《华中建筑》2011 年第 1 期。

　　⑤ 胡义成：《风水包含着科学成分——国内外风水研究述评》，《青岛科技大学学报》（社会科学版）2009 年第 1 期。

　　⑥ 刘沛林：《风水模式的环境学解释》，《陕西师大学报》（哲学社会科学版）1995 年第 1 期。

护和改造方面，以确保其能够满足人类生存和发展的需求。清水江流域民族社会的"择吉冢"文书中的风水观念体现了保护生态环境的自觉意识，是生活实践中生态保护机制的活态反映[①]。综上，关于风水与环境的研究多从建筑景观学角度出发，肯定风水对于环保的积极影响，但较少从环境传播的角度，将风水作为一种华夏环境传播活动探讨其对环境议题的传播机制。

一、风水：华夏环境传播的编码与说服

环境传播旨在改变社会传播结构与话语系统，是有关环境议题表达的传播实践与方式。学界已对风水作为空间传播、跨文化传播等进行了探讨，但将风水与环境传播结合的研究视角较少。冯江涛等认为风水学不仅仅是寻找适合生存和发展的风水宝地，还表现在对自然环境的适应、保护和改造方面，以确保其能够满足人类生存和发展的需求，比如《周易》的"林"卦认为"禁林，贞：吉"，说明古人那时便对砍伐有所节制[②]。李淑文认为："广义上的环境传播是指通过人际、群体、组织、大众传媒等方式对环境信息进行的传播，而狭义的环境传播只是指通过大众传媒对环境信息进行的传播"。[③] 由于古代风水的传播行为与过程不涉及当代普遍承认的大众媒体与职业传播者，因此更适用于广义的环境传播概念，这里强调风水的信息属性与互动特征，将其作为华夏环境传播活动探讨传播与说服的模式。风水的古代传播活动，以言语、书本为媒，在士民各阶层得到广泛传播。从风水所传达的生态观念、传者与受众互动等角度进行解构与分析，风水作为华夏环境传播活动最为凸显的特征在于风水对环境议题的信息编码、风水利用恐惧诉求的说服机制。

（一）风水符号：环境议题的编码

学者伍海英指出"在同一语言系统中，传播过程是一个'编码—解码'的过程，即从意义到符号，再从符号到意义的二度转换。"[④] 风水中环境信息的传播也呈现出符号的编码与解码过程。罗伯特·考克斯认为："环境传播是一套构建公众对环境信息的接受与认知，以及揭示人与自然之间内在关系的实用主义驱动模式

---

① 杨军昌、杨宇浩：《清水江文书中的"风水观"与生态环境保护——以苗族、侗族"择吉冢"文书为例》，《中南民族大学学报》（人文社会科学版）2019 年第 39 期。

② 冯江涛、延卫、梁继东、李珊珊、饶永芳：《"环境与风水"——中国古人的科学智慧》，《教育教学论坛》2002 年第 3 期。

③ 李淑文：《环境传播的审视与展望——基于 30 年历程的梳理》，《现代传播（中国传媒大学学报）》2010 年第 8 期。

④ 伍海英：《"编码—解码"理论在跨文化传播中的应用与发展》，《新闻爱好者》2010 年第 2 期。

（Pragmatic Vehicle）和建构主义驱动模式（Constitutive Vehicle）"[1]，即环境传播通过借助特定的叙述、话语和修辞等传递的信息，对环境问题背后的政治、文化和哲学命题进行表征或者建构。刘涛将环境传播总结为："以生态环境为基本话语出发点，不同社会主体围绕环境议题而展开的文本表征、话语生产与意义争夺实践，其目的是提供一种接近并认识人与自然关系的话语图景和传播实践"。[2] 环境传播凭借修辞话语等媒介信息，来表征环境信息及其背后的社会关系。就环境议题建构而言，风水通过独创的符号系统对环境议题进行编码加工，便于环境信息的授受。

风水学说中对环境信息的编码主要呈现出三类：一是以抽象理念进行凝练；二是以风水物象进行比拟；三是以术数工具进行推演。

1. 抽象理念

风水的哲学理论体系包括阴阳与五行，阴阳演变万物，五行相生相克，风水理论得以建立理论基础。"生气说"是风水的核心观念，是风水对世界本源的凝练。"气"诞生于土地之中，能够生发阴阳五行之气，运行万物。"生气说"将《周易》阴阳二气的本体论，从哲学范畴转化为可以操作的风水系统，据郭璞的"土者气之母"见解，保护土地是传统风水最基本的要求[3]。

2. 风水象物

风水象物，指以周围环境与具体物象的类似程度，来判断风水穴的吉凶。中国传统的吉祥物象，如龙、凤、孔雀、鹿、龟、牛、犬等都是风水信仰中常见的吉祥物。围绕"生气说"，风水基于客观现实构筑想象真实，对山水地貌进行描述，有效传播环境信息。风水的"形法派"认为"气"的运行凝聚受到地形地势影响，所以风水宝地就是具有水源、能够藏风聚气的山脉环境。生气积聚的风水宝地要按照"龙真""穴的""砂环""水抱"四个准则进行仔细推定。其中，龙真是指生气流动的山脉，以山势为龙，起伏绵延、逶迤曲折的脉络称为龙脉，气脉所结之处为龙穴。寻龙认脉根据山脉的形态分龙为九种形式：回龙、出洋龙、降龙、生龙、飞龙、卧龙、隐龙、腾龙领群龙等，对九种山的形态皆有具体的想象与描绘，比如飞龙的姿态是形势翔集、奋迅悠扬、如雁腾鹰举、两翼张开、凤舞鸾翔、双

---

[1]　Cox R, *Environmental Communication and Public Sphere*, London: Sage, 2006, pp.12, 转引自刘涛：《环境传播的九大研究领域（1938—2007）：话语、权力与政治的解读视角》，《新闻大学》2009年第4期。

[2]　刘涛：《意指概念：环境传播的修辞理论探析》，《现代传播（中国传媒大学学报）》2015年第2期。

[3]　完颜绍元：《风水趣谈》，上海：上海古籍出版社，2005年，第63页。

翅拱抱[①]。水抱是指穴地面前有水抱流,使生气环聚在内,不会走失。在此类准则下,风水师们挑选出"玄武垂头,朱雀翔舞,青龙蜿蜒,白虎驯伏"[②]的"四灵地"。

3. 术数推演

风水采用《周易》卦数、数理方位等对玄学的理论进行实际的具体操作。《周易》的八卦代表了天、地、雷、风、水、火、山、泽等事物,其顺序排列又表示方位。对于坤卦的卦辞"安贞吉",学者刘天华认为表现了古人对宅居环境的选择:"按象传解释,凡地产丰富、品物齐备的,即有地德,坤得此象即为地吉之象,人生活在这土地上,必定六畜兴旺,五谷丰登,安居乐业,故云'安贞吉'。"[③]河图与洛书用数字图式解释了八卦起源和《周易》原理,并对古人营造规划的风水文化产生影响,比如西周王城的营造规模长款之和与"洛书"的十五之数相符[④]。此外,风水堪舆还发展出复杂的占卜方法与符号运算系统,大量运用术数推演手段进行吉凶观测、方位选择等,比如风水独有的话术修辞符号,方位可以用五行、八卦符号乃至玄武朱雀等术语进行表达,还发展出各种技法手册,完善了风水的技术应用环境。

风水要求山水相伴、排水良好、地质运动相对稳定,自成一个和谐的环境生态系统,其对环境信息的编码,构建了古代民众对良好环境生态的认知,代表着古人对地质环境、气候环境、水环境、生物环境等的自觉选择与主体意识。

(二)风水禁忌:恐惧诉求的说服

现代化所引发的环境风险则越来越多地打破了地域的限制,呈现出全球化的影响和难以预测的趋势[⑤]。恐惧是一种强烈促使人们采取行动的情绪,并且可能使人们更倾向于仔细地考虑情境的复杂特征[⑥]。恐惧诉求是一种以说服为目的的传播策略,通过描述有害后果唤起个体的恐惧感,从而促使其产生预防动机和自我保护行为[⑦]。概括地说,恐惧诉求通常包括:描述危险的信息;给出避免危险的建

---

①　《管氏地理指蒙》"九龙三应第九十八",《古今图书集成》卷 664,转引自刘沛林:《风水:中国人的环境观》,上海:上海三联书店,1995 年,第 105 页。

②　刘沛林:《风水:中国人的环境观》,上海:上海三联书店,1995 年,第 137 页。

③　刘天华:《〈周易〉与风水相宅》,《上海社会科学院学术季刊》1993 年第 1 期。

④　完颜绍元:《风水趣谈》,第 39 页。

⑤　田国秀:《风险社会环境对当代个体生存的双重影响——吉登斯、贝克风险社会理论解读》,《哲学研究》2007 年第 6 期。

⑥　Walton D, "Why fallacies appear to be better arguments than they are," *Informal Logic*, vlo. 30, no. 2 (July 2010), pp.159–184.

⑦　Rogers R W, "A Protection Motivation Theory of Fear Appeals and Attitude Change1," *The Journal of Psychology Interdisciplinary and Applied*, vlo. 91, no. 1 (September 1975), pp.93–114.

议①。古代的风水学说以各类风水禁忌唤起恐惧，从而在一定程度上指导人们规避环境风险。《风水与环境》提道："宅法在尚无系统观念可言的时候，先有了禁忌。"风水的禁忌使得大家"知所规避，以便趋吉避凶"②。俞孔坚认为风水的理想景观模式表达了中国人内心深处的共同图示，并试图在现实环境中实现，渴望因此带来现实社会与物质功利目的的最大满足（福禄寿喜，子孙满堂等）③。风水的传播说服机制与吉凶祸福嵌套在一起，描述事件的有害后果，加以利益的说服与规劝，把握了受众趋利避害的心理。风水以阴阳、五行、八卦以及天干、地支等为吉凶推演模式，满足民众期望，消解对不确定性的担忧，成为维持宗法秩序、稳定生态系统的思想工具与精神慰藉。

1. 忧国的龙脉说

关于中国的龙脉说众说纷纭，普遍认可的有三大干龙说，认为中国所有山脉皆从昆仑的三干分出，这套理论是堪舆术所依凭的世界观④。龙脉观念从秦朝便已肇始，蒙恬修建长城被民间指责切断了维系秦朝江山的"北干龙脉"，民间认为一旦伤害地脉，国家就会形成"病龙"的风水⑤。古代建筑修建提倡保护龙脉、保持风水，通过指出风水禁忌对皇权统治的威胁，使得统治阶层施行保护生态的政策。比如古代帝王陵的修建往往需要保持极佳的风水环境，保持良好的水文、地质和土壤条件等，与自然风格相协调地融合在一起。据《明实录》记载，崇祯皇帝曾经对孝陵附近的开窑取石之事要求保护龙脉，禁止砍伐树木等破坏环境的行为。刘沛林在《风水：中国人的环境观》一书中提到，清东陵的护龙措施包括设有近40公里的风水墙，圈出近2000平方公里的风水禁地，迁出居民，并且设置风水界桩等防卫标志，书写风水重地不准军民逾越破坏⑥。统治者为维护统治，保持国运而进行的保龙举措，客观上也保护了生态环境，是风水对环境议题进行干预的体现。封建社会的风水学说尽管是维护君权和皇权的正当性，维护上层统治者和文人精英的利益，带有落后性，但因此，借助保龙的口号，风水在传播环境信息和推动环境治理等方面获得了一定助力。

2. 忧己的祸福论

上至统治阶级的寝宫陵墓，下及平民百姓的家具陈设，风水使得人们形成一种关于环境生态的普遍共识，逐渐成为一种文人雅士崇尚自然的生活观念，如《红

---

① 李月、薛云珍：《恐惧诉求在健康传播中的应用与展望》，《中国健康教育》2019 年第 35 期。
② 汉宝德、吴晓敏：《风水与环境》，天津：天津古籍出版社，2003 年，第 133 页。
③ 俞孔坚：《理想景观探源——风水的文化意义》，北京：商务印书馆，1998 年，第 60 页。
④ 段志强：《经学、政治与堪舆：中国龙脉理论的形成》，《历史研究》2021 年第 2 期。
⑤ 陈怡魁、张茗阳：《生存风水学》，上海：学林出版社，2005 年，第 216 页。
⑥ 刘沛林：《风水：中国人的环境观》，第 284 页。

楼梦》中大观园的设计体现出对风水细节的考量、对天然情趣的追崇。贾宝玉点评稻香村的田庄与自然格格不入,显出凄凉孤远之感:"远无邻村,近不负郭,背山山无脉,临水水无源,高无隐寺之塔,下无通市之桥,似非大观。"①除园艺风水外,风水在阳宅选址、住宅装修等方面皆有禁忌,其规范可以细致到卧室、玄关等,认为大环境与小环境都会影响屋主的气运。《博异志集异记·苏遏》认为宅有吉凶,影响人之祸福:"长安永乐里有一凶宅,居者皆破,后无复人住,暂至亦不过宿而卒,遂至废破。"②《选址与环境的风水智慧》认为风水是"格局的艺术",阳宅的"气"受到建筑物、街道和室内家具的影响,可以分纳气说和气色说:纳气说是指得到地气、门气,可富贵;气色说是指望气辨吉凶。"阳宅之祸福,先见乎气色。凡屋宇虽旧,气色光明精彩,其家必定兴发。凡屋宇虽新,气色暗淡,其家必败落。"③冯锦山以美国赖特的流水别墅设计为风水的反面案例,认为其"大落差的哗哗流水、裸露的岩石和凹凸不平的墙壁都是风水的大忌",长住会影响居住者气运④。

　　风水利用受众对个人和国家气运的担忧,强调破坏自然环境可能引发的严重后果,以期唤起人们对祸事的恐惧,从而引发改变自然与顺应自然的态度和行为。面对风水禁忌的不确定性,国人常言"宁可信其有,不可信其无",体现的便是因恐惧而进行保守规避的想法。风水中环境被表征为临近的经济、健康等风险时,就调动出了受众趋利避害的心理,让他们倾向于选择顺应风水的阳宅阴宅。风水中的禁忌吉凶有其积极意义,蕴含着传统的生态意识,指导人们寻找理想的民居环境,主动改造自然比如保护林木来获取好风水。由上所见,古代风水学说利用恐惧诉求进行环境传播的说服,将环境风险与自身利益相连,促使人们主动保护和合理改造自然环境,有效传播了朴素的环境生态观念。

　　二、风水:华夏环境传播的文化土壤

　　"在中国历史上,堪舆实践活动以及堪舆理论活动主要是由儒、释、道三教人士以及民间堪舆术士来进行的。"⑤风水作为华夏环境传播活动,除独特的信息编码系统与恐惧诉求的说服机制便于其传播外,还得益于中国传统文化构成了风水传播的文化土壤。风水学说本身是传统文化的组成部分,又深植于中国传统文化之

---

① 曹雪芹:《红楼梦》,北京:华文出版社,2019 年,第 156 页。
② 谷神子、薛用弱:《博异志集异记》,北京:中华书局,1980 年,第 43 页。
③ 喜雨:《选址与环境的风水智慧》,上海:同济大学出版社,2008 年,第 11 页。
④ 冯锦山:《生命的领地:风水与命运》,广州:中山大学出版社,2006 年,第 198 页。
⑤ 卿希泰、詹石窗:《道教文化新典》,上海:上海文艺出版社,1999 年,第 751 页。

中，在与各种文化的共存或对抗中，借鉴儒释道等文化精神内涵，以官方显学赋予风水传播的合法性与话语权，引经据典增强说服效果，使其获得更为广泛的受众基础。

（一）儒家赋予风水环境传播的合法性

风水学说发展中获取长久生命力促进生存与传播，不断与社会主流思想融合交汇。作为华夏环境传播活动，风水受到儒家思想的浸染，并且以儒家的孝道、三纲五常等进行环境议题的表征。尽管孔子本人持着"不知生，焉知死"的无神论观点，但由其奠定的"礼""孝""仁"等儒家思想却对"阴宅"的发展有着推动作用。

风水传播受儒家的宗法礼制影响，"在觅龙脉时，逐次寻找祖山、少祖山，直至正穴，其构成体系就像一个宗族一样"[①]。有学者认为风水学中的建筑中轴观与礼制的"正无邪"相一致；风水学有关四合院上房与两厢的主从关系与儒学礼乐"尊卑有分，上下有等"相对应[②]。而阴宅选择与祖先祭祀则往往与三纲五常、孝道等相关联。一个良好的风水环境能够获取祖先庇佑，福泽子孙，破坏墓穴风水则被视为不孝，于是奉祀祖先成为子孙一生一个必不可少的组成部分。"三纲五常"是儒家伦理所倡导的道德规范，在风水中"三纲五常"也有所特指："三纲"指气脉、明堂、水口；"五常"指龙、穴、砂、水、向。《地理五诀·地理总论》谓"三纲"："一曰气脉，为富贵贫贱之脉；二曰明堂，为砂水美恶之纲；三曰水口，为生旺死绝之纲"；谓"五常"："一曰龙，龙要真；二曰穴，穴要平；三曰砂，砂要秀；四曰水，水要抱；五曰向，向要吉。"[③]

风水传播汲取了儒家的等级秩序观念，诞生了察砂等理论，认为最好的地理形势就像皇帝在朝堂上接见群臣，比如风水中的"四灵地"便是一种众星捧月类似于"太师椅"的地势，朝拱之山，相向俯状，这与儒家的尊卑等级秩序相契合。可以说，借助主流的儒家思想，风水学说得以在统治阶层与民众之间得到互传互通，使得风水的环境传播具备政治上的合法性。

---

① 刘建荣：《巫术礼仪中的山水——风水理论与儒家思想在中国山水画中的交织》，《美与时代（下）》2012 年第 7 期。

② 钱圣豹：《儒家礼乐思想与风水学对北京四合院型制的双重影响》，《时代建筑》1991 年第 4 期。

③ 赵玉材：《绘图地理五诀》，北京：华龄出版社，2006 年，29—32 页。

（二）道教助力风水环境传播的大众化

风水的传播与发展，与同为中国本土文化的道教难以割裂区分，二者的思想内涵总是有相通相似之处，道教与风水与《周易》关系密切，且都强调"生气"。《周易》讲卜筮，讲吉凶，曰："八卦定吉凶，吉凶生大业。"易学的四象、河图、洛书、九宫、六十四卦圆图等概念也影响了风水的方位观念和风水罗盘等工具的使用。风水与道教相关，彼此影响，和而不同，譬如风水中的"气"本不做区分，但道教却认为其有鬼气、仙气、神气之分，因此发展出了与吉凶祸福有关的分类，并且带有道教的鬼神观[①]。

道教的许多藏书包括风水的经典著作，进一步推动风水在大众间的传播，比如《宅经》曾被列入《道藏》。道教中有许多讨论风水术数的内容，道士们对风水学说的重要理论进行吸收和改造，纳入其信仰体系之中。风水的"四灵地"的白虎、青龙、朱雀、玄武就原本是道教的守护神。对于民间信仰的怪力乱神，道教经典的故事叙事还赋予风水超自然力量，以符箓经文等取代风水术的具体吉凶推演法则，将风水的吉凶预测过程神秘化。一些道教经文甚至被认为是可以用来建筑新宅冢墓时避祸的。何晓昕指出："道教的斋醮、祝贺、符箓同时流行于风水之中，可以说风水的符镇手法与道教的'符箓'同出一辙。"[②]

道教的道法自然、天人合一等思想为风水对环境议题的表征上提供了诸多借鉴。古代道家景观设计的风水环境体现了道教对桃花源式风水宝地的追求。道教道观的选址注重名山山巅的同时强调风水环境，如安徽齐云山的太素宫、江西的龙湖观等以"四灵地"为准则。桃花源式的洞天福地对环境要求较高，自有完备的生态系统，道士为修炼之便还会间接地对植被有所保护。有学者认为《黄庭内景图》是道士修炼的指南，也是一幅风水地图，"整个人身完全隐匿于一幅山水风景画之中，隐喻性地表达了人与外界通过身体而交流并最终将身体与自然合而为一、实现天人一体的道教理念"[③]。

得益于本土道教在华夏的影响力，风水的环境生态观念在大众之间得到传播与推广。尽管道教之中也存在对风水否定的声音，比如葛洪认为拥有《三皇文》可以在营建中无须讲究风水[④]，但道教也会着眼于风水术的改造，使之更加符合信众的心理诉求。道教中的风水学说，从对人体阴阳八卦的内向传播的关注，上升

---

① 孔令宏：《论风水与道家、道教———兼及景观案例》，第一届国际风水学术研讨会论文集，台北，2009年，第77页，转引自王巧玲：《试论道教风水的合理内核》，《浙江万里学院学报》2013年第26期。

② 何晓昕：《风水探源》，南京：东南大学出版社，1990年，第131页。

③ 王巧玲：《试论道教风水的合理内核》，《浙江万里学院学报》2013年第26期。

④ 张齐明：《亦术亦俗：汉魏六朝风水信仰研究》，第192页。

到对人体外部自然环境和谐统一的探索，体现风水环境传播倡导的自然生态观对民众影响范围的扩大，影响程度的加深。

（三）佛教共促风水环境传播的世俗化

作为外来宗教的佛教提倡因果报应、三世轮回，风水吉凶祸福的利益说服机制背后，与佛教所主张的轮回观、因果报应思想相契合。正是因为灵魂不灭，因果报应，民众才以风水为指导选择阴宅获取祖先的庇护"福荫"，以阳宅的吉祥获取己身的安宁。《后汉书》中记载袁安听取三位书生"葬此地，当世为上公"的建议选择了一块风水宝地葬父，于是"累世隆盛"①。建立在佛教轮回观等基础上，民众开始思考通过现世的努力，也就是对风水的维护来达到对后世的保障。风水学说在发展中与祖先崇拜相结合，生产出一套生者与死者之间的"互惠"关系。正是这种"互惠"的利益关系，使得葬地兴旺说法盛行不衰。生者与死者的"互惠"，延伸至"自己"与"环境"的互惠，此类互惠关系反映的是人们对环境投资，获取长远回报的心理预期。风水环境传播的对后世未来的吉凶预测、利益承诺与恐惧想象，都借助了佛教深植于人心的轮回因果观念，可以说佛教思想构成了风水环境传播的说服机制的完整回路。

另一方面，佛教的中国化与世俗化离不开对本土风水学说的融合，具体体现在佛教建筑对风水原则的顺应。密宗择地之法吸收风水元素，披上了中国风水择地术的外衣，把"五色石""五色土"作为设坛吉兆的标志。《梵天择地法》有载："第五，山中见有五色石，青、黄、赤、白、黑各在本方，此是圣人学道处。此地必是胜……第二十一，山中有五色土处，至明日平旦，看五色光出，此地吉。"②有学者认为："风水上认为建筑布置主殿要高大，配殿要低小，否则称为欺主，而寺院布置上一切寺观庵宇以大殿为主，大殿要高，前后左右要低的做法有意无意地暗合了风水的要求。"③佛教的信众选择美好的景观环境，以期营造良好的寺院风水，体现了风水对佛教文化的渗透与本土文化的重要地位，同时佛教因果轮回观的影响，也加深了世人对风水环境传播的重视程度。

---

① 范晔：《后汉书》，北京：团结出版社，1996年，第425页。

② 《梵天择地法》，选自《大正新修大藏经》第十八卷，东京，大正新修天藏经刊会，1960—1962年，第925页，转引自金政：《明清时期佛教的风水理论与实践》，硕士学位论文，福建师范大学专门史系，2013年第8页。

③ 谢空、韩立新、王海燕：《佛教建筑与中国传统风水》，《山西建筑》2008年第10期。

三、风水：当代环境传播的沟通价值

诚然，风水学说带有迷信和神秘主义的糟粕，大部分理论不具备现代科学的可证伪性，但不可否认的是风水作为华夏本土的环境传播活动，其所倡导的天人合一、自然共生的生态环境价值观在现当代仍然具有积极的指导意义。在当代环境传播语境与社会风险的研究背景下，风水学说对环境议题的表征与说服，可以为环境冲突的沟通与交流提供借鉴。

（一）传播环境议题

风水可以作为一种进行环境议题的沟通方式。风水理论在传统建筑修建中地位显著，是古人用以处理建筑格局、景观设计的民间法则。比如过去风水文化在赣南迅速传播，并随着客家人在赣南聚居得到大量建筑方面的实践[①]。随着现代化迈进新农村建设，需要了解风水对环境议题的编码，利用风水的说服机制，弥合城市与乡村的信息误差。"风水具有强烈的传统文化底色，包含孝文化、祖先崇拜、自然崇拜、周易、建筑学等多层意蕴，风水案件所折射出的文化和意识上的撕裂尤为突出。"[②]在环境改造问题上，片面的政策决断易与当地民众发生纠纷，产生意见分歧，而想要了解当地群众所阐释的破坏风水问题的实质内核，解决主要矛盾，就有必要熟悉风水对环境议题的表征形式，利用风水进行说服或者顺应风水原则进行改造环境。在与信仰风水的民众沟通时，探视到风水背后根本的利益与诉求，平等客观地解决当地风水与建筑修建等产生的冲突，尽可能地维护当地生态环境，保护当地民众利益。

此外，运用风水对环境议题具象化的信息编码也可对政府开发修复等举措进行大众化的诠释，有利于受众更快速理解政策措施，规避信息误差产生的冲突。利用风水的说服话术，立足传统文化精神，可以提高公众对公共政策的接受度，传播环境观、保护生态环境的同时，推动政策的落地实行。依据风水学说独有的信息编码进行环境议题的传播，有助于从本土环境认知心理促进环境传播中国化，宣扬习近平生态文明思想，利于传统文化再次鲜活起来。

（二）表征传统文化

风水学说一定意义上促进了环境议题的广泛传播，呈现出受儒释道思想等影响的文化景观，塑造了国民关于家族等的集体回忆。风水文化博大精深，内涵丰

---

① 胡玉春：《杨救贫与赣南客家风水文化的起源和传播》，《南方文物》2001 年第 4 期。

② 姚澍：《民法典视野下民事习惯司法适用的困境与出路——以风水案件为中心》，《华侨大学学报》（哲学社会科学版）2021 第 3 期。

富，通过对风水文化的考察，能够更深刻地解读中国传统民居建筑的意义，领略天人合一、道法自然的古典主义美。"传统村落的建构，如果离开了堪舆知识体系，许多现象都无法得到圆满的解释。"① 传统建筑文化的重启，需要对风水的意义进行挖掘，一如修复传统民居群落，需要对风水的五行八卦等布局进行重现。中国古典园林为体现天命观的思想，极力追求形势派坐北向南的四象模式，在理气派的运用上严格按照术数的生克制化来布局建筑②。因所处的时代不同，园林等建筑风水受到的儒家宗法礼制、道家无为自然、儒家因果轮回等观念的影响亦不同，而再现传统建筑切不能以为是糟粕便随意舍弃风水的景观美学与文化意义，而需要透过风水的讲述再现建筑的历史与底蕴。风水学说在各文化流派发展中与时俱进。在当代，我们可以汲取风水学说中关于环境议题的生态环境传播观念加以改造利用，使其符合新时代发展的需求。

综上所述，作为中国传统文化的重要组成部分的风水学说，具备自己独有的话语编码体系表达环境议题，借助民众的恐惧诉求与趋利避害的心理进行生态环境保护的说服。风水的环境传播实践，与中国传统文化相杂糅，包括儒家的宗法礼制、道教的道法自然、佛教的因果轮回等思想观念，以此获取传播的政治合法性与持续生命力。风水学说关于环境议题的建构，在当代的环境生态沟通中仍然值得借鉴。我们可以把风水作为一种环境传播的方式加以了解和研究，减少风水传统与现代文化的纠纷，推动政策的本土施行。同时，风水也可以在作为传统文化与生态环境观的解读方式、顺应自然的基础上对传统景观进行改造。

植根于传统文化，风水对环境信息的传播说服机制需要与时俱进。尽管风水学说中的环境传播思想有值得当代生态环境治理宣传借鉴之处，但不可否认的是风水也存在蒙昧的糟粕，对于其不符合当代社会主义核心价值观的部分，我们需要进行批判，而不是盲目信仰与全盘接受。比如其宣扬的吉凶祸福这一恐惧诉求，放置在当代的说服语境下不应带上神秘主义色彩，而应根据事实向民众解释行为是否存在严重后果，使受众权衡利弊后做出理性选择。

（姜丹力　谢清果）

---

① 陈华文：《文化重启：传统村落保护可持续的灵魂》，《广西民族大学学报》（哲学社会科学版）2018 年第 40 期。

② 甘娜、颜廷真、陈其兵：《传统风水文化对中国园林设计的影响》，《中华文化论坛》2014 年第 7 期。

第十三章　以训传家：作为传播控制实践的家训 [1]

　　家训的产生与发展可以看作家庭传播场域中发生的权力斗争实践，并嵌入中国古代"家国同构"的独特政治生态中。本章尝试运用媒介学视角和解释学方法，将家训作为中国传统社会情境中特有的传播现象重新理解，它根植于不同阶段的历史条件，与实际的社会沟通需求相适应。而引入媒介学视角则可尝试从历史情境中还原个体化的传播动机，以解释家训因何又如何存在。结论认为，作为传播实践活动的家训雏形源自部落酋邦时代已经存在的知识—权力家庭传播活动，随着技术与社会条件的变化渐而又演变为一种控制模式。家训的发展历史始终与权力和控制问题相互缠绕，其实质是家族长者所共同构成的集体性主体通过特定媒介实践以实现对子孙后代无限延展的时间和空间的权力转移和承续。根本目的在通过"训"达成对以家族为单位的社会行为控制和资源竞争。

　　家训是中国传统社会中特殊的文化现象，无论对中国古代社会的文化传统、精神气质还是交往方式都形成过深远的影响。当我们以现代人的观念审视它时主要侧重三方面：其一是作为文学体裁。家训以传统家庭伦理关系、教育和道德信条为主要内容，以训诫者对被训诫者的言谈对话为主要表现形式 [2]。它在立意上十分明确，而文体却极其多变，包括诫、敕、教、令、诰、命、书、疏等，又常以"诫子书""家诫""遗令""遗命""家仪""门律"等名目为篇名；从形制上看，家训既有规范的书体，也有口语化的书信 [3]，两者的逻辑铺陈和修辞各具特点。其二，作为一种文化现象。家训在深度嵌套于传统中国社会文化中的同时，也派生出独立的实践体系，通过文本生产和再生产的过程不断与外部条件变化相适应。古代家训从其

---

　　① 本章以《以"训"传家：作为一种传播控制实践的家训》，刊于《新闻与传播研究》2021 年第 9 期上，收录本书略有改动。
　　② 张艳国：《简论中国传统家训的文化学意义》，《中州学刊》1991 年第 5 期。
　　③ 蔡雁彬：《汉魏六朝诫子书研究》，《古典文学知识》1997 年第 2 期。

广度、深度上，经历了一个由个别到一般、由贫乏到丰富、从分散到系统、从浅表到深层的过程。[①] 家训活动的发展史，几乎和整部中国史等长，滥觞于西周的诰命形式的顾命传统[②]，萌芽于两汉民间尤其士族阶层撰写用以训诫子孙的家传书信。至魏晋南北朝时，家训已经演变为一套完整且独具特色的文体。此时家训不仅篇幅扩大，其涉及的内容和说理水平都进一步提升。颜之推所作的《颜氏家训》基本奠定了后世家训的范本，尤其是内容框架和行文逻辑，因此被视为家训之鼻祖[③]。在宗法为内核的传统社会不断开枝散叶的过程中，不同的社会群体也逐渐演化出各具特色的家训文本作品，是为他们生活的真实写照。由此家训已经不单是文学话题，更是一个富有价值的文化学课题。最后，作为一种历史现象。家训的产生和存在并非一种偶然，它是古代中国"家—国—天下"三位一体统治机制的一个组成[④]，其文风、内容、主题的变化是社会结构和社会生活发展轨迹的直接反映。过往研究常将家训活动和中国长期以来维持的宗法体制和农业生产型社会特征联系起来，一般共识上将它分为先秦到两汉的萌芽期、魏晋隋唐的成熟期以及宋元明清的鼎盛阶段[⑤]，分别对应中国古代宗法专制社会的不同发展阶段。

一、作为传播实践的家训：一种基于媒介的解释

从上述观点中不难看出，家训始终被视作社会历史文化的受动结果，这也是文化阐释所天然带有的想象力缺憾。文化学视角下的家训带有功能本位，它往往被想象成一种用以维系社会道德伦理的精神性纽带，是家庭化的社会意识形态，是社会意识内化为个体意识的中介。因此，我们习惯于在中国古代封建社会的基本构型当中为家训文化预设一个功能性位置时，又结合中国以儒家礼教文化为主导这样一种前见，自然而然地联想到家训存在的根本目的就是维护封建礼教传统，进而是文化秩序。这些基于文化解释学的结论笃信"诫子书的产生与传统文化中的教子观念和戒慎精神有着密切的关系，前者是其产生的伦理基础，后者是其产生的精神渊源"[⑥]，进而形成"家训是儒家文化的表现，家训的目的是传播儒家价值"的解释循环。那么，是否存在着另外一种解题思路呢？

---

① 徐少锦、陈延斌：《中国家训史》，西安：陕西人民出版社，2003 年，第 21 页。

② 林庆：《家训的起源和功能——兼论家训对中国传统政治文化的影响》，《云南民族大学学报（哲学社会科学版）》2004 年第 3 期。

③ 马玉山：《"家训""家诫"的盛行与儒学的普及传播》，《中国哲学史》1994 年第 1 期。

④ 徐秀丽：《中国古代家训通论》，《学术月刊》1995 年 07 期。

⑤ 张艳国：《简论中国传统家训的文化学意义》，《中州学刊》1991 年第 5 期。

⑥ 朱明勋：《中国传统家训研究》，博士学位论文，四川大学文学与新闻学院，2004 年，第 224—227 页。

事实上和连亘两千年的中国古代封建社会一样，家训从来不是静止不变的。恰恰相反，无论是承载的媒介、训体的格式、内容、修辞方法上它都发生过一系列连续的变化。从最早出现在青铜器上的诰文，到如今还保留宗祠墙壁上的家训，它们可能算作一类相近的活动形式，但绝不可能保有完全相同的传播目的。因此，我们应将家训仅作为从历史中浮现的"文化现象"或"传播现象"，而不是作为单一制度化的活动形式来看待。长期以来的文化解释学视角，都尝试对一切通过书面、典例等方式训诫子孙的传播活动进行共性概括，因而忽略了这些被称为"训"或"诫"的活动在每朝每代、不同社会群体中所具不同个性，接着引发"倒果为因"的逻辑错误。我们往往从历史结论处回看，当然会笼统地认为家训存在的目的是维护封建之礼教、法制及一切的统治秩序。但从行动的逻辑上看，它只是各类家训活动所造成的结果而非动因。又或者说，不同时代、不同情境中的所谓"家训"传播活动并不能相互通约，它们实际抱着不同的目的考量，在传播动机上有各自的偏向和区别，而又共同构成历史长河中一类突出的文化现象。所以，家训理应被当作更广阔的社会历史实践的一种参与方式，在漫长的中国古代史中，无数人以无数的方式反复参与在其中。只有一套能够还原参与者们和而不同的具体行为动机的解释机制，才能回答文化解释学所不足以回答的很多问题。

另一方面，作为一种文化现象，中国的家训文化虽然特殊但也并非独有。人类历史上的诸多文明有很长一段时间都以家族和血统作为社会活动的基本单位，因此无论在东方还是西方，都形成了各具特色的家族文化以及与家训相类似的文化机制。比如同样以家族为单位展开政治生活的西欧封建社会，也有包括家族格言、旗帜标志在内的一套身份识别体系，甚至在今天很多的欧洲现代民族国家中，都还保留了贵族家庭的这部分文化遗产。又比如同样受儒家文化影响的日本，在保元、平治年间（约我国南宋时期），不但吸收了中国的家训传统，还在此基础上发展出一套以"家纹"进行识别身份的视觉符号体系。围绕着不同的社会文明，实际产生出了不同的以家庭为单位的文化传播实践，它们的特点风貌不尽相同。所以，中国家训文化的特殊性并不在于有无问题，而在于"为什么是以这种形态存在"，又或者"它在朝着哪种最终形态发展"。它不仅仅是历史运动的作用结果，更是一种有其主观依据和合目的性的实践活动。

结合上述问题，本章为"家训为什么存在，又如何存在"给出的解题思路是试从传播功能与目的，而不是文化范畴与结构的角度理解家训。它倾向于一般解释学方法，通过将家训诠释为一种文本及其所对应的媒介形式，将家训活动理解成基于该特殊媒介来实现家庭代际的传播行为，就能够更好地阐释为什么和如何运用家训作为其达成某一目的的工具。这是过往文化学和历史学常忽略的，却是传播学研究所擅长的。

二、作为代际交往媒介的家训：概念厘定及方法阐释

将"家训"作为一种古代社会交往实践媒介，首先需要回答在传播学的思维视野下如何定义家训。《说文》中解："训，说教也。"段玉裁则有注云："说教者，说释而教之必须之理。"所谓家训不仅仅是一种教育行为，在执行教育和劝导的同时，还须施教者阐明道理。这恰是"家训"和其他家庭日常教育区分开来的重要区别。首先家训中的"训"，并不是以口传面授的方式实现的，之所以能为后世的我们所见，恰恰因为它从最开始就形成一定的物质文本。尽管从"训"的字义及其衍生含义出发，家训常常被与家教、家诫等概念画上等号，但就其展开方式来说却完全不同。所谓家教或庭训渗透于日常生活情境当中，强调当下、即时的传播效果，有明确的传播对象或问题情景。比如《论语·季氏》篇中，孔子两次见孔鲤"趋而过庭"，便不加前提直接给出了"不学诗，无以言""不学礼，无以立"两条训诫。说教内容与伴随的情境无法分离，同时作为直接在场的权威，孔子可以给出结论或指令而不用说明理由。而本章所讨论的家训与之相区别的两则最主要标准，就是媒介化与反情境化。它是通过技术化媒介手段所实现的一种非人际的、脱离具体场景的交流方式，在传播时效性上不再限于具体时空，在传播对象上也不再针对某一具体个人，而是非定向的"子孙后代"作为其受众。从这两点上看，家训实际已经脱离了我们日常所认知的人际传播范畴而更加具有公共性。同时，家训的直接用意是以长辈身份进行行为指导，它首先要做的就是树立其不在场的权威，并建构起言说的合理性与合法性，因此它在以技术化媒介为手段、以文字符号为其主要形式的基础上特殊的论证逻辑和修辞形式，以建构这种跨时空的特殊权威。

通过对"训"和"诫"的训诂辨析，我们认为，家训作为一种文化现象在不同的历史条件下和不同的发展阶段中常以不同名称、不同形式存在，因而很难以具体的名称来判定它们的性质。在追溯这种文化现象的起源的时候，更应当通过对其表现形式的分析，根据它的功能和内容去认真考察它在历史上的客观存在[①]。因此，与其按照文学概念的标准从文体、载体和内容主题等要素来限定一个广义或狭义的家训，不妨笼统地将之概括为一切通过文字为主体的媒介手段来实现家庭之内，尤其是代际的交流实践活动的统称。概括性地说，家训往往是通过某种媒介所实现的非人际、超出一般情境的传播活动，由于使用书面化的媒介形式，

---

① 刘剑康：《论中国家训的起源——兼论儒学与传统家训的关系》，《求索》2000 年第 2 期。

使其传播效果在时间维度上拥有了无限广延的可能。又由于家训活动脱离了一般情境，在传播实践发生的同时还构成了一套更加深刻的释义系统，以自证它的合理性和权威性。本章所尝试的"媒介解释学"的思路，就是假定家训是人们在长期的社会交往，尤其是家庭内的传播实践过程中所形成的内生性媒介。进而，我们可以考察它如何陈述、如何说理、如何提出，又提出了哪些教育的具体内容，这些传播形式和传播内容如何不断调整适应外部环境变化，由此印证它在不同历史情境中被赋予的社会性功能。借助这样一种解释学，我们可以尝试最终回答这样一个问题：家训是以何种角色，又是用何种方式，内嵌在几乎全部的中国古代社会文化生活中？

三、何以为"训"：家训的行动模因和媒介属性

任何实践活动都不可能是凭空产生的，它们一定有其前在结构，包括家训。家训活动可以从原始酋邦社会的运行规则中探寻最初始的行为动机，即一种与父系氏族的权力继承相铆合的知识传播实践。这种传播活动以知识的父子相承为载体，实现了对原始社会巫术知识的垄断，并由此形成对社会权力资源的继承垄断。而早期"家训"活动的雏形出现，则代表这种原始传播活动发生的一场"媒介革命"。

（一）知识的传播与权力的传播

对处在原始酋邦部族阶段的先民来说，如何掌握比竞争对手更为先进的生产知识将是赢得生存大考的关键。甚至，谁能拥有更为先进的知识技能，谁往往就能获得族人拥戴，甚至成为领导部落的权力核心。殷商的祖先王亥被认为是畜牧业的鼻祖，"立帛牢服牛马，以为民利"，所以"天下化之"[1]，他由此成为殷人之王。这些知识技能在传承流通上，还具有鲜明的代际传承特点。传说邰氏部落的首领女儿姜嫄是"清静专一，好种稼穑"的农业专家，而她的儿子弃受此影响幼时就喜欢玩种麻、菽的游戏。姜嫄因此"教之种桑麻。弃之性明而仁，能育其教，卒至其名"。最终，弃既"好农耕"又能够"相地之宜"的弃被尧任命为农师，主管农业，遂致"天下得其利"（《列女传·母仪传》）。只不过原始社会中的大多数知识技能往往被包裹上神秘色彩，以巫术而非科学的面貌展示于人，掌握此类特殊知识技能的部落首领，便同时身具社群巫师与部落首领的双重身份。[2]舜的祖先虞

---

① 王国维：《殷卜辞中所见先公先王考》，《观堂集林》（卷九：《史林一》），北京：中华书局，1959年，第409—411页。

② 童恩正：《中国古代的巫》，《中国社会科学》，1995年第5期。

幕同样是一位"能听协风，以成乐物生者也"（《国语·郑语》）的气象专家。作为一种知识天赋，这些天文气象知识通过舜的父亲瞽叟再传至舜手上后，"尧使舜入山林川泽，暴风雷云，舜行不迷，尧以为圣"①。成为舜继承尧的帝位的关键。再比如治水有功的禹，同样是从其父鲧处习得水利知识以续"鲧之业"。

原始社会中的知识技能呈代际血亲间正向流动的封闭性特点。一方面是由传播条件所决定的：在缺乏一般教育机制的原始社会，大多数知识信息都只能通过人际的语言传播来实现，因此以父传子、子传孙为主要形式的"家学"知识传播系统始终是实现知识保存和发展的首选途径。另一方面它也由知识传播的目的所决定：以血脉为纽带传袭的专门化技能官僚队伍，同时又通过家传形式对特殊知识的垄断，成为酋邦社会产生出政治权威和阶级体系的基本条件。近年来通过对凌家滩、红山文化、良渚文化等遗址的考古发现也可以证明，这些比前述神话时代更久远的时代，便已经产生从原始聚落到具有一定组织形式和空间控制力的酋邦社会。而当它从聚落成为酋邦社会时，家族式的墓葬结构、社会内部的阶层分化、固定的巫术活动场所等等现象也随之出现。

在这些原始社会中，占据领导核心位置的往往是专职化的巫师队伍，他们靠所掌握的自然和天文气象知识以实现超越旁人的先知先觉，对农猎活动、自然灾害做到提前预知。而能够先知先觉的人，就有资格领导他人，在原始社会中形成其"绝地天通"的巫术权威②。恩格斯在《家庭、私有制和国家的起源》中认为，原始社会中普遍流行的氏族共产制社会是妇女占据社会之统治地位的客观基础。而一旦这些财富转归家庭私有，就会对母权制氏族社会产生强大打击。因为以家庭为单位的社会财产在不断积累过程中，新的以父权为家庭结构中心的体系，能够突破传统继承制度，使之更有利于子女后代③。而正是伴随着这种家长制家庭的出现，人类才"进入成文历史的领域"④。

随着氏族为单位的母系社会逐步被家庭为单位的父系社会所取代，这种知识在家庭内的代际传播流动也成为一种必然和财产权力转移相伴的必要途径。相较于母系社会，父系氏族带来了更加稳定的代际和亲缘关系，也产生更加确定的继承规则。这里的继承自然不应仅仅包括物质资源，更包括知识技能等文化资源，至少由于五帝时代兼行政务和巫术职能的部落领袖的出现，宗教成了服务自身政

---

①　（汉）司马迁：《史记·五帝本纪》，上海：上海古籍出版社，2016年，第17页。

②　张光直：《考古学专题六讲（增订本）》，北京：生活·读书·新知三联书店，2013年，第10页。

③　[德]恩格斯：《家庭、私有制和国家的起源》，北京：人民出版社，1972年，第26—38页。

④　[德]恩格斯：《家庭、私有制和国家的起源》，北京：人民出版社，1972年，第53页。

治目的的可选手段，从而，私有财产、阶级分化与国家机器便相应出现了。[①]他们垄断着某些特定的知识技能并分化为专门的巫师阶层，于是由"私巫"转变为"公巫"，及为"公巫"，就变成了"酋长"，变成了"帝王"。[②]以家族血脉为纽带的阶层政治赓续，是建立在围绕"巫"的知识的家庭内部传承为其基本依托的。

知识的家庭内传播，在巫王结合的原始社会，乃至夏商时代都成为政治统治的一种先决条件。长期存在于社会历史中并直接促成家族承续的专业化官僚队伍的形成：先秦时期乃至之后的很长一段时间，史官和其他技能型官僚职位同样需要通过世袭。按《说文》中载："史，记事者也。从又持中。中，正也。"表面上，家传制度是为了保持史官应具有的素养和品德，但实际上，家传制度直接使得他们垄断了书写、阅读和记录文体等著史必要的知识技能，所谓"中"或者"正"与其说是一种职业素养，不如说是一种长期从业所带来的业务水平和职业操守。就像每一位学者能写出具有客观性和科学性的学术论文不来自天生的科学精神，而来自长期的学术训练一样，那些被认为是史官世家代代相承的气节风骨的，也大都是被粉饰为道德品质的知识技能。进而，古代社会几乎全部的先进技术和文化知识，都经由史官制度为代表的家传知识垄断承袭至今。依章太炎考证，"六艺，史也"，不仅儒学六艺皆出自史官，九流百家乃至数学和科学也大都是通过史官的知识世袭延续下来的（"故因岁时之计算，而兴天文之观测。至于法律组织，亦因测定岁时，以施命令。是在僧侣，则为历算之根本教权。因掌历数，于是掌纪年、历史记录之属。"[③]）。

可以说，原始社会所形成的长老训教传统是原始社会家庭教育的主要形式，也是家训得以产生的直接源头。[④]作为人类最早的传播活动形式之一，家族长老的训教活动最初主要以口头和家庭内人际传播方式存在。它不仅是一种组织方式，同时还承担着在代际保存有效经验和技能知识的重要功能。同时又由于它仅限在父系社会的亲缘关系中定向流动的特点，形成了特定阶层对专门知识的垄断，这既是原始奴隶社会知识传播的最有效形式，也成为社会权力组织方式的基本保证。除去作为一种统治手段，手工业生产技能也往往要依靠父子相传的方式继承发展，形成"工之子恒为工"（《国语·齐语》）、"工匠之子莫不继事"（《荀子·效儒》）的社会传统。因此，所谓"家学"传统天然地和社会阶层的分化、权力与角色的巩固联系在一起。这套以代际为基本构型的知识传播体系，既是归纳发展自然和人

---

① 童恩正：《中国古代的巫》，《中国社会科学》，1995年第5期，第180—197页。
② 李安宅：《巫术的分析》，成都：四川人民出版社，2000年，第10页。
③ 章炳麟著、徐复注：《訄书详注》，上海：上海古籍出版社，2017年，第133—134页。
④ 欧阳祯人：《中国古代家训的起源、思想及现代价值》，《理论月刊》2012年第4期。

文知识经验的途径，又是实现权力关系的转移和控制的重要手段。又或者，我们可以说在原始社会就业已存在的无数以家庭为单位的传播活动中，存在着这样一种形式，它以知识的代际传授为表象，实则包含了权力通过传播得以传承的行为隐喻。

（二）以文载训：家庭传播活动的"媒介革命"

家庭是人类最早的传播活动范围，家庭传播也是人类所保留的最古老的传播活动形式。在原始部落社会中，它不仅实现了最基本的社会文化功能，还是使得人类社会重要知识技能得以传承延续的主要途径。而父系制部落社会的巫术传统，又给它以特殊土壤，使得垄断性的特殊知识成为一种隐喻权力，传播和传承特殊知识的家庭代际内传播因此可视为一种内向的权力传播活动。在原始部落壮大为国家的过程中，文字和以青铜器为载体使用文字的传播活动出现了，它直接催动原始社会当中业已存在的家庭内部传播活动发生革新与转移。这种转移表现以文字为载体、进行家庭成员内的跨时间与跨空间的信息传递活动，是围绕着家庭——权力传播与传承活动的第一次媒介革命。

1. 文字、青铜器文字与周代的政治传播转变

如果说原始巫觋文化已具备了家庭代际传播的原生动力，文字既是巫觋文化的附带产品，又是促使这种传播活动产生重大变革的技术动因。从最早的使用场景上来看，文字以其形式进一步强化了早期统治者们对巫术—技术的垄断。及至商代，文字被大量运用到祭祀活动中，殷人广泛使用甲骨制作的器具以为占卜、祭祀和书写的材料，这些甲骨文以贞卜文为主，包含少量记事又常与贞卜有关。它们内容集中在祭祀、战争、田猎、旅行、疾病、风雨、吉凶和其他关于神灵、自然现象以及与人事有关的记录上。[①]文字自诞生之初起便是一种政治活动的产品、一种被用来辅助巫术活动的占卜工具。它的发明与运用恰是商代社会巫术仪式及相关政治活动集中化的缩影：靠王权意志的驱动，来自四面八方的巫史聚集在商王周围，他们将散落在周围部族中的各种象形符号收集、整理、归纳和统一起来，形成了系统化的文字，用于刻写卜辞。只有他们拥有这种能力和动机，将前国家时代就已存在的占卜需求和偶然诞生的文字萌芽结合在一起。其目的即利用文字来垄断最高祭祀权。关于文字的知识，并非人人都有权享有，它们集中在各个部落巫—王手中，通过统合，卜筮文字的释读权威作为最高政治权力的表现

---

① 钱存训：《书于竹帛：中国古代的文字记录》，上海：上海世纪出版集团，2005 年，第 16—17 页。

形式，被把握在商王为首的核心巫师群体手中。因此可以说，垄断文字有关媒介知识的巫觋便等同于垄断了公共的宗教、政治生活，并依托于对仪式传播和宗教的垄断合法化了王权的地位①。在赵云泽等人看来，处于甲骨卜筮阶段的早期文字是一种可实现"人与神"沟通的媒介。它起于祭祀权力的集中，具有公开性、表演性，通过对文字知识权力的垄断来实现对统治权力的垄断。但随着鼎彝文字的出现，意味着文字功能的转变及其媒介属性的迁移，相较于甲骨文这种"人与神"的沟通媒介，青铜器文字的内容与使用场景更强调"人与人"的沟通功能②。

撇开青铜器所用以记载的文字信息，仅关于青铜器本身在中国古代历史当中的传播沟通作用，潘祥辉也曾做过若干方面的归纳：首先，作为一种祭器，青铜本身就是用以宣誓统治者之统治合法性的手段③。它的铸造、使用和流通过程，都被看作一种制度化与象征性的行为，因而"制鼎作器"为重大的外交和祭祀仪式，部分替代了更古老的占卜活动。其次，青铜器在记载内容和使用规范上与早期甲骨文存在巨大差别。相较重点记录占卜事宜的甲骨，青铜器多是作为记录书写重大事件的"宝书"用，相对甲骨，金文的保存时效性更为明显。他借由钱存训关于对中国古代主要传播介质的分类判断加以说明，正因为青铜器能够跨越时空、沟通人神子孙，它才被用来作为一种"永恒的媒介"④使用。青铜器作为一种中国古代重要传播工具至少包含两方面性质特点：其一是"铭者自名"。通过强调青铜器媒介的制作、使用和保存过程中的参与者的参与价值，青铜器实质成为一个通过传播强化"人与人"之间关系的重要工具手段；其二是"时间偏向"。周代青铜器铭文常在文末加上"子孙永宝用"的内容，恰证明使用笨重、不易移动和磨损的青铜作为信息载体，具有时间偏向，强调传播信息时间存续上的可能性，以满足对鼎彝记载的信息内容可以流传万世的时间想象。

于是，相较于人与神之间的"传话筒"的甲骨文，鼎彝文字更像是人世间的一张"合同"：通过讲述人与人之间的关系和故事，再现式的文字媒介便创造了不同于口语传播旧形式的人际关系。它的技术偏向决定通过这种方式传播的信息兼具长效性和精确性两方面的优势，同时还包括一旦文字信息被创造便难以被随意更改的稳定特征。在我们的语言习惯中，"鼎"常具有一种稳定承诺的特殊意向，

① 宋镇豪主编、常玉芝著：《商代宗教祭祀》（商代史·卷八），北京：中国社会科学出版社，2010 年，第 537—541 页。
② 赵云泽、董翊宸：《中国上古时期的媒介革命："巫史理性化"与文字功能的转变及其影响》，《新闻与传播研究》2019 年第 7 期。
③ 潘祥辉：《传播史上的青铜时代：殷周青铜器的文化与政治传播功能考》，《新闻与传播研究》2015 年第 2 期第 53—70 页。
④ 钱存训：《书于竹帛：中国古代的文字纪录》，上海：上海世纪出版集团，2005 年，第 157 页。

如"一言九鼎"，正契合于青铜器媒介所具有的这些特点。当人们通过基于青铜器的文字传播活动展开活动时，它将以不同于甲骨文和前文字时代的更稳定、更长期的传播结构建立起一种新的社会关系模式。在我们明确文字与青铜器文字的出现如何并可能以哪些方面的媒介性质特点影响到中国古代的政治传播活动后，便可以进一步探讨，在周代的政治传播实践中，它将如何与家庭的组织结构、家庭内的交流方式等环节产生化学反应了。

2."青铜模式"对政治传播的关系再造

按《殷周制度论》中王国维的观点，周之于殷最大的政治变化表现在"嫡子之制"与"庙数之制"两方面[①]，因而在很大程度上，周是在妥善利用新的关系秩序以改造夏、商以来的政治基础。《左传》中所记周成王在分封卫国和鲁国时"皆启以商政，疆以周索"，在分封叔虞于唐国时，要"启以夏政，疆以戎索"（《左传·定公四年》）。卫、鲁乃居殷的故地，因其风俗而沿用其旧政，但又必须依照周制重新规划土地政策。[②] 足见周人只在原有的统治模式（夏政、商政）上尝试构筑新的上层法律建筑（周索）。而从德布雷的观点上看，一种新出现的媒介往往意味与之相对应的媒介行为，更意味着背后所隐含的一套与其相对应的活动组织方式、传承方式，因为"是制度化了的组织将储存物变成载体"[③]。周代的分封政治模式就是与青铜器和金文所对应的一套新的活动组织方式。相较于商代甲骨文字高度集中在首都殷墟中，周代的青铜器与文字却是广泛分布的，它遍布于周朝统治疆域的四面八方[④]。因为本身作为象征统治的礼器，青铜被不断赠予封国和封臣，并借由此过程将分封关系以准确、长效且稳定的信息形式保存下来。青铜器的出现带来了古代政治传播活动新的可能：过去身为巫师的统治者不仅可以通过口传身授和内部垄断的方式持续掌握政治特权，还能够通过青铜器建立长期稳定的传播和社会相互关系，继而，这种政治特权能够以更加成熟稳定的方式实现代际间的长效延续。正如媒介学所期待的，一种全新的传播活动形式以及由之带来的全新的关系模式，是社会秩序得以产生新变革的重要动因。周代全新社会秩序的建立，多少要归功于青铜和文字的结合，或者说，青铜礼器就是实体化的、可以被感知和传播的西周政治实践和统治秩序。

宗法与分封是周代政治实践的秩序体系，那么嫡庶之制则是维系该体系的内

---

① 王国维：《观堂集林》（卷十：《史林二》），北京：中华书局，1959 年，第 451—480 页。

② 杨伯峻编注：《春秋左传注》，北京：中华书局，1990 年，第 1538—1539 页。

③ ［法］雷吉斯·德布雷：《媒介学引论》，刘文玲译，北京：中国传媒大学出版社，2014 年，第 9—10 页。

④ 晁福林：《夏商西周的社会变迁》，北京：中国人民大学出版社，2010 年，第 299 页。

核。王国维认为，没有形成严格的嫡长子继承传统恰是商没有能够形成譬如周的先进分封统治的关键原因。是以"周人嫡庶之制，本为天子诸侯继统法而设，复以此制通之大夫以下，则不为君统而为宗统，于是宗法生焉"①。用家族与血缘关系来建构起封土封疆的政治结构，是宗法政治的内核。《诗经·公刘》中用"食之饮之，君之宗之"，将"君"和"宗"视为了并列关系，《文王》篇则说："文王孙子，本支百世。"毛亨有注云："本，本宗也；支，支子也。"②这些文献关于"宗周"的说法表明，它既指的是周王室的宗庙社稷，也指周天子的权威来源于他的血缘关系和嫡子身份。可以说周代对于王国权力的叙事，是建立在宗法观念对家族血脉的关系叙事上的。周天子的统治合法性无须来自他无与伦比的巫术权威，而是直接汲取于宗法体系下的稳固政治结构，和通过"嫡子制度"实现的关系叙事。以"家"的关系来建构和实现对"国"的统治，这种家国一体的政治逻辑，在周以后很长的历史时期中，都持续影响着中国古代的政治与社会观念。

3. 作为一种政治传播的家庭传播

由商到周的文字载体和主要实践对象变化被赵云泽归纳为巫史理性化现象的缩影。周代的分封制度构成了一种家、国、天下层层嵌套的类家庭想象，其中周礼作为"习惯法"维系着社会自身秩序与稳定，文字则作为"契约"填补礼乐媒介所存在的先天不足，因为"文字为基础的社会契约在最大程度上延展了信息传播的时空局限，解决了不同主体的信息不对称，利益交换双方的彼此承诺也可以得到固化体现"③。所以我们完全可以认为，金文的出现，为周"家—国—天下"一体的政治秩序，提供了稳定的契约化关系基础。

媒介学往往把一种文化事实看作一个群体遵循一定的规定，它往往是排除某些因素同时也吸收某些因素而建立起来的④。青铜和金文共同构成的文化事实，包含着将青铜作为记载符号信息的工具、将这些符号信息作为国家政治交往活动的主导媒介等实践性规定，而这些实践又始终围绕着作为一种政治叙事的宗族叙事。作为一种政治传播的媒介的青铜和金文，以及作为主要传播内容的宗族式叙事，当两者相互结合时，就产生出极为特别的化学反应。以《尚书》中分别记载了周王对其封臣兼兄弟——康叔卫封的分封和训诫的《康诰》《酒诰》《梓材》三篇举

---

① 王国维：《观堂集林》（卷十：《史林二》），北京：中华书局，1959年，第460—463页。

② （汉）毛亨著、（清）马瑞辰撰、陈金生点校：《毛诗传笺通释》，北京：中华书局，1989年，第797页。

③ 赵云泽、董翊宸：《中国上古时期的媒介革命："巫史理性化"与文字功能的转变及其影响》，《新闻与传播研究》2019年第7期。

④ [法]雷吉斯·德布雷：《媒介学引论》，刘文玲译，北京：中国传媒大学出版社，2014年，第28—29页。

例。作为"诰"文，它们本应是被铭在青铜礼器上并可以被公开传播的官方文书。但鉴于作者与实际受众之间的特殊亲缘关系，又显得这些官方文书在身份表达上的模糊与暧昧。《康诰》一篇既直白点明了两人之间的亲属关系（"朕其弟""惟乃丕显考文王，克明德慎罚"①），又不乏作为一般"命书"所应包含的册封和指令性内容（"肆汝小子封在兹东土"②）。从说理逻辑上，三篇文章都将统治的合法性和行为的合理性求诸二人共同的祖先周文王的德行和事迹（"今民将在祗遹乃文考，绍闻衣德言"③"皇天既付中国民越厥疆土于先王，肆王惟德用"④），并且频繁地在诰文中使用"我"（我们）作为共同指称（"我时其惟殷先哲王德""越我一二邦以修我西土"⑤），实际将施政者和受命者视为共同的行为主体。于是在《康诰》的说服逻辑中，一切活动的合理性来自两方面：其一是共同先祖（文王）的权威，其二则是两人作为命运捆绑的共同主体（宗族）的紧密联系性。这种修辞倾向最终表现为几篇诰文实则几乎是以处理家事的口吻、语言和基本逻辑来讨论国事，兼作为一份谈备份感情的官方文件和一封搬不动的家信。也恰由于《康诰》等文在表达形式上的这方面特点才会被视为家训活动之滥觞。

　　西周政治传统中，国家分封制就是家庭宗法制的一般延续。因而在此类传播活动中，家庭传播的成分与政治传播的成分难有准确的分界。亦可说政治传播的思想诉求和秩序模式，是在通过一种宗族化的话语体系和传播结果建构起来的。西周的政治实践模式或许很大程度要归功于新文字媒介带来的技术可供性，它使得曾经仅停留在家庭范围内的传播活动转化成半公开仪式活动，使得与之相联系的权力关系也就不再是通过垄断巫术权威，而是通过传播秩序逻辑来实现。当这些祭祀仪式与宗法制度渐渐被政治的权威与普通的民众确认之后，在这些仪式和制度中包含的技术模式就"可能被当作很实用的生活策略而普遍适用。而背后隐含的一套观念就被当作天经地义的东西而不必加以追问，人们在这些仪式中获得生活安定也从这套制度中获得秩序的感觉"⑥。事实上，在以家庭为主要传播实践场域、以文字和其他技术化手段来实现跨空间与跨实践的信息交流活动时，这种家庭传播活动，已经契合于前文对于"家训"这一说法的定义了。

　　上文对家训活动展开的史前史考证，无非是希望从两个行动逻辑中为家训传

---

① 金兆梓：《尚书诠译》，北京：中华书局，2010 年，第 69—70 页。
② 同上，第 74 页。
③ 同上，第 76 页。
④ 金兆梓：《尚书诠译》，北京：中华书局，2010 年，第 106—107 页。
⑤ 同上，第 108 页。
⑥ 葛兆光：《中国思想史第一卷：七世纪前中国的知识、思想与信仰世界》，上海：复旦大学出版社，2001 年，第 112—113 页。

播活动进行定位：

其一，为什么需要家训活动？也就是家训活动的原始行为动机。从原始社会开始，一种以族群关系为内核的小群体内的传播活动就是社会文明仰赖的基础，一切技能和文化大抵要通过它才得以存续。而随着父系社会逐渐替代母系氏族，这种传播活动的范围边界也更加明晰，主要流通于父系血亲组成的群体范围内。通过固定的传播范围和特定的传播内容，一种特殊的家庭内传播活动能够实现对某一类重要知识的垄断，再由这种垄断关系产生出在原始社会中的政治权威与可继承的特权关系。最终，这类特殊的传播活动发展成为一套由传播所主导的一套独立的政治实践结构。

其二，为什么要这样进行家训活动？也就是家训作为一种媒介活动的技术属性。不同于普通的家庭教育活动，家训最大的特点就是通过技术化媒介形式实现非直接的人际传播。因此可以从文字之于中国原始社会的进步意义中寻找答案。在脱离口头传播活动的同时，它选择脱离神秘化的巫术权力，通过一种仪式化、半公开化契约化的形式使得其信息与效果长时间保留，形成稳定而明确的长期社会关系。结合周代的政治实践模式，青铜和金文借由它们的技术可供性，创造了独特的家国叙事与相对应的传播实践规范，创造了以家庭传播活动为其基本形式的一类政治传播实践。而将来意义上的家训，无非是将这种家庭传播活动从传统的政治实践当中分离，成为一种相对独立范围内的小政治实践主体，亦从政治权力暧昧关系的幕后走上公共文化生活的台前。

四、"训"者何为：家训作为媒介活动的历史阐释

一般地认为，文学史意义上体系化[1]、规范化[2]且形式完备的家训是以南北朝时期的《颜氏家训》为代表的。而这里的问题在于为什么说它是"形式完备的"，又为什么说在此之前的家训活动是"不完备"的。本质上，文学史意义的完整成熟家训是以宗族为单位的传统社会生活发展的直接产物，是与其传播活动形态相对应的必然结果。它的成因和形态，可以从其历史语境的流变中寻找到合理解释。

（三）先秦时代的社会结构与家训形态的社会决定因素

在"家训"活动以"诰文"为主要形式流传的早期，虽然其传播对象和活动已十分明确，但它所面临的传播场域与我们当今认为的家仍有不同。起初"家"

---

① 颜炳罡：《范式突破与方式创新——〈颜氏家训〉在中国家训文化史上的地位》，《孔子研究》2020 年第 5 期。

② 徐梓：《家范志》，上海：上海人民出版社，1998 年，第 29 页。

这个称谓主要指"大夫之采地"①，是形式上兼具宗族组织和政权组织于一体的复合型社会单位。比如《尚书》中有三十六处谈到家，其中"王家""邦家""国家""大夫之家"等提法三十四次；《论语》有十处，其中"邦家"两次，"大夫之家"七次；《墨子》中有一百九十五次，仅"大夫之家"和"国家"就有一百二十五次。②《左传·桓公二年》中就有"天子建国，诸侯立家，卿置贰室，大夫有贰宗，士有隶子弟，庶人工商各有分亲"一说，可见"家"与"国"都是指称政治范围序列的概念，是权力资源配置体系当中各自的一级。甚至多数时候二者是可以相互指称的，如果将"国"视为一种对外的政治交往概念的话，"家"则常作为它的内向维度，《孟子·梁惠王上》所用"百乘之家""千乘之家"等说法，就是在将"家"作为一个政治实体的前提下，用一位公卿能拥有多少量战车作为衡量其国力的标准。

不仅政治上"家"跟"国"界限模糊，井田制农业生产形态下人们也确实处在阖族共居、集体生产的生活状态里。如《诗经·周颂·良耜》中描绘的"或来瞻女，载筐及莒，其饟伊黍"和"以开百室，百室盈止，妇子宁止"的生活场景。东汉经学家郑玄为之注曰："百室，一族也。百室者，出必共洫间而耕，入必共族中而居，又有祭酺合醵之欢。"可见对他们来说"家"是远超男女对偶婚姻和直系亲属的群体范围，是一个同时承担生产、生活和政治的三重功能的复合型社会单位。"家国同构"的社会形态则直接决定了其族长身兼家长与君主的二元角色，而作为家臣或士的子弟与作为卿大夫的父兄的关系，不仅存在血缘关系，还有着政治依附关系。故兄夫对子弟的教诫，同时也是君对臣的命令③，当它们作为兄夫子弟时这项传播活动本应是内部的、私密的，而当它们作为君臣时，就又不得不诉诸仪式化、公开化的政治传播途径。换言之，由于先秦时代家国同构的社会生态，政治传播与家庭传播二者并不一定是绝对区隔的。从《康诰》为代表的系列诰文文本便足见两种传播场域间的交叠关系，至少一部分本应属于家庭内的传播内容被纳入官方传播渠道当中。

（四）秦汉以来宗族社会与家训的赋权功能

东周末年以商鞅变法为代表的系列变法和社会转型，第一次改变这种家国同构的社会体系，取而代之的是两三代人构成的小家庭结构，"家"的政治权利被更集中的"国"所囊括。一方面，社会中的家庭群体规模变得十分袖珍，平均而言

---

① （汉）郑玄注、（唐）贾公彦疏：《周礼注疏》，上海：上海古籍出版社，2010年，第1509页。
② 张怀承：《中国的家庭与伦理》，中国人民大学出版社，1993年，第40页。
③ 徐少锦、陈延斌：《中国家训史》，西安：陕西人民出版社，2003年，第35页。

"西汉五人，东汉五人，魏晋六人"[①]。另一方面，这种普遍自耕农社会中又涌现出部分依托政治税收特权的豪强家族，在"今农夫五口之家……百亩之收不过百石"[②]的普遍贫困中，却造成"豪人之室，连栋数百，膏田漫野，奴婢千群，徒附万计"[③]的分化现实。这些富裕家族往往数代人合财共居，形成与小家庭自耕农和佃农并立的二元社会结构，偏偏他们在当时又具备更先进的生产力，他们经营着规模庞大的庄园经济，凭借管理能力和气象知识能够带来远超小农生产的经济效益[④]。同时，脱离农业生产并获得良好教育的士族子弟还是官僚队伍最主要的来源，提供了维护统治所需的人才资源。士族家庭作为支撑封建统治的经济和人才基础，及至三国时期，魏明帝曹叡下令"除异子之科"以"使父子兄弟无异财"（《晋书·刑法志》），使维系统治根基的世家大族被从法律形式上予以承认，过往的典型宗族进化为中古士族制下的宗族[⑤]。

汉代以来的士人一旦入仕，便可以通过其政治权利求田问舍谋取经济特权成为官僚地主。汉成帝时期拜相的张禹先是因熟悉通晓经学而被举荐为郡文学，后又一路官至宰相。故"及富贵，多买田至四百顷，皆泾、渭灌溉，极膏腴上贾"[⑥]。同时他又可以通过家庭内的系统化培养让后辈"学经入仕"以继续保持这种政治权利，从而形成士人—官僚—地主的循环模式。[⑦]这种将教育、政治权利和经济权益三者捆绑的社会阶层逻辑在往后整个封建社会阶段中都事实存在着。而在当时，世家大族们对教育、管理理念成文化和具体化的操作，渐而便形成早期的"家训"与"家诫"。《后汉书·边让传》中对蔡邕举荐边让的记载首次将"家"和"训"二字连用，文载"髫龀凤孤，不尽家训，及就学庐，便受大典"，意思就是说从小因为孤苦穷困，所以没有接受过家训，因而就无法获得入仕必需的知识技能。能不能得到"家训"，往往就是划分社会阶级的重要标准。《三国志·魏书·董卓传》中介绍孙瑞出场时说他"世为学门，瑞少传家业，博达无所不通"。可见"门"和"业"是知识技能的主要来源，基本可以作为评价一人学识的阶级标准。

彼时的政治经济形态造就了平民—农耕家庭和贵族—仕宦家族两种不同家庭结构模式，而后者则渐成为家训传播活动的主要参与者。东晋至南北朝这一时期，

①　转引自刘广明：《宗法中国》，上海：上海三联书店，1993 年，第 49 页。
②　（汉）班固：《汉书》（卷二十四·食货志），长沙：岳麓出版社，2008 年，第 476—477 页。
③　（宋）范晔：《后汉书》（卷四十九·仲长统传），北京：中华书局，2012 年版，第 1315 页。
④　汪润元、勾利军：《汉代豪强产生的原因》，《历史教学》1984 年第 11 期。
⑤　徐扬杰：《中国家族制度史》，北京：人民出版社，1992 年版。
⑥　（汉）班固：《汉书》（卷八十一·匡张孔马传第五十一），长沙：岳麓出版社，2008 年，第 1249 页。
⑦　马亮宽：《汉代士人与社会结构》，《社会科学》1994 年第 2 期。

九品中正制度更是直接将个人的政治上升渠道与整个宗族团体牢牢绑定，以家族为单位对其整体的教育水平和道德水平予以评判，并以此作为取仕标准。《魏书·杨播传》中又有"万石家风"一说，可见个人的精神气质和基本素质被直接地与其所属家族，尤其是家族的权势联系起来。因而此时以书信体例流传的家训，主要内容侧重作为个人的道德情操追求和作为家人的生活交往秩序。诸葛亮的《诫子书》对最终目的描述直接化用儒家价值观所推崇的"修身""养德"。郑玄的《戒子益恩书》则提倡"其勖求君子之道，研钻勿替，敬慎威仪，以近有德。"追求"君子之道"成为子孙后代的最高目标。

更重要的是，家训虽以书信为其文体形式，却绝不同于普通家庭书信往来。它在传播受众的界定上不但模糊，有时甚至是刻意泛化的。比如班昭的《女诫》对文本受众的描述是"间作《女诫》七章，愿诸女各写一通"，强调它的传播对象不是某一个人，而是阖家后辈女性都应当受此教育，书信本应是具有私密性的传播活动，但这里同样体现出传播范围和对象上的开放性。就像上一节认为《尚书》中的部分诰文具有了家训的部分行动倾向但并不意味着它们就等同于家训一样，这些以训诫为题以书信为体的家庭传播活动，也涵括了家训的部分行动模因。只不过它还受限于书写介质还相对匮乏、文字传播的形式与条件还相对有限等时代的技术可供性问题，表现为一种只具有雏形而并不完善的传播媒介形态。

（五）成熟形态家训的教化传播功能：《颜氏家训》的传播历史情境与解释学分析

两晋及南北朝之后士族大家轮流坐庄的政治生态促使家训活动以井喷式发展。如果说两汉家训仍属于特殊现象的话，到南北朝时期家训已成为普及于士大夫阶层的风俗，也在实践中将家训传播活动推上了新的历史高潮。仕官于北齐至隋代之间的颜之推与其《颜氏家训》是个中典型代表。王三聘《古今事物考》写道："古今家训，以此为祖。"相比假以"家书"形式实则半公开的流通文本，《颜氏家训》是以成书的规格著成的，无论从篇幅规模还是论述系统性都达到了全新的高度。在技术条件上，文学文体的发展、纸张的普及以及抄书的流行，为家训找到了一个相对成熟稳定的呈现形式，也让《颜氏家训》的家训规制能够延续至今。据王利器的考证，《颜氏家训》成书在"隋文帝平陈以后，隋炀帝即位之前"。[①] 而朱明勋则认为，它至少应草创于北齐，又兼有齐亡之后和入隋之后重新编修的内

---

① 王利器：《颜氏家训集解》，北京：中华书局，2016 年，叙录第 1—3 页。

容[①]。不论其具体成书时间,就当时情况而言旧门阀士族都已步入特权的下行区间。他们在政治上或仍具有优势,但在文化上已渐处劣势[②]。它们正不断面临着朝代更迭、皇权的重新集中和入仕规则转变等系列挑战,也亟待通过内部行动来实现一次文化自救,以继续维系政治—经济—教育三位一体的行动逻辑循环。因此,作为时代缩影的《颜氏家训》既反映了一直以来那种利益捆绑的士族宗族思维,又不得不适应于时代演变的特殊需求,更像是以"家训"媒介形式表现出来的宗族社会改良活动。比起诞生在其之前的早期家训文本,《颜氏家训》高度重视对教育理念和教学方法的表述,不但强调治学对人格陶冶的重要性,还通过充分融入个人经验来对后辈的学习方法进行非常具体的指导,这与颜之推所处的南北朝后期的官吏选拔制度沿革直接相关。

颜之推仕官的南北朝末期,中正制已发展为不单考虑门第出身同样对知识才能有明确要求的取仕规则,南朝的刘宋要求"凡州秀才、郡孝廉,至皆策试,天子或亲临之;及公卿所举,皆属于吏部,叙才铨用"[③]。而他本人初次入仕的北齐则"多沿后魏之制,凡州县皆置中正。其课试之法,中书策秀才,集书策贡士,考功郎中策廉良"[④]。世家大族子弟不再是学经便可按阶级身份入仕,必须经历非常具体的考核竞争,学习成效方是获取政治特权的敲门砖。

于是《颜氏家训》很大部分的篇幅,实际都围绕于论述治学的态度与方法。全书七卷二十篇,仅治学思想就分散于《文章篇》《慕贤篇》《勉学篇》《诫兵篇》《书证篇》《杂艺篇》等各章中,很大一部分的讨论内容和讨论方都是之前家训文体中所未见的。在当中最先的《勉学篇》中,颜氏就已经分析了当时社会的竞争形势,大多数士族子弟都在早年就开始接受系统性教育("士大夫子弟,数岁已上,莫不被教,多者或至《礼》《传》,少者不失《诗》《论》"[⑤]),进而提出"人生在世,会当有业"的整体要求,来对后代的学业与志业进行整体规划。当时的选拔考核还对书法和行文规范有着严格要求。据《通典》记载,北齐的策试"天子常服,乘舆出,坐于朝堂中楹,秀孝各以班草对。字有脱误者,呼起立席后;书有滥劣者,饮墨水一升;文理孟浪者,夺席脱容刀"[⑥]。因而《颜氏家训》不仅"劝学",还是集阅读范围、顺序、学习心得和文章技巧的全面应试技巧指南。《杂艺》

---

①　朱明勋:《颜氏家训成书年代论分析》,《社会科学研究》2003 年第 4 期。

②　冯尔康等:《中国宗族史》,上海:上海人民出版社,2009 年,第 143 页。

③　(唐)杜佑撰:《通典》,《卷十四·选举二》,北京:中华书局,1984 年,第 78 页。

④　(唐)杜佑撰:《通典》,《卷十四·选举二》,北京:中华书局,1984 年,第 78—79 页。

⑤　王利器:《颜氏家训集解》,北京:中华书局,2016 年,第 172 页。

⑥　(唐)杜佑撰:《通典》,《卷十四·选举二》,北京:中华书局,1984 年,第 80 页。

篇谈书法说"真草书迹，微加留意"①，但又强调不必过于精进以至受其所累（"然而此艺不须过精""夫巧者劳而智者忧，常为人所役使"）。同理在《文章篇》中讲文章要纠偏两晋以来浮华的文风，务必做到雅正得体即可（"但务去泰去耳"）。这种不求极致而求恰当的实用主义路线，实则将家中完成的"学"与朝中规定的"试"契合起来。尽管颜之推本人不断使用儒学忠孝礼义的道德价值包装其实用主义的内容导向，但其修辞方式与文章用意乃至与其本人履历的矛盾性是显而易见的。王利器先生评《颜氏家训》时，便认为他一面提到诸如"不屈二姓"之类的风操气节，一面本人又仕官于几个朝廷的做法本身就是一种自欺欺人②。如果剥去颜之推刻意给读书加上的那层不为世俗利用的理想外衣，《勉学篇》文末便用"虽百世小人，知读《论语》《孝经》者，尚为人师；虽千载冠冕，不晓书记者，莫不耕田养马"的例子来告诫后辈读书是防止家族衰落，其后说"若能常保数百卷书，千载终不为小人也"则更加露骨地表明了，读书的用处就在于维持起官僚地主身份而不至于沦为劳动阶层。

除去在内容篇幅和章节构成上的大幅创新，《颜氏家训》的另一进步则在于彻底改变了对家训这一传播活动的目的定义。在此之前的家训从形式上是以说理育人的劝服性活动，是将适当的价值理想植入子孙后代的生活作风当中。但颜之推的著述却直接表达出自己对赘述人生哲理和终极真理的不屑，认为这种重复论述无非是屋中建屋、床上搭床的旧把戏（"魏、晋以来，所著诸子，理重事复，递相模学，犹屋下架屋，床上施床耳"③）。故而他的《家训》之目的，是用自己处事规则来"整齐门内，提撕子孙"④。《颜氏家训》大谈行动的日常逻辑，却多少回避终极的道德理想。它的传播内容是细致而具有规定性的，是依据颜之推的人生经验和看法观点整理出的一套处事原则，它包含了对时代风气的研判、对时局利弊的分析、对纲常伦理的理解，但一切都经由颜氏本人的视角履历转化为以家为单位的生存哲学和行为指南。甚至没有必要回答训诫的终极合理性，因为这种权威源自族长的成功人生经验及由此产生的绝对领导地位。而家训本身的内容则试图细化到学习、生活、事亲、交友等各方各面，通过对先人的模仿来复制成功经历。在最后一章《终制篇》的文末言明"汝曹宜以传业扬名为务"，实则将分篇论述不同的实践场景又统合在一个整体目标之下，通过家训管理子孙后代的日常行为生活，就是为了不断地"传业扬名"赓续家族的阶层地位。尽管中国社会的宗族结

---

① 王利器：《颜氏家训集解》，北京：中华书局，2016年，第686页。
② 王利器：《颜氏家训集解》，北京：中华书局，2016年，叙录第4页。
③ 王利器：《颜氏家训集解》，北京：中华书局，2016年，第1页。
④ 王利器：《颜氏家训集解》，北京：中华书局，2016年，第1—2页。

构在之后的不同历史时期中仍在不断地产生新的变化和发展，但这一基本主题和家训活动的基本形式，都从《颜氏家训》这里被基本沿袭下来。作为一套持续的传播控制系统，掌握着家族后代的价值、行动和生命历程。乃至到毛泽东《湖南农民运动考察报告》进行的田野调查中，仍认为"由宗祠、支祠以至家长的家族系统"构成的家族组织及制度是"祠堂族长的族权"，是"束缚中国人民特别是农民的四条极大的绳索"之一。①

总之，和过往结论一样，本章认为家训的内容与文法总是与其所处时代情境相联系的，只不过这种联系不是对时代语境或意识形态的被动反映，而更多是一种主动相适应的过程。在任何的历史实践中，媒介都意味着特定的传播权力及偏向，媒介具有的特性一旦被某些人掌握就能为之带来新的控制可能。②家训的行为主体应社会竞争规则之需要，借助于这种媒介活动形式来组织起一套行之有效的日常行动框架，而本章尝试讨论的，就是作为媒介的家训和围绕该媒介的传播活动如何实现这套阐释框架的产生与再生产，通过考察家训媒介形态与传播属性所构成的媒介域，便能够说明"传递技术及其制度配置如何被牵连进信仰的改变，也就是社会秩序的确立和改变"③。在德布雷看来，被我们称为媒介的东西实际包含着组织性的物质和物质性的组织两个层面，前者是物质化、工具性的可见部分，后者则是不可见的部分④。事实上当家训作为一个媒介被重新审视时，同样包含着如此两部分：前者是作为直观媒介的训诫文本，后者则是围绕于该文本的阐演、执行和文本再生产的一系列家庭传播实践活动和家庭内的传播制度本身。本章逻辑就是通过前者与历史情境的结合，来推理、重构后者的存在方式。不同时期家训的文体及文本注定和该时期的"家族"这一共同体概念的形态相适应，这种相互适应是二者间相互定义的结果，当然也受到一部分传播条件所给与的技术可供性的影响。而这种互构关系便是诠释的重点。

家训可追溯到原始社会中就业已存在的一类家庭传播活动样式，它构成了文明早期的知识传承和权力更迭关系，同时又随着文字与新媒介技术的运用被重新赋能、产生变体、不断重构。我们可以在很多传播实践中找到家训的影子，比如在诰文时代中，它就和政治传播相互纠缠不清。而在两汉时期它又与其他通过文

---

① 毛泽东：《湖南农民运动考察报告》，《毛泽东选集》第一卷，北京：人民出版社，1991年，第34页。

② [美]约翰·杜海姆·彼得斯：《奇云：媒介即存有》，邓建国译，上海：复旦大学出版社，2020年，第24—25页。

③ 陈卫星：《传播与媒介域：另一种历史阐释》，《全球传媒学刊》2015年第1期。

④ [法]雷吉斯·德布雷：《媒介学引论》，刘文玲译，北京：中国传媒大学出版社，2014年，第134页。

字书信实现的家庭传播活动相近似。《颜氏家训》的出现标志着家训成为一种形态独立的媒介实践。这与其说意味着家训进入了它的发展成熟期，不若说传统封建宗族社会进入了一个相对稳定的行动模式中，进而作为一种通过传播活动和媒介技术来对宗族成员施加控制的手段，家训也形成了相对稳定的形态。传统的宗法农民，与其说是"小私有者"，毋宁说是"宗法共同体"成员 [①]。这种共同体形态在"把个人相互联结起来形成共同体的力量"的基本逻辑下，又产生对每一个小私有者的变相剥削和人身依附关系。家训或许正是能够施加剥削和依附关系的媒介性要素，在它渐成为一套独立的、能够自我指涉和延异的、覆盖传统社会生活各方各面的且穿越地理和时空界限的传播控制系统。在以宗族为基本单位的古代社会实践中，家训实际施动者是一个由家族先辈所共同构成的集体主体，为实现延续家族产业和血脉的唯一目的。家训作为媒介将这些先辈的权力和精神意志用物质化的手段和家庭宗法体系的方式保留、扩散开来，最终演变为具有中国历史特色的传播控制实践。

（谢清果 王皓然）

---

① 秦晖：《田园诗与狂想曲——关中模式与前近代社会的再认识》，北京：中央编译出版社，1996年，第12—14页。

第十四章　山河风物：华夏传统制图实践的
政治治理与具身意象

由于长期受科学史范式影响，过去对中国传统制图实践流变往往被想象为一个理论水平和工艺技术随时代而不断积累的线性发展过程。本章尝试摆脱该既定结论，试以解释学方法将"制图"定义为一种建构并传播地理信息的媒介实践。同时考量作为媒介形式的制图工艺、理论，以及制图本身作为一项传播活动所包含的编码、解码过程。基于这样一种设想，我们可以通过作为媒介实践的制图活动的产生条件，理解"地图"在中国的历史形态中能够扮演怎样的角色。接着还可以通过视觉修辞上的探索，进一步理解在扮演这样一种角色的过程当中它呈现出哪些重要的媒介特性。作为一种历史文化现象，中国的传统制图活动从神权时代始就是国家实现科层化统治的信息手段和形式象征。也基于地图媒介作为控制工具的特殊性，在传播活动中表现出鲜明区别于西方制图学的具身特点。

地图是人类在广泛的空间实践活动过程中逐渐把握、不断改进的一套实践工具，是"有助于对人类事物、概念、状况、过程或实践的空间加以了解的图画"[1]。随着人类的生产活动空间范围不断扩展并超出直接感官和记忆的能力限度，世界各地的早期人类文明都产生出以图形化方式来标识、确定自身与外部世界客观空间关系的文化现象。从出土文物上看，距今 4500 年前的古巴比伦人已经开始在黏土片上绘制他们所认为的世界地形，他们在地图上的世界观认为自己处在圆形世界的中心，进而依次向外是水、海洋和岛屿[2]。同一时期的古埃及人，也出于测绘

---

① J.B. Harley and David Woodward, ed's. *The History of Cartography*, Chicago: University of Chicago Press, 1987. p.xvi.

② ［英］安妮·鲁尼著，严维明译：《世界人文地图趣史》，北京：电子工业出版社，2016 年，第 115 页。

尼罗河流域面积的农业生产活动需要开始他们的制图活动。紧接着，腓尼基、希腊、罗马所代表的地中海海洋文明怀揣着更强烈、更频繁的大跨度空间活动需求，将人类绘制地图的技术水平又发展到了更高的层次上，荟萃着古人最先进的天文、地理和数学几何知识。

在中国，制图的历史同样久远，它可以一直追溯到夏商乃至更早的占卜祭祀活动中。周代大量的文献已经可以说明地图作为一种独立的媒介在当时得到了广泛运用。同样随着社会生产生活的发展以及个人活动空间范围的不断外拓，古代中国和西欧文明、阿拉伯文明乃至中南美洲的文明一样也产生出一套成体系、成规模的制图传统以及规格形制各异的地图文本，并且很早就产生出集理论、实践、工具的完整的地图媒介实践系统。如西晋裴秀所提出的"制图六体"之说，已基本符合现代制图科学规范的科学思维。西方制图学知识传统随着外部交流扩大而进入中国后，同样因地制宜地发展出极具本土特色的融合现象。

中国的制图学传统悠久、多元且鲜明，具有丰富的研究价值。但在过往的科学史范式下，中国古代的制图实践多被看作科学理论技术发展的一枚注脚。概以其"科学性"来评判其"进步性"，把古代制图活动的流变当作纯粹的线性积累过程。而这一认识有可能忽略了"地图"的媒介效应。从本质上讲，地图是人类为辅助生产活动而将巨量空间信息通过图形化和标准化方式简化呈现的手段，所以从传播学的视角来看，它本身先是应生产实践需要而被创造的媒介。进而媒介现象除了可见的工具性和物质性的一面外，必然还包括背后所隐含的一套与其相对应的活动组织方式、传承方式[①]。比如我们可以看到制图的社会经济活动特征：通过分析历代制图中心的变化趋势，可以发现中国历代地图的集合中心往往随着政治中心迁移而产生变化，制图的学术性表现出强烈的政治垄断和政治依附特征。相比之下，西方制图的发展与中心空间移动则与经济中心变化以及宗教观念制约关系更为密切[②]。可见制图不单是一门纯粹的科学活动，同样深刻嵌套在与社会经济发展有关的一切空间实践中。在过往对中国地图学史的反思过程，已有学者考虑到要研究和使用过去时代编绘的地图，不但需要注意地图带给我们的史料价值，而且不应忽视编图者、绘图人当时对地理空间的认识以及编图人和使用者的目的。[③]换言之，以媒介实践的角度来解释与古代制图活动产生发展相关的历史现象，正是现有研究所缺少的视角。近年来媒介地理学的发展，更加大胆地将人类之于其

---

① ［法］雷吉斯·德布雷：《媒介学引论》，刘文玲译，北京：中国传媒大学出版社，2014年，第9—10页。
② 吕惠成：《中西地图学史的比较研究》，《地理研究》，1994年第2期。
③ 李孝聪：《古代中国地图的启示》，《读书》，1997年第7期。

生存空间的所谓客观经验都当作一种媒介的建构，这也可以发展我们对于传统制图实践的理解。

本章所提出的"媒介解释学"，即将中国古代的制图传统及一切相关现象作为具备相对独立性，又与社会历史整体发展相协调的媒介实践来看待，帮助我们透过"地图"与"制图"相关的传播活动，理解中国传统的空间观念及其对应实践。以此管窥中西文明制图差异及其背后的世界想象，从而为国家形象传播和人类命运共同体建构提供精神文明层面的参考。

一、中国地图史研究的现状及其意义

过往的中国制图传统研究，以西方近代制图学发展历程为圭臬。而本土史料及文物只被用来组织、比照并证明，中国历史上是否也产生过相对应的发展历程，这种片面比较否定了本土制图实践发展的独立主体性。因此，要摆脱窠臼，对传统制图实践的意义予以重新认识，则须首先厘清"制图学"作为一门学科的产生与进步过程，同时也要了解过去地图史研究主导范式下所存在的争议和矛盾。

（一）作为科学的制图学

地理学（geography）一词产生于古希腊语中，原意是指对大地的描绘。因而在尚未形成现代科学范式的古代世界，凡以大地作为描绘对象或主题的知识门类，往往被国内学界通称为"地学"。[①] 之所以我们用古希腊人所称的"地学"来表示现代的地理科学则是因为除了人文性质的区域地理风土描述外，古希腊还诞生了以地球观念为基础、依靠集合方法绘制大地的完整知识谱系。相较于同时代的其他文明，古希腊以制图为代表的地学知识有其独特性乃至先进性。

首先，希腊对所谓"空间"的观念认识就有所不同。以亚里士多德的《物理学》为例，他在柏拉图对空间阐释的批判继承基础上，将空间定义为物体的界和面，而非纯粹客观的物理尺度，以经验性的相对空间来否定柏拉图所认为的绝对空间的存在[②]。也就是说空间接纳物体，却并不属于物自身的界限，由此建立起唯物主义的空间物理学[③]。在亚里士多德代表的这种唯物认识论中，空间被认为是人类理解和连接物理世界的桥梁，也就成为古希腊科学知识的重要课题。这种世界图式指导着希腊人将其空间实践经验与自身所掌握的物理知识结合起来，而西方古代的地理制图就是这种结合观念的产物——古希腊的地理学，即是从制图学开

---

① 鲁博林：《古希腊世界图式的转变和地理学的兴起》，《科学文化评论》，2020 年第 4 期。

② ［古希腊］亚里士多德：《物理学》，张竹明译，北京：商务印书馆，1996 年，第 235—236 页。

③ 陆扬：《从空间观念稽考道空间批评理论》，《文艺研究》，2021 年第 6 期。

始的，有现代学者将托勒密的"地理学"（geogarphy）直接翻译为"世界制图学"（world cartography）①。

由于古希腊人对数学几何知识的理解和崇拜，毕达哥拉斯和巴门尼德等人早早提出了"地球说"和"存在之球"的说法。毕达哥拉斯将数当作宇宙的本原，一切天体间的空间位置关系都被认为合乎既定的比例关系以组成和谐的运行秩序。②那么，人类生存之地自然也要符合秩序，由于球形是几何学意义上的完美形态，"地球说"便具备了其超验真理性和神学基础。③柏拉图的《蒂迈欧篇》基于对毕达哥拉斯的模仿，系统性构造起以几何学为基础的数学宇宙论。柏拉图认为，整个宇宙是一个被恒星及其他天体包围的地心体系，一切行星皆运行其中。④在《裴多篇》中则以苏格拉底的名义描绘"地球是球形的，并且在天的中央，它既不需要空气也不需要任何别的力量来维持不坠"⑤的空间观。

尽管此时的"地球说"多少还有些歪打正着的神秘主义渊源，就其推理论据上，古希腊人的宇宙空间理论已然结合了文明中先进的天文观测和数学几何知识。埃拉托色尼编写的《地球的测量方法》和《地理学》两本著作，不仅遵从前人对于"地球是一个球体"的论断，还尝试脱离有限的直观经验，以几何学为基础重构世界图式。在这个球体上，埃拉托色尼通过网格进行三百六十度等分的做法来准确描述地表的位置关系。托勒密继续补充改进，运用投影法、比例尺和其他几何知识，形成基于图像的地理空间位置表达规则，也就是制图规则，这是近现代制图学方法论胚胎。

神学背书的背后，古希腊制图学更是天文与几何学知识的共同结果。从荷马时代开始，古希腊人就将自身向外探索、扩张的过程汇编整理，并通过文学再现形成对于已知世界空间的系统性描述。古希腊历史地理学家斯特拉博所著的《地理学》是古希腊文明已知成书最早的地学著作之一，它恰基于不同旅客的经历汇编，由不同尺度感官经验所组成的整体世界观。⑥和世界其他地区文明一样，早期的希腊人以河流、山脉为参照物描述他们的空间活动经验，有其经验相对性。但随着以几何学为基础的地理学兴起，旅行者所描述的旅行路线可以转化为抽象意

①　J.Lennart Berggren, Alexander Jones. *Ptolemy's Geogarphy: An Annotated Translation of Theoretical Chapters*. Princeton: Princeton University Press, 2002. pp.97；转引自：鲁博林：《古希腊世界图式的转变和地理学的兴起》，《科学文化评论》，2020 年第 4 期。

②　凌继尧：《毕达哥拉斯学派的美学》，《扬州大学学报（人文社会科学版）》，2001 年第 5 期。

③　鲁博林：《古希腊世界图式的转变和地理学的兴起》，《科学文化评论》，2020 年第 4 期。

④　[古希腊] 柏拉图：《蒂迈欧篇》，谢文郁译，上海：上海人民出版社，2005 年，第 26 页。

⑤　[古希腊] 柏拉图：《裴多篇》，《柏拉图全集（第一卷）》，北京：人民出版社。2018 年，第 51 页。

⑥　[古希腊] 斯特拉博：《地理学》，李铁匠译，上海：上海三联书店，2014 年。

义的点和线，不同旅行者的不同游历活动可以被复现在同一个文本（图像）当中，实现空间描述的标准化。这种制图学首先假定了连续统一的空间整体，再借由几何学将它呈现在共同的平面（媒介界面）上。而人类直接的空间经验则以零碎的线段形式在这个界面中得到复现，以细化空间整体内的局部间关系。制图学以图上特征来表述世界，借由比例尺将关联在一起的游记组合并实现信息补差，最终形成了先整体、后局部、集体参与式的空间信息媒介建构。无论是阿拉伯人的海洋活动或再往后的大航海时代，这种制图模式都没有发生根本性改变，而只是天文观测和航海工具的进步趋向更加精确。

（二）作为科学史的中国地图史

在过去对中国地图学史的研究中，一个明显的特点就是研究方法单一，即都是将传统中国地图学视为数学的或定量的传统，注重研究比例尺、传统的抽象符号，以及实用功能，如设计、行政、军事功能等。[①]

作为一种实用工具，准确性是地图得以指导人类空间活动的底线要求。西汉淮南王刘安就曾用"以地图察其山川要塞，相去不过寸数，而间独数百千里，阻险林丛弗能尽著。视之若易，行之甚难"[②]来评价在小尺寸地图上复现空间的难度及它在指导生产生活中的必要性。从马王堆汉墓出土的帛书《地形图》来看，早在公元前国人就已经能够绘制出小比例尺的精确地图。《地形图》东半部从深平至桂阳，龁道和泠道，所测方位角相当准确，误差都在 3°之内。[③]由此学者推定它是古人在实测基础上绘制成的，而且绘制相当精良，足证当时的中国人已经掌握相当的数学水平和测量工具[④]。

中国古代的制图技艺还具有长期发展性。比如西晋的裴秀对其实已经有一定水平的汉代制图技术加以批判，认为它们缺乏标准化的数学规则，"虽有粗形，皆不精审，不可以据"[⑤]。他编制《禹贡九州地域图》并提出"制图六体"一说，这被后来的制图学史研究者作为很重要的史实论据。虽今日全图已经失传，但关于何谓"制图六体"的说法在部分历史文献中还可以略见一二。按唐书《艺文类聚》的介绍：

---

① [美]余定国：《中国地图学史》，姜道章译，北京：北京大学出版社，第 3 页。
② （汉）班固 撰：《汉书》（卷 64 上），北京：中华书局，1962 年版，第 9 册，第 2778 页。
③ 姜生：《论马王堆出土〈地形图〉之九嶷山图及其技术传承》，《中国历史地理论丛》，2009 年第 3 辑。
④ 张修桂：《中国历史地貌与古地图研究》，北京：社会科学文献出版社，2006 年，第 464—466 页。
⑤ （唐）房玄龄等撰：《晋书·列传五》卷 35，北京：中华书局，1974 年，第 1039 页。

今制图之体有六：一曰分率，所以辨广轮之度也；二曰准望，所以正彼此之体也；三曰道里，所以定所由之数也；四曰高下，五曰方邪，六曰迂直，此三者，各因地而制形，所以校夷险之故也。

……故必以此六者参而考之，然后远近之实，定于分率；彼此之实，定于准望；径路之实，定于道里；度数之实，定于高下、方邪、迂直之算。[①]

"六体"即在制图过程中用以勾勒空间关系的六种规范准则：所谓"分率"就是比例尺，在地图上一寸或一分，代表实际地面上多少里，中唐时期的宰相贾耽曾令工人绘制《海内华夷图》，传说其图"广三丈，纵三丈三尺，率以一折百里"[②]。有时制图者会实现画出等比方格来表示这种标准化的"分率"；"准望"就是方位，各地的方位必须明确，而后各地的前后、左右和距离才可以确定；"道里"是人行道的实际里数；"高下""方邪""迂直"，就是由于地势的高低和道路之邪正、曲直而影响道里的远近[③]。北宋沈括在其《梦溪笔谈》中也介绍他所绘制的守令图便是以准望、分率、方斜之法将路上行程换算成"鸟飞之数"，即两地间的直线距离，并将过去从八个方向比较各地间的位置关系增加到二十四个方向，实现更高精度的方位角和距离计算[④]。李约瑟的《中国科学技术史》直接以"计量图"来称呼中国的古代地图[⑤]，并将画矩形网格（"计里画方"）的制图技巧视为中国古代制图活动标准化与科学化的重要特征。中国制图学研究的一些重要材料，比如成于齐阜昌七年（1136 年）的碑刻"禹迹图"等一大批现存文本都因其在制图方法上遵从此工艺，被当作"长期科学发展演变的结果"[⑥]。

中国古代地图的制作工艺及理论表现出了它的"科学性"。可在另一方面，制图科学水平已发展到新高度的宋代，却出现制图实践的"人文转向"倾向，八景图和山岳图将宋代的风光景象以地图方式呈现。它们通过历史空间的绘制，通过对天下的空间形象的刻画来表达政治幽思，试图从文化上塑造王朝的整体地域观念。以获得心灵与文化的认同、想象与慰藉的情感体验，而这种文化与情感因素

---

①　（唐）欧阳询编：《艺文类聚》，北京：中华书局，1965 年版，卷六，第 1 册第 101 页。

②　（后晋）刘煦等撰：《旧唐书》，北京：中华书局，1975 年版，第 12 册，第 3786 页。

③　王庸：《中国地图史纲》，北京：生活·读书·新知三联书店，1958 年，第 57—58 页。

④　[宋] 沈括：《梦溪笔谈·补笔谈卷三》，诸雨辰译注，北京：中华书局，2016 年。

⑤　李约瑟：《中国科学技术史》第五卷，《东西方的定量制图学》，北京：科学出版社，1990 年，第 110—111 页。

⑥　傅熹年：《战国中山王□墓出土的〈兆域图〉及其陵园规制的研究》，《考古学报》，1980 年第 1 期。

在相当的程度上，也大大推进了传统历史地理学的发展。[①] 这些古舆图大量运用绘画技艺，比例尺关系随意。这明证了中国地图学中似乎同时存在两种平行传统：若前者是数学的地图学或"分析的"地图学，关注量度，那么另一种则可称之为"描述的地图学"，关注"资料"，比较不重视地图正确性。[②] 这种两面性使得一些学者相信，"科学"显然不是中国古代舆图绘制所追求的目标，也绝不是中国古代地图的主流，中国古代地图的主流应当是"非科学"的。[③]

地图史研究者们从地图绘制活动的主体上为此寻找到了合理解释：中国古代的大部分制图工作不出自职业化工匠，而是由文人士大夫群体完成。他们或出于政治特殊活动需要，或将其视作纯粹的文化活动，因此中国古代的大量经文、地方志和山水诗画，都会采用绘图的方式对文字加以补充说明。在这些以文人士大夫的政治、文化生活为基本背景的制图实践中，用以补充文学性描述反倒成为地图的主要应用场景。有些时候中国古地图还有一些比较特殊的功能场景：往常的地图其实是在统一时间尺度下表达空间差异性。而一些古舆图则是朱、墨两色分别在地图上注明古今州县地名，尝试在统一的空间关系上表明时间差异，实现古今地名的图形考证作为参考。它们从功能上已然超越对自然知识的表示，而更包括文化价值的传输和政治权力的保持。与这一观念相对应，中国地图学一般既没有排除地图的人文价值，也没有降低地图的人文价值。[④] 哪怕是富含先进数学、地理和天文知识的西方制图学传入本土后，很长一段时间内中国的知识分子与官方也并不重视科学化制图。相当多的知识分子不承认西方地图的优点，虽然地图对于表示各种地标的空间关系很有用，但是有关距离和方向的详细资料却仍然喜欢用文字描述。[⑤]

由于过去对中国传统制图活动的研究致力于将中国的地图学发展置入世界地图学发展史和文明史的大语境中展开研究[⑥]。以王庸为代表的早期中国地图史研究，始终没有摈弃西方近代地图学发展的公例，继而将中国制图活动的变化发展进程

---

① 潘晟：《从宋代诗文看幽思与胜览思想对宋代地图学发展的影响》，《中国历史地理论丛》，2010 年第 2 期。

② Mei-lint Hsu, "The Han maps and early Chinese cartography", *Annals of the Association of American Geographers*, vol.68(1978), pp.56-59.

③ 成一农：《"科学"还是"非科学"——被误读的中国传统舆图》，《厦门大学学报（哲学社会科学版）》，2014 年第 2 期。

④ [美] 余定国：《中国地图学史》，姜道章译，北京：北京大学出版社，第 89—90 页。

⑤ [美] 余定国：《中国地图学史》，姜道章译，北京：北京大学出版社，2006 年版，第 104—105 页。

⑥ 曹婉如：《近四十年来中国地图学史研究的回顾》，《自然科学史研究》，1990 年第 3 期。

完全组织成一个以"制图科学"为其主轴的线性发展过程。[①] 但事实上，地图称为严格意义上的自然科学、成为可靠的实用工具的历史，只有几百年时间。而在那之前，地图不仅仅是用来抵达目的地的工具，还可以据其展开人对周遭世界的理解。[②] 相比线性科学史观人为设置的"科学"与"非科学"的二元认识论，地图只为人的主观空间实践目的而存在，它本身并不存在科学性问题，而只有有用性、易用性与可用性要求。

自明代利玛窦入华以来，中西之间有关世界地理、天文和制图的知识理论交流就不曾中断过，但中国本土社会基于自身社会结构、生产生活特点及其文化传统，始终保持着具有自身风格与传统的独立发展模式。随着近代以来中国传统的社会体系逐渐崩溃，它所代表的那套本土制图理论和实践传统基本消亡并被西方制图学体系替代。直至晚清和民国时期的文人尝试重新考据和组织中国本土的地图发展史时，只能完全照搬西方制图学的价值规范，以现有的西方制图学史来假想一个本土的制图学发展史。余定国认为，直到清代受西洋的影响，中国地图学才完全脱离视觉与文学学科的传统，成为一门展示的学科。而出现这种东西历史现象差异的根本原因，就在于中国之所谓"地图"超出了对地表状况表示的范畴，强调地图多方面的功能。而由于忽略了展示的多功能概念，结果也就使得中国地图学被曲解，认为中国地图学的发展就是度量和数学方法不断改良的历史。[③]

以"地图学"为其主体的过往研究存在两方面问题。其一，先入为主地试图用"学科史"概括全部中国传统制图实践活动，进而把中国的传统制图学的历史流变当作一个不断科学化、技术不断提高的线性过程，而对制图活动中长期保持的非科学价值与人文传统选择性忽略；另一方面，制图学虽然是一门科学，但制图除了作为一门科学实践之外，也同样是一项广泛参与到社会政治、经济交往过程中的传播实践。以"地图学"为其主体的历史分析虽注重对其社会经济环境的考察，这种考察仍只注意到地图文本的形成过程中应具备的客观条件，而没有对中国古代以地图为媒介要素所展开的实践活动的本来面貌进行考察。

更通俗地说，过分专注于古人如何"画地图"，而忽略了"画地图"和"用地图"本身是完整的社会信息传播实践这一基本事实。想要为古人如何绘制、流通并使用地图来指导他们不断进化拓展的空间实践，仍需要从他们因何而产生出"地图"这样一种特殊的媒介形态出发，继而阐释这种独特的媒介实践活动怎样改变

---

①　成一农：《"科学"还是"非科学"——被误读的中国传统舆图》，《厦门大学学报（哲学社会科学版）》，2014 年第 2 期。

②　尹贡白：《地图的历史》，《地图》，1989 年第 3 期。

③　[美] 余定国：《中国地图学史》，姜道章译，北京：北京大学出版社，第 141—142 页。

和嵌入传统的社会生活各个层面当中。近来媒介地理学与媒介技术哲学的有关思考，或许能启发我们对后一个问题的再认识。

二、媒介地理与技术哲学视域下的制图活动

既然我们要将"制图"作为"媒介实践"来进行理解，那这里的"媒介实践"将意味着什么？

地图首先是一种媒介，是人类通过对巨量空间地理信息的处理使之能得到有效传播的手段及其对应物质载体，因此在制图活动中所体现的一切工艺、方法、介质，究其本质都是服务于传播空间信息这一主观目的。在过去地图史研究的主导范式中，该关系通常为制图术的各种技术追求所掩盖[1]，进而把绘图想象成制造一种渠道中立的、线性的信息流动介质[2]，忽略其作为传播行为不可能去除制图者的思想、感觉和知识影响[3]的事实。因此，作为一项传播活动的"制图"不再被想象为追求客观地保存和传递客观空间信息的纯粹科学，而是尝试主动建构媒介化的空间经验的表征活动。如果地图学史研究仍将地图媒介视作保留和传递客观空间信息的传播手段，那么传播媒介地理学则是更加大胆地相信，所谓空间，本身就是媒介活动主观建构的结果。

如海德格尔所言："空间不是在主体中，世界也不是在空间中，就空间已经由建构次在的世界之中存在所展开而言，空间倒是在'世界'之中。"[4] 随着 20 世纪现象学的发展，自古希腊以来人们对于空间概念的固化认知已然发生转向。列斐伏尔的空间批判理论从空间的表征与实践特点出发，抛弃将空间想定为一种物理尺度上的客观范畴，将视角指向了一种充满人类主体性的主观空间，一种具有其自身现实性的人类学意义上的空间[5]。人类制造地图，也就从复现展示客观空间的方式变为建构此在世界空间秩序的特殊手段。

媒介地理学探讨的是空间的"建构"而非"还原"，这更利于我们解读作为一

① Herb, G.H.(1997)*Under the Map of Germany: Nationalism and Propaganda 1918–1845*. London: Routledge, pp2.

② Robinson, A.H. Sale, R.D., and Morison, J.L.(1978)*Elements of Cartography, 4th edn*.New York：John Wiley and Sons.pp.11–17. 转引自，[美] 保罗·亚当斯著，袁艳译：《媒介传播地理学》，北京：中国传媒大学出版社，2020 年版，第 188 页。

③ Woodward, D.(1992)Representations of the world. In: R.F. Abler, M.G.Marcus, and J.M.Olson(eds), *Geography's Inner Worlds: Pervasive Themes in Contemporary American Geography.* New Brunswick, NJ: Rutgers University Press.

④ [德] 马丁·海德格尔：《存在与实践》，陈嘉映，王庆节译，北京：生活·读书·新知三联书店，2006 年，第 129 页。

⑤ 郑震：《空间：一个社会学概念》，《社会学研究》，2010 年第 9 期。

种媒介实践的中国古代传统制图活动。"地图"本是绘画的一种，二者不仅有着共同渊源，在中国，直至清代两者都被习惯统称为"图"①。中国历史上出现的多数地图就其实际绘制方法而言与绘画并没有太大区别。王庸认为，中国地图最早起源自山海图，绘画与地图的相互交融历来是中国古代地图的一大特色。同时文字和地图的相互结合也一直是中国地图的重要特点，中国古代的地理学是历史学系统中的一部分②，地理志常被作为历朝正史编撰的一个部分加入对历史事件空间分布的说明中，而其中地图又是对文字地理信息描述起补充作用的内容。古代中国在地图的表现方式上不追求绘制得极为精准，重点在突出绘制者关心的内容；通常附有大量的文字，也就是图说，或用以解释图中的内容，或用来作为地图的补充。很大程度上，中国传统的制图实践独立性并不强，它往往需要依附于文字叙述以形成整体的传播过程。这也导致尽管中国传统舆图种类繁多，除全国总图、分省地图外，已经产生出大量针对各类现实问题的专题图集，但就是缺乏综合性的地图集。③

这样"描述性"的文字地理信息和"计量式"的标准地图并举的情况并非中国独有的，在古希腊、阿拉伯文明当中也同样存在。可见各种空间信息媒介既不一定存在冲突，也并非单独作用。而无论是专门的地理书籍、文史资料叙述乃至虚构文学和影像，其实都起到描述和共同建构起了人的整体性的地理和空间观念的媒介作用。区别只在它所尝试建构的是"自然空间"抑或"观念空间"的维度差异④。在人们通过媒介了解到不同空间的存在时，这种了解是依赖于媒介而非直观经验形成的，因此它们不能被简单地视为对某一空间的描述，而更像是帮助"创造了那些地方"⑤。由是，地图不再因其"科学性"而具有神圣性，重新回归到它作为一种被用于体验空间关系的媒介实践的基本事实上。

与地图学史将"制图"视作孤立的历史文化现象不同，媒介地理学的视角将制图活动置入人类运用多元媒介实现空间观念整体性建构的复杂实践系统中。它富含深刻复杂的文化意义，又与其他媒介活动相互组合。也只有将中国古代的制图活动置入更整体的传统媒介地理实践框架中才能得到充分理解。最终为传播者及其传播活动寻找对应语境和历史条件下的合理行为解释，从中探讨传播主体所

---

① 成一农：《〈广舆图〉史话》，北京：国家图书馆出版社，2017 年，第 22 页。
② [美] 余定国：《中国地图学史》，姜道章译，北京：北京大学出版社，第 78—79 页。
③ 成一农：《〈广舆图〉史话》，北京：国家图书馆出版社，2017 年，第 38 页。
④ 邵培仁、潘祥辉：《论媒介地理学的发展历程与学科建构》，《徐州师范大学学报（哲学社会科学版）》，2006 年第 1 期。
⑤ [英] 迈克·克朗：《文化地理学》，杨淑华，宋慧敏译，南京：南京大学出版社，2005 年，第 44 页。

展现出的传播观念和空间意识。

另一方面，人类所进行的空间建构既是一种媒介建构，也必然受限于其技术形式。地图作为一种媒介技术，天然存在的技术形式对人们凭借它所产生出的认知、实践的特点，并最终决定人们能够运用它建构起怎样的空间意识。

技术现象学将技术与人类之间的关系理解为存在论意义上的关系：作为一种"集置（Ge-stell）"，技术构造了人类经验世界本身的显表环境。[①] 换言之，在人类开始进行超越直观能力的空间实践活动时，地图作为一种媒介化手段就被融入我们的空间实践历程中，地图构成了古人和我们不同的空间经验。技术物持续存在于人与世界打交道的实践中，地图与其说产生自人的制图活动，不如说存在于人对于他存在并实践的空间世界的理解当中。尽管我们可以照搬制图学研究对"地图是用以抵达目的地的工具"[②]的定义，但从媒介角度上解释地图，就必须对所谓"抵达"，也就是地图作为一种媒介技术物的持存方式进行更深入的阐释。

唐·伊德认为，技术本身构成了包括具身关系、解释学关系、它异关系和背景关系在内的四重关系。[③] 作为媒介技术的地图以其方式融入人的直觉经验这一现象当中，因此一旦人类进入制图、读图的实践，地图就具有了抽身而去的透明性[④]，成为人类空间经验本身的一部分。而从解释学的角度看，由于地图将它自身指向了无法从图中直接看到的东西，这便构成人与地图之间的阐释关系，地图不反映全部的空间现实，却"促使人将它本身视作知觉的终点"[⑤]，以媒介技术的解释替换直观的空间经验。

这些技术哲学问题看到了地图作为技术所实现的是对人类空间实践的现象重构。无论现代制图技术如何发展，究其本质都是对客观世界海量空间信息有选择性的筛选和再组织，借此介入和重构人的空间经验和空间实践。一旦我们接受此观点，地图的"真实性"本身便成为一个伪命题，它实际要表达的是地图在指导用图人将要但还未发生的空间实践过程中的适用性。而恰恰只有打破"科学性"与"真实性"两座藩篱，我们才能看到处于"制图"这样独特的媒介实践当中，

---

① [德]马丁·海德格尔：《演讲与论文集》，孙周兴译，北京：生活·读书·新知三联书店，2005 年，第 19 页。

② 余成、刘玲：《从传统地图到数字地图——技术现象学视角下的媒介演化》，《自然辩证法通讯》，2019 年第 2 期。

③ [美]唐·伊德：《技术与生活世界——从伊甸园到尘世》，韩连庆译，北京：北京大学出版社，2012 年。

④ 余成、刘玲：《从传统地图到数字地图——技术现象学视角下的媒介演化》，《自然辩证法通讯》，2019 年第 2 期。

⑤ 余成、刘玲：《从传统地图到数字地图——技术现象学视角下的媒介演化》，《自然辩证法通讯》，2019 年第 2 期。

人怎样运用"地图"在指导、建构和组织其自身的空间经验，怎样处理自我与生存世界间的空间经验关系，看到一种存在于传播历史实践中的、被技术化的空间观念。

本章对中国古代制图传统的研究，意图通过跳脱出过往研究"中国制图史"的固定史观和认识模式，而将地图首先作为一种交往媒介来加以讨论。它必然首先与古代某一类传播实践活动相互依存，并最终整体呈现为与中国古代社会中的某些传统观念、文化特质息息相关。制图实践是文明交往实践活动的一项注脚，因而透过制图活动背后的使用习惯、价值观念、文化传统，也能管窥传统社会中人们在传播活动中所形成的空间观念之一二。

三、从用途看制图：关于本土制图传统的发生学讨论

出于特定的使用场景和实践目的，散落在世界各地的人类早期文明各自采用图形化符号与记录型媒介相结合，来协助我们更好地开展多类型的空间实践活动。我们惯将这些新创造出来的媒介统称为"地图"。但在各文明中，最初使用地图的场景却是不同的：腓尼基人最早用它来进行海上领航，埃及人则用之于土地测量。中国古代将地图概称为"舆地图"。据司马贞之说法，"谓地为'舆'者，天地有覆载之德，故谓天为'盖'，地为'舆'，故地图称'舆地图'"，这种说法虽在汉代出现，但自古已有此名。[①] 地图被早早视为覆载天地之德行造化的神圣媒介并具有神秘主义内核，所以观察一地风水亦被称为"堪舆"。这种将道德崇拜、宗教仪式和地理科学相结合的早期认识论，也让中国古代的制图传统从其发生阶段就有所不同。

（一）作为权力仪式的地图

中国人的绘图活动或许可以追溯到夏商时代，彼时许多用于占卜的象形文字实则就是地物画与象形文字融为一体的地图[②]，占卜的甲骨除符号层面的含义外，也大量仿照当时的天文、地象常识，通过符号的空间位置关系进行一些表意。

在周灭商之后，作为具有明确和独立使用价值的地图就已经出现。如《诗经·周颂》说："陟其高山，墮山乔岳，允犹翕河。敷天之下，裒时之对。时周之命。""犹"即"图"也。所谓"允犹"就是"信案山川而次序祭之"[③]。作为空间关

---

① （汉）司马迁撰，（宋）裴骃集解，（唐）司马贞索隐：《史记》（卷六十），北京：中华书局，2013 年，第 2110—2111 页。

② 徐永清：《地图简史》，北京：商务印书馆，2019 年版，第 284 页。

③ （清）马瑞辰撰，陈金生点校：《毛诗传笺通释》（卷三十），第 1123 页。

系的重要指导，周人将地图用于祭祀活动当中，而使得地图成为人与自然实现对话的神圣工具。《尚书·洛诰》也有"予惟乙卯，朝至于洛师。我卜河朔黎水，我乃卜涧水东，瀍水西，惟洛食；我又卜瀍水东，亦惟洛食。伻来以图及献卜"的记载。意为周公通过占卜选定洛地为新的都邑后，将之制作为地图呈现给成王。一方面，这里的"制图"其实已经从占卜活动中被单独分离出来，它是专门用于记录和传播地理信息的工具；另一方面，这种专门工具还衍生出了它独立的仪式含义，因为绘制地图的最终目的是献给周王，以"献图"示"献土"。

在天水放马滩一号、五号墓以及长沙马王堆等秦汉墓穴的考古发掘出土的随葬品中就包含了数幅地图。它们所描绘的范围一定程度上都与死者生前的封邑或管辖地域有关，包含辖区内经济、区划和自然水文等丰富信息[1]。余定国推断，地方官吏墓中的地图"大概象征着他们生前的权力"[2]，因为在秦汉墓葬中，同样有用薄土碎片及陶制田地和水池作为陪葬品的习俗，这陪葬物象征死者生前所拥有的土地而试图通过这种方式将他们的财产带往阴间。

依照汉制，若皇子需立号位或封为一方诸侯王，则必须"令史官择吉日，具礼仪上，御史奏舆地图"[3]。获得地图是获得封国产权的象征。而在占卜仪式中沟通天地的地图媒介，不仅能象征所有者的物权，更被想定为将这种权力转移向另一个世界的方式。秦始皇的骊山墓传闻中存在着一幅"以水银为百川江河大海"的巨大地图，从目前地表勘探结果来看，位于秦始皇陵上方土壤确实存在着水银含量偏高的情况，传说极可能为真，那么它同样是秦皇为在阴间继续保有自己权力的"土地证明"。

从占卜活动中独立出来的地图固然呈现的是客观空间信息，仅从秦汉及更往后的历史实践来看，它的制作、转移却另具有一层仪式性含义。历代以来，进奉地图都被视作朝贡国效忠称臣的重要表示。比如《新唐书》记载唐贞观二十二年，右卫率府长史王玄策出使天竺并平定该地叛乱，沿路各国朝贡据载："东天竺王尸鸠摩送牛马三万馈军，及弓、刀、宝璎络。迦没路国献异物，并上地图，请老子象。"[4]唐代设置的鸿胪寺除接待外宾外，还兼有"讯其国山川风土，为图奏之，副上于职方"[5]的职责。

韩非子有云："献图则地削，效玺则名卑，地削则国削，名卑则政乱矣。"（《韩

①　何双全：《天水放马滩秦墓出土地图初探》，《文物》1989年第2期。

②　[美]余定国：《中国地图学史》，姜道章译，北京：北京大学出版社，第60—61页。

③　（汉）司马迁撰，（宋）裴骃集解，（唐）司马贞索隐：《史记》（卷六十），北京：中华书局，2013年，第2110—2111页。

④　（宋）欧阳修、宋祁撰：《新唐书》（第二十册），北京：中华书局，1975年，第6238页。

⑤　（宋）欧阳修、宋祁撰：《新唐书》，北京：中华书局，1975年，第四册，第1198页。

非子·五蠹》）地图和印玺一样，在中原王朝中不仅是国家安全的重要机密，也被视作一国国体和法理的象征，从仪式层面上，这便代表着对外示弱自降国格。在耳熟能详的荆轲刺秦的故事中，荆轲代表燕王在大殿之上"献燕之督亢之地图"（《战国策·燕策三》），便用"献图"的仪式以表燕国向秦割地称臣。靖康元年宋向女真求和，同样通过绘制地图的方式示意割让"中山、太原、河间府南一带所辖县镇以北州军，分画疆至"① 被视为国耻。

将交出地图作为示弱臣服的表现自然是有其现实依据的。因为在国与国之间人员交流尚不频繁的时代里，一国的地理信息往往为其独享，特别是重要的山川水文条件以及人口分布一旦为他国掌握，很有可能扩大潜在的安全威胁。沈括在《梦溪笔谈》就曾提及熙宁年间，高丽国借由进贡的机会搜集内地的山川地理信息，并向沿途州县索要当地地图翔实纪录。当时丞相陈秀公镇守扬州，怀疑高丽意图将宋的地理机要呈送给契丹，就欺骗高丽使者说想看看两浙地区提供给他们的所有地图，以便仿照其规模绘制，借机焚毁了高丽使节所持的所有地图，并把此事上报朝廷。②

（二）作为权力手段的地图

像占卜的释义权一样，自神权时代开始使用地图就被视为专有权力。统治者不仅在对外交流中把地图看作象征国体的命脉，在对内管理上，地图的绘制和使用也被严格控制，进而作为官僚体系运作当中的一个核心环节。

早在春秋时期，管子即知："兵也者，审于地图，谋十官。日量蓄积，齐勇士，遍知天下，审御机数，兵主之事也。"（《管子·选阵》）指挥官进行军事决策的基础就是收集地理、装备、人员士气等等各种信息并进行综合判断，而能够提供大量地理信息的地图自然成为军事决策的重要工具。因此，地图在古代中国被统治集团视作垄断性信息资源，由官僚决策群体保有并使用。

借由对地图媒介所产生的地理空间信息上的不对称优势来实现统治资源垄断有非常鲜活的案例：在大发现时代的远洋航行过程中，往往只有一艘船的船长有权使用海图和罗盘等测绘设备，而处在汪洋上的水手如果试图对自己所处的海域进行定位则会被视为重罪。由于在这个远离陆地的孤立社会中，只有船长掌握攸关所有人性命的地理位置信息，才能形成对所有船员直接进行有效管理的绝对权威。这其实就和古代中国对舆图的使用方式如出一辙。

---

① 《大金吊伐录校补·卷一》，北京：中华书局，2017 年，第 36 页。
② （宋）沈括：《梦溪笔谈·卷十三》，诸雨辰译注，北京：中华书局，2016 年。

中国古代的官方制图传统可以追溯到《周礼》当中。彼时有"掌道地图，以诏地事"（《周礼·地官·土训》）专职负责测绘山川地理、判断土壤肥沃程度的官职名曰土训。其上还有掌管天下地图能够"辨其邦国"的夏官曰"职方氏"，他负责汇总各地地理方位、人文民生信息助周王室"周知其利害"（《周礼·夏官·职方氏》）。再往上的大司徒则可通过"掌建邦之土地之图与其人民之数"（周礼·地官·大司徒）直接辅佐周王进行决策。而何以形成决策的过程《周礼》也进行了详尽阐述：

> 以天下土地之图，周知九州之地域广轮之数，辨其山林、川泽、丘陵、坟衍原隰之名物。而辨其邦国、都鄙之数，制其畿疆而沟封之，设其社稷之坛，而树之田主，各以其野之所宜木，遂以名其社与曰医。[①]

可见无论是辨别九州各地的地产，还是划定边界城邑、编制户口、分配土地，都以地图为其主要依据。到秦代，中央和地方各级政府都有专责机关和官员负责主管包括地图在内的地理信息档案。中央设御史府及御史中丞，专职掌管全国地图档案。而地方政府则由太守的副承负责本地地图资料的整理工作。这种自下而上的严格管理体系起到提升管理效能和把控权力的关键效果。按《汉书·萧何传》的记载，在汉军入咸阳后，"诸将皆争走金帛财物之府分"而只有萧何"独先入收秦丞相御史律令图书藏之"，由是"沛公具知天下扼塞，户口多少，强弱处，民所疾苦者"俱是因为"何得秦图书也"[②]。由于掌握地图就掌握了他人难以启及的人口和其他战略信息，成为刘邦得以赢得争霸的关键。这也让汉代更加注重对地图信息的汇总以及进献"舆图"的仪式工作，汇编记载有所有郡县的全域性地图。而为了强化对地图资料的垄断保存，据《通典》记载："汉氏图籍所在，有石渠、石室、延阁、广内，贮之于外府。又有御史中丞居殿中，掌兰台秘书及麒麟、天禄二阁之于内禁。"地图档案分别藏于内外两府，分别由不同官员掌管，还设置有秘书监专门负责考核勘误[③]。使用记载全国地理和人口信息的地图，是位及九官之列才得以行使的特别权力。自东汉光武帝刘秀始，汉朝还制定了每年由"大司空上舆地图，太常则吉日，具礼仪"[④]的传统，可视为一种向皇帝展示自身能够掌握全国信息的仪式手段。

---

① 杨天宇撰：《周礼译注》，上海：上海古籍出版社，2004 年，第 145—146 页。
② （汉）班固撰，（唐）颜师古注：《汉书》（卷三十九），北京：中华书局，2012 年，第 2006 页。
③ （唐）杜佑撰：《通典》（卷二十六），北京：中华书局，1992 年，第 732 页。
④ （宋）范晔撰：《后汉书》（光武帝纪第一下），北京：中华书局，2012 年，第 65 页。

宋初至道二年，时任职方员外郎的吴淑为强调地图工作，曾上表言：

> 天下山川险要，皆王室之秘奥，国家之急务，故周礼职方氏掌天下图籍。汉祖入关，萧何收秦籍，由是周知险要。请以今闰年所纳图上职方。又州郡地里，犬牙相入，向者独画一州地形，则何以傅合他郡？望令诸路转运使，每十年各画本路图一上职方。所冀天下险要，不窥牖而可知；九州轮广，如指掌而斯在。①

在充分吸取秦汉成功经验的基础上，吴淑强调了地图对于国家管理的重要性。他认为，地理信息是事关国家安全的机密，这也是自周礼便有职方氏一官的原因。他提出按州、路、全国各级政府逐层绘制地图并上报的线性模式，以期实现对全国空间地理信息的整体性把握。也是从宋代开始，地方上开始绘制鱼鳞图册，用类似鱼鳞状的图式明晰不同田地间的产权关系，并作为土地诉讼和征税的重要参考凭证。②直到明清，该古代土地资源管理手段都一直被沿用。

从这些中国古代对地图的理解和使用方式上看，"地图"被视为实现国家管理的机要档案之一，在维系整个帝国运转的公务文书和档案汇编体系中，地图的绘制和呈送，被制度化为行政管理当中的重要环节，由下级机关编制并随着公务文书一同呈送交由上级使用。地图所绘制的范围越大，内含信息越丰富，获得使用权限的行政级别要求也就越高。各级官员只被保证获取其职权范围内的有用地理信息。和汪洋上的船长一样，地图被统治者视作垄断地理信息的手段，如此才能保障自身的权力不被僭越。不论是朝贡国还是各地大员，在呈送地图时还需经由仪鸾司等皇室的司仪部门主持并按照特定流程举行仪式。这从心理和物理两种层面上都宣誓了对空间信息的主权及其垄断地位。

因此，在中国古代，围绕地图本身的一系列制作、流通使用过程，其实已经从表里两方面体现了专制权力的表征方式和运行方式。

四、从制图看用途：中国古代地图媒介的具身性

中国古代的地图是权力的化身。它既可以象征权力关系，又不失为在实现统治过程中保障和行使自身权力的重要手段。如果说，西方地理学和地图学是近代自然科学的产物的话，那么中国古代的舆图则或可称得上独特的管理科学智慧。

---

① （元）脱脱等撰：《宋史》（卷四百四十一），北京：中华书局，2013 年，第 13040—13041 页。

② 参见《明史·食货志一》之记载："而鱼鳞图册以土田为主，诸原坂、坟衍、下湿、沃瘠、沙卤之别毕具。鱼鳞册为经，土田之讼质焉。黄册为纬，赋役之法定焉。"（清）张廷玉等撰：《明史》（卷七十七），北京：中华书局，2013 年，第 1882 页。

作为实现各级官僚机构间信息流通和管理的媒介手段，中国传统制图活动的实践主体是特殊的。我们不妨从这种特殊性出发，重新考察这些传统舆图在表现方式上的诸多特点。

"制图学"这一提法准确来说直至 19 世纪才逐渐普及，不仅因为启蒙运动促进了制图理论科学化，工业社会还进一步催生对大规模、标准化的地图产品的需求及对应生产能力。如果说地图科学的发展规范了地图所呈现的内容，那么工业化制图生产体系的出现则使得地图的呈现方式得到统一。早期工业化国家建立起永久性的制图组织，以期通过信息整合实现对国土以及全球殖民地的控制。因此现今我们习以为常的地图样式，正是受该时期工业化生产过程的美学设计、印刷版式等因素影响的结果。[①]

所谓"制图"，素来是以制图者为主体，以制图的目的和技艺为中心对空间信息再编码的过程。有什么样的使用目的，就会有什么样的制图表现形式以及对地图全然不同的理解方法。17 世纪的来华传教士南怀仁曾制作《坤舆全图》以向康熙皇帝介绍当时的西方地理知识。出于西方制图活动的习惯传统，南怀仁不但绘制了有经纬信息的地球投影，还为世界不同区域的物种信息绘制了精美的插图。这是因为彼时从事绘图科考工作的探险家往往身兼一定的地理和生物水平，他们在沿着海岸线航行并测绘地图的同时，也会对各地的气候和植被生物情报进行相应的搜集和分析。这些信息或许对西方的地图收藏者而言是有益的，但至少在中国的知识分子看来，图上虫鱼怪物画像却完全"无关坤象"，甚至把它误当成地图的一种装饰品[②]。究其根本原因，还是因为海洋和生物探索情报并不是国人希望通过地图媒介掌握的内容。

作为一种对图形符号天生敏感的生物，人类在释图的过程中其实包含了大量视觉心理学影响因素，并尽可能使得地图符合自身直接的心理感受[③]。比如当下流通的世界地图存在着不同版本，西方国家习惯以本初子午线为轴心绘制的地图，而在我国则惯将东亚和太平洋作为视图中心，两者都不过是为符合读图者自身习惯做出的调整。基督教神学时代流行的中世纪，T-O 型地图广为流传。这些地图无一例外以耶路撒冷为中心，将圆形世界大致等分为欧、亚、非三部分。受宗教意识影响，直至 15、16 世纪的许多世界地图仍旧保持了 T-O 型地图的视觉习惯，即将中东作为绘图的几何中心点（如图 14-1、14-2）。

---

① 成一农:《简评芝加哥大学出版社〈地图学史〉》,《自然科学史研究》2019 年第 3 期。

② 董少新:《感同身受——中西文化交流背景下的感官与感觉》,上海:复旦大学出版社,2018年,第 143—144 页。

③ 高俊:《地图制图学,理论特征与科学结构》,《地图》1986 年第 1 期。

图 14–1 弗拉·毛罗（Fra Mauro）世界地图，1450①

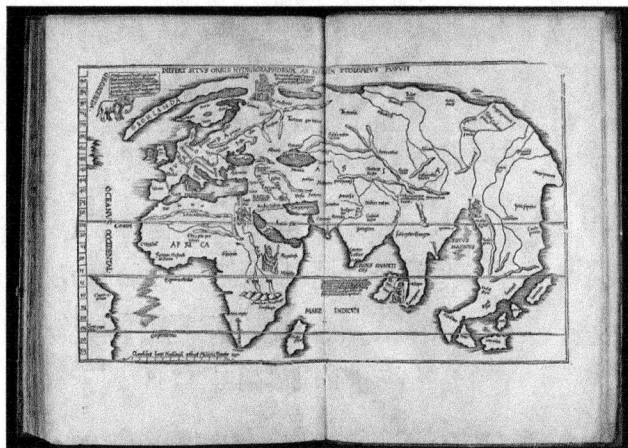

图 14–2 16 世纪出版的托勒密 - 克劳狄斯世界地图，1520②

随着全球化殖民活动和海洋探索起步，世界地图的绘图中心才逐渐转移到大西洋地区，特别是本初子午线的确立让习惯成为规范。如今的联合国会徽，是以北极点为中心、以五个同心圆延伸至南纬 60 度的地球投影，它展示了地球上除南极洲以外的主要陆地，特别是各创始会员国领土。假如某天企鹅拥有智慧并成立

---

① https://www.davidrumsey.com/luna/servlet/detail/RUMSEY~8~1~289827~90061349:Composite-map-Mappemonde-Pl—1–6?sort=pub_list_no_initialsort&qvq=w4s:/when/1450;q:World_Area=

②https://www.davidrumsey.com/luna/servlet/detail/RUMSEY~8~1~336017~90103784:-Tabula-nova-totius-orbis-?sort=pub_list_no_initialsort&qvq=w4s:/when/1525;q:World_Area=

自己的国际组织的话，可以想见它们大概也会以南极点为中心绘制自己的会徽。

不仅视图中心点是地图媒介尽量迎合受众心理习惯的结果，在现代制图技术建立起来之前，地图的方位规则其实也并不固定。比如当中世纪世界被想象成一个圆盘形平面时，T-O 型地图常以亚洲为上、欧洲和非洲为下。到地理大发现时代，人们为了复现已知球形世界的全貌对托勒密的投影法进行了改良，采取"双心投影"的方式将南北两极置于地图的左右两侧（如图 14-3）。各种地图对地理要素所采取的表现方式、透视的方向、载量的取舍都取决于制图者的基本传播目的，它其实是一套既反映某时期地理和天文知识水平，又能反映该时代的思想和世界观的视觉修辞逻辑。

图 14-3 墨卡托世界地图，1538[①]

与以航海图为基础的西方近代世界地图不同，中国的传统地图不采取现代制图学所习惯的地理坐标定位法，地图的视图方位也更显随意，它们或上北下南，或上南下北，甚至可以《易经》八卦为方位。出于水利疏浚、海防筹备、风水堪舆等不同的目的，制图者通常会选用不同的视图中心点和方位规则乃至比例尺关系。李孝聪将其总结为一种"从使用目的出发的方位观"，它展示了中国人当时是如何理解那块地理空间，由是又如何用图的形式来表目的。[②]这些作图的表现手法有着自身可验证的修辞逻辑，不仅是为自己能明白，也为能让其他人看得懂。

我们可以从中国的传统地图中总结出几类来辨析这种差异。首先是航迹图，

---

① https://www.wdl.org/en/item/6766/.

② 李孝聪：《古代中国地图的启示》，《读书》1997 年第 7 期。

此类地图多用以介绍航海途径的地区、风土和天文现象等信息。载于《武备志》的《自宝船厂开船从龙江关出水直抵外国诸番图》①（简称《郑和航海图》）便是一例。全图分二十四页，从右向左记录了自南京城三汊河口，经长江入东海，沿着中国海岸线途径江苏、浙江、福建、广东并下南海，一路抵达伊朗格什姆岛的沿途全部地区。地图并不按照方位，而是按照航迹自右向左延展，上半部为沿途大陆，下半部为航经海域。从读图者的视角上来看，整个视线将是"由海望陆"，仿佛自身置身于航行过程当中，领略沿途各地。

相比于上陆下海的航迹图，下陆上海的海防图则更为多见。中国作为一个陆权国家，自明起就不断经受外部势力经海岸线入侵的威胁。为此不少地方官员和知识分子都尝试绘制沿海礁岸、城镇和险要情况以备朝廷筹备海防之需。明嘉靖年间郑若曾、邵芳绘等人所作《筹海图》便将全国各省海岸线的详情分别绘制为"沿海山沙图"，图以陆地为下半部分，上方是海洋和岛礁，并详尽标注各地城寨、山岳、军营，便于读图人以海防筹备者的视角"由陆望海"运筹全局。在同一本书中还绘制了主要防范对象日本的全国地理，但采用的却是不同的画法。日本全域在地图中心，四周被海洋包围，特别是在图末绘制日本与大明地理位置关系时，依旧使用大陆在下、日本在上的形式②，似一种由大陆远眺日本的视角。与之相似，大致成图于清初崇德至顺治年间，现藏于美国国会图书馆的《山东、直隶、盛京海疆图》（见图4）也以陆下海上的方式从右向左描绘了从辽东到山东各地沿岸山岳和卫所情况，并加以文字说明各处险要概况和安全形势。

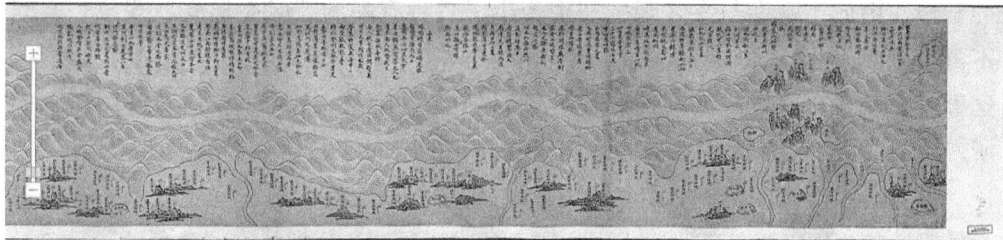

图 4　山东、直隶、盛京海疆图③

在中国古代还有一种更为常见的地图，即用于水利和河防工作的河工图。它们主要记载重要河流沿岸的水利、漕运设施、湖泊支流等信息。以乾隆十五年左右所作的《黄河河南图》（见图14-5）为一例。该图主要绘制了安徽砀山县至苏北

---

①　（明）茅元仪：《武备志》（卷二百四十），台北：华世出版社，1984年，第10117—10224页。

②　（明）郑若曾撰，李致忠点校：《筹海图编》，北京：中华书局，2007年，第207—212页。

③　https://digitalatlas.ascdc.sinica.edu.tw/map.jsp?id=A103000135.

云梯关之间的黄河流域内支流、湖泊、城镇和山脉等信息。黄河夺淮造成此段河道的连年泛滥一直是历朝历代治理的重点。而该图是用从右向左的方向呈现从上游到下游的南河水文情况。以我们如今的读图习惯来看，它不但没有按照固定方位绘制，甚至还有些上下颠倒。但对于规划治黄工作的负责官员来说，读图过程却能助其获取顺黄河而下检视各处要点的空间感受。

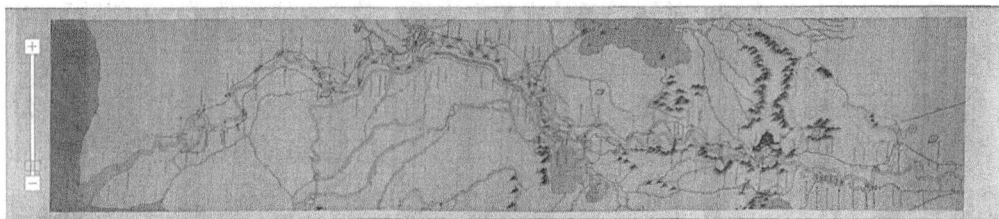

图 14-5　黄河南河图

在这些地图的绘图原理上，其实非常趋近于传统绘画中使用的"散点透视"和"移步换景"的表现手法。由于近代西方自然地图所面临的最重要应用场景是支撑他们在毫无参照系的未知空间中展开航行探索。抽离主体关系和主观经验，通过计量科学方法建构起统一的客观连续空间来为自己进行定位成为一种必要选择。而相比之下，中国传统地图则将所谓客观、统一的空间标量全部让位于读图过程中基于主观视觉经验所可能带来的空间感知。在它们不同应用场景中，主体都是始终在场的，以他的视点为中心，"看图"的动作被看作他本身自然视觉经验的延伸。由此主观参与在客观空间中产生了各种有趣的"时空形变"现象，空间不再分东西南北，而只有相对主体而言的"远近"和经验过程中的"先后"关系，这种关系既可以是客观存在的，也可以只是心理上的。因此，在这些读图活动中所产生的是最直观的，而非西式地图中抽象化的空间经验。

中西绘图形式的不同，具体表现为在究竟应该依赖主观空间经验还是客观空间经验上的不同选择，进而造成同为媒介的中西地图，分别具有"离身性"和"具身性"的不同特点。我们可以看出，在这些中国传统地图的制作过程中，都将地图本身想象成一种具身性的媒介，是调动主体参与并建构起主观化的空间经验的特殊传播手段。中国古代的制图活动当然也对标准化和客观反映的准确性提出过苛刻要求，包括《筹海图编》等诸多地图在绘制中依然有按照"计里画方"的基本要求制作。但这并不代表它必须往纯粹的科学制图方向发展，在实际具体效果上也并不一定会逊于科学制图。如上一章所说，中国古代的制图实践部分情况下是一种"管理科学"的智慧结晶，即使他要往科学制图方向发展，也不一定要得出和西方制图学完全一致的输出结果。

综上所述，华夏传播研究以往都将自己定义为通过对中国传统文化的认识来丰富补充传播学研究语境的一次尝试。但其实从另外的角度看，它同样可以为传统文化研究引入传播学的视角，为理解传统精神和文化注入社会科学的经验性与科学性力量。以往我们阐释中国历史中的许多特有文化现象时，已习惯从历史整体出发，按其结构或功能尝试予以本质性概括。而这种基于传播学立场的媒介解释则倾向将这些特有文化现象看作长期处在变化发展过程中的一类特定媒介实践，看作社会历史环境变化发展中产生并不断形变的运动过程而非静态结果。这意味着除了媒介实践活动的客观形成条件外，还必须关注实践主体的动机因素。

为此，本章摆脱过去科学史传统下地图史研究的论点和习惯，尝试将"制图"定义为一种建构并传播地理信息的媒介实践，它不但涉及制图者绘制的工艺、理论与目的等编码条件，也必须涵括读图者的释图行为、使用场景等解码方式，最终形成嵌入传统社会生态当中的整体性传播活动。由此，我们可以通过作为媒介实践的制图活动的产生背景理解"地图"在中国的历史形态中能够扮演怎样的角色。接着，我们便可以通过视觉修辞上的探索，进一步理解在扮演这样一种角色的过程中它呈现出哪些重要的媒介特性。

中国古代传统的"制图"活动不是孤立的历史现象，在特殊的历史文化语境中，它主要被视作生产信息不对称关系和权威形象的工具来使用。而作为一种统治和管理的媒介工具，它又在表现形式上突出了与西方制图学相区别的"具身性"特点。这既是中国传统制图活动独具特色的一面，也是足以体现华夏传统空间传播观念与意识的一面。

（王皓然 谢清果）

第十五章　纸上乾坤：魏晋南北朝媒介纸质化的社会功能 ①

随着造纸工艺升级，纸张的质地属性得到提升，并被逐渐推广运用，书籍、绘画作品、书信等媒介呈现纸质化特征。媒介纸质化带来的是书写上的创新，有效地促进了私学教育的开展，形成世家大族和底层贫寒人士新的社会交往方式。此外，纸质媒介的传播对于魏晋南北朝九品中正制的废除以及后来隋唐科举取士制度的实施具有一定的推进作用，呈现明显的政治功能。本章试图从传播学的角度来探讨媒介纸质化这一现象及其在魏晋南北朝时期的社会功能。

甲骨、青铜器、竹简、石碑、缣帛等载体都是中国社会历史上曾经使用过的书写媒介，而到了东汉蔡伦改进造纸术之后，造纸工艺不断改良，纸张的媒介优越性逐渐显现。《后汉书·蔡伦传》载："自古书契多编以竹简，其用缣帛者谓之为纸。缣贵而简重，并不便于人。伦乃造意，用树肤、麻头及敝布、渔网以为纸。元兴元年奏上之，帝善其能，自是莫不从用焉。故天下咸称'蔡侯纸'。"② 从这段记载来看，东汉元兴元年蔡伦改进造纸技术，这种造纸工艺改良和创新产生了更为普遍实用性的纸张 ③。而到了东晋末年，桓玄下令："古无纸，故用简，非主于敬也。今诸用简者，皆以黄纸代之。"④ 桓玄"废简用纸"的政令为纸张的推广使用起到了积极作用。但应该看到，"废简用纸"令背后的根本动因在于造纸工艺技术的

---

① 原以《魏晋南北朝媒介纸质化的社会功能探析》为题刊载于《现代出版》2021 年第 4 期，收录时略有改动。

② （宋）范晔，（唐）李贤等注：《后汉书》，北京：中华书局，1965 年，第 2513 页。

③ 刘光裕认为，在中国古代，蔡伦以前纸的概念，与蔡伦所造纸并不是一回事。蔡伦以前称纸的材料：一、书写文字的缣帛称纸；二、幡纸；三、絮纸。蔡伦以前被称作纸的物品，都是蚕丝纤维制品（参见：刘光裕：《论蔡伦发明"蔡侯纸"》，《出版发行研究》2000 年第 1 期）。

④ （唐）徐坚等：《初学记》，北京：中华书局，1962 年，第 517 页。

不断改良和创新。比如，魏晋南北朝时期南北各地都建立有官私纸坊，就地取材造纸，生产有麻纸、楮皮纸、桑皮纸、藤纸等，甚至还造有有色纸，有时还将树皮纤维与麻纤维原料混合制浆造纸。潘吉星指出，汉代纸一般比较厚重，而两晋南北朝的纸要薄一些，而且有明显的帘纹，从技术上看，两晋南北朝时期造纸术是用类似于现在传统方式抄纸的活动帘床纸模抄造的。这种技术可连续抄造出千万张纸，提高了生产效率，而且捞出的纸张紧薄而匀细。[①] 从质量上说，潘吉星认为："从实物看，魏晋南北朝的纸比汉代纸有明显的进步，首先表现在白度提高、表面更平滑、结构较紧密，纸质细薄且有明显的帘纹。……接近机制纸。"[②]

随着魏晋南北朝造纸工艺技术的不断改良和成熟，此时生产的这些纸张具有明显优于简帛等媒介的特性。一是，纸张廉价易得。由于制造纸张的成本很低，所以纸张很廉价，这一媒介特性在魏晋南北朝时期显得尤其重要。其实，在蔡伦改进造纸术之后，纸张并没有得到普及，而是从东汉到东晋这段时期[③]，纸张是与缣帛、竹简两种媒介同时存在的，后来才逐渐大量被使用，成为社会交流的主要媒介。[④] 那么，为什么这一时期会出现这种现象呢？其中原因之一在于这一阶段世家大族（或者说有权有势的豪门／高门）奢靡之风盛行，有贱纸的观念。[⑤] 如西晋何曾"然性奢豪，务在华侈。……食日万钱，犹曰无下箸处。人以小纸为书者，敕记室勿报"[⑥]。而贫穷的"寒素"之人才用纸张。如《北堂书钞》引《崔瑗与葛元甫书》云："今遗送《许子》十卷，贫不及素，但以纸耳。"[⑦] 笔者以为，这种贱纸观念的深层原因在于竹简的厚重以及缣帛的贵重都是底层贫寒人士（这里指的是出身"寒门"的非士族或者"寒素"的士族）不易获得的，由此这些世家大族就牢牢把握住了知识生产和传播的权利，以此维系门第家族的社会地位和利益，而

---

　　① 潘吉星：《中国的造纸术》，北京：中国国际广播出版社，2010年，第21—23页。这种造纸技术具体做法是：这类模具由竹帘及木床架两部分构成，再用两根边柱使二者紧贴在一起，可合可拆。将二者合起来时放纸浆中抄纸，滤水后将竹帘取下并将其上的湿纸置于木板上；再将二者合起重行捞纸，取下竹帘并将湿纸置于上次抄出的湿纸上；如此重复，最后将叠在一起的湿纸压榨去水，再行干燥。

　　② 潘吉星：《中国的造纸术》，北京：中国国际广播出版社，2010年，第18页。

　　③ 潘吉星认为，晋代的时候已经可以制造出大量洁白平滑而方正耐折的纸张，人们在书写时逐渐舍去昂贵的绢帛和笨重的简牍，到了东晋以后便都以纸代简了（参见：潘吉星：《中国造纸史》，上海：上海人民出版社，2009年，第133页）。

　　④ 周月亮：《中国古代文化传播史》，北京：北京广播学院出版社，2000年，第139页。

　　⑤ 陈昌文、陈世象：《魏晋时期的出版业》，《中国出版》1999年第4期。

　　⑥ （唐）房玄龄等：《晋书》，北京：中华书局，1974年，第998页。

　　⑦ （唐）虞世南：《北堂书钞》，台北：文海出版社，1978年，第463页。

纸张的推广使用则直接构成了挑战①。二是，纸张的轻薄、易携带、跨空间传输特性。三是，纸张版面宽阔，洁白易于书写的特性，比如北宋苏易简《文房四谱·纸谱》中说："晋令诸作纸，大纸一尺三分，长一尺八分。听参作广一尺四寸，小纸广九寸五分，长一尺四寸。"②纸张的这些特性相对于竹简厚重、版面狭小、不易携带的媒介特性来说，具有绝对优势。对于竹简的这些不足，章太炎对此有深刻的阐述，他说："竹简繁重，非别版书写，不易肄习。二尺四寸之简（《后汉书·周磐传》：编二尺四寸简写《尧典》），据刘向校古文《尚书》，每简或二十五字，或二十二字，知一字约占简一寸。二十五自乘为六百二十五。令简策纵横皆二十四寸，仅得六百二十五字。……如横布《大射》《乡射》之简于地，占地须二丈四尺，合之今尺，一丈六尺，倘师徒十余人对面讲诵，便非一室所能容。由是可知讲授时决不用原书，必也移书于版，然后便捷。"③关于纸张媒介的特性，笔者以为，西晋傅咸的《纸赋》对此有很好的描述和说明。傅咸说："盖世有质文，则治有损益，故礼随时变，而器与事易。既作契以代绳纷，又造纸而当策，犹纯俭之从宜，变惟变而是适。夫其为物，厥美可珍，廉方有则，体洁性真。含章蕴藻，实好斯文，取彼之弊，以为此新。揽之则舒，舍之则卷，可屈可伸，能幽能显。若乃六亲乖方，离群索居。鳞鸿附便，援笔飞书。写情于万里，精思于一隅。"④纸张相较青铜器、竹简、缣帛等媒介具有明显的优势，并从中脱颖而出，成为主流媒介⑤，这是一种媒介进化的过程。在莱文森看来，媒介进化的意义在于，它将会朝着更加符合人类需求的方向发展，更加富有人性化。⑥同样，德布雷（Regis Debray）也认为，文字载体是朝着密集性、易于操纵的、轻巧的方向发展，相对地，书写法的操作余地在不断扩大，具有灵活性和自主性。⑦

---

① 方提、尹韵公引用翦伯赞在《中国史纲要》中的观点，即，殷商时期认识甲骨文的，全社会只有120人，而到东汉顺帝时期（126—144）汇聚京师的读书人则达3万人。这说明纸张降低了人们的使用门槛，方便更多人掌握知识，提高了社会教育水平（参见：方提、尹韵公.媒介融合之历史观照[EB/OL].http://www.cssn.cn/bk/bkpd_qkyw/bkpd_tt/202003/t20200306_5097887.shtml.）。

② 苏易简：《文房四谱》，北京：中华书局，1985年，第52页。

③ 章太炎讲演，诸祖耿、王謇、王乘六等记录：《章太炎国学讲演录》，北京：中华书局，2013年，第142页。

④ （清）严可均辑校：《全上古三代秦汉三国六朝文》，北京：中华书局，1958年，第1752页。

⑤ 根据刘光裕考证，东汉末年，中原地区的书信、书籍都已用纸，不再用简牍。中原地区是全国文化中心，所以我国文化领域以纸代简的任务，到东汉末年已经基本完成。东汉末年留存简牍的事项主要是政务领域的诏令、章表、策书等，这些对文化活动的影响不大，或很小。由此看来，建安文学的繁荣、魏晋学术的昌盛，都是纸书传播创造的业绩（参见：刘光裕口述，陈静采访：《我与中国古代出版史研究——刘光裕访谈》，《中国出版史研究》2016年第4期）。

⑥ （美）保罗·莱文森（Paul Levinson）：《人类历程回放：媒介进化论》，邬建中译，重庆：西南师范大学出版社，2016年，第152—153页。

⑦ （法）德布雷：《媒介学引论》，刘文玲译，北京：中国传媒大学出版社，2013年，第45页。

　　总的来说，魏晋南北朝时期纸张工艺的改进使得纸张得到推广和使用，书籍、绘画作品、书信等媒介也不断以纸质化形式呈现。我们看到，虽然魏晋南北朝时期政权更迭，社会动荡，但是这一时期社会书籍、绘画作品的传抄、创作和流通，个人之间的书信往来等文化信息传播并没有停滞，反而呈现一派繁荣的景象。那么，该时期这种丰富的社会传播形式与媒介纸质化有何关联，媒介纸质化对该时期的社会交往以及社会发展变革有什么样的意义？这是本章所要探讨的核心问题。对此，文章围绕魏晋南北朝时期媒介纸质化这一现象，尝试从传播学的角度来考察该时期媒介纸质化的社会功能，也即其对于社会交往以及社会发展变革的现实意义。

一、书写创新与纸质文本传播

　　纸张产量的增加以及纸张媒介的优越性直接带动的是社会信息传播方式的改变，其中最明显的是书写上的创新以及纸质文本的复制与传播。纸张产生之前，甲骨、青铜器、竹简等成为人们书写的主要媒介，这些媒介具有自身的书写特性。比如甲骨、青铜器质地生硬，在上面书写需要花费较大力气；竹简则由于书写空间狭小不易书写，而为了便于阅读则要把字写得比较大，同时还要清晰疏朗，由此需要将字写成扁平状。[1] 而且竹简不易制作，如王充介绍简牍（包括竹简、木牍等）的制作过程时所言：“断木为椠，析之为板，力加刮削，乃成奏牍。”[2] 所以，在这些媒介上书写需要谨慎，书写速度自然较慢。潘吉星也认为：“在一片窄而坚硬的简牍上写字，笔锋受书写材料空间和质地所限而不能充分施展。但改用洁白、平滑又柔韧受墨的大张纸来挥毫，情况就根本改观。”[3] 也就是说，纸张的运用为字体书写的创新变化提供了可能。我们知道，魏晋南北朝流行的书法有行书、草书、楷书等书写字体，这些字体尤其是行书和草书是追求快速书写的结果，所以行草书大量使用了连笔。[4] 连笔自然形成线条化特征，而线条化是行草书进行书写简化的重要环节，能够让字体变成具有平整顺畅的、类型化的线条，由此改变从“画”到写的转变，这也更加符合人的书写习惯，在书写中轻松自然，不必刻意谨慎，具有较大的随意性，提高了书写效率。[5] 楷书在书写时自然也是追求较快书写，在书写上有更多的连贯动作，但同时楷书也讲求字体的方正与平稳，所以，楷书

----

① 付继伟：《论书法艺术的自觉与楷书的产生》，《学术交流》2007 年第 9 期。
② （汉）王充著，张宗祥校注，郑绍昌标点：《论衡》，上海：上海人民出版社，2010 年，第254 页。
③ 潘吉星：《中国的造纸术》，北京：中国国际广播出版社，2010 年第 20 页。
④ 付继伟：《论书法艺术的自觉与楷书的产生》，《学术交流》，2007 年第 9 期。
⑤ 李永忠：《草书流变研究》，首都师范大学博士学位论文，2003 年，第 40—41 页。

的形体方正，与篆书的瘦长、隶书的扁平形体形成了鲜明的对照。①纸张的洁白平滑与书写面的开阔，为行草书、楷书等字体的舒展和变化提供媒介基础。总体而言，相较篆书和隶书在青铜器和竹简上书写，行草书和楷书更适合在纸张上书写，换句话说，纸张为行草书和楷书等字体提供更优良的书写平台，产生了新的艺术形式，正如德布雷所说，艺术是透过艺术的物质层面和材料层面，才真正有了意义。②

此外，纸张方正耐折、质地轻盈、携带便利，相比厚重的竹简可以承载更多的信息，实现远距离传播，而且相对缣帛更加廉价，具有推广使用的价值。胡朴安指出："三代书籍皆用竹、木，或刻以刀，或书以漆。汉初因周制，仍名简册，而竹帛并用。篇字从竹，竹书曰篇；帛可卷舒，帛书曰卷。自蔡伦造纸，纸、帛并用。纸既通行，展转传抄，书籍遂广。"③可以看到，纸张推广使用带来的直接影响还在于书籍的传抄，不断丰富社会流通中的书籍数量和种类。媒介技术变迁推动媒介进化，同时也影响着出版形态、业态和生态的变化。④在魏晋南北朝时期，纸张的普及运用带来的是社会著述的热情，使得各类图书、书画作品等业态繁盛，由此还形成了一个抄写的高潮，通过人工抄写复制文本，使得各类典籍得到广泛传播。⑤这种抄写的行业也称作佣书业。这一时期佣书业兴旺发达，涌现了一批靠佣书养家甚至为官的抄书人，如阚泽、陶弘景、王僧孺、刘芳等。由于魏晋南北朝官方和民间藏书需求以及私学兴盛，社会对书籍需求量不断增加，佣书业承担了抄写复制和传播重要功能，《南史·张缵传》载：张缵"晚颇好积聚，多写图书数万卷"⑥。又《北齐书·祖珽传》记载："州客至，请卖《华林遍略》，文襄多集书人，一日一夜写毕，退其本曰：'不须也'。"⑦张缵写图书数万卷以及《华林遍略》作为一部具有700卷的类书能够在一日一夜抄写完毕，说明当时佣书业的发达。如此看来，魏晋南北朝的佣书业在纸张作为重要书写媒介的支撑下逐渐具有图书出版的功能，也因此带动了图书买卖市场的发展，这对于该时期的图书出版及其在社会公众之间的传播具有重要的意义。

进一步看，书籍、绘画、书法等纸质文本的公众传播必然也产生不同的思想

---

① 付继伟：《论书法艺术的自觉与楷书的产生》，《学术交流》2007年第9期。

② （法）德布雷：《媒介学引论》，刘文玲译，北京：中国传媒大学出版社，2013年，第66页。

③ 胡朴安：《古书校读法》，北京：商务印书馆，2018年，第37页。

④ 王炎龙、聂帅齐：《分化、跨界与融合：媒介变迁视域下出版理念变革三重进路》，《编辑之友》2020年第8期。

⑤ 石静：《抄本时代的文本复制研究——基于魏晋南北朝士人自主抄写的考察》，《现代出版》2019年第2期。

⑥ （唐）李延寿：《南史》，北京：中华书局，1975年，第1387页。

⑦ （唐）李百药：《北齐书》，北京：中华书局，1972年，第515页。

观念和行为方式，改变人们的社会人际关系。^①哈罗德·伊尼斯（Harold Adams Innis）强调说："传播技术的变化无一例外地产生了三种结果：它们改变了人的兴趣结构（人们所考虑的事情）、符号类型（人用以思维的工具），以及社区的本质（思想起源的地方）。"^②在伊尼斯、马歇尔·麦克卢汉（Marshall McLuhan）、保罗·莱文森（Paul Levinson）等的观念中，"传播媒介的性质在媒介的长期使用过程中决定着传播的特征和实际效果，进而极大地影响依赖传播而存在和发展的人类文明"^③。诚然如斯，媒介的纸质化更有利于人的书写和自由创作，直接推动魏晋南北朝书画艺术的繁荣发展，对社会文化传播、人际交往甚至社会变革都产生积极而重要的影响。

二、创设新的社会交往和传播方式

媒介纸质化是魏晋南北朝时期媒介的一大特征，书籍、绘画、书法等文学和艺术作品以及书信等纸质化媒介赋予了该时期社会群体交往新的可能，创设了新的社会交往和传播方式，其体现在文人士族群体之间的交往互动上，也包括私学教育的大众化传播。

一方面，魏晋南北朝时期文人士族群体（一般也是较有地位和权势的士族）通过文学作品、书画艺术创作等形式实现文化的传播与文明的传承，体现为一种文化自觉。李泽厚认为："'文的自觉'是一个美学概念，非单指文学而已。其他艺术，特别是绘画与书法，同样从魏晋起，表现着这个自觉。"^④在这样一个时代，"文的自觉"更多地以纸质媒介进行表达，以此联络文人士族群体，扩展社会交际，获得社会地位和群体认同。

其一，文人士族通过抄书以及藏书借阅等形式进行交流。《南齐书》载："子良少有清尚，礼才好士，居不疑之地，倾意宾客，天下才学皆游集焉。……五年，正位司徒，给班剑二十人，侍中如故。移居鸡笼山邸，集学士抄《五经》、百家，依《皇览》例为《四部要略》千卷。招致名僧，讲语佛法，造经呗新声，道俗之盛，江左未有也。"^⑤子良礼才好士，结交宾朋，集合学士抄写百家经书，抄写经书作为藏书学习的一个方面，同时也是一次与朋友的聚集交流。《南史·何思澄传》

---

① 刘光裕：《孔子与官书制度（下）———孔子对书籍传播的历史贡献》，《济南大学学报》（社会科学版）2014年第2期。

② ［美］波兹曼（Postman, N.）：《童年的消逝》（2版），吴燕莛译，桂林：广西师范大学出版社，2011年，第32页。

③ 李明伟：《媒介形态理论研究》，中国社会科学院博士学位论文，2005年，第12页。

④ 李泽厚：《美学三书》，天津：天津社会科学院出版社，2003年，第92页。

⑤ （梁）萧子显：《南齐书》，北京：中华书局，1972年，第694—698页。

亦载："思澄重结交，分书与诸宾朋校定，而终日造谒。每宿昔作名一束，晓便命驾，朝贤无不悉狎，狎处即命食。有人方之楼护，欣然当之。投晚还家，所赍名必尽。"① 从这段记载中，我们看到何思澄重视结交宾朋，而且会在校定书籍的过程中实现与宾朋的交流。此外，文人士族还通过相互借阅、赠予典籍文本等形式来维持人际关系。如《魏书》载："晚与渔阳高悦、北平阳尼等将隐于名山，不果而罢。悦兄闾，博学高才，家富典籍，彪遂于悦家手抄口诵，不暇寝食。"② 再如："慰祖著《海岱志》……临卒，与从弟纬书云：'……《海岱志》良未周悉，可写数本付护军诸从事人一通，及友人任昉、徐寅、刘洋、裴楺。'"③ 通过借阅和赠予实现文人士族群体文化水平的提升，也强化了之间的人际关系。

其二，值得关注的是，这一时期文人士族通过书信来进行交流，以此表达友人之间的思念之情，如后汉延笃答张奂书曰："惟别三年，梦想言念，何日有违，伯英来，惠书盈四纸，读之三复，喜不可言。"④ 再如张奂与阴氏书曰："笃念既密，文章灿烂，名实相副，奉读周旋，纸弊墨渝，不离于手。"⑤ 私人书信往来因为纸张媒介的推广使用而变得更加快捷和方便，它既关乎文体与书法上的创变，也是社会交往行为上的更新。⑥《颜氏家训·杂艺》载："真书草迹，微须留意。江南谚云：'尺牍书疏，千里面目也。'"⑦ 也就是说，通过书信能够看到书法真迹及其中彰显的书写者的形象和性格，以此实现远距离沟通与往来。书籍、书信等在这里成了一种媒介，书籍传抄、借阅，书信的往来满足了文人士族表达情感、文艺创作和结交文人士族群体的需求，成了维系这个群体趣缘的重要纽带。

从另一方面来看，魏晋南北朝时期私学发展兴盛，需要有大量的书籍作为传习的文本资源。可以说，这一时期书籍的传抄和借阅不仅为文人士族群体的交往创设了新的方式，而且以书籍为主要媒介的私学教育的大众化传播则为底层贫寒人士提高文化水平、进入社会更高阶层提供了可能。魏晋南北朝时期私学教育并没有因为社会战乱而停滞不前，反而有了较大的发展，通过私学教育培养了一批

---

① （唐）李延寿：《南史》，北京：中华书局，1975 年，第 1783 页。
② （北齐）魏收：《魏书》，北京：中华书局，1974 年，第 1381 页。
③ （唐）李延寿：《南史》，北京：中华书局，1975 年，第 1773 页。
④ （唐）欧阳询撰，汪绍楹校：《艺文类聚》，上海：上海古籍出版社，1965 年，第 560 页。
⑤ （唐）欧阳询撰，汪绍楹校：《艺文类聚》，上海：上海古籍出版社，1965 年，第 560 页。
⑥ 李正庚：《论纸、私书传播、草书与汉末书法新变》，《文艺研究》2017 年第 4 期。
⑦ （北齐）颜之推撰，王利器集解：《颜氏家训集解》，上海：上海古籍出版社，1980 年，第 507 页。

门生，形成了一种区别于没有纸张媒介时代的师徒口传相授的传播和交往模式①。开馆讲学式的私学教育传播在典籍中多有记载，如《晋书·刘兆传》载：兆"博学洽闻，温笃善诱，从受业者数千人"②。南朝严植之曾设馆讲学，"每当登讲，五馆生毕至，听者千余人"③。《北齐书·张买奴传》云：张买奴"经义赅博，门徒千余人"④。私学教育的开展，需要大量的书籍，贫寒子弟则可以借助抄写来获得文本，如南朝的袁峻，"家贫无书，每从人假借，必皆抄写，自课日五十纸，纸数不登，则不休息"⑤。而富裕的学生则可以从书肆或佣书人那里购得。⑥私学教育的发展不仅传播了知识，而且以书籍为媒介和载体，培育了一批具有特殊关系的门生群体。他们的交往既存在于知识的传授之中，同时也建构了特定师门交往关系，这为更多底层贫寒人士改变身份，进入更高社会阶层创造了条件。

此外，这一时期作为私学教育的一个形式——世家大族的家学传承也值得关注。世家大族的家学教育传播作为巩固家族地位，传承家业的方式在魏晋南北朝显得尤为重要。家学传播的内容涉及书法、绘画、文学等多方面的内容，而传播和交往的方式也丰富多样，《宋书·谢弘微传》载："混风格高峻，少所交纳，唯与族子灵运、瞻、曜、弘微并以文义赏会。尝共宴处，居在乌衣巷，故谓之乌衣之游，混五言诗所云'昔为乌衣游，戚戚皆亲侄'者也。"⑦这里的"文义赏会""乌衣之游"，实质上就是以文学为内容的练习与讨论，是一种特殊形式的家族教育。⑧这种特殊的家学传播是一种大众化的、游赏式的学习和交流的方式，由此也形成了该时期注重言传身教，立家诫遗训⑨的家学传播模式，提升了士人的文化水平，实际上也塑造了士人的思想和社会行为方式，这对于适应当时社会环境具有重要意义。

总的来说，魏晋南北朝文人世家大族以书籍文本、书画等文艺作品为媒介进行文化传播，形成特定的交往方式，维系人际关系，以确保该群体在社会上的地位和利益得以维持和巩固。有学者指出，以此为目的的士族们互相结交、褒扬，

---

① 上文提到章太炎阐述了竹简用于教学的局限性，也就是说，因为竹简书写容量小，而一些典籍篇幅大，需要很多竹简来书写，所以不可能随身带着竹简进行教学，只能口传相授。但纸质的书籍则能突破这种局限，实现随身携带进行教学传授。

② （唐）房玄龄等：《晋书》，北京：中华书局，1974年，第2349—2350页。

③ （唐）李延寿：《南史》，北京：中华书局，1975年，第1735页。

④ （唐）李百药：《北齐书》，北京：中华书局，1972年，第588页。

⑤ （唐）姚思廉：《梁书》，北京：中华书局，1973年，第688页。

⑥ 李明杰编著：《中国出版史·古代卷》，长沙：湖南大学出版社，2008年，第101页。

⑦ （梁）沈约：《宋书》，北京：中华书局，1974年，第1590—1591页。

⑧ 成林、程章灿：《南朝文化》（上），南京：南京出版社，2005年，第132页。

⑨ 张天来：《魏晋南北朝儒学、家学与家族观念》，《江海学刊》1997年第2期。

游走权门以博取名利，清谈相高以获取声名，由此形成社会交游的社会风尚。[①] 这是文人士族文化传承自觉性的体现，[②] 因而也就形成了具有深厚文化底蕴的社会交往方式，促进魏晋南北朝文化艺术的创新发展。不过，应该看到，魏晋南北朝私学教育开展的意义不仅体现在世家大族的家学传承，更重要的是通过书籍等媒介让知识得到大众传播，为底层贫穷社会阶层读书识字创造了机会，为他们转变阶层身份提供了渠道和平台，创设了不同社会阶层交往的空间和方式，这是媒介纸质化所带来的区别于竹简、缣帛等媒介的社会交往功能。

三、助推社会制度改革，软化阶层固态

在田余庆看来，士族的形成，文化特征本是必要条件之一。"文化条件是其中之一，它有时也能起决定作用。"[③] 魏晋南北朝世家大族对于社会变迁和传承华夏文明具有关键性的作用，他们的生存和发展不仅有经济上的保证，其本身的文化特征也不容忽视。[④] 陈寅恪也说："故东汉以后学术文化，其重心不在政治中心之首都，而分散于各地之名都大邑。是以地方之大族盛门乃为学术文化之所寄托。中原经五胡之乱，而学术文化尚能保持不坠者，固由地方大族之力，而汉族之学术文化变为地方化及家门化矣。故论学术，只有家学之可言，而学术文化与大族盛门常不可分离也。"[⑤] 应该看到，基于书籍、绘画、书法、书信等纸质媒介的社会交往对于世家大族通过家学传承以及学术文化交流来维系一个门第家族的兴盛不衰具有积极影响，换言之，他们以通过纸质媒介进行学习和交往从根本上塑造了该群体的社会行为方式，设置了阶层门槛，加固阶层社会地位，保障士族群体的延续，这在一定程度上有利于维系社会的稳定。

不过，正如陈寅恪所说，也只有大族盛门能够有条件实现这样的家学传承，而对于底层贫寒人士群体来说则是不可能的。这也正是魏晋南北朝门阀士族制度的局限所在。我们知道，魏晋南北朝实行的是九品中正选官制度，世家大族往往通过这一制度出仕为官。沈约曾说："凡厥衣冠，莫非二品，自此以还，遂成卑庶。"[⑥] 万绳楠认为，这是一种固定的按照门第直接授官的程式或原则：凡高门士族出身的人物，中正一律定为二品（上中品），自此以下，"遂成卑庶"。而一些底层

① 张承宗：《魏晋南北朝社会的历史特点》，《阆江学刊》2010 年第 3 期。

② 石静：《抄本时代的文本复制研究——基于魏晋南北朝士人自主抄写的考察》，《现代出版》2019 年第 2 期。

③ 田余庆：《论东晋门阀政治》，《北京大学学报》（哲学社会科学版）1987 年第 2 期。

④ 王永平：《魏晋南北朝士族文化与中华文明传承》，《河北学刊》2009 年第 2 期。

⑤ 陈寅恪：《金明馆丛稿初编》，上海：上海古籍出版社 1980 年，第 131 页。

⑥ （梁）沈约：《宋书》，北京：中华书局，1974 年，第 2302 页。

贫寒人士则不可能被定为二品，也就失去做官的机会，这种制度是一种僵死性的制度，需要进行革除。①

但是应该看到，魏晋南北朝时期，州郡推举的秀才和孝廉与汉朝不同，他们不能直接做官，要做官还得通过朝廷的策试。而策试则就需要有一定的文化知识，能够识文断字，因此，这个时候有条件抄书、读书显得尤为重要。上文谈到，纸张的推广使用促进了佣书业的发展，让一些底层贫寒人士能够通过佣书获得识字、提升文化水平的机会，由此进入仕途。如三国时期，吴国阚泽"家世农夫，至泽好学，居贫无资，常为人佣书，以供纸笔，所写既毕，诵读亦遍。追思论讲，究览群籍，兼通历数，由是显名。察孝廉，除钱唐长，迁郴令"②。阚泽"家世农夫"，是非士族的贫寒人士，最初通过被举为孝廉，授官钱塘长，后升迁郴县令。其中阚泽也正因为通过为人佣书，抄写、诵读书籍，提高了自身文化水平，为策试打下基础，进而出仕为官。不过，这种策试直到南朝才被突出强调而正常化。③南朝梁武帝时期，九品中正制度废除，《通典·选举二》载："梁初无中正制，年二十有五方得入仕。天监中，制九流常选。年未三十，不通一经者，不得为官。若有才同甘、颜，勿限年次。至七年，州置州重，郡置郡崇，乡置乡豪，各一人，专典搜荐，无复膏粱寒素之隔。"④从这段记载来看，梁武帝破除门第之选，而要求"不通一经者，不得为官"，同时打破"膏粱寒素之隔"。此外，梁武帝还下过有关国学诏令说："其有能通一经、始末无倦者，策实之后，选可量加叙录。虽复牛监羊肆，寒品后门，并随才试吏，勿有遗隔。"⑤这条诏令在于强调授官应该根据策试成绩而不是门第，只要成绩好，即便是"牛监羊肆，寒品后门"也同样要"随才试吏"，这就要求授官擢用部门不能把出身低但考得好的人排除出官场。⑥可以说，随着新选拔制度的施行，经过读书出仕为官成为可能，而纸质的书籍等媒介则为此创造了更多机会。上文《严植之传》中所提到的"五馆生毕至，听者千余人"，这"千余人"的出身就是《隋书·百官志上》所描述的"旧国子学生，限以贵贱，帝欲招来后进，五馆生皆引寒门俊才，不限人数"⑦。也就是说，这里的五馆生大都是寒门俊才，没有"限以贵贱"，而且不受人数限制。⑧可见此时底层贫寒人士可

---

① 万绳楠：《魏晋南北朝文化史》，上海：东方出版社中心，2007 年，第 50—51 页。
② （晋）陈寿撰，（南朝宋）裴松之注，卢弼集解，钱剑夫整理：《三国志集解》，上海：上海古籍出版社，2012 年，第 3235 页。
③ 万绳楠：《魏晋南北朝文化史》，上海：东方出版社中心，2007 年，第 53—54 页。
④ （唐）杜佑：《通典》，北京：中华书局，1984 年，第 79 页。
⑤ （唐）姚思廉：《梁书》，北京：中华书局，1973 年，第 49 页。
⑥ 万绳楠：《魏晋南北朝文化史》，上海：东方出版社中心，2007 年，第 60 页。
⑦ （唐）魏徵、令狐德棻：《隋书》，北京：中华书局，1973 年，第 724 页。
⑧ 万绳楠：《魏晋南北朝文化史》，上海：东方出版社中心，2007 年，第 60 页。

以通过读书广泛参与为官选拔，平衡了社会阶层。

总之，纸质媒介的传播让更多的底层贫寒读书人有机会接触知识，学习文化，走上仕途，突破了门第士族垄断知识、操纵政治的局面，软化了固有的社会阶层结构，为九品中正制的废除以及后来唐代科举取士的推行都创造了条件，甚至可以说，如果没有纸张的生产使用以及书籍等纸质媒介的广泛传抄和传播，让知识的获取资格打破世家大族而下沉到底层贫寒阶层，那么，魏晋南北朝九品中正制的废除以及后来隋唐科举取士就不可能实现，从这个意义上说，纸质媒介的推广和传播具有明显的政治功能。

综上所述，根据伊尼斯的观点，"当变革性的媒介出现，必然会挑战原有媒介的布局与文明结构的稳定，从而在信息上创造一种新的不平衡，最终发展这种新的媒介，在文明的失衡之后，再造一种新的文明的平衡"[1]。魏晋南北朝是竹简、缣帛等媒介向纸张转换，并且纸张成为主要书写媒介的时期，纸张作为一种区别于简帛等的变革性媒介，在推广使用中创造了魏晋南北朝时期文艺发展高潮，书籍、绘画、书法、书信等纸质媒介成为贯穿于世家大族甚至底层贫寒人士社会交往中重要的交流载体。从个体层面来看，其直接的现实意义在于创设社会群体新的社会交往方式，而从社会乃至国家层面来看，纸质媒介传播的深层意义不仅在于在动乱时期能够维系一个门阀士族群体的生存，维持社会稳定，更在于促进知识传播，逐渐打破和软化社会阶层固态，助推社会制度变革的政治功能。总的来说，魏晋南北朝媒介的纸质化能够重构社会的环境和知识的塑造。[2] 一方面是纸质媒介的技术革新，一方面是魏晋南北朝社会的整体动乱，从传播媒介的角度将这两个层面勾连起来，对于了解魏晋南北朝时期社会发展变革的传播媒介动因具有一定参考意义。

（谢清果 林凯）

---

[1]　张学勤：《媒介的偏向——文化史视角下的媒介变革与社会发展互动》，《中华文化论坛》2014年第 9 期。

[2]　杜恺健、谢清果：《赋权的转移：媒介化视角下的四书升格运动——以〈中庸〉为例》，《现代出版》2019 年第 4 期。

第十六章 文化营销：中华文明视域下常销书的出版逻辑

常销书是出版社运营和发展的支柱，如何出版常销书应是一个不断追问的议题。中华文明有其独特的魅力，不仅是一项重要的内容供给源，而且吸引着众多的海内外读者，具有广阔的市场前景。在新时代下，有效挖掘、开发和传播中华文明将有助常销书更好出版。首先，在上游向度上选题策划守正创新，精选、培育优质 IP；其次，在中游向度上表现形式差异化，满足读者的"三化"需求；第三，在下游向度上跳出靠发行做发行，整合营销赢市场。

当下形形色色的图书，按照销售速度和数量可分为四类，即畅销书、常销书、动销书和滞销书。在较短时期内，它们的销量分别依次减少；在较长时期内，常销书的销量往往会跃居首位。每个出版社几乎都想出版一炮走红的畅销书，然而出版畅销书却是高难度的行为，"不是每个出版社都能出，不是每个编辑都能做的"[①]。相对于具有爆发力的畅销书而言，常销书年销量虽然可能不大，但销售稳定，到数年统计数据时体现出的长尾效应往往让人惊叹不已。常年累积的巨大销量，摊薄成本，带来可观的利润，使得常销书成为一个出版社（公司）、一个书店的支柱，乃至书业产业链的中流砥柱。常销书通常有两种来源，一种是畅销书延续多年，畅销变常销；一种是一般图书销售稳定，日趋渐进。后类常销书，销量每年在数千册以上，销售期通常在五年及以上。总之，常销书亦称长销书，是一种销售稳定且日益增长的一类图书，具有流通时间长、范围广、销量大、质量高和影响深的五大特点。

近些年来学术界和业界对如何出版常销书，提出了"科普说"（陈东晓

---

① 周榕芳：《开发常销书是一种战略选择》，《编辑学刊》2008 年第 2 期。

2020[①]、连果 2019[②]）、"童书说"（杨鹏 2018[③]）、"畅销书升级说"（许维丽 2020[④]、张鸽 2018[⑤]）、"产品线说"（崔向东 2012[⑥]）等。然而以中华文明为切入点则探讨不多，观点比较闲散零碎，且对两者的关系论述还缺乏一定的理论深度和实操性。那何为中华文明？由于对"文明"的概念理解不一，学术界对中华文明各有说法。在语法上，它属于偏正结构，意为有关中华或中华的文明。文明跟文化虽然相似，但还指"社会发展到较高阶段和具有较高文化的状态"[⑦]，具有正面性、进步性。笔者结合各家所长，鉴于行业的实操性，认为中华文明是指中华民族在历史实践中所创造的积极成果，包括物质文明、精神文明、政治文明和生态文明四大方面，如表 1。其中生态文明取其狭义说："文明的一个方面，即人类在处理与自然的关系时所达到的文明程度，它是相对于物质文明、精神文明和制度文明而言的。"[⑧]本文试图提出出版常销书的"中华文明说"，借以投砾引珠，凝聚共鸣，供业内外参考。

表 16-1　中华文明的结构体系

内部结构	文明内涵	关键领域
物质文明	体现社会生产力发展进步的物质成果	物质生产方式、物质生活水平等
精神文明	体现社会发展进步的精神成果	思想、文化、道德、教育、科学、艺术、卫生、体育等
政治文明	体现社会发展进步的政治成果	一定社会政治制度（国体、政体、法律和行政体系等）的发展状况和进步程度，及与该政治制度相适应的社会意识形态等
生态文明	体现保护和建设美好生态环境的成果	产业结构、增长方式、消费模式等

---

① 陈东晓：《浅谈航空科普常销书的出版——以〈不可思议的纸飞机〉为例》，《科技传播》2020年第 12 期。

② 连果：《论"高端科普"常销书选题策划与编辑》，《新闻研究导刊》2019 年第 22 期。

③ 杨鹏：《从系列化作品看畅销与常销双效童书的出版》，《出版广角》2018 年第 2 期。

④ 许维丽：《畅销书与长销书之间的转型与借鉴》，《传媒论坛》2020 年第 9 期。

⑤ 张鸽：《探究畅销变常销的奥秘——以文学图书为例》，《出版广角》2018 年第 2 期。

⑥ 崔向东：《出版社可持续发展与常销书产品线》，《出版发行研究》2012 年第 3 期。

⑦ 中国社会科学院语言研究所词典编辑室编：《现代汉语词典（第 7 版）》，北京：商务印书馆，2016 年，第 1372 页。

⑧ 中国社会科学院邓小平理论和"三个代表"重要思想研究中心：《论生态文明》，《光明日报》2004 年 4 月 30 日，第 1 版。

一、出版常销书：中华文明何以可能

中华文明源远流长，博大精深，给图书出版带来了许多选题，培育了众多读者，满足了诸多需求。基于信息向度、发展向度和时代向度，中华文明为出版常销书提供了三大可能性。

（一）信息向度：中华文明是常销书的重要内容供给源

信息是任何媒介的根本，所具有的内容价值是读者消费的主要动机。中华文明源远流长，兼容并包，是一群信息丰富的金矿山脉。尤其在精神文明方面，长期令世人称道，其历史、思想、汉字、医学、文艺等领域不仅内容丰富，而且意境绵长，造就了众多常销书。中国出版政府奖是我国新闻出版领域的最高奖，获奖图书无疑是既叫好又叫座的常销书之典型，因为入选标准之一是"深受读者喜爱，有一定的市场占有量"[①]。笔者对其历届获奖图书进行统计，发现共有94.47%属于中华文明类常销书，其中少儿、古籍、民文、辞书四大类占比高达100%，见表2。

表16-2　第1—4届中国出版政府奖图书分类统计

类别	社科	科技	文学	艺术	少儿	古籍	民文	辞书	合计
数量	65	64	24	21	16	16	16	13	235
中华文明类[①]	58	63	20	20	16	16	16	13	222
百分比	89.23	98.43	83.33	95.24	100	100	100	100	94.47

以历史领域为例，中华文明具有"尚史"传统，获政府奖的图书中不乏各种史书。未获奖的史书也有许多常销书，例如从1982年开始出版的《万历十五年》，时至今日已有38年，常销不衰。先后有中华书局、内蒙古文化出版社、三联书店、九州出版社等争相引进，一版再版，多次印刷，增订本、增补本、增订纪念本等相继出现。据媒体统计，《万历十五年》中文版总发行量已达300多万[③]。朝代更迭、兴亡衰败，其中的故事传说耐人寻味，其中的经验教训耐人回味，其中的哲学道理耐人品味。除了学术类著作外，通俗的历史图书，更是受到大众的欢迎。2004年出版的《正说清朝十二帝》一书，极大畅销，并且引发了一股强大的"正说风"以及"戏说风"。后来陆续增加了增订彩图珍藏版、特别纪念版、增订图文本等，从畅销转为常销，迄今这些图书仍有一定的市场。中华文明远不止上述几

---

① 见《中国出版政府奖评奖章程》第八条。

② 中华文明类是从书名与正文综合考虑进行分类，中华文明的内容所占版面幅度须高于50%。

③ 路艳霞：《历史学家黄仁宇诞辰百年，〈万历十五年〉畅销36载售300万册》，《北京日报》2018年7月5日，第12版。

个方面，它上下五千年，已是沃土金矿。一些经典的公版书，资源唾手可得，如"四大名著"、"蒙学经典"、《浮生六记》等。如果说中华文明是一部书的话，那么它是一部永无末页的鸿篇巨制，有着抒写不完的故事，有着讲述不尽的情景，有着阐释不终的智慧。尚未涉及的内容有待编码，已涉及的内容有待时代化重新编码，中华文明总有挖掘开发的地方，成为常销书的重要内容供给源。

（二）发展向度：中华文明具有"大循环""双循环"发展的格局

在数千年的古代历史中，中华文明主要在中华大地上产生与传播，可谓生于斯、长于斯和传于斯，形成了一个国内大循环。1840 年以降，国人日益走出国门，开枝散叶，如今海外侨胞已达 6000 多万，组织了 25000 多个有影响力的社团 [1]。处于中华文化影响圈的朝韩日越等国传承与发展了部分中华文明，与华人华侨、西方涉华人士（如留学生、汉学家、国际商人等）共同传播与再造中华文明，形成了一个外部小循环。这两种循环把两种资源、两种市场连接起来，形塑了中华文明类图书对应的市场格局。作为与文明互动的出版业，中华文明类图书主要产生于国内，也大多消费于国内读者，其中的常销书也不例外，属于国内市场的大循环之中。作为炎黄子孙，一代代的中华儿女对中华文明总是内生喜爱之情，对其图书的购买持续发力。非虚构图书与现实生活具有较密切的关系，以其为代表反映市场需求具有较大的可行性。因此，笔者以 1999—2017 年开卷非虚构图书年度畅销书 TOP30 的数据为基础 [2]，从中摘选上榜次数 3 次及其以上的图书作为常销书进行统计，情况如表 3。从中可以发现，中华文明类常销书共占比 74.42%，可谓"四分天下有其三"，其中中外历史类、医学健康类、哲学类、文化类与教育类归属中华文明类占比高达 100%。

表 16-3　1999—2017 年畅销书中的常销书分类统计 [3]

类别	经管	中外历史	中外文学	医学健康	哲学	心理学	伦理学	文化	教育	合计
数量	8	2	15	3	1	7	3	2	2	43
中华文明类 [2]	5	2	13	3	1	3	1	2	2	32
百分比	62.5	100	86.67	100	100	42.86	33.33	100	100	74.42

---

① 王尧：《做中外友好合作的"金丝带"》，《人民日报》2016 年 6 月 16 日，第 19 版。

② 王佳敏：《我国近二十年非虚构类畅销书上榜因素与发展趋势研究》，硕士学位论文，武汉大学，2019 年。

③ 中华文明类是从书名与正文综合考虑进行分类，内容版面幅度占比不能低于 50%，如《千年一叹》等尚未列入。

异性相吸推动跨文化传播。中华文明富有东方神韵，对国外读者也有较强的吸引力。我国图书版权输出"内容偏重于人文社科类"①，"汉语类语言教材、传统文化出版物等占据较大比例"②，关于中华文明的图书一直占有关键一席。以民族民俗类为代表，似乎再一次印证了"越是民族的，越是世界的"名言真理，例如取材西藏土司的《尘埃落定》（2005 年输出到美国）、"中国民俗文化丛书"（首批五本 2007 年输出到美国）、《中国少数民族语言指南丛书》（百余种 2018 年输出到荷兰）、《满族民俗文化》丛书（2019 年输出到黎巴嫩）等。彝族诗人的《火焰与词语——吉狄马加诗集》已被翻译为 30 多种语言在全球发行③。外国受众对这类内容大多采取的是接受和协商的解码立场，阻碍相对较少。不仅国内的中华文明类图书流向海外市场，获得实物出口和版权贸易的收益，而且国外出版的同类图书也有自身的两种市场。以亚马逊网"中国书店"的销售情况为例，据学者统计分析，"中医、气功、饮食等实用类主题图书长期占据 Best Seller 榜首"④。

文明内含传播的要求，传播是文明发展的手段。中国已成为世界之中国，中华文明的国内国际双循环发展的格局，也促使中华文明类常销书具有国内大循环为主体、国内国际双循环相互促进的市场格局。

（三）时代向度：全球治理需要认同、借鉴中华文明

当下的国际秩序依旧不合理，有些国家掀起逆全球化之举，全球面临"治理赤字、信任赤字、和平赤字、发展赤字"的四大困境。以美国为首的西方国家，单边霸凌大行其道，保护主义逆流涌动。在理念上，中华文明"尚和合、崇正义、求大同"，是应对"四大赤字"的一剂良方。在实践上，中国虽然仍是发展中国家，但在国际舞台上敢于担当，为变乱交织的世界增添稳定性和确定性，为多边主义注入坚定信心和持续动力。中国改革开放取得了举世瞩目的伟大成就，中华新文明的发展故事无疑可以给世界带来诸多启示。例如，《中国震撼：一个"文明型国家"的崛起》（英文版）常销多年，现已进入全世界 160 多家图书馆⑤。全球治理需要中国，国际新秩序的建构需要中国。因此，中国故事、中国方案和中国智慧

① 张平平：《我国图书版权输出存在的问题、成因及对策研究》，硕士论文，北京印刷学院，2020 年。

② 庞媛媛：《文化交流，出版架桥——〈中华文明史〉英文版出版始末》，《出版广角》2013 年第 16 期。

③ 王少波、崔立：《因地制宜，精耕细作，推动国际化战略》，《中国出版传媒商报》2019 年 11 月 29 日，第 W03 版。

④ 张岩、何珊、梁耀丹：《中国主题图书海外销售状况分析——以亚马逊"中国书店"数据为基点》，《中国出版》2017 年第 7 期。

⑤ 《中国出版年鉴》杂志社有限公司：《卷首语》，《中国出版年鉴（2018）》。

有待持续挖掘转化，有待比较稳定的媒介来渐进传播，从而让中华文明获得世界人民认知、认同乃至借鉴。

2019 年 12 月爆发了新冠肺炎疫情，中国很快走出困境，抗疫取得了重大的战略性成果，然而海外许多国家仍在饱受其害。"这场史无前例的新冠病毒全球大流行，实质已经宣告了西方文明优越论的破产"①，世界上越来越多的国家关注中国、学习中国，在思考中华文明的独特魅力。不管是中医救治方子，还是抗疫宣传动员方案，抑或社区守望相助的经验，都需要交流与分享。英国历史学家汤因比曾说："一部人类文明史，不过是人类面对自然和社会的挑战而不断应战的历史。"②这一重大抗疫要求人们不得不重新审视中华文明，吸收其中的营养，其内容呈现则离不开具有渐进特点的常销书等媒介。另外，我国"十四五"时期的经济社会发展目标之一是"实行高水平对外开放，开拓合作共赢新局面"③。世界需要中国，中国也需要世界，开发中华文明类常销书无疑能助力推动共建"一带一路"高质量发展等。作为有责任担当的大国，中国不仅可以而且应该讲好中国故事，传播中国声音，贡献中国智慧，共建人类命运共同体。

二、出版常销书：中华文明何以可为

从上述可知，中华文明类常销书不仅能够提升出版社的经济效益和社会效益，还能上可利国下可利民，促进国家良好形象的塑造与传播，甚至向全世界提供中国智慧，造福于全人类。出版常销书，中华文明提供了内容资源、市场前景以及时代呼应。但这些只是充分条件，那么如何出版常销书，中华文明以何可为？

（一）上游向度：选题策划守正创新，精选、培育优质 IP

选题策划是出版之始。出版单位要"上接天线，下接地气"，把握好选题，挖掘和维护好与作者、读者的关系。"一切真历史都是当代史"，要带着当代问题（难题）意识，开发中华文明，做到古为今用，推陈出新。选题策划时开拓创新，如采用大数据分析或众筹投票方式，加强读者参与，使得内容更加鲜活动人。合理对接时代热点，坚决避免内容同质化，模仿跟风出版亦不可取。越有特色，越有优势，越能常销。但也不能为了特色而特色，偏离人民中心立场，偏离社会核心价值。一言以蔽之，守正创新才有常销的起点。

不管是传统出版，还是数字出版，内容永远为本。"要使书畅销和常销，根本

① 柳斌杰：《从疫情舆论传播看寻求人类文明新超越》，《中国出版》2020 年第 18 期。
② 喻国明：《一本好的社科学刊》，《光明日报》2004 年 6 月 24 日，第 C1 版。
③ 见《中国共产党第十九届中央委员会第五次全体会议公报》。

的一点是实现内容创新。"①中华文明在历史中产生，必有历史烙印，本身内含积极取向，因此必须与时俱进，进行"双创"转化与发展——创造性转化和创新性发展。所谓"创造性转化"就是要按照时代的特点和要求，对中华文明中有当代借鉴价值的内容加以改造，赋予其崭新的时代内涵及当代表达形式，激活其生命力。"经典的书，不管是一百年一千年，都可以不断地做下去，关键就是要有符合当时阅读习惯和阅读兴趣的形式而已。"②从一定意义上而言，就是要求话语时代化、青年化。青年既是创新主力军，又是消费主力军，依靠他们有助于增强传播力。所谓"创新性发展"就是按照时代的新进步和新发展，对中华文明的内涵加以补充、拓展、完善，增强时代感和影响力。文史哲艺的经典虽是老生常谈，但只要创新就能常谈常新，获得市场的再次垂青。例如，《易经》从春秋时期至今，绵延两千五百余载。近现代一些名家对《易经》赋予时代和个人的创新研究，也有不俗的销售业绩，如南怀瑾的《易经杂说》多个版本 N 次印刷，现已常销三十余年。

关于出版优质 IP，一在存量上精选，二在增量上培育。经典类书籍早已通过时间的淘洗，不仅具有较高的文化价值和较强的耐读性，而且在市场上具有一定的品牌效应。还有一些公版书，可以从中精挑细选，二次开发。实施培育计划，鼓励作者用心出版优质 IP。唯有作者倾力写作，甚至十年磨一剑，精心雕琢，细心刻画，才能获得优质 IP。像销售已达 1500 多万册的《中国读本》③，作者苏叔阳花费巨大功夫，呕心而出，不"厚"而"精"，成为阐释中华文明的"标本"。这本书从 1998 年面市以来，已翻译成十几种文字出版，版权输出到德国、罗马尼亚及我国香港等地。质量是任何出版物的生命线，常销书更是如此。中华文明类图书只有保证质量，才能常销。

（二）中游向度：表现形式差异化，满足读者的"三化"需求

任何内容皆须通过形式来展现，中华文明也不例外，必须通过适宜的常销书形式来呈现。毫无疑问，"3E"（Economy，Entertainment，Education，即经济、娱乐、教育）出版是书业的重头戏，是利润来源的最重要板块之一，因此可从"3E"大方向出发，进一步细分市场，产品差异化，出版适销对路的分众常销书。以教育为例，重点抓好教材教辅和课外读物。其中中华文明的语言媒介——汉语，全球有着十几亿的使用者，随着老少更替、社会日新月异，其图书市场总有挖掘空间。诸如经典的工具书《新华词典》《现代汉语词典》等，一版再版，单色本、

①　蔡姗：《怎样变畅销为常销》，《出版发行研究》2008 年第 6 期。
②　缪宏才：《缪宏才：常销书的道路更宽广》，《出版广角》2009 年第 7 期。
③　路艳霞：《留下 15 万字〈中国读本〉传后人》，《北京日报》2019 年 7 月 18 日，第 12 版。

双色本、彩色本等先后涌现，N 次印刷，销量数以亿计 ①。语言本身为一种交流媒介，现代人须臾离不开它。关键在于满足读者的"三化"需求，即分众化、个性化和动态化的需求，以适合的内容（如儿童版、青少版、标准版、老年版等），以适合的形式（如文字本、图文本、绘本、电子本等），以适合的类型（如教材、教辅、专著、科普、通俗等）出版适应阅读场景变化的常销书。以《大中华寻宝记》为例，它以分省市背景创作和主打销售，通过漫画书形式把中华文明呈现给少年儿童，寓教于乐，至今常销，受到业内外的众多点赞。

履不必同，期于适足。在出版业繁荣的今天，市场早已转向买方，读者需求成为全球出版的主要导向。从海外市场而言，内外受众有别，"不同类型文明在符号和价值观层面存在差异……要从尊重文明差异和促进文明发展着手，采用适合不同文明的符号表达和找寻不同文明在价值观上的共识" ②。中华文明与其他的基督教文明、印度文明、伊斯兰文明等有较大的不同，出版外销图书时，应加深跨文化转换的意识。鉴于时下视觉文化的兴起，可着力推动图像化图书的出版，如连环画、绘本、漫画、插画书等。图文书不仅弥补了纯文字的单调和克服了纯图片的浅显，还能跨越语言障碍，因此不仅受到本国读者的喜爱，更是受到外国读者的青睐。印刷媒介属于"冷媒介"，通常需要受众的高度参与，投入较多的思考和想象才能解码。图片提高了该媒介的热度，使受众较容易地理解和接受文字信息。把中华文明类的图书有机地饰以图片，呈现更丰富的视觉符号，势必有助走进海外国家，更能常销。

另外，融合出版的未来已来，除了一手抓好传统纸质出版，也要一手抓好数字出版。利用大数据、人工智能、可视化等先进技术及时转化或原生数字中华文明类图书。尤其要出版适合手机阅读的版本，增强选择的可能性，扩大到达率，毕竟我国手机网民已达 9.32 亿，占网民总数的 99.2%③。可以说，谁满足了手机网民的需求，谁就迎来了出版业的下一个风口。

（三）下游向度：跳出靠发行做发行，整合营销赢市场

要想实现出版链的良性闭环，整合营销是极端重要的一环。在国内，中华文明传播有多好，其图书市场就有多好。在酒香也怕巷子深的当下，早已不是读者找书，而是书找读者。在巩固既有营销阵地（实体书店、图书馆、网络平台等）外，还需要大力拓展新兴的数字营销，尤其是短视频、网红直播带货等新媒体营

---

① 张贺：《〈新华字典〉与改革开放》，《人民日报》2018 年 12 月 27 日，第 021 版。
② 姚曦：《立足不同文明类型　优化中国图书海外传播》，《人民论坛》2019 第 25 期。
③ 数据源自第 46 次中国互联网络发展状况统计报告。

销。例如，树立平台思维、用户思维和流量思维，建立健全短视频营销机制，专业化运作做强某个账户（抖音、快手等），精心制作与推送名编辑、名作者、名教师等的新书推介短视频，增强用户体验直至变现。拓展与加深跨界联系与合作，统筹当下相关网红（主播）资源，呼应社会热点，直播带货。另外，在技术赋能的时代，人人既是受传者，个个也是传播者。出版单位普通员工也不能做"吃瓜群众"，无所作为，可以通过自媒体等裂变式推介图书，言传亲为，共同推动中华文明的对外传播。

如果说国内市场是一片红海的话，那么海外市场是一片蓝海。在海外，中华文明传播范围有多广，其图书市场就有多大。扩大海外图书市场，无疑需要营造良好的国际书业环境，加强中华文明的对外传播。中华民族自古以来是一个兼容并蓄、海纳百川的民族，面对外来文明，"各美其美，美人之美，美美与共，天下大同"①。我们要秉持优良传统，继续文明交流互鉴。响应国家对外传播建设的号召，做好公共传播。出版社虽然不是外交机构，但要有公共外交意识。例如，积极参与驻外使领馆牵线搭桥的有关文明互鉴的系列活动（如展览、巡演、讲座等），甚至创造条件在大型国际会议上举办书展、赠送礼书等，促进中国出版"走出去""走进去"的规模化、深度化和持续化。有条件的出版集团在海外差异化定点布局，设立代表处或分支机构，开展联合翻译、编辑、出版、营销和售后等事宜，营造良好外部环境，进而促进中华文明的对外传播。

营销之事并非发行部一部之事，出版社需要"治理思维"（多元协商共治），整合内部资源，联合社会各界，协同作战，同向同行。而且，不能寄希望于毕其功于一役，而要绵绵用力，久久方见其功。

总之，中华文明与常销书关系甚为密切，两者相互联动、相得益彰。中华文明为常销书提供了内容资源，培育了众多读者，开辟了广阔市场；反之，常销书不仅成为中华文明的重要代表，也是其传播与再生的重要媒介。常销书之所以能够常销，本身蕴含着精品意识，质量是永恒的追求。内容为本，质量为魂，传播为要，是出版中华文明常销书的三大法宝。在"出版大国，输出小国"的现实背景下，打常销书是中国走向出版强国的应有之举和必经之路，希望业内外同仁进一步探究，助力中华民族伟大复兴。

（李海文 谢清果）

---

① 王俊敏：《人类学研究与文化沟通——访费孝通等五位东亚人类学家》，《北京大学学报》（哲学社会科学版）1996 年第 1 期。

第十七章　民心所向：中国式扶贫实践的中华文明传播底蕴 ①

　　民心是权力合法性的基石，在中国传统社会，民心所向代表天命所向，与国家政事运作关系密切。在现代政治学话语中，民心所向被理解为一种政治信任。注重民心与政治权力及社会秩序之间的相关性是华夏政治的传统，这种传统深刻地影响着中国的文化，同时也潜移默化地影响着百姓对政府治理的态度。在扶贫工作中，借助传播凝聚民心也是一项极为重要的任务。当代舆论场和媒介生态的变化使"民心"的传播路径发生了复杂而深刻的改变。讲好党的扶贫故事是凝聚民心的重要策略，也是展现中华文明、提升中国国家形象的着力点之一。

　　习近平总书记曾多次强调民心的重要性："得民心者得天下，失民心者失天下。"②"民心是最大的政治，正义是最强的力量。正所谓'天下何以治？得民心而已！天下何以乱？失民心而已！'"③民心是党执政的根基，能否凝聚民心、赢得民心关乎政府的公信力和权威性。

　　脱贫攻坚是我国党和政府的重要工作之一。民政、民生、民心，事事关系百姓，作为社会建设兜底性、基础性工作的民政，直接关系民生，影响着民心向背。"增进民生福祉是发展的根本目的。必须多谋民生之利、多解民生之忧，在发展中补齐民生短板、促进社会公平正义，在幼有所育、学有所教、劳有所得、病有所医、老有所养、住有所居、弱有所扶上不断取得新进展，深入开展脱贫攻坚，保证全体人民在共建共享发展中有更多获得感，不断促进人的全面发展、全体人民

　　① 本章曾发表于《广西职业技术学院学报》2020年第5期，内容有所改动。
　　② 习近平：《在党的群众路线教育实践活动总结大会上的讲话》，2014年10月8日，https://www.ccps.gov.cn/xxsxk/zyls/201812/t20181216_125656_2.shtml，2021年9月3日。
　　③ 习近平：《在第十八届中央纪律检查委员会第六次全体会议上的讲话》，2016年1月12日，http://cpc.people.com.cn/n1/2017/0823/c64094—29489862.html，2021年9月3日。

共同富裕。"①获取民心，既离不开脱贫攻坚等民生工作的实际落实，也离不开对民生工作的有效宣传。

得民心的政治思想为我国历代政治统治者所重视，同时也深植在中国人民对华夏政治文明的认知当中。基于此，本章采用"民心传播"这一新概念来阐述中国扶贫实践所特有的传播意义：一方面，中国扶贫实践是对中华优秀传统文化中"民心"思想的文化传承与政治实践；另一方面，中国扶贫实践也是中国共产党围绕"得民心"而开展的传播实践，其关键在于"扶心"：一是帮助贫困百姓确立生活信心，使之积极融入社会，有能力获得生活资源，进而实现社会矛盾的缓和，增强社会各阶层之间的信任，提高百姓生活的幸福感；二是向社会展现党的爱民形象，通过运用各种传播渠道，提高党和政府的信誉度和美誉度。也就是说，民心传播是中国共产党在扶贫实践场域中基于得民心、安民心而开展的传播行动。

一、民心传播：中国式扶贫实践的政治传播传统

"民心"这一概念带有鲜明的华夏传播特色，并在中国几千年的社会发展中发挥着重要影响，即使到了当代，无论是政府还是民间舆论，仍将其视为政府治理合法性的依据。扶贫工作关乎着民心的向背，传播对民心的向背有着重要的影响，扶贫工作的有效传播正是凝聚民心的最佳素材。在媒体融合向纵深发展的当代，民心传播面临着更加复杂的局势和更为严峻的挑战。讲好扶贫故事，正是民心传播对剧烈变动的媒体环境所做出的时代回应。

（一）悦民心：华夏政治传播的历史传统

"民心"即人民的思想、感情、意愿等。在中国古代，民心代表着天命所向。如《汉书·息夫躬传》言："（人君）推诚行善，民心说而天意得矣。"②民心与天命相勾连，关乎着国家政权的合法性。从夏商周到唐宋元明清，在中国古代封建王朝的更替中，都可以看到民心的得失与朝代更迭、安稳民心与社会秩序稳定之间的关系。

早在西周时期，管仲就意识到了民心对政治的重要影响："政之所兴，在顺民心；政之所废，在逆民心。"③中国古代许多典籍中都有对"民心"的论述。《左传》

---

① 习近平：《决胜全面建成小康社会 夺取新时代中国特色社会主义伟大胜利——在中国共产党第十九次全国代表大会上的报告》，2017年10月18日，http://www.12371.cn/2017/10/27/ARTI1509103656574313.shtml，2021年9月3日。

② （汉）班固：《汉书100卷·卷四十五》，清乾隆武英殿刻本，第19页。

③ （周）管仲：《管子24卷·卷一》，清文渊阁四库全书本，第2页。

言:"六物不同,民心不壹,事序不类,官职不则,同始异终,胡可常也?"①《韩非子》中记载了一例选贤用人的事例,管仲认为"鲍叔牙为人,刚愎而上悍。刚则犯民以暴,愎则不得民心,悍则下不为用"②,以是否能赢得民心作为人事任命的重要参考。《孟子》言:"民为贵,社稷次之,君为轻。"③"桀纣之失天下也,失其民也;失其民者,失其心也。得天下有道:得其民,斯得天下矣。得其民有道:得其心,斯得民矣。"④(这也是"得民心者得天下"的出处所在)在《离骚》中,屈原表达了"怨灵修之浩荡兮,终不察夫民心"⑤的愤怒。西汉文帝时的智囊人物晁错在给皇帝的《论贵粟疏》中指出:"顺于民心,所补者三:一曰主用足,二曰民赋少,三曰劝农功"⑥,认为依顺百姓心愿能产生社会物资充足、百姓赋税少和鼓励农业生产三个好处。

在现代政治学话语中,民心所向被理解为一种政治信任。民心代表着人民对政治合法性的认同,对社会秩序的稳定有着重要影响。叶方兴认为,"民心"是中国传统的本土性的政治合法性资源,以"民心"取"天下"是传统中国政治合法性论证的基本进路,在概念表达上体现出了中国人传统的思维方式⑦。张晋藩从"民惟邦本,本固邦宁"出发,指出民本是中国古代国家治理的重心。秉持着民本思想,中国古代统治者实行了一系列重民、爱民、富民、养民、教民的政策,这些做法和政策对我们今天的国家建设仍具有借鉴意义⑧。

（二）讲好扶贫故事，做好扶贫传播：舆情挑战下民心传播的时代回应

在网络时代,新媒体迅猛发展,传播环境发生了巨大的改变,这使民心传播路径发生了巨大的改变。在这种情况下,扶贫传播如何才能被人们看到?什么样的扶贫内容和传播方式最能争取民心?民心传播面临着新的机遇和挑战。

习近平总书记指出:"必须以最广大人民根本利益为我们一切工作的根本出发点和落脚点,坚持把人民拥护不拥护、赞成不赞成、高兴不高兴作为制定政策的

---

①　(清)洪亮吉:《春秋左传诂 20 卷·诂 16》,清光绪四年授经堂刻本,第 12 页。

②　(周)韩非:《韩非子 20 卷·卷 3》,清文渊阁四库全书本,第 12 页。

③　(战国)孟轲:《孟子·尽心下》,长春:时代文艺出版社,2008 年,第 143 页。

④　(战国)孟轲:《孟子·离娄上》,长春:时代文艺出版社,2008 年,第 71 页。

⑤　(战国)屈原:《楚辞·离骚》,涂小马校,沈阳:辽宁教育出版社,1997 年,第 4 页。

⑥　(汉)班固:《汉书 100 卷·卷 24 上》,清乾隆武英殿刻本,第 12 页。

⑦　叶方兴:《作为传统政治话语的"民心":蕴涵及其功能》,《河南师范大学学报(哲学社会科学版)》2010 年第 5 期。

⑧　张晋藩:《中国古代国家治理的重心——"民惟邦本,本固邦宁"》,《国家行政学院学报》2017 年第 4 期。

依据，顺应民心、尊重民意、关注民情、致力民生。"①习近平总书记的这一指示体现了党对治国理政规律的深刻把握。对民生、民意的关注和对民心的获得既离不开民政工作的开展，也离不开党的新闻舆论工作的"加持"。"在新的时代条件下，党的新闻舆论工作的职责和使命是：高举旗帜、引领导向，围绕中心、服务大局，团结人民、鼓舞士气，成风化人、凝心聚力，澄清谬误、明辨是非，联接中外、沟通世界。""新闻舆论工作者要增强政治家办报意识，在围绕中心、服务大局中找准坐标定位，牢记社会责任，不断解决好'为了谁、依靠谁、我是谁'这个根本问题。"②做好正面宣传、讲好中国故事、构建现代传播体系正是为了与时俱进地把握民心。在当代舆论场和媒介生态发生深刻改变的情况下，"要适应分众化、差异化传播趋势，加快构建舆论引导新格局。要推动融合发展，主动借助新媒体传播优势"③正是党对这一变化做出的回应。

二、民心传播：夯实中国式扶贫实践的文明传承底蕴

贫困问题是困扰了中国几千年的一大难题，也是摆在全世界各国人民面前的一道难题。打赢脱贫攻坚战对如期在 2020 年实现全面建成小康社会的目标有着重要意义，这也将是"中国历史上亘古未有的伟大跨越，也是中国对人类社会的伟大贡献"④。文明传播意在审视人类文明的发展规律和背后的传播机制，从而"形成与当代和谐社会理念相配合的传播文明视域"⑤。华夏文明具有心传天下、行安民心的文明传播传统。在中国扶贫实践中，民心传播是一大特色，也是华夏文明传播的一次伟大实践。讲好中国独特的"一个都不能少"的扶贫故事，对凝聚民心、争取国际认同、建立国际话语体系都具有重大意义。

（一）得民心：扶贫实践的着力点

注重民心向背是贯穿中国几千年政治的一条主线。习近平总书记指出："必须

---

① 习近平：《在庆祝改革开放 40 周年大会上的讲话》，2018 年 12 月 18 日，http://www.xinhuanet.com/politics/leaders/2018—12/18/c_1123872025.htm，2020 年 5 月 20 日。

② 习近平：《坚持正确方向　创新方法手段 提高新闻舆论传播力引导力——在党的新闻舆论工作座谈会上的讲话》，2016 年 2 月 19 日，http://tv.cctv.com/2016/02/19/VIDEvTv4Too4tzsiVfn-taMdq160219.shtml，2021 年 9 月 3 日。

③ 习近平：《坚持正确方向　创新方法手段 提高新闻舆论传播力引导力——在党的新闻舆论工作座谈会上的讲话》，2016 年 2 月 19 日，http://tv.cctv.com/2016/02/19/VIDEvTv4Too4tzsiVfn-taMdq160219.shtml，2021 年 9 月 3 日。

④ 中共中央宣传部：《习近平新时代中国特色社会主义思想学习纲要》，北京：学习出版社、人民出版社，2019 年，第 63 页。

⑤ 谢清果等：《华夏文明与传播学本土化研究》，北京：九州出版社，2016 年，"总序"，第 2 页。

以最广大人民根本利益为我们一切工作的根本出发点和落脚点，坚持把人民拥护不拥护、赞成不赞成、高兴不高兴作为制定政策的依据，顺应民心、尊重民意、关注民情、致力民生。"①民心的获取离不开民心传播，离不开对人民的传播主体性地位的尊重，以及讲好传播故事的多样化手段。民心传播是扶贫实践的着力点，能否将扶贫的成果有效地进行传播，是获取民心的关键。做好民心传播，才能获取话语权——无论是实现国内的社会稳定、提升人民生活的幸福感和对国家的集体认同感，还是在国际社会上赢得尊重、维持良好的国际关系，都需要争取"民心"。扶贫工作的传播实践就是进行民心传播的最佳案例和契机。针对扶贫工作的民心传播离不开两个层面的工作：一是扶贫任务的切实推进；二是在扶贫工作中扎实到位而又恰到好处的宣传。不仅要做好事，而且还要做好传播。做好民心传播，也就是要争取人民的认同，本质上是要为人民谋幸福，使人民对政府的服务和社会的发展感到满意，对自己的生活感到幸福。

（二）民生民意：民心传播的实践主体

为人民谋幸福，是中国共产党人的初心。那么如何才能做好民心传播，扶贫故事在精准扶贫的实践中又应如何被讲述？这些都是民心传播绕不开的问题。

民心传播的实践主体包括传播者和传播受众。其中，传播者既包括各级行政主体对扶贫实践的宣传，也包括人民自发的口耳相传、网民的社交传播等。在扶贫活动的报道中，一批扶贫类电视节目应运而出，如东方卫视的《我们在行动》、广西卫视的《第一书记》、甘肃卫视的《扶贫第一线》、中央电视台的《决不掉队》《扶贫周记》、河南卫视的《脱贫大决战》等，这些节目内容朴实，形式多样，以观众喜闻乐见的方式讲述扶贫故事，真实暖心的故事引发了强烈的反响，取得了良好的宣传效果。更值得一提的是，主流媒体并没有局限于对扶贫政策的解读和对扶贫故事的讲述，而是积极思考扶贫宣传报道模式的创新，帮助贫困地区积极联系帮扶资源，这些行动促进了脱贫攻坚任务的推进，产生舆论监督和宣传加持的双重效果，媒体自身也成了推进扶贫实践和凝聚民心的"轻骑兵"。

民心传播的受众则有狭义和广义之分。狭义的受众主要指中国人民。广义的受众突破了国家的边界，泛指任何接受扶贫传播的受众。中国的扶贫传播不仅面对中国的人民，也面向世界各国人民，世界各国人民也是民心传播的受众。世界各国民心相通，是构筑国家之间的理解和信任的基本路径。我们的扶贫传播要成

---

① 习近平：《在庆祝改革开放40周年大会上的讲话》，2018年12月18日，http://www.xinhuanet.com/politics/leaders/2018—12/18/c_1123872025.htm，2021年9月3日。

为世界了解中国的一个窗口，成为化解其他国家人民对中国误解的一味良药。

（三）情感认同：扶贫工作的传播机制

"事实上凡认真研究中国的西方学者大多都指出，中国不是一个通常西方意义上的所谓'民族—国家'，而只能是一个'文明—国家'，因为中国这个'国家'同时是一个具有数千年厚重历史的巨大'文明'，因此西方政治学界最流行的说法是，现代中国是'一个文明而佯装成一个国家'（A civilization pretending to be a state）。"[①]梁漱溟先生和钱穆先生也曾提出中国是一个文明的观点。英国汉学家马丁·雅克在演讲中也对上述观点表示赞同，并将中国理解为一种文明体系。在"千年未有之变局"面前，中华民族首次"实现了从农耕型走向工业信息型、从内陆型走向海洋型、从地区型走向全球型的伟大变革"[②]。作为中国特色的扶贫举措，扶贫实践是一场全社会共同参与的"攻坚战"，民心传播也是这场攻坚战的重要组成部分，其背后体现的是中国文明。

真挚的情感引发共鸣，从而提升认同感，这是民心传播的机制所在。扶贫工作中的民心传播就是要讲好扶贫故事，而不能仅仅局限于例行的数据统计和样板化的报道。故事化的讲述要求我们将一个个笼统抽象的数字化为一个个鲜活的生动故事，从而让社会各个阶层的群体都能看到扶贫的实际成效。扶贫的文明理念就在这个过程中被具体地展现出来了。

三、民心传播：提升中国国家形象传播的重要抓手

中国共产党积极参与全球治理体系的改革和建设，基于全人类的高度提出了构建人类命运共同体的构想。"积极推动全球治理理念创新发展，及时总结国家治理的成功实践和经验，积极发掘中华文化中积极的处世之道、治理理念同当今时代的共鸣点，努力为完善全球治理贡献中国智慧、中国方案、中国力量。"[③]借助扶贫，民心传播得以成为传播华夏政治文明理念的一个重要窗口。同时，扶贫故事在国际社会的传播也有助于帮助国际人民理解中国的文化理念，消解相互之间的

---

① 甘阳：《从"民族—国家"走向"文明—国家"》，《21 世纪经济报道》2003 年 12 月 30 日，第 2 版。"中国是一个伪装成国家的文明"一说来自白鲁恂（Lucian W. Pye）。（美）白鲁恂的确尖锐地说道："中国是佯装成国家的文明。"原文是"China is not just another nation-state in the family of nations. China is a civilization preten ding to be a state，"参见 Lucian Pye，"China: Erratic State，Frustrated Society，"*Foreign Affairs*，Fall，1990.

② 王义桅：《再造中国——领导型国家的文明担当》，上海：上海人民出版社，2017 年，第 5—6 页。

③ 国务院新闻办公室：《〈新时代的中国与世界〉白皮书》，2019 年 9 月 27 日，http://www.xinhuanet.com/politics/2019-09/27/c_1125047331.htm，2021 年 9 月 3 日。

误会和矛盾，借以赢得"国际民心"。

首先，于国内而言，讲好中国共产党的扶贫故事是凝聚民心、团结全国各阶层人民的重要策略。民心畅通，则能上下团结一心。中国高铁交通等基础设施的快速发展，正是得益于政策的上通下行。相较之下，美国邦法不一，有时修条路征地都很难。扶贫的民心传播将中国社会凝聚为一个共同体。"'同德则同心，同心则同志。'共产党人从本质上讲，是一个理想信念的共同体"①，这就是中国共产党的优势所在，保证我们可以提出世纪工程，集中人力物力干大事。这也正是中国政治制度的优越之处。

其次，于中国国家形象的海外传播而言，中国扶贫故事的话语模式和传播方式对中国国家形象的塑造、争取世界人民和国际友人的理解和支持有着重要意义。扶贫工作充分体现了中国共产党以人民为中心、和平共处、共同发展的文化理念。中国具有"和"的传统，地理扩张与霸权不是中国的文化追求。正如中国共产党的十九大报告所言，中国"尊重世界文明多样性"。

扶贫故事的传播对提升中国的文化自信、制度自信以及建立国际话语体系都具有重大的意义。中国独特的"一个都不能少"的扶贫经验对世界扶贫事业的发展也具有重要参考意义。巴西学者奥利弗·施廷克尔认为，世界现在正处于"后西方时代"，中国已然抛开狭隘的西方中心主义，将西方"民主政治"视为人类历史进程中的临时畸变，将东方崛起视为回归常态。中国既开启了盛世中华之路，又重塑了全球秩序，正引领着全球治理的新航向②。中国特色扶贫实践展现的民心传播，对世界政治文明的进步和人类命运共同体的建构具有重要的参考和启示意义。

（谢清果 王婕）

① 宣言：《人间正道是沧桑》，《人民日报》2019 年 9 月 27 日，头版。
② ［巴西］奥利弗·施廷克尔：《中国之治终结西方时代》，宋伟译，北京：中国友谊出版公司，2017 年，第 1 页。

第十八章　大道之行：中国之治的当代扶贫传播实践 [1]

"中国之治"呼唤中国智慧，扶贫话语亦需要扩大影响力。扶贫传播研究依托中国深厚的历史文化底蕴，扎根时代和社会现实，以习近平总书记系列讲话为理论指引，整合传播学理论知识，服务于中国话语体系建构，为更好地打赢脱贫攻坚战役、全面建成小康社会建策献言。扶贫传播作为中国之治在当代的生动体现，内涵丰富，影响深远；其实践路径具有重要的研究价值；同时，扶贫传播与国家总体安全亦密切相关。

彻底消除贫困，提升人民群众生活水平，逐步实现共同富裕，是社会主义的本质要求，也是实现"中国之治"的内在诉求。习近平总书记十分重视扶贫工作，在领导我国扶贫伟大实践的过程中，逐渐形成了一系列有关扶贫工作的新思想和新观点，这些扶贫思想也成为各学科领域开展扶贫研究的指导思想。"脱贫攻坚不仅要做得好，而且要讲得好" [2]，习近平总书记对新闻传播工作提出了新要求，也促使学界及时探索和铺设既能够帮助做好脱贫工作，又能够真正讲好扶贫故事的传播创新之路。2020 年是脱贫攻坚决战决胜之年，尤其需要以传播机制、传播理论创新确保扶贫成果可持续。因此，有必要提出"扶贫传播"这一概念，为"中国之治"提供具有鲜明针对性的、切实可行的传播学建议。

传播即政治，政治即传播，扶贫工程从本质上讲便是一大政治传播行为，政治效能也需要借由传播来实现。之所以提出"扶贫传播"，恰恰是为了从传播，特别是政治传播的角度来看待扶贫实践。传播活动服务于扶贫实践，摆脱贫困，很

---

① 本章曾刊于《广西职业技术学院学报》2020 年第 4 期，收录时标题有所改动。

② 习近平：《在决战决胜脱贫攻坚座谈会上的讲话》，http://jhsjk.people.cn/article/31621224，2020 年 3 月 6 日。

大程度上正是促进信息共享的过程，让贫困地区和个人能够分享信息时代的红利，同时也需要利用信息传播手段来实现新时代的精准扶贫工作，打通方方面面的传播关节。从这个方面来看，扶贫传播又是在扶贫实践中对历史上长久存在的"传播失灵"现象进行一次釜底抽薪式的纠正。

一、中国之治：扶贫传播的终极目标

"中国之治"是指自新中国成立以来，中国共产党领导人民逐渐探索出的治理国家的中国治理体制和中国治理道路，它是前无古人的新型国家治理体系，具有鲜明的中国智慧、中国气派、中国特色和中国风格。习近平总书记指出："坚持和完善中国特色社会主义制度、推进国家治理体系和治理能力现代化，是关系党和国家事业兴旺发达、国家长治久安、人民幸福安康的重大问题。"① 当前，中国之治的阶段性要求是全面建成小康社会，脱贫攻坚也因而成为各方面工作的重中之重。为了服务于党的这项伟大事业，解决在扶贫工作开展过程中可能遇到和已经出现的传播问题，为更好更全面地完成扶贫任务给出传播建议，在传播层面完成话语体系建构以讲好中国故事，"扶贫传播"正当其时，成为传播学立足时代、扎根现实的范例。

（一）扶贫传播的内涵

"扶贫传播"并非无源之水、无根之木，而是具有悠久历史的文化脉络在新时期的创新性延续。中国的先哲们自古便十分关注社会建设的议题，并以文字形式将对美好社会的愿景固定下来，以供后人代代相传。古人长期追寻的"大同"理想，所谓"故人不独亲其亲，不独子其子。使老有所终，壮有所用，幼有所养，矜寡孤独废疾者皆有所养，男有分，女有归"（《礼记·礼运》），便是我国的国家级扶贫行动具有鲜明本民族特点和深厚历史文化根基的最直接证明。步入近代，部分进步资产阶级报人借助从西方引进的媒介技术和媒介组织对"大同"理想进行了有针对性的改造和传播，如提出"大同之道，至平也，至公也，至仁也，治之治也。虽有善道，无以加此矣"（《大同书》）的康有为，便利用杂志等媒介进行宣传，尽管其目的是服务于现实政治斗争，也并不具备真正实现的可能性，但不影响将其视为在当时的政治和媒介环境下就人本思想开展大众传播的有益尝试。除了"大同"思想，还有"民亦劳止，汔可小康"（《大雅·民劳》）、"成己，仁也；成物，知也"（《礼记·中庸》）、"民之所好好之，民之所恶恶之"（《礼记·大学》）、

---

　　① 习近平：《坚持和完善中国特色社会主义制度　推进国家治理体系和治理能力现代化》，http://www.qstheory.cn/dukan/qs/2020-01/01/c_1125402833.htm，2020年1月1日。

"发政施仁，所以王天下之本也，近者悦，远者来"（《孟子·梁惠王上》）等相关思想，它们不约而同地秉持着某些"共同富裕"的美好憧憬，要求改善人民生活以确保"王道"政治的实施及政权合法性的稳固，成为中国传统社会舆论领域不可或缺的重要组成部分，这些思想在"江湖"和"庙堂"的广泛传播亦在客观上构成了今日扶贫实践，特别是扶贫传播实践的文化源流支持与精神内核。

中华人民共和国成立以来，在中国共产党领导人民进行伟大实践的过程中，传统的"大同"理想不再是空想，而是正在通过经济社会建设，特别是借助精准扶贫变为现实。传播学者针对扶贫过程中所出现的问题和复杂多样的传播现象，以多元传播范式予以解答和揭示，形成了丰富的、有中国特色的扶贫传播理论，将这些理论加以整理、归纳和统合，便形成了扶贫传播的理论体系。

（二）扶贫传播的意义

目前，"华夏传播学"已经成为中国本土传播学研究的重要领域，它"是在对中国传统社会中的传播活动和传播观念进行发掘、整理、研究和扬弃的基础上，建构起来的能够阐释和推进中华文明可持续发展的传播机制、机理和思想方法的学说"[①]。有学者指出，"日常语言和思想以历史为主要内容，作为科学语言的理论同样无法脱离过去的观念"，即"理论建构亦需要历史资源"[②]，基于中国丰富的历史文化资源以及前期华夏传播研究给予的语义系统，中国的扶贫传播研究就具备了天然的独特优势。扶贫传播的研究目的之一在于既能够通过回溯历史中"扶贫"这一独特的传播现象和传播活动，又能够将这些传播历史经验来指导当代中国的扶贫实践，从而实现传播理论的当代创新。从这个维度上讲，扶贫传播的理论贡献可以视作对华夏传播学研究的有益补充，可以为建构本土传播话语体系贡献新质力量。

扶贫传播既是历史的，更是现实的，体现在它能够与时俱进，在社会经济不断发展、新兴媒介不断涌现的大背景下，整合在研究扶贫现象中所提出各个层次的理论成果，并将它们纳入统一的理论框架之中，形成蔚为大观的传播研究前沿。以往占据主流话语的传播理论大多出自西方，根植于西方的社会实践，其中很多并不适用于我国的现实环境。扶贫这项伟大事业是我国特有的国家治理体系所造就的，是"中国之治"的生动体现，建构在其上的扶贫传播理论理所应当具有鲜

[①] 谢清果：《传播学"中华学派"建构路径的前瞻性思考》，《新疆师范大学学报》（哲学社会科学版）2017年第6期。

[②] 邵培仁、姚锦云：《为历史辩护：华夏传播研究的知识逻辑》，《社会科学战线》，2016年第3期。

明的中国特色和强烈的中国情怀。"越是民族的，越是世界的"，扶贫传播理论同样可以为世界上和中国有相同发展需求的广大亚非拉发展中国家提供有益借鉴，让世界发现西方道路之外的多样可能。当然，应该认识到的是，理论框架建构并非一日之功，需要更多学界和业界人士参与进来，贡献自己的传播学智慧。

二、大道之行：扶贫传播的实践路径

当前，"传播失灵"这一概念越来越多地进入传播学研究视野。有学者认为，传播失灵可以定义为特定社会系统下由于结构性的功能缺失所引起的资讯短缺、信息传递失真或扭曲，进而导致沟通不畅，资源配置无效率或社会福利受损的状况。① 倘若从扶贫工作的角度审视"传播失灵"，可以发现，除了部分地区存在先天的自然条件限制，几乎所有的结构性、长期性贫困都与信息传播的阻塞、扭曲密不可分。因此，扶贫传播的实践路径必须着眼于提高传播效率，以信息的共有、共享及沟通的充分、全面，促进共同富裕，用"中国之治"阐释"大道之行"。

（一）有恒产者有恒心：物质符号的建构

中国自古便有对"物阜民丰"的追求，所谓"仓廪实而知礼节，衣食足而知荣辱"，物质生活的丰富对于人民精神面貌的提升、促进人的全面发展具有非常重要的意义。《孟子·滕文公上》中说道："有恒产者有恒心。"李克强总理也曾在讲话中多次引用这句名言。以今日的眼光审视古人的智慧，可以发现，丰富、稳定和可持续的物质保障是让人产生向心力、增强凝聚力的重要支撑。在全面建成小康社会，实现中华民族伟大复兴的过程中，更加注重公平分配，努力实现共同富裕，让人民群众能够充分享受改革和发展红利，是中国特色社会主义制度优势的体现，也是依托于其上的中国传播话语能够"服人"的根本所在。在扶贫工作开展过程中，基于传播符号学的创新，对于"恒产"概念的创新阐释与传播无疑具有先导性意义。

扶贫先扶志，长期贫困造成部分贫困群体眼界狭窄、目光短浅，再加上人性中贪婪、自私、嫉妒等固有的弱点，使得某些时候过于宏大、抽象的口号、宣传和理论显得不合时宜，需要对症下药，因势"利"导。例如，在扶贫工作开展过程中，基层工作人员常常会对一些"懒汉"感到束手无策，他们"自己有劳动能力却不好好地劳动，甚至不劳动，而去侵占他人的劳动果实，造成了极坏的社会影响"，"一方面形成贫困与懒惰的恶性循环，另一方面更是起到了负面的导向作

① 潘祥辉：《传播失灵：一种基于信息传播非理想状态的研究》，《浙江学刊》2012 年第 2 期。

用"，^① 一旦相关政策跟不上，可能形成"沉默的螺旋"，有人既多吃多占扶贫资源，又调门最高，认为"会哭的孩子有奶吃"，从而对想要勤劳致富群众的劳动积极性造成极大挫伤。这一问题的解决，除了需要在政治、经济等制度安排、宏观政策层面给出对策之外，亦需要在个人微观层面采取积极作为。有传播学者指出，社会文化中存在着"二元对立结构"，是"生产意识形态必要的前提"^②，"不事生产"与"勤勤恳恳"便是典型的二元对立结构，可以通过各种大众媒介仪式，包括电视剧、电影甚至短视频的反复展演，将"不事生产"与贫穷、落后、愚昧、令人憎恶等关键词结合起来，而将"勤勤恳恳"建构成富裕、美满、明智、令人羡慕的代名词，两方形成鲜明对比。基于"对物质保障、健康生活的长久追求是人们所能理解的共通意义空间"这一合理假设，可以认为，积极向上的价值观能够借助饱和式的物质符号意义场域建构实现"攻心"，潜移默化地改变部分"因惰致贫"贫困群体的生活态度和生活方式，实现扶贫效果的可持续，也让扶贫的努力从根本上真正转化为"恒产"。

另外，扶贫不仅仅是"共享"，同样也需要"共建"。除了采取措施加强对贫困群体这一扶贫行动直接受益者价值取向的引导，提升他们实现自主脱贫的社会、家庭责任感之外，也需要将其他参与力量，特别是一线基层工作人员纳入物质符号的建构当中去。中国自古就有关于"义利之辨"的讨论，各家学派众说纷纭，但儒家的"先义后利"无疑是主流声音。在今天的社会主义市场条件之下，理论建构者应当对传统儒家的义利观进行扬弃，使之符合社会主义的价值观和长远的工作需要。有学者指出："正确义利观主张既不能混同义利关系，也不能割裂义利关系，应当辩证把握义利关系，持一种义利并重与义利统一的价值立场，并在这种并重与统一的基础上主张以义取利、见利思义。"^③ 这对今天的扶贫传播工作具有非常重要的借鉴意义。对于心怀理想、身揣技能却主动扎根贫困地区奉献光热的基层工作人员，相关部门机构要对宣传观念和传播策略进行一定的转换，既要展现他们不怕困难、辛勤工作的一面，又要体现工作环境不断改善、工作待遇不断提升、工作价值不断显现的一面，这样的"恒产"才能更好地吸引人才、留住人才。当然，要注意避免"口惠而实不至"，中国日益强大的综合国力和更加人性化的社会管理完全可以为建设者们提供更加充足的物质保障。如此，以"恒产"作为符号载体创设的共通意义空间才能够协调各方力量形成反贫困合力，在新时期演绎"中国之治"，让"中国梦"更有恒心。

---

① 石长慧：《农村"懒汉"现象初探》，《乡镇经济》2003 年第 6 期。
② 冯月季：《传播符号学教程》，重庆：重庆大学出版社，2017 年，第 152 页。
③ 王泽应：《正确义利观的深刻内涵、价值功能与战略意义》，《求索》2014 年第 11 期。

（二）有教无类：消弭地域、城乡数字鸿沟

孔子在《论语·卫灵公》中提到"有教无类"，其含义是施行教育应当一视同仁，不分类别、贵贱。这里反映了中华文化所特有的伟大教育理想，即"人人都应享有接受教育的机会，人人都拥有接受教育的权利"[①]。历代的"中国梦"便是"朝为田舍郎，暮登天子堂"，其中所反映的阶级流动，有别于当时世界大多数国家贵族政治垄断一切社会权力、阶级固化的常态，让古代中国有能力实现较长时间的政治稳定和"社会公平"，也为"中国之治"提供了坚实的文化保障。而这一制度安排能够实现的前提之一便是"有教无类"，更确切地说，是中国文化基因中对知识的崇尚和对平等获取知识权利、机会的尊重。但同时我们应该认识到，"知识鸿沟"一直是伴随着人类历史进程的传播学问题。中国自古就重视教育公平，发展到今天，知识的概念已经不仅仅局限于课堂。进入互联网时代，这道"鸿沟"更加考验人们的传播智慧，倘若不予以重视，数字鸿沟有可能成为一道阻碍社会公平实现的天堑，让所有试图开展扶贫的努力化作泡影。

习近平总书记在网络安全和信息化工作座谈会上指出："可以发挥互联网在助推脱贫攻坚中的作用，推进精准扶贫、精准脱贫，让更多贫困群众用上互联网，让农产品通过互联网走出乡村，让山沟里的孩子也能接受优质教育。"针对地域、城乡数字鸿沟问题给脱贫攻坚带来的挑战，扶贫传播应以"有教无类"为口号，从两个维度给予传播对策。教育在精准扶贫工作中具有基础性、先导性和持续性作用，[②] 要重视教育的传播作用，积极利用信息技术促进教育公平，并通过教育破除陋习和过时的传统观念，避免出现"因婚致贫"等问题，同时更广泛、更便捷地传播科学技术知识。教育扶贫是"造血式"扶贫，是阻断贫困代际传递的根本途径 [③]。重视通信基础设施建设，为贫困地区提供现代传播方式，及时接受和传递信息，起到移风易俗、吸引投资等功用。同时也应该注意到，"要想富，先修路"，所有的信息建设都必须以交通基础设施建设为基础。反过来，有了好的交通基础设施，亦可以充分利用通信基础设施建设成果，发展"交通＋生态旅游""交通＋电商快递"等产业，使交通扶贫支撑特色产业发展的功能更加突出 [④]，最终以"交通畅通"助力"经济联通"，以实现"民心相通"，让贫困地区看得到实惠、跟得上时代。

---

① 张传燧、袁浪华：《孔子"有教无类"思想的内涵及其现实基础与理论依据》，《河北师范大学学报》（教育科学版）2018 年第 3 期。

② 王嘉毅、封清云、张金：《教育与精准扶贫精准脱贫》，《教育研究》2016 年第 7 期。

③ 任友群、冯仰存、徐峰：《我国教育信息化推进精准扶贫的行动方向与逻辑》，《现代远程教育研究》2017 年第 4 期。

④ 戴东昌：《确保打赢交通扶贫脱贫攻坚战》，《行政管理改革》2016 年第 4 期。

（三）广而告之：旅游开发和吸引外来投资的应有之义

中国自古以来便重视广告宣传，形成了自己独特的传播文化。有学者指出："中国古代广告是伴随着社会的发展而发展。它促进了信息的传播交流，推动了社会和经济的发展，催化了社会生产力的进步。"[1] 在扶贫传播的视域中，广告在推动贫困地区经济发展、贫困人口脱贫致富方面具有不可替代的重要作用，采取广告宣传策略的主体，既包括各级政府，也包括当地贫困群众自身。

我国历史悠久，幅员辽阔，自然、人文形态多样，具备丰富的旅游资源，许多贫困地区也不例外。国家敏锐地发现了这一点，并将"旅游扶贫"规划为重要工作，旅游扶贫已经成为我国消除贫困的一种重要实现形式。但同时，我们也应该认识到，大多数贫困地区所开展的扶贫战略成效并不显著，[2] 造成这种情况的原因可能有很多，若从传播学角度审视，许多地区政府和群众对宣传的忽视、对广告战略的错误制定难辞其咎。一个地区的旅游特色是吸引游客的重要因素，但"酒香也怕巷子深"，当地贫困群众应在政府的指导和帮助下，自觉打造品牌，宣传旅游特色，找准"独特的销售主张"（USP）。根据 USP 理论，旅游特色的"广而告之"需要找到本地的旅游产品有别于其他地区旅游产品的不同点，以及该地区自然人文景观区别于其他地区的特殊主题，并且通过广告等宣传手段将这些不同点和主题让潜在的旅游消费者明确地知道。例如，对于少数民族贫困地区来说，其独具特色的民族文化便是其最大的看点，能够满足旅游者猎奇等消费心理，更能够进一步以其特色的手工艺文化、饮食文化等为依托，打造全产业链，在更大范围实现品牌效应，通过特色文化输出实现可持续脱贫。

当然，有的贫困群众可能一时想不到特色优势之所在、看不透广告宣传的厉害，此时政府不能搞"一言堂"，更不能搞"一刀切"，没有民意基础的政令很容易引起群众的反感和抵触。"风草论"这一中国古代传播智慧能够为政府在解决类似问题时提供理论借鉴。"风草论"描绘了一幅"风吹草偃"的传播图景，它在展现中国古代社会政治传播理念的同时，潜移默化地编织着一张无形的教化之网，是维系政治、传承政治文化、整合社会的重要手段。该理论范式不同于西方的"魔弹论"，更加注重"浸润万物""润物无声"，以"上行下效"的方式完成对人们观念的改变。[3] 这也对各级政府特别是基层政府提出了更高的要求，政府需要开展润物无声式的政策宣传，用与群众紧密相关、切实可感的典型事例促使群众转变观

---

[1] 郭志菊、陈培爱：《中国古代广告研究述评》，《内蒙古大学学报》2009 年第 3 期。

[2] 李志勇：《欠发达地区旅游扶贫战略的双重性与模式创新》，《现代经济探讨》2012 年第 2 期。

[3] 谢清果、陈昱成：《"风草论"：建构中国本土化传播理论的尝试》，《现代传播》2015 年第 9 期。

念。在这一过程中，政府的组织传播亦显得非常重要，通过沟通机制建设构建开放的、兼顾内外的意见空间，集思广益，转换思路，从而能够始终保持宣传工作的灵活性。

三、总体安全：扶贫传播的中国方案

总体国家安全观一直被习近平总书记所重视和强调，他说："国家安全工作归根结底是保障人民利益，要坚持国家安全一切为了人民、一切依靠人民，为群众安居乐业提供坚强保障。"实现国家的总体安全，为全球治理贡献中国方案，是"中国之治"的重要有机组成部分，也是扶贫传播研究不容忽视的重要方面。

（一）义利相生：扶贫过程中的舆论引导

"先富带动后富"符合我国处于社会主义初级阶段的基本国情，其最终目标是实现"共同富裕"，它在解放和发展生产力的同时，也"出现了先富群体与后富群体之间的贫富差距"①，这一点在城乡、地域之间体现得尤为明显，给我们的扶贫工作带来了诸多问题和挑战。孔子在《季氏将伐颛臾》中指出："丘也闻有国有家者，不患寡而患不均，不患贫而患不安。"这一观点仍然适用于我们当下的社会，启示我们倘若不能及时化解矛盾，就必然危及社会稳定，国家总体安全也会因此出现薄弱环节。顶层的制度和方案设计固然是最重要的，但扶贫过程中的舆论引导也是特别值得注意的。

扶贫传播应该始终贯彻"义利相生"的原则。前文提及了中国传统的义利观在今天时代背景下的发展和扬弃，扶贫传播的义利相生有两个维度的意义：一是广大媒体自身的经济效益与社会效益相统一，不让资本和权力充当指挥棒，以党和人民为中心，保持公信力与权威性，并积极开展舆论监督，例如中央电视台对纸上扶贫、会议扶贫、数字脱贫、虚假脱贫及时予以曝光、批评，帮助党委和政府及时发现并纠正扶贫工作中存在的苗头性、倾向性问题，不断提高工作水平②，人民信服、喜闻乐见，经济效益自然也有保障；二是传播内容和舆论引导要始终体现义利相生，以习近平总书记关于扶贫工作的论述为依托，创新新闻报道和宣传方式，在舆论领域注重对社会责任和义务的表述，并以合理的议程设置形式体现出来。

---

① 薛宝贵、何炼成：《先富带动后富实现共同富裕的挑战与路径探索》，《马克思主义与现实》2018 年第 2 期。

② 李恒发、符继成：《中央电视台对"精准扶贫"舆论引导的创新策略》，《现代视听》2019 年第 6 期。

（二）斧斤以时入山林：中国之治的环境传播思考

早在两千多年前，中国的先哲孟子便提出"斧斤以时入山林"的观点，他将生态可持续与国家治理紧密结合起来，其中蕴含的朴素的生态环境保护思想历来为人所重视。当前，环境传播已经成为传播学研究的重要领域，它与扶贫传播相互交织，共同服务于国家生态安全保护。环境传播观"关注一种总体性的生态秩序与社会文化生态，强调在广义的传播维度上回应人类的生存危机和认知困境"[①]，可以在一定程度上推动解决扶贫开发过程中带来的环境保护问题。

有学者指出，"经济社会发展与生态环境保护的矛盾较为严峻"，"建构生态扶贫体系面临压力"，同时进一步指出，"一方面，扶贫工作者缺乏相关的专业技能与对生态扶贫的理念理解，较低的专业素质限制了生态治理工作的进一步发展；另一方面，缺乏对生态扶贫的正确理解使得部分贫困群众并不能真正投入到生态治理之中，没有直接从生态扶贫之中获得利益使得一些贫困群众难以产生对生态扶贫工作的认同"。[②]"绿水青山就是金山银山"，基于此重要论断，环境传播对当前的教育和宣传工作提出了三个方面的要求：一是媒体充分发挥环境监测职能，对于环境问题要重视群众反映，主动出击访查，做到及时发现、防微杜渐，监督各地将环境保护政策措施落地；二是为公众特别是贫困地区的群众提供表达意见的窗口，并通过议程设置、话语重构等手段，以期既能够加强当地政府和群众对于环境保护的责任感和紧迫感，又可以给恐慌、焦虑等群体情绪"降温"，做到"时不我待"与"有条不紊"并行不悖；三是需要政府和媒体、院校合力加强科普工作，让群众对环境问题形成比较清晰全面的认识，同时开展扶贫人才专业教育，做好扶贫工作代际传递，确保扶贫生态保护的可持续发展。

（三）去芜存菁：传统文化的扬弃

习近平总书记说："优秀传统文化是一个国家、一个民族传承和发展的根本，如果丢掉了，就割断了精神命脉。"优秀传统文化的继承和发扬对于保障国家文化安全就有至关重要的意义。

值得注意的是，有些地区的部分"传统文化"发展到今天已经不合时宜，影响民心士气，不利于文化推广。因此，一方面，贫困地区和群体既要打造全新的时代形象，将传统文化中不合时宜的部分加以甄别、剔除，便于宣传的进行；另

[①]　刘涛：《"传播环境"还是"环境传播"？——环境传播的学术起源与意义框架》，《新闻与传播研究》2016 年第 7 期。

[②]　莫光辉：《绿色减贫：脱贫攻坚战的生态扶贫价值取向与实现路径》，《现代经济探讨》2016 年第 11 期。

一方面，需要做好特色自然景观和人文形态的保留，特别是非物质文化遗产等精粹，将脱贫致富与历史传承有机结合。而这，也是今日扶贫传播研究助力"中国之治"的意义所在。

（谢清果　王真）

第十九章　风土人情：中华文化自信的地域传播逻辑①

如何坚定文化自信，是当下学术界内外的一大重要话题。文化自信与地域文化关系甚为密切，通过传播可以实现两者的互动。研究发现，地域文化提供了文化自信的接近资源，传播作为驱动力提供了重要且必要手段，地域文化传播可以促进文化自信。传播地域文化，一要精准编码，构建诗性话语；二要地域媒体全发力，打造泛在传播；三要突破常规宣传思维，建立大传播格局。

众所周知，文化自信"事关国运兴衰、事关文化安全、事关民族精神独立性的大问题"②，加强文化自信的重要性毋庸赘言。从时空而言，中华文化可分为古今文化体系和地域文化体系，两者相互独立又相辅相成。搜索近年相关文献，如何坚定文化自信，学术界以时间向度的古今文化（传统文化、革命文化、社会主义先进文化）为切入点已有诸多论文专著，然而以空间向度的地域文化为切入点的则相对较少。而这些为数不多的成果，它们的角度可以分为"文化研究"（如师永伟2017③）、"文化资源"（如余洋等2019④）、"文化表征"（如王婷2019⑤）、"文化教育"（如姜珍婷2019⑥）等。但从"文化传播"角度的成果则更为鲜见，而且观点零散，缺乏针对性和系统性。笔者尝试从文化传播的角度，探讨文化自信与

---

①　本章原以《地域文化传播视角下文化自信的实现逻辑》为题刊于《中国文化与管理》2021年第2辑，收录时略有改变。

②　习近平：《坚定文化自信，建设社会主义文化强国》，《求是》2019年第12期。

③　师永伟：《地域文化视域下的文化自信建设》，《地方文化研究》2017年第6期。

④　余洋、袁美静、杨强：《地域文化资源融入大学生文化自信教育的策略初探——以陕西商洛为例》，《陕西教育（高教）》2019年第6期。

⑤　王婷：《地域文化在坚定文化自信中的重要功能》，《红旗文稿》2019年第22期。

⑥　姜珍婷：《地域文化课程在培养当代大学生文化自信中的价值及其实现路径》，《高教研究与实践》2019年第4期。

地域文化传播的关系、价值及其实现路径。

一、多元一体的中华文化造就了丰富多彩的地域文化

那么何为地域文化传播？关于这一新兴概念，学术界未有定论。笔者认为，地域文化传播是"地域文化"＋"传播"，属于文化传播的子集。首先，关于地域文化的定义，不同学科视角下有不同的说法。"考古学观"认为，地域文化是指中华大地特定区域的人民在特定历史阶段创造的具有鲜明特征的考古学文化；"文化分支观"认为，地域文化是当地人民通过开展实践活动而创造出来的一切物质和精神财富的总和；"传承观"认为，地域文化是指中华大地特定区域源远流长、独具特色，传承至今仍发挥作用的文化传统，是特定区域的生态、民俗、传统、习惯等文明表现；"人文地理观"认为，地域文化指在一定空间范围内特定人群的行为模式和思维模式的总和。[①]笔者综合各家的观点，认为地域文化是某一地域主要由当地人民创造的物质文化和精神文化总和，具有特色性、传承性和价值性。其次，关于传播的定义，学术界也是多种多样，未定于一尊。美国社会学家查尔斯·库利（Charles Cooley）曾认为："所谓传播就是人的关系赖以存在和发展的机制，就是一切心灵符号，加上在空间里传达这些符号以及在时间里保存这些符号的手段。传播手段包括面部表情、态度和姿态、声调、语词、文字、印刷术、铁路、电报、电话以及其他一切最新的征服空间和时间的成就。"[②]因涉及文化，美国传播学者詹姆斯·凯瑞（James Carey）"仪式传播观"颇能补库利之不足，即传播不仅是信息传递，还是信仰共享。[③]因此，地域文化传播是指关于地域文化的一切传播现象和活动，既有文化信息的传递，又有文化秩序的建构。也可以进一步表述为：基于特定时空和特定群体的生活样式而形成的独特关系互动范式，包括人与人、人与自然、人与社会以及人与自我关系的互动方式与机制，换言之，包括方言、婚丧嫁娶的民俗和信仰等诸传播形态。地域文化传播是中华文化传播的根基，因为从根本上讲，中华文化传播是地域文化对内对外传播及其相互交织而生产的中华民族整体性的文化传播样态。当然，中华文化传播也促进各地域文化传播的创新与发展。因此，发挥地域文化传播优势是做好整体中华文化传播的切实入手处。中华文化多元一体，从一体可以窥多元之丰富，而从多元可以明白一体的统摄。从这个意义上讲，研究地域文化是促进中华文化自信的有力支点。

---

① 黄意武：《多学科视野下地域文化概念及内涵解析》，《地方文化研究》2018 年第 3 期。

② Chaeles Horton Cooley: *Social Organization*, *ransaction Publications*, New Brunswick, New Jersey, 1983, p.61.

③ ［美］詹姆斯·W.凯瑞：《作为文化的传播》，丁未译，北京：华夏出版社，2005 年，第 7 页。

二、文化自信：地域文化传播何以可能

文化自信是一个民族、一个国家以及一个政党对自身文化价值的充分肯定，是对其文化生命力的坚定信念，对推动社会发展具有基础性、持久性、广泛性的关键作用①。我们讲文化自信，就是对中国文化充分信任，不仅认同其价值，而且引以为豪，并且付诸实践。各地的地域文化构成整体的中国文化，传播地域文化不仅是文化自信的重大表现，也是建构文化自信的重要手段。

（一）文化自信的前提与基础：地域文化提供接近资源

地域文化具有多样性，富有地方特色。自古以来，中国地域广袤辽阔，地形气候多样，加上高山大川分割，人口众多，东西南北中的生产生活方式各不相同，文化丰富多彩。正所谓一方水土，孕育一方文化。中华大地形成了特色鲜明的地域文化，如关东文化、京津文化、燕赵文化、中州文化、三晋文化、三秦文化、齐鲁文化、吴越文化、淮扬文化、湖湘文化、巴蜀文化、客家文化、闽台文化、岭南文化、云贵文化等。人们的方言、饮食、服饰、建筑、习惯、思维、信仰等存在较大的差异。中华文化是复数，彼此各有特色差别，但也相互交流互鉴，在长期的交往发展中，形成了共性与特性并存，一体与多元并存的特质。中华文化在人的审美感知中并非一个抽象的概念，而是有着具象性、形象性、指涉性的文化对象。而文化对象往往最初或至今仍然是地域文化的代表。作为地域文化的深厚基础的传统文化，往往在各地域的乡村比较浓厚，正所谓"礼失而求诸野"。现代文化全国几乎大同小异，"千城一面"，正所谓"世界是平的"。作为地域文化的坚实基石的革命文化，同样存在于各个地域，尤其是各个地域的乡村地区，毕竟中国共产党当年所走的是一条农村包围城市、武装夺取政权的革命道路。作为地域文化的引领的社会主义先进文化，更是遍布祖国大地，如东北有老工业基地，华南有特区等。"只有民族的，才是世界的。"文化越有特色则越受关注，越有吸引力，充满特色的地域文化是"中国话语"的重要来源。

地域文化具有贴近性，富有天然亲近感。马克思主义认为，社会生活是一个活的有机整体，"物质生活的生产方式制约着整个社会生活、政治生活和精神生活的过程"②。中国是世界上最大的发展中国家，仍然处在社会主义初级阶段，生产力存在地域之差，生活方式也就存在你我之别。大多数人的生产生活的范围有限，

---

① 中共中央宣传部理论局：《新时代面对面——理论热点面对面·2018》，北京：学习出版社、人民出版社，2018年，第117页。

② 中共中央马克思恩格斯列宁斯大林著作编译局：《马克思恩格斯选集（第二卷）》，北京：人民出版社，2012年，第2页。

视野见识主要局限在长期生活的当地之中。抽象地宏观地去谈论作为整体的中华文化，难免体会有限，理解不够深入，文化自信就缺乏认知基石。基础不牢，地动山摇。地域文化具有贴近性，贴近实际、贴近生活、贴近群众。以地域文化为切入点，自然而然，亲切感强，文化自信就好比水有了源头，叶有了树根。中华文化源于地方，地方传承中华文化。地域文化是根，天边不如身边，道理不如故事。美国传播学者卡斯特尔（Manuel Castells）曾言，地方环境诱发了某种特殊的行为模式或者说是特殊的认同。[①]英国文化理论家雷蒙·威廉斯（Raymond Henry Williams）进一步指出："人们的社会地位和认同是由其所处环境决定的，文化具有传递认同信息的功能。"[②]

地域文化具有经济性，富有物质推动力。一方文化影响一方经济，造福一方民众。地域文化不仅可以为开创时代文化提供历史的根据和现实的基础，还能带来经济效益。正如法国社会学者布尔迪尔（Pierre Bourdieu）所言，文化也是一种资本，可以转化为经济资本。无论是"文化搭台，经济唱戏"文创，还是乡村民俗旅游，抑或是非物质遗产保护与传承，地域文化无不放射出巨大的经济潜能。俗话有言，子不嫌母丑，狗不嫌家贫。每个地方的人都有自己的故土情结和精神家园。当文化不仅可以受到他人欣赏，而且还能创造巨大的经济价值时，文化与自信的正向联系就已建立。

地域文化多样性、贴近性和经济性，为坚定文化自信创造了开发的前提和基础。文化自信是一项民心铸魂工程，离不开人及其周边环境，离不开对就近的地域文化的认知和运用。新闻宣传界曾开展的"三贴近""走转改"等活动就是以当地群众为中心，改革之后的作品群众比较喜闻乐见，活动取得了相当的成效。地域文化在文化地理上提供就近（Nearby）资源，进而在建构文化自信关系上提供接近（Access）资源，为资源的转化与利用创造了可能。

（二）文化自信的重要且必要手段：传播驱动

传播与文化的关系密不可分，两者相辅相成。国内传播学者周鸿铎认为："传播是文化的内在属性和基本特征。"[③]新闻传播学者郑保卫等人认为："传播与文化

---

① [美]卡斯特尔：《认同的力量（第二版）》，曹荣湘译，北京：社会科学文献出版社，2006年，第64页。

② 罗建国：《欧洲联盟政治概论》，成都：四川大学出版社，2001年，第51页。

③ 周鸿铎：《文化传播学通论》，北京：中国纺织出版社，2005年，第18—19页。

是一体两面。"① 美国传播学者哈罗德·拉斯韦尔（Harold Lasswell）认为传播具有社会遗产传承功能，爱德华·霍尔（Edward Hall）甚至认为文化即传播，传播即文化。一般而言，地域文化提供传播内容，而传播为地域文化提供发展手段。在全球化大潮之中，地域文化存在边缘化乃至消亡的危机，直接关系着文化自信的基础。作为手段而言，传播可以促进地域文化的发展，如属于纵向传播的非物质文化遗产的传承、属于横向传播的民俗文化的域外传播等。对地域文化中的优秀传统文化，需要创造性转化和创新性发展，其中少不了横纵交流，也就离不开传播。对地域文化中的革命文化，传承红色基因，也离不开传播。对地域文化中的社会主义先进文化，推动社会主义文化事业和文化产业发展，同样离不开传播。

　　文化自信始于传播。文化自信产生于文化认同，文化认同产生于文化认可，文化认可产生于文化认知。正如国内学者黄晓波所言，文化认知是文化自信发生的前提。② 认知从何而来？不外乎来自信息。而信息的传递是传播，因此传播是认知的第一步。如果人们对所在地域文化不了解，认知不准确，真正的自信无从谈起，要么是自大，要么是自卑。著名古典文学专家袁行霈教授曾言："如果对自己家乡的历史文化都不清楚，那么热爱祖国就会落空。"③ 当地人认知地域文化需要传播，外地人认知地域文化更需要传播。"社会学的基本理论表明，一个民族文化的价值与自信，常常是在两种文化的比较中逐渐树立并强化的。"④ 文化比较必须依赖信息传播。人对地域文化的认同，离不开他人对该地域文化的认同。英国学者巴里·布赞（Barry Buzan）认为"自我"身份只能在与"他者"的关系中得以定义和认同。建构主义学者亚历山大·温特（Alexander Wendt）也曾表示："自我"与"他者"的互动，才可以造就其身份和利益。外地人对某一地域文化缺乏周遭的生活经验，对其认知基本上来自各种媒介传播的信息。信息具有消除事物或事物间不确定性因素的功能。当地域文化的信息得到传递后，他人就有可能认知地域文化的特色与魅力，对其价值产生认可，甚至认同。当地人对接地气的地域文化有了认知、认可和认同，并得到外地人的认同，心理自然会萌发"底气"，产生自信。文化自信作为一种社会意识，取决于社会存在，根本上说是由物质生活决定的。文化自强是文化自信的基石，而文化自强通常体现在文化生产力方面。在现代社

---

① 教育部社会科学委员会语言文学、新闻传播学和艺术学学部新闻学与传播学学科"十二五"战略规划研究报告课题组，郑保卫，杨保军，龙耘：《新闻学与传播学"十二五"战略发展方向及目标》，《国际新闻界》2011 年第 8 期。

② 黄晓波：《论文化自信的生成机制》，《科学社会主义》2012 年第 3 期。

③ 袁行霈、陈进玉主编：《中国地域文化通论·福建卷》，北京：中华书局，2013 年，第 12 页。

④ 谢春山、王伟文：《文化旅游开发中的地方感研究》，《辽宁师范大学学报》（社会科学版）2016 年第 6 期。

会，传播力是生产力要素之一，可以促使地域文化创造新财富。

地域文化因传播孕育中国文化。哪里有人，哪里就有文化。在人口众多的中华大地上，地域文化本身就五彩缤纷，争奇斗艳。各地的地域文化犹如石榴籽，抱团而成整个中华文化之果。各地文化相互交流互鉴，兼容并包，和而不同。我们所讲的文化自信，就是对中华文化的自信，其精髓就是价值观自信，即对社会主义核心价值观的自信。富强、民主、文明、和谐，自由、平等、公正、法治，爱国、敬业、诚信、友善的社会主义核心价值观，或多或少、直接或间接地来自各地的地域文化。这些价值观与地域文化如何有机融合发展，植根人的内心深处，皆有赖于传播。在当今融媒体时代，信息如水银倾泻洒向社会各个角落，人们深感信息过载，注意力稀缺。"为政不在多言"已不再适合时代要求，酒香也怕巷子深，文化自信更离不开传播。

传播是一切社会活动的基础。根据美国传播学者梅尔文·德弗勒（M.L.Defleur）的理论："媒体不仅直接影响个人，而且还影响文化、知识的贮存、社会的规范和价值观媒体提供了一系列的形象、观念和评价以让受众成员们从中选择自己的行为方向。"[①] 地域文化通过媒体传播为人所认知，让人知道其特色与魅力，进而产生认可，又让人内化于心外化于行，再产生认同，直至产生自信。从人文地理角度而言，对地域文化的自信也是"地方感"的体现。一个空间变为地方必由传播把人的意义赋予其上，产生心理认同、依赖和依恋。在人类迁徙日益频繁的现代社会，传播唤醒"地方感"是很多人对原地域产生集体记忆的关键环节。因此，传播作为驱动力是文化自信的重要和必要手段。

三、文化自信：地域文化传播何以可为

坚定文化自信，地域文化传播在资源和理论上存在可能，那么在方法和实践上以何可为？怎么着手加强才更为有效？笔者认为，以传播创新为手段，开地域文化之生面，从而促进文化之自信。

（一）精准编码，构建诗性话语

地域文化优势并不等于地域文化传播优势。开发与传播地域文化，需要符码化，比如编修地方宣传册、撰修地方志、拍摄宣传片等。不管是何种编码，必须坚持其真实性、准确性，切忌文过饰非，"历史不是任人打扮的少女"。作为第一信源，当地传播主体（地方政府、社会团体等）应尽快梳理生产地域文化的作品，

---

① [英] 丹尼斯·麦奎尔：《大众传播模式论》，祝建华译，上海：上海译文出版社，2008年，第87页。

占领第一时间，提供第一文本。不同的媒介，不同的受众，需要不同的编码。精准编码不仅仅是对待文化内容需要信息的准确性，而且对待不同媒介需要产品的差异性，还对待不同受众需要风格的多样性。

自古以来，中国是诗的国度，诗歌在传播中独具特色。对于地域文化可以而且应该打造诗性话语，用以提纲挈领地进行诗性传播。何为诗性传播？它指"传受者以富有诗歌特征的符号编解码，采用诗歌渠道进行信息交流的传播活动"①。这里的诗歌是指声韵和美、语言简练、意蕴丰富的短句。在历史上，说到杭州有"上有天堂下有苏杭"，谈到南昌有"豫章故郡，洪都新府"，提到桂林有"桂林山水甲天下"等。正如李宗仁曾在回忆录中说，桂林"更是自古就以'桂林山水甲天下'一语而闻名海内"②。在当代，说到直辖市天津有"天天乐道，津津有味"；重庆有"大山大水不夜城，重情重义重庆人"等。说到省会城市，福州有"一片福州三坊七巷，半部中国近代史"③；乌鲁木齐有"丝路联欧亚，油海托煤船"等。说到地级市，三明有"好山好水好风情，数一数二数三明"；蚌埠有"帝王故里，淮畔明珠"等。这些标语富有诗情画意，颇为众人津津乐道，有力传达了地域文化。地域文化通常丰富多彩，难于三言两语说尽，但在编码标语时切忌胡子眉毛一把抓，要着重凸显主要特色，从而出色。

值得一提的是，诗性话语与精准编码并不矛盾。诗性话语是精准编码的一种反映，是建立在对地域文化、受众和媒介产品的充分认知的基础之上。构建诗性话语就在于对语言与文化之间关系的精准把握。换言之，诗性话语是在客观基础上的主观能动创造，侧重以情动人。

（二）地域媒体全发力，打造泛在传播

随着信息技术革命的深入发展，新闻传播业出现了巨大变化，正在迎来融媒体时代。因此必须树立"四全媒体"思维，媒介不仅门类齐全而且融会贯通，打造多元立体全时的泛在传播。

首先，在时空维度上全方位、全流程关注与报道地域文化，构建"全程媒体"。集中式运动式的宣传报道，犹如久旱下场雨，雨过地皮湿，深层依然干燥。地域文化传播需要常态性开展，全过程报道地域文化新闻之事，切忌急功近利，自信

---

① 李海文、谢清果：《诗性传播：中国姓名的大众传播之道》，《教育传媒研究》2019 年第 6 期。
② 广西壮族自治区政协文史和学习委员会编：《李宗仁回忆录（上卷）》，北京：中国文史出版社，2018 年，第 6 页。
③ 李海文：《"一片福州三坊七巷，半部中国近代史"集体认知的建构》，《福建工程学院学报》2019 年第 5 期。

是靠长期的传播涵化而成。其次，在技术维度上生产多元化的信息产品与传播方式，满足受众个性化、动态化的文化消费需求，打造"全息媒体"。加强供给侧改革，细分受众，注重场景匹配，不断优化产品。又次，在主体维度上增强本地大众体验感、参与感与社会责任感，传受一体，激活"沉默"力量，发展"全员媒体"。由于技术赋能，人人都可是自媒体，个个都可能讲故事。因此，除了抓好PGC（职业生产内容），也要积极引导 UGC（用户生产内容），甚至有机融合形成PUGC（专业用户生产内容）。最后，在功能维度上，追求传播效果的最大化、最优化，发挥媒体融合的作用和效能，实现"全效媒体"。运用5G、人工智能等新技术，不仅增强内容生产，如 MGC（机器生产内容），而且丰富传播手段，通过直播、短视频、H5 制作等新手段向中国其他地区，甚至向世界展现本地域文化的特色。树立"四全媒体"思维实质上就要重构地域媒体生态，去应对竞争日益激烈的传播空间，实现地域文化传播的升级换代。

传播地域文化，当地媒体是关键。在注意力稀缺时代，你不发声就会无闻，你不持续发声也会被覆盖淹没，犹如逆水行舟，不进则退。因此，必须进一步健全全媒体传播体系，不断推进县级融媒体中心建设与创新。新旧媒体相互融合，大众传播和分众传播相结合。当对地域文化打造成泛在传播时，信息才会无时不在、无处不有、无所不及。受众抬头不见低头见，积沙成塔、集腋成裘，地域文化从单向式、广播式转为全民交互式、裂变式传播，知名度和美誉度的增加才有可能。积极与域外主流媒体建立联系，寻找内外媒体的关注点和利益点，提高正面报道率和转载率，合力传播，为本地觅寻更多的传播时空。

（三）突破常规宣传思维，建立沉浸式大传播格局

谈到宣传，人们往往联想到"新闻""媒体"等关键词。诚然，地域文化传播往往由党政机关牵头，主渠道是新闻传播媒介（报刊、广电、网络、新媒体等），但其他非常规渠道也不可忽视。在法国媒介学者雷吉斯·德布雷（Régis Debray）看来，媒介是"在特定技术和社会条件下，象征传递和流通的手段的集合"[①]。人口迁徙、商贸往来、旅游活动、地方高校、交通工具及其设施等都是地域文化传播的媒介。从 2019 年华夏地域文化传播研究来看，非常规媒介占有重要一笔。[②] 以旅游活动为例，对于来客而言，他们接触某一旅游地的地域文化具有直接性、互动性和即时性的特点，能够直观体验当地文化，成为价值的评判者和传播的二传

---

① ［法］雷吉斯·德布雷：《普通媒介学教程》，陈卫星、王杨译，北京：清华大学出版社，2014年，第4页。

② 李海文：《2019年华夏地域文化传播研究》，《福建工程学院学报》2020年第2期。

手；对于去客，可谓居住地的"文化大使"，本身都是自媒体，他们携带地域文化，直接实施各种传播活动，如人际传播、群体传播等。正如 2017 年国家主席习近平向联合国世界旅游组织第 22 届全体大会致贺词，其中指出"旅游是不同国家、不同文化交流互鉴的重要渠道"。不难发现，人在哪里，传播就在哪里，人是"文化传播的终极介质"①。人与人的关系通过（事）物的媒介来建立，而人与物的关系则通过人（事）的媒介来调节。因此，要摆脱媒介只是物的刻板印象，要坚持以人为中心，突破常规的新闻宣传思维，建立大传播格局。

随着新兴技术的发展，万物互联、万物皆媒已成为可能。在巩固常规宣传的阵地外，要创新思维，拓展新的媒介域，可把任何具有人流量的地方变成传播地域文化新渠道。例如，在动车站优化店铺布局，设置专店或专柜，把当地特色产品展示出来，如"××三宝"、文创产品等。通过减免店租、税收等形式，优化商品价格，薄利多销与快销。当这些商品大量随乘客而去时，便成了走进千家万户的大众媒介，无疑地域文化得到了携带传播。正如俄国学者穆尔扎（C.Kapa-Mypзa）所言："物品携带着对日常意识产生重大影响的'信息'……成为具有决定意义的力量。"② 常规媒体具有矩阵之说，那非常规的媒介（媒体）也可以排列组合，纳入其中协同传播，同向齐行。

总之，实现文化自信既非一日之功，也非一劳永逸。传播地域文化必须各方联动，协同进行，绵绵用力，久久为功。另外，传播与地域文化的关系从根本上来说是形式与内容的关系，必须坚持传播为要，内容为王。地域文化是一座富矿，值得挖掘与传播。文化因发展而有活力，传播因内容而有支撑。在做好传播的同时，注重地域文化的创造性转化和创新性发展，为文化自信提供源头动力。

（谢清果 李海文）

---

① 郝朴宁等：《民族文化传播理论描述》，昆明：云南大学出版社，2007 年，第 449 页。
② ［俄］谢·卡拉 - 穆尔扎：《论意识操纵（上）》，徐昌翰等译，北京：社会科学文献出版社，2004 年，第 4 页。

第二十章　以文化之：孔子学院与国际话语权的竞争

中华文化在跨文化交流中一直处于"文化贸易逆差"的状态，西方国家的文化输入远远超过中国文化的输出，我国在国际舆论场上一直处于弱势地位。本研究以福柯话语理论和国际话语权为基础，从该理论的角度探讨孔子学院的文化名片功能，并在对国际上我国话语权现状分析的基础上提出发展孔子学院的战略意义。

"文化是一个国家、一个民族根之所系、脉之所维，是其精神和智慧的长期积累和凝聚。"① 文化软实力与国际影响力和国际话语权息息相关，为了扩大我国的文化影响力，21世纪初我国提出了中国文化、中国文学走出去的战略②。正如胡晓明所言："中国文化走出去是近年来提升国家影响力的重大战略，已成为政府与知识界的某种共识，无疑也是近年来学术思想界关于中国文化最活跃的新话语，体现了全球化时代文化重大变化与新的机遇。"③

孔子学院是中国在世界各地设立的教授汉语、传播华夏文化的教育和文化机构，是我国文化走出去的一张名片。孔子学院最重要的工作是向世界各地的学习者提供规范权威的汉语教学，孔子学院也承载着向世界传播华夏文化精华，推进东西方文明交流的重要作用。

然而近年来，随着西方贸易保护主义和英国脱欧带来的欧盟一体化进程的倒退，西方世界呈现出了一种逆全球化的趋势。在这种情况下，不同文化之间的交流更加复杂和困难，西方国家对我国文化的误解和偏见逐渐加深。米歇尔·福柯在

---

① 初广志：《中国文化的跨文化传播——整合营销传播的视角》，《现代传播（中国传媒大学学报）》，2010年第4期。

② 张继光、张政：《国内葛浩文研究状况的 CiteSpace 分析》，《外国语文》，2015年第4期。

③ 胡晓明：《如何讲述中国故事？——"中国文化走出去"的若干理论与实践问题》，《华东师范大学学报（哲学社会科学版）》，2013年第5期。

《话语的秩序》演说中提出"话语权力理论"。他认为："任何话语都是权力关系运作的产物，甚至可以说话语本身就是一种权力。"本研究以福柯话语理论和国际话语权为基础，并从该理论的角度探讨孔子学院的文化名片功能，并在对国际舆论场我国话语权现状分析的基础上提出发展孔子学院的战略意义。

一、国际舆论场我国话语权的困境

目前，国际话语权的分配呈现出不平衡的态势。中国由于意识形态、政治制度与西方不同，而经常被西方话语所孤立。

（一）西方垄断国际话语权

据统计，美国媒体发布的信息量是世界其他国家发布信息总量的 100 倍，控制着世界 75% 的电视节目的生产与制作，美国全国广播公司的节目用 42 种语言在全球播放，观众达 7.5 亿[①]。以欧美为主的西方国家长期占据媒体矩阵，拥有强势的话语工具，挤压我国和其他发展中国家的发声渠道，传播以西方为核心的文化价值观念，拥有生产国际优势话语、评判和解释国际事务制定国际规则的权利。当今世界，"文明冲突论""中国威胁论""邪恶轴心论"等污名化我国国际话语权的言论甚嚣尘上。虽然有大量学者和政界人士对此进行了有依据的批驳和反击，但由于我国掌握的国际话语工具较少，没有在国际上形成影响力和传播力，在国际舆论场上，我国目前仍处于弱势地位。

（二）对中国的污名化

在以西方中心的国际舆论场上，西方媒体凭借其强势的国际传播力和垄断性的国际话语权对中国进行抹黑和挤压。这一情况有其体现在 2020 年新冠疫情暴发之际，以特朗普为首的美国政客为了撇清责任、转移视线，对我国毫无保留地援助其他国家的行为进行阴谋化的揣测。BBC 拍摄的《重返湖北》这一纪录片更是故意使用灰色调来进行拍摄，故意选取压抑沉闷的镜头，刻意歪曲我国对抗疫情的现实情况，别有用心地营造我国"疫情应对不力""人民生活苦不堪言"的假象。CNN 更是利用别有用心的人士，拍摄所谓的流泪照片和控诉视频，编造"强迫劳动"等假新闻。当前西方媒体对中国污名化和妖魔化的情况日益严重。

---

① 付京香：《孔子学院的文化传播及其文化外交作用》，《现代传播（中国传媒大学学报）》，2013 年第 9 期。

二、国际话语权与孔子学院的文化名片功能

话语是权力的一种独特表现形式，它具有整理世界秩序的功能，换句话说谁掌握了话语，谁就有对世界秩序进行整理的权利。话语权体现在话语主体、话语方式、话语平台上，也在话语内容和话语反馈上呈现，主要体现在话语客体对话语主体产生的一种隐蔽性认同上。

（一）国际话语权

关于国际话语权的内涵，学者们从自身的学科背景以及不同的视角出发，对于国际话语权的内涵进行了多角度的分析。大致分为三种类型：国际话语权是一种权利，对应英文中的"right"；国际话语权是一种权力，对应英文中的"Power"；国际话语权是一种能力，对应英文中的"capability"[1]。

国际话语权以软实力的形式出现，以国家利益为核心。通过国际话语权的维护来实现本国的国家利益，这个过程是通过媒体来传递本国的文化价值观念，并在国际社会上形成影响，提高文化软实力，最终增强国家在国际上的影响力，本质是权利在国际关系中的分配。

陈正良、周婕、李包庚三位学者通过对当今国际政治形势的分析，最终得出国际话语权的本质，是国际政治权利的现实反映的结论，最终作者提出了中国在国际话语权格局变革的过程当中应该化被动为主动，在增强国际话语权上应该有所作为，积极争取国际话语权。[2]

（二）孔子学院的文化名片功能

孔子学院是在借鉴国外有关机构推广本民族语言经验的基础上，在海外设立的以教授汉语和传播中国文化为宗旨的非营利性公益机构，发挥着信息传递、文化传承和整合功能。

1. 传递信息与传输资源

孔子学院秉承孔子"和为贵""和而不同"的概念，推动中外文化的交流与融合，以建设一个持久和平、共同繁荣的和谐世界为宗旨。孔子学院主要传播的信息有汉语和中国文化相关的知识规范和文化理念，主要涉及语言和非语言符号两个系统。通过办学场所、师资、办学资金、教材、技术设备等资源，孔子学院担负着承载信息、提供信息流通的空间物质和制度保障。其中在孔子学院的传播实

---

[1]　张焕萍：《论国际话语权的架构》，《对外传播》，2015 年第 5 期。

[2]　陈正良、周婕、李包庚：《国际话语权本质析论——兼论中国在提升国际话语权上的应有作为》，《浙江社会科学》，2014 年第 1 期。

践过程中，信息的传递与资源的传输两者互相依存，发挥着孔子学院文化名片的重要功能。

2."本土化"功能

孔子学院传播的重点是知识和理念，尤其关注文化的传承。由于其他国家的大众具有与我国不同的文化语境，所以孔子学院承载着将中华文化的文化理念和价值观念"本土化"，转化成西方受众能够接受的文化形式，与西方语境下的受众相匹配的重要功能。为有效地达到"中国故事，国际传播"的目的，孔子学院在美国的"落地"就须考虑到话语内容的有效性与针对性问题，运用孔子学院的品牌效应化解国际社会对于中国的种种误读和偏见。

3. 整合功能

目前，孔子学院已经形成了以与当地政府、教育机构、企业和社会组织等联系为主的外部网络和以海外孔子学院、孔子学院总部和中外合办机构联系为主内部网络，两者构成了孔子学院的社会网络系统，形成了以国际教育和文化传播为核心的网络架构。[①]孔子学院的特色之一是参与主体的多元化，这也为孔子学院发挥协调多元参与主体关系、整合多元文化功能提供了现实前提。作为增强社会凝聚力和有序性的一种方式，文化整合能够在容纳多种文化因子的基础上，使群体成员在保有各自看法和立场的前提下，认同组织或群体提倡的价值理念。[②]

三、发展孔子学院的战略意义

话语权的形成与国家的经济实力、军事实力和政治文化等因素息息相关。但是话语权具有相对独立性，有一套独特的运作机制。强大的军事、经济、政治力量并不一定会形成强势的国际话语权。话语权的产生在某种程度上依赖良好的话语互动，依赖于话语主体通过一种对方认可的话语模式把话语主题的合法性和合理性建构起来[③]。在这种情况下，挖掘孔子学院的优秀中华文化特质并将其转化为国际认可或理解的文化软实力，进而实现国际话语权的提升具有战略意义。

（一）话语行为体：打破文化偏见，助力跨文化传播

话语行为体，包括主权国家行为体也包括社会团体组织、跨国公司等非国家行为体。孔子学院是华夏文明的传播名片，是目前传播中华文化最有实力的话语行为体之一。孔子学院举办各种活动丰富语言教学，构成综合文化传播的平台。

---

① 孔梓：《孔子学院社会资本研究》，山东大学博士学位论文，2015 年，第 22，24 页。
② 朱志刚：《论思想政治教育的文化整合功能》，《理论学刊》，2007 年第 11 期。
③ 梁凯音、刘立华：《跨文化传播视角下中国国际话语权的建构》，《社会科学》，2020 年第 7 期。

如中国传统文化的春节、元宵节、端午节、中秋节的庆祝活动，中国电影展映，中华传统艺术体育课如武术、太极拳、少林拳，中国文化角和文化俱乐部、汉语桥，"体验中国"的夏令营、春令营、冬令营，中华烹饪教学，中医养生与保健，演讲比赛，经贸讲座等等。这些活动使外国的汉语学习者亲自感受到中国文化的魅力所在。

此外，当前国际政治局势纷乱复杂，人与自然的关系愈发紧张，华夏文明精华——中国儒家思想中的"仁德""和"等要素为人与人之间的和谐共处与多元文化语境的建设，提供了强有力的理论指导。孔子的"和"，既有个人心性之"和"，也有人际之"和"、人类之"和"、天人之"和"。"己所不欲，勿施于人"，"己欲立而立人，己欲达而达人"，"礼之用，和为贵"。要达到"和"的实现，就要"以礼节之"，制礼、守礼，实现人与人之间的"和"，达到"和"的境界[①]。通过对儒家思想中天下大同、和、中庸等思想的传播，可以有效打破西方大众对我国的刻板成见。正如国学大师季羡林所说："不能只让外国人在孔子学院学习我们的汉字，还要让他们领会中国和谐文化的精髓，这是最主要的。"从这个角度上说孔子学院作为我国最大的传播中华文化的实体具有打破文化偏见、推动跨文化传播的作用。

（二）构建话语内容：传递华夏文化理念，构建中国文化阵地

话语内容反映话语施行者所关注的与自己利益相关以及所承担的责任义务相关的态度与立场，包括政治、军事、经济、文化及社会生活等各个方面。国际政治发展的现实状况表明，话语内容往往和一个主权国家的实力与国际地位有着密切的关系。

历届的孔子学院大会的主旨演讲都通过网络、电视报刊等大众媒介，向中外社会公开发布，对中国近年发展情况和政策方针的介绍和解读。分布在各国的海外孔子学院，也通过课程设置，开展讲座和研讨会等形式论述和阐释中国的相关政策。孔子学院在传授中国语言文化的过程当中，对中国的政治和经济以及发布的政策进行解读和介绍，有助于让世界了解真实的中国。

此外，孔子学院作为推广汉语、传播中国文化的重要平台[②]，精选和凝练当代中国的文化价值符号，扩大了汉语的传播范围、传播方式和传播途径，有助于推动华夏文明的传播，在国际上构建中国文化阵地。当今世界，以美国的好莱坞、

---

① 付京香：《孔子学院的文化传播及其文化外交作用》，《现代传播（中国传媒大学学报）》，2013 年第 9 期。
② 新华网：《孔子学院的教与学：许琳"谈中华文化走出去"》，《海外华文教育动态》，2011 年第 12 期。

迪斯尼、麦当劳、CNN 为代表的大众文化，横扫世界多数国家，孔子学院的"走出去""送出去"，也是对西方文化的强势语境所带来的严峻挑战的回应，必将对世界文化的多元化构建产生积极的作用。

（三）话语平台：开展文化外交，促进东西方文明对话

孔子学院作为我国对外传播的窗口，是中国公共外交体系当中重要文化分支。"文化外交（Culture Diplomacy）即是以文化传播、交流为内容所展开的外交，是主权国家利用文化手段达到特定目的或对外战略意图的一种外交活动。"①

习近平主席在 2019 年亚洲文明对话大会开幕式上指出，"文明因多样而交流，因交流而互鉴，因互鉴而发展"，"人类只有肤色语言之别，文明只有姹紫嫣红之别，但绝无高低优劣之分"，"我们既要让本国文明充满勃勃生机，又要为他国文明发展创造条件"，"任何一种文明都要与时偕行，不断吸纳时代精华"，"交流互鉴是文明发展的本质要求"。海外孔子学院的中华文化传播绝不单纯是文化输出，应该在更大范围内将这种传播界定为"因交流而互鉴"，并以此促进中华文化乃至世界范围内文化的共同发展。

话语平台是指话语施行者借助什么样的平台和有效渠道表达自己的话语内容，从而实现话语施行者的权利。随着国际互联网的广泛应用，话语施行者可以借助多种话语平台来实现其国际话语权。文化传播与国家密切关联，入江昭认为国家本来就是一个文化性的组织，国家间的外交关系中理应含有文化成分，文化上的联系是外交的根本和基础。②孔子学院作为中国传统文化最具影响力的"软实力"资源之一，是中西方文化交流的桥梁。软实力，依照美国哈佛大学肯尼迪政府学院前院长约瑟夫·奈的观点，它是一个利用文化和价值观产生国际影响力的力量。而国家形象是一国作为国家主体在国际公众中形成的对该国的整体印象和综合评价，它是一个国家的战略资源，而文化外交则是树立和传播良好国家形象的重要手段之一。

（四）话语效果检测：柔性塑造国家形象

话语效果检测关注施行者的话语内容产生了什么样的结果。面向世界民众的文化教学与传播必须注重方式方法，应该加强具有人类文化通感的内容选择，采

---

① 李智：《试论文化外交》，《外交学院学报》2003 年第 1 期。
② 入江昭：《文化与外交》，《外交论坛 》2 004 年 第 4 期。

取隐性文化传播策略，不可一味采取展示和弘扬态度 [1] [2]，否则只会收到事倍功半的效果。

随着我国经济实力的增强，以及话语权长期处于弱势地位的现状，我国迫切需要重新建立与我国现实相符合的国家形象。了解一种文化，就必须了解和研究这个民族和国家的信仰。孔子学院在对海外学者兴趣爱好广泛调查的基础上，通过提升其他各国人民对中国文化的兴趣，传播汉语知识、传递华夏文明这一方式，来加深其他国家对中国的了解，打破长期存在的偏见。

有效的宣传应是没有被意识到的，应该是柔性的。孔子学院以文化特有的共享性、扩散性等特点，通过文化这一柔性的方式塑造中国国家形象。孔子学院最大限度地抵消了意识形态的差异，以及其他国家民众对我国的刻板成见，通过文化这一上层建筑，潜移默化地加强其他国家对我国的认同感。

作为提升国家软实力的重要手段，孔子学院中华文化海外传播的意义成为大家关注的热点。文化是世界各国力量角逐、博弈的战场，孔子学院有助于增强中国与世界各国的文化交流和教育合作，增进中国与其他国家人民之间的友好关系。孔子学院的发展与我国"软实力"的提高息息相关，通过孔子学院的对外汉语推广传播中国文化，有助于中国与其他各国的文化沟通、增进世界各国对中国的了解，逐步构建我国在国际舆论场上的话语权，打破文化偏见和污名化，树立良好的国家形象。

（王馨 谢清果）

---

① 赵金铭：《对外汉语教材创新略论》，《世界汉语教学》1997 年第 2 期。
② 李泉：《文化内容呈现方式与呈现心态》，《世界汉语教学》2011 年第 3 期。

参考文献

一、中文文献

古籍

《尚书·尧典》，王仁明等译注：《四书五经》，呼和浩特：远方出版社，2004年。

《周易》，杨天才译注，北京：中华书局，2002年。

（战国）墨翟：《墨子》，李小龙译注，北京：中华书局，2007年。

（战国）荀况：《荀子新注》，北京：中华书局，1979年。

（汉）董仲舒：《春秋繁露》，北京：中华书局，1991年。

（汉）许慎撰，（北宋）徐铉校订，王宏源新勘：《说文解字》，北京：社会科学文献出版社，2005年。

（汉）刘向：《战国策》，郑州：中州古籍出版社，2009年。

（汉）荀悦，（晋）袁宏：《两汉纪》，张烈点校，北京：中华书局，2002年。

（梁）释僧佑：《弘明集校笺》，上海：上海古籍出版社，2013年。

（隋）法琳：《辩正论》，《大正藏》，台北：新文丰出版公司，1985年。

（南宋）朱熹：《朱子语类》，北京：中华书局，黎靖德编，王星贤点校，1986年。

（南宋）朱熹：《四书章句集注》，北京：中华书局，1983年。

（元）脱脱：《宋史》，北京：中华书局，1985年。

（清）曹雪芹：《红楼梦》，北京：华文出版社，2019年。

（清）郭庆藩：《庄子集释》，王孝鱼点校，北京：中华书局，2006年。

（清）刘宝楠：《论语正义》，北京：中华书局，1990年。

（清）孙希旦：《礼记集解》，沈啸寰、王星贤点校，北京：中华书局，1989年。

（清）章学诚：《文史通义校注》，叶瑛校注，北京：中华书局，1985年。

（春秋）管仲：《管子校释》，颜昌峣校释，长沙：岳麓书社，1996年。

专著

陈鼓应：《老子今注今译》，北京：商务印书馆，2006 年。

陈鼓应：《庄子今注今译》，北京：中华书局，1983 年。

陈国明：《有助于跨文化理解的中国传播和谐理论》，J.Z. 爱门森编译：《"和实生物"——当前国际论坛中的华夏传播理念》，杭州：浙江大学出版社，2010 年。

陈谦：《中国古代政治传播思想研究》，北京：中国社会科学出版社，2009 年。

陈启伟：《西方哲学研究——陈启伟三十年哲学文存》，北京：商务印书馆，2015 年。

陈汝东：《传播伦理学》，北京：北京大学出版社，2006 年。

陈怡魁，张茗阳：《生存风水学》，上海：学林出版社，2005 年。

陈嬿如：《与和谐同行：大众传播与社会发展》，厦门：厦门大学出版社，2008 年。

程俊英、蒋见元：《诗经注析》，北京：中华书局，1991 年。

程琳：《四书五经》，北京：北京燕山出版社，2008 年。

褚良才：《易经·风水·建筑》，上海：学林出版社，2003 年。

董小英：《叙述学》，北京：社会科学文献出版社，2001 年。

范晔：《后汉书》，北京：团结出版社，1996 年。

费孝通，《乡土中国》，北京：人民出版社，2008 年。

冯锦山：《生命的领地风水与命运》，广州：中山大学出版社，2006 年。

冯友兰：《新原道》，北京：北京联合出版社，2018 年。

龚书铎等：《民族文化虚无主义评析》，北京：中国人民大学出版社，1990 年。

谷神子、薛用弱：《博异志集异记》，北京：中华书局，1980 年。

谷衍奎：《汉字源流字典》，北京：语文出版社，2008 年。

顾嘉祖主编：《跨文化交际——外国语言文学中的隐蔽文化》，南京：南京师范大学出版社，2000 年。

管文虎：《国家形象论》，成都：电子科技大学出版社，1999 年。

郭沫若等：《甲骨文合集》，北京：中华书局，1978 年。

郭庆光：《传播学教程》，北京：中国人民大学出版社，2011 年。

郭星华：《漂泊与寻根——流动人口的社会认同研究》，北京：中国人民大学出版社，2011 年。

汉宝德、吴晓敏：《风水与环境》，天津：天津古籍出版社，2003 年。

何苏六：《中国电视纪录片史论》，北京：中国传媒大学出版社，2005 年。

何晓昕：《风水探源》，南京：东南大学出版社，1990 年。

贺麟：《近代唯心论简释》，上海：上海人民出版社，2009年。

胡亚敏：《叙事学（第二版）》，武汉：华中师范大学出版社，2004年。

黄怀信：《逸周书校补注译》，西安：三秦出版社，2006年。

黄寿祺、张善文：《周易译注》，上海：上海古籍出版社，2004年。

建嵘：《岳村政治：转型期中国乡村政治结构的变迁》，北京：商务印书馆，2001年。

蒋振华：《〈庄子〉寓言的文化阐释》，长沙：湖南人民出版社，2007年。

焦杰点校：《孟子》，沈阳：辽宁教育出版社，1997年。

今道友信：《关于爱》，北京：生活·读书·新知三联书店，1987年。

金观涛、刘青峰：《兴盛与危机：论中国超稳定结构》，北京：法律出版社，2011年。

靳斌：《真实如何呈现：阐释学视野下的纪录片叙事策略》，北京：社会科学文献出版社，2016年。

孔繁岭：《中华伦理范畴——善》，傅永聚主编：《中华伦理范畴丛书》，北京：中国社会科学出版社，2006年。

孔子：《论语·述而》，北京：北京联合出版社，2015年。

李寿源：《国际关系与中国外交——大众传播独特的风景线》，北京：北京广播电视学院出版社，1999年。

李彦冰：《政治传播视野中的中国国家形象构建》，北京：中国社会科学出版社，2014年。

李泽厚、刘纲纪主编：《中国美学史》（第1卷），北京：中国社会科学出版社，1984年。

廖其发：《先秦两汉人性论与教育思想研究》，重庆：重庆出版社，1999年。

梁爱强：《公平正义在中国的实现》，北京：法律出版社，2017年。

林语堂：《中国新闻舆论史》，上海：上海人民出版社，2008年。

刘大椿：《西学东渐：中国近现代科技转型的历史轨迹与哲学反思（第一卷）》，北京：中国人民大学出版社，2018年。

刘建明：《基础舆论学》，北京：中国人民大学出版社，1988年。

刘利群、张毓强：《国际传播概论》，北京：中国传媒大学出版社，2011年。

刘沛林：《风水中国人的环境观》，上海：上海三联书店，1995年。

刘平：《法治与法治思维》，上海：上海人民出版社，2013年。

罗国杰：《伦理学》，北京：人民出版社，2014年。

罗国杰主编：《中国伦理思想史（上下卷）》，北京：中国人民大学出版社，

2008 年。

孟华：《比较文学形象学》，北京：北京大学出版社，2001 年。

钱穆：《现代中国学术论衡》，北京：生活·读书·新知三联书店，2001 年。

钱中文等主编：《巴赫金全集·第四卷》，石家庄：河北教育出版社，1988 年。

卿希泰、詹石窗：《道教文化新典》，上海：上海文艺出版社，1999 年。

邵培仁：《政治传播学》，南京：江苏人民出版社，1991 年。

申丹、王丽亚：《西方叙事学：经典与后经典》，北京：北京大学出版社，2010 年。

孙伟平等：《创建"中国价值"：社会主义核心价值体系研究》，北京：社会科学文献出版社，2015 年。

滕尼斯：《共同体与社会》，林荣远译，北京：北京大学出版社，2010 年。

滕新才、曾超、曾毅：《中华伦理范畴：仁》，北京：中国社会科学出版社，2006 年。

童兵：《理论新闻传播学导论》，北京：中国人民大学出版社，2000 年。

完颜绍元：《风水趣谈》，上海：上海古籍出版社，2005 年。

王弼、孔颖达：《周易正义·谦》，北京：九州出版社，2021 年。

王焕镳：《〈墨子〉校释商兑》，北京：中国社会科学出版社，1986 年。

王天有、徐凯编著：《郑和远航与世界文明——纪念郑和下西洋 600 周年论文集》，北京：北京大学出版社，2005 年。

王先谦：《荀子集解》，北京：中华书局，1998 年。

习近平：《弘扬和平共处五项原则　建设合作共赢美好世界——在和平共处五项原则发表 60 周年纪念大会上的讲话》，北京：人民出版社，2014 年。

习近平：《习近平谈治国理政》第 1 卷，北京：外文出版社，2014 年。

喜雨：《选址与环境的风水智慧》，上海：同济大学出版社，2008 年。

谢清果：《华夏文明与传播学本土化研究》，北京：九州出版社，2016 年。

谢无量：《中国哲学史》，北京：中华书局，1924 年。

徐复观：《中国人性论史》，上海：华东师范大学出版社，2005 年。

徐复观：《中国艺术精神》，沈阳：春风文艺出版社，1987 年。

姚里军：《中西新闻写作比较》，北京：中国广播电视出版社，2002 年。

阎云翔：《礼物的流动：一个中国村庄中的互惠原则与社会网络》，上海：上海人民出版社，2017 年。

杨伯峻：《春秋左传注》，北京：中华书局，1990 年。

杨国斌：《社会阶层论》，北京：中国社会科学出版社，2009 年。

杨国荣：《善的历程》，上海：上海人民出版社，1994年。

杨瑞明、张丹、季燕京、毛峰主编：《文明传播的哲学视野》，北京：中国社会科学出版社，2012年。

杨珍：《当代中国文化身份建构——基于奥运传播的视角》，北京：北京体育大学出版社，2011年。

俞孔坚：《理想景观探源——风水的文化意义》，北京：商务印书馆，1998年。

张分田：《秦始皇传》，北京：人民出版社，2003年。

张昆：《国家形象传播》，上海：复旦大学出版社，2005年。

张鲁原编：《中华古谚语大辞典》，上海：上海大学出版社，2011年。

张齐明：《亦术亦俗：汉魏六朝风水信仰研究》，北京：中国人民大学出版社，2011年。

张晓峰、赵鸿燕：《政治传播研究：理论，载体，形态，符号》，北京：中国传媒大学出版社，2011年。

张毓强：《论国家形象传播的基本模式．国家形象与政治传播》，上海：上海交通大学出版社，2010年。

张中秋：《中西法律文化比较研究》，南京：南京大学出版社，1991年。

赵晶晶：《和实生物：当前国际论坛中的华夏传播理念》，杭州：浙江大学出版社，2010年。

赵瑞琦：《网络爱国主义：源流、利整与策略》，北京：中国传媒大学出版社，2012年。

赵玉材：《绘图地理五诀》，北京：华龄出版社，2006年。

周宁：《跨文化研究：以中国形象为方法》，北京：商务印书馆，2011年。

中共中央文献研究室：《江泽民论中国特色社会主义》，北京：中央文献出版社，2002年。

中共中央文献研究室：《十八大以来重要文献选编：上》，北京：中央文献出版社，2014年。

中国社会科学院语言研究所词典编辑室：《现代汉语词典（2002年增补本）》，北京：商务印书馆，2002年。

朱贻庭：《中国传统伦理思想史》，上海：华东师范大学出版社，2009年。

[澳]迈克尔·A.豪格，[英]多米尼尔·阿布拉姆斯，《社会认同过程》，北京：中国人民大学出版社，2011年。

[德]斐迪南·滕尼斯：《共同体与社会：纯粹社会学的基本概念》，林荣远译，北京：商务印书馆，1999年。

[德] 胡塞尔:《欧洲科学的危机与超越论的现象学》,王炳文译,北京:商务印书馆,2009 年。

[德] 利奇温:《十八世纪中国与欧洲文化的接触》,朱杰勤译,北京:商务印书馆,1962 年。

[德] 鲁道夫·阿恩海姆:《艺术与视知觉》,滕守充、朱疆源译,成都:四川人民出版社,1998 年。

[德] 马克斯·韦伯:《佛教与道教》,洪天富译,南京:江苏人民出版社,2003 年。

[德] 马克斯·韦伯:《新教伦理与资本主义精神》,康乐等译,桂林:广西师范大学出版社,2009 年。

[法] 茨维坦·托多罗夫:《叙事作为话语》,张寅德编:《叙述学研究》,北京:中国社会科学出版社,1989 年。

[法] 卢梭:《论人类不平等的起源》,高修娟译,上海:上海三联书店,2014 年。

[法] 米歇尔·福柯:《规训与惩罚:监狱的诞生》,刘北成、杨远婴译,上海:上海三联书店,2012 年。

[法] 热拉尔·热奈特:《论叙事文话语——方法论》,张寅德编:《叙述学研究》,北京:中国社会科学出版社,1989 年。

[古希腊] 柏拉图:《理想国》,张竹明译,南京:译林出版社,2018 年。

[荷兰] 吉尔特·霍夫斯泰德:《文化与组织:软件心理的力量》,北京:中国人民大学出版社,2010 年。

[加] 杰弗里·温斯洛普:《基特勒论媒介》,北京:中国传媒大学出版社,2019 年。

[美] 塞缪尔·亨廷顿:《文明的冲突与世界秩序的重建》,周琪等译,北京:新华出版社,2010 年。

[美] 约瑟夫·奈:《软力量:世界政坛成功之道》,吴晓辉、钱程译,北京:东方出版社,2005 年。

[美] 爱德华·T.霍尔:《超越文化》,居延安等译,上海:上海文化出版社,1988 年。

[美] 本尼迪克特·安德森:《想象的共同体:民族主义的起源与散布》,吴叡人译,上海:上海人民出版社,2011 年。

[美] 德弗勒·丹尼斯:《大众传播通论》,顾建军等译,北京:华夏出本社,1989 年。

[美] 哈罗德·拉斯韦尔:《社会传播的结构与功能》,展江、何道宽译,北京:

中国传媒大学出版社，2013 年。

[美]罗宾斯·H.詹姆斯：《敬业：把工作当成信仰》，毛建敏编译，北京：朝华出版社，2005 年。

[美]马歇尔·麦克卢汉：《理解媒介——论人的延伸》，何道宽译，北京：商务印书馆，2000 年。

[美]皮尔斯：《皮尔斯：论符号》，成都：四川大学出版社，2014 年。

[美]乔舒亚·库珀·雷默等：《中国形象：外国学者眼里的中国》，北京：社会科学文献出版社，2008 年。

[美]斯蒂文·小约翰：《传播理论》，陈德民、叶晓辉译，北京：中国社会科学出版社，1999 年。

[美]塞缪尔·亨廷顿：《文明的冲突与世界秩序的重建》，北京：新华出版社，2020 年。

[美]瓦尔特·李普曼：《舆论学》，北京：华夏出版社，1989 年。

[美]亚历山大·温特：《国际政治的社会理论》，上海：上海人民出版社，2000 年。

[美]约翰·杜海姆·彼得斯：《奇云：媒介即存有》，邓建国译，上海：复旦大学出版社，2020 年。

[美]约翰·杜威：《民主主义与教育》，王承绪译，北京：人民教育出版社，1990 年。

[美]约翰·费克斯等编：《关键概念：传播与文化研究辞典》，李彬译，北京：新华出版社，2004 年。

[美]约瑟夫·奈：《软力量：世界政坛成功之道》，北京：东方出版社，2005 年。

[瑞士]索绪尔：《普通语言学教程》，北京：商务印书馆，1985 年。

[苏联]弗拉基米尔·伊里奇·列宁：《哲学笔记》，北京：人民出版社，1974 年。

[西班牙]曼纽尔·卡斯特：《认同的力量》，北京：社会科学文献出版社，2006 年。

[意大利]安东尼奥·葛兰西：《现代君主论》，陈越译，上海：上海世纪出版集团，2006 年。

[英]布莱恩·特纳：《公民身份与社会理论》，郭忠华、蒋红军译，吉林：吉林出版集团有限责任公司，2007 年。

[英]理查德·道金斯：《自私的基因》，北京：中信出版社，2019 年。

[英]雷蒙·威廉斯:《关键词》,刘建基译,北京:生活·读书·新知三联书店,
2005年。

[英]马克·柯里:《后现代叙事理论》,宁一中译,北京:北京大学出版社,
2003年。

《马克思恩格斯文集》,中共中央马克思恩格斯列宁斯大林著作编译局编译,
北京:人民出版社,2009年。

期刊

艾国、刘艳:《从四个维度把握社会主义核心价值观之友善的内涵》,《思想理论教育导刊》2015年第10期。

白淑英,肖本立:《新浪微博中网民的情感动员》,《兰州大学学报》(社会科学版)2011年第5期。

白文刚:《文明传播视野中的"中国模式"与"中国故事"》,《新闻与传播评论》2019年第6期。

白迎港:《从文化认同到文化适应:中国形象跨文化传播路径分析——以短视频专题报道〈生于1949〉为例》,《传播力研究》2020年第4期。

本刊综合报道:《中国发展新起点全球增长新蓝图——习近平主席在二十国集团工商峰会开幕式上的主旨演讲》,《南方企业家》2016年第10期。

毕霞、韩亚琦:《习近平正确义利观的研究进展及述评》,《甘肃理论学刊》2020年第2期。

曹红:《论〈庄子·逍遥游〉中的自由观》,《知与行》2017年第3期。

曾琰:《个体主义情境下中国传统友善观的特质及再造》,《中州学刊》2018年第1期。

常江、石谷岩:《视听传播与国家软实力提升:观念、路径、方法》,《新闻与写作》2018年第5期。

陈碧:《〈周易〉谦卦的哲学、伦理学内涵》,《道德与文明》2004年第1期。

陈春燕:《"以人民为中心"发展思想的时代价值》,《沈阳工业大学学报》(社会科学版)2018年第5期。

陈放:《中国学界对跨文化交际中"文化休克"问题研究综述》,《延边大学学报》(社会科学版)2012年第6期。

陈虹、潘玉:《跨学科视野下中国舆论史研究体系构建》,《新闻记者》2016年第10期。

陈华文:《文化重启:传统村落保护可持续的灵魂》,《广西民族大学学报》(哲

学社会科学版）2018 年第 40 期。

陈来：《论中华民族爱国主义的精神》，《哲学研究》2019 年第 10 期。

陈来：《仁学本体论》，《文史哲》2014 年第 4 期。

陈力丹、陈俊妮：《论人内传播》，《新闻与传播研究》2010 年第 1 期。

陈立旭：《谈谈儒家诚信思想的两种误读——兼谈儒家诚信思想的基本内涵》，《人文天下》2016 年第 20 期。

陈璐：《宗族权力空间下的婺源祠堂》，《美术界》2015 年第 12 期。

陈谦：《传播学视野中的中国古代政治——以"一言兴邦，一言丧邦"的传播观为例》，《青岛大学学报》2005 年第 4 期。

陈勤奋：《哈贝马斯的"公共领域"理论及其特点》，《厦门大学学报》（哲学社会科学版）2009 年第 1 期。

陈琼珍：《中国特色社会主义的"富强"范畴》，《中国特色社会主义研究》2014 年第 1 期。

陈瑞：《明清时期徽州宗族祠堂的控制功能》，《中国社会经济史研究》2007 年第 1 期。

陈瑞华：《程序正义论——从刑事审判角度的分析》，《中外法学》1997 年第 2 期。

陈望衡：《中国美学精神简论》，《中州学刊》2021 年第 6 期。

陈先红、刘晓程：《核心价值观传播的国家公共关系战略构想》，《现代传播（中国传媒大学学报）》2015 年第 6 期。

陈晓华、谢晚珍：《徽州传统村落祠堂空间功能更新及活化利用》，《原生态民族文化学刊》2019 年第 4 期。

陈嬿如：《爱国主义宣传和国家形象塑造》，《当代传播》2002 年第 2 期。

陈阳全：《简论庄子的自由观》，《求索》2004 年第 3 期。

陈赟：《"家天下"还是"天下一家"——重审儒家秩序理想》，《探索与争鸣》2021 年第 3 期。

陈正辉：《新全球化视野下中国国家形象的传播思考》，《现代传播（中国传媒大学学报）》2017 年第 39 期。

成苑：《从自塑到他塑：全媒体视域下国家形象对外传播路径研究》，《科技传播》2021 年第 13 期。

程和平、任国亮：《皖苏特色小镇祠堂文化调研基于文化对比视角》，《住宅与房地产》2018 年第 5 期。

程曼丽：《大众传播与国家形象塑造》，《国际新闻界》2007 年第 3 期。

程曼丽：《信息全球化时代的国际传播》，《国际新闻界》2000 年第 4 期。

程群：《宏大叙事的缺失与复归——当代美国史学的曲折反映》，《史学理论研究》2005 年第 1 期。

戴木才、黄士安：《论"富强民主文明和谐"》，《马克思主义研究》2010 年第 5 期。

单波：《跨文化传播的基本理论命题》，《华中师范大学学报》（人文社会科学版）2011 年第 1 期。

党琼：《中国特色社会主义核心价值观与国家形象对外传播策略研究》，《文化与传播》2020 年第 9 期。

邓新文：《儒家富强观试析》，《杭州师范大学学报》（社会科学版）2013 年第 1 期。

丁丽：《浅谈习近平主席外交演讲的语言魅力》，《汉字文化》2017 年第 19 期。

丁明方：《国际法渊源与中国传统文化的一致性》，《求索》2008 年第 4 期。

丁燕燕：《庙宇祠堂的空间隐喻与权力——从"庙产兴学"运动谈起》，《山东社会科学》2020 年第 2 期。

东方朔：《权威与秩序的实现》，《周易研究》2019 年第 1 期。

董青岭、李爱华：《和平·发展·合作——关于中国国家形象建设的几点思考》，《理论学刊》2006 年第 4 期。

段江波：《友善价值观：儒家渊源及其现代转化》，《社会科学》2015 年第 4 期。

段志强：《经学、政治与堪舆：中国龙脉理论的形成》，《历史研究》2021 年第 2 期。

范红：《国家形象的多维塑造与传播策略》，《清华大学学报》（哲学社会科学版）2013 年第 2 期。

范景中：《〈美术史的基本概念〉中译本札记》，《文艺研究》2013 年第 8 期。

方春生：《徽州古祠堂的文化解读》，《黄山学院学报》2010 年第 1 期。

方铭：《富强释义及孔子与原始儒家的富强观》，《山西大学学报》（哲学社会科学版）2017 年第 2 期。

方铭：《公正价值观的中国传统文化基础考源》，《兰州学刊》2017 年第 11 期。

冯海燕、张骐严：《中国媒体构建国家形象的文化超越策略——基于"中国威胁论"的语境》，《新闻战线》2019 年第 2 期。

冯江涛、延卫、梁继东、李珊珊、饶永芳：《"环境与风水"——中国古人的科学智慧》，《教育教学论坛》2002 年第 3 期。

冯务中：《全面理解社会主义"富强"价值观的丰富内涵》，《社会主义核心价值观研究》2016 年第 2 期。

冯玉军：《中西法律文化传统的形成与比较》，《政法论丛》2019 年第 6 期。

付粉鸽：《政治伦理·交往规范·修养工夫：儒家"敬"观念的哲学意涵》，《西安电子科技大学学报》（社会科学版）2020 年第 3 期。

甘娜、颜廷真、陈其兵：《传统风水文化对中国园林设计的影响》，《中华文化论坛》2014 年第 7 期。

郭春萍：《孔子"慎言"观考》，《宁夏大学学报》（人文社会科学版）2009 年第 1 期。

郭丹茹：《中西新闻传播理念的若干差异》，《新闻爱好者》2011 年第 1 期。

郭明、王浚丞：《战"疫"纪录短片交互叙事与国家形象的生成》，《当代电视》2020 年第 4 期。

郭霞：《"和合文化"传播与"和谐世界"构建》，《山东师范大学学报》（人文社会科学版）2007 年第 4 期。

郭小安：《网络抗争中谣言的情感动员：策略与剧目》，《国际新闻界》2013 年第 12 期。

郭笑雨：《新时代厚植科学家爱国主义情怀的实践路向——基于共同体主义视角》，《重庆科技学院学报》（社会科学版）2021 年第 4 期。

郭玉锦：《身份制与中国人的观念结构》，《哲学动态》2002 年第 8 期。

韩升、毕腾亚：《基于文明交流互鉴的人类共同价值观阐释》，《贵州社会科学》2020 年第 6 期。

韩升：《在普世价值的批判性反思中阐扬人类共同价值》，《深圳大学学报》（人文社会科学版）2019 年第 36 期。

韩星：《内圣外王之道与当代新儒学重建》，《新疆师范大学学报》（哲学社会科学版）2016 年第 6 期。

韩源：《全球化背景下的中国国家形象战略框架》，《当代世界与社会主义》2006 年第 1 期。

韩震：《习近平生态文明思想的哲学研究——兼论构建新形态的"天人合一"生态文明观》，《哲学研究》2021 年第 4 期。

郝金锡：《中西跨文化交际中送礼行为差异探讨》，《青年文学家》2017 年第 18 期。

何华、严家凤：《论庄子的自由观及其当代价值——以〈逍遥游〉为例》，《黄山学院学报》2019 年第 1 期。

何辉：《中国国家形象定位分析》，《现代传播（中国传媒大学学报）》2006 年第 2 期。

何孟阳：《中西文化视野下的迪士尼电影〈花木兰〉分析》，《视听》2020年第7期。

何士青：《通过守望相助铸牢中华民族共同体意识》，《学习论坛》2020年第5期。

何苏六、李宁：《生死时速温情呈现——总台新冠肺炎疫情防控报道中纪录片创作评析》，《电视研究》2020年第6期。

何义珠、郭献进：《乡村振兴战略背景下松阳祠堂文化功能重塑研究》，《中国发展》2020年第4期。

何永军：《先秦儒家公正思想发微》，《成都师专学报》2003年第1期。

侯日莹、杨晶：《试析社会主义核心价值观网络传播发展方向》，《吉林广播电视大学学报》2020年第8期。

侯珊珊：《古代民谣作为舆论的特点分析》,》《青年记者》2009年第24期。

胡冰、张瑾：《从文化维度视角解读跨文化交流中的中西文化差异》，《河北学刊》2012年第6期。

胡继明、黄希庭：《君子——孔子的理想人格》，《西南大学学报》（社会科学版）2009年第4期。

胡建《中西启蒙"民主"观在价值源头上的差异》，《河北学刊》2002年第6期。

胡伟：《软实力视阈下的中国政治价值与国家形象建构》，《学术月刊》2014年第11期。

胡义成：《风水包含着科学成分——国内外风水研究述评》，《青岛科技大学学报》（社会科学版）2009年第1期。

胡玉春：《杨救贫与赣南客家风水文化的起源和传播》，《南方文物》2001年第4期。

胡正荣：《从5G等技术到来看社会重构与价值重塑》，《人民论坛》2019年第11期。

黄翠新：《论庄子自由思想的生态意蕴》，《自然辩证法研究》2020年第2期。

黄东：《讲好中国法治故事的党建之维》，《上海交通大学学报（哲学社会科学版）》2021年第29期。

黄会林、杨卓凡：《我国电影国际传播与国家形象建构》，《中国党政干部论坛》2018年第9期。

黄湄：《从"天下大同"到"人类命运共同体"——费孝通"文化自觉"的新时代回声》，《中南民族大学学报》（人文社会科学版）2021年第5期。

黄宁馨：《社会视域下马克思主义诚信思想和社会主义核心价值观的内在联系》，《法制与社会》2020年第22期。

黄文艺：《论习近平法治思想的形成发展、鲜明特色与重大意义》，《河南大学学报》（社会科学版）2021年第3期。

黄星民，《礼乐传播初探》，《新闻与传播研究》2000年第1期。

黄绫：《徽州祠堂的建筑风格与保护策略》，《中国摄影家》2010年第7期。

姬之聪：《战疫题材纪录片的传播策略研究——以〈英雄之城〉为例》，《西部广播电视》2020年第17期。

江红艳、许梦梦、陈红、孙配贞：《中国文化背景下权力感对送礼行为的影响：关系取向的调节作用》，《管理评论》2019年第31期。

姜倩、马力：《国产动画跨文化传播中国家形象的文化认同》，《文化创新比较研究》2018年第2期。

姜锐涵：《新时代中国特色社会主义平等观的鲜明特色》，《理论探索》2020年第6期。

姜万燕：《〈礼物的流动〉——浅析中国传统礼物馈赠文化》，《大众文艺》2019年第22期。

蒋睿萍、张楚鑫：《习近平外交演讲概念隐喻分析——以习近平在乌兹别克斯坦最高会议立法院的演讲为例》，《视听》2017年第4期。

蒋晓丽、何飞：《情感传播的原型沉淀》，《现代传播（中国传媒大学学报）》2017年第5期。

蒋雅君：《〈自私的基因〉读书札记》，《戏剧之家》2018年第26期。

焦国成：《"善"语词考源》，《伦理学研究》2013年第2期。

解伦：《全球化时代关于传播伦理的审视与反思》，《今传媒》2017年第5期。

金景芳，吕绍纲：《释"克己复礼为仁"》，《中国哲学史》1997年第1期。

金素端：《"中国方案"话语影响力的价值、构成与提升》，《理论导刊》2021年第2期。

金燕：《从精神至上到理性凸显——建国以来青年友善价值观变迁轨迹探微》，《中国青年研究》2016年第2期。

靳鹏：《社会主义核心价值观网络传播效果优化及实现路径研究》，《长春师范大学学报》2021年第5期。

荆学民、于淑婧：《关于民主传播的理论探索》，《政治学研究》2016年第3期。

景怀斌：《儒家的人格结构及心理学扩展》，《现代哲学》2007年第5期。

靖鸣、袁志红：《西方媒体报道与中国形象塑造》，《当代传播》2007年第2期。

孔德会：《中西送礼文化对比》，《北方文学》2018 年第 15 期。

赖瑛、杨星星：《珠三角广客民系祠堂建筑特色比较分析》，《华中建筑》2008 年第 8 期。

蓝强、龙剑兴：《马克思主义生态辩证法——"人—自然"系统的理论表达》，《岭南学刊》2021 年第 3 期。

郎宁：《孔子之德与庄子之德——两种不同的政治价值选择》，《延安大学学报》（社会科学版）2018 年第 5 期。

乐章：《短视频时代国家形象的建构与传播》，《新闻研究导刊》2020 年第 11 期。

李承志：《"以仁行义，以义制礼"学理架构下孟子思想的传播学诠释》，《中华文化与传播研究》2020 年第 1 期。

李春雷、雷少杰：《突发群体性事件后情绪传播机制研究》，《现代传播（中国传媒大学学报）》2016 年第 6 期。

李丹颖：《"污名化"下的国家形象传播路径突破研究——以 BBC 纪录片〈中国人要来了〉为例》，《新闻研究导刊》2021 年第 12 期。

李德顺：《法治文化论纲》，《中国政法大学学报》2007 年第 1 期。

李凡、杨俭波、何伟财：《快速城市化背景下佛山传统祠堂文化景观变化以及地方认同的建构》，《人文地理》2013 年第 6 期。

李函章：《中国传统诚信观的现代价值》，《人民论坛》2018 年第 1 期。

李红：《反求诸己：华夏传播研究的范式》，《山西大学学报》（哲学社会科学版）2020 年第 2 期。

李怀亮：《从全球化时代到全球共同体时代》，《现代传播》2020 年第 6 期。

李家新：《认同建构视角下的两岸青年交流》，《中国青年研究》2018 第 2 期。

李建军、刘会强、刘娟：《理性与情感传播：对外传播的新尺度》，《江西社会科学》2015 年第 5 期。

李建立：《冲突和谐——中西整体与自我价值观之比较》，《前沿》2010 年第 1 期。

李建勇：《冀南地区 S 村礼物馈赠动因之探析——兼谈莫斯〈礼物〉》，《民博论丛》2019 年第 00 期。

李健：《敬业精神的一般本质与历史形式》，《中国高校社会科学》2015 年第 2 期。

李劲松：《浅谈电视纪录片的叙事结构》，《中国电视》2007 年第 16 期。

李娟：《华夏文明传播思想与传播智慧》，《中国出版》2020 年第 24 期。

李楠、王磊：《深入解读社会主义核心价值观——友善价值观的传统价值和现代意涵》，《学术论坛》2015 年第 2 期。

李宁、徐嘉伟：《疫情纪录片的叙事创新与国际传播效果研究——以 CGTN〈武汉战疫纪〉为例》，《电视研究》2020 年第 9 期。

李勤通：《法律儒家化、卡迪司法与礼法融合的嵌入式规范结构》，《社会》2021 年第 2 期。

李清、胡俊秋：《关于祠堂文化在社会主义新农村文化建设中的思考以从化市祠堂为例》，《前沿》2012 年第 10 期。

李淑文：《环境传播的审视与展望——基于 30 年历程的梳理》，《现代传播（中国传媒大学学报）》2010 年第 8 期。

李树新：《现代汉语称谓词与中国传统文化》，《内蒙古社会科学》（文史哲版）1990 年第 3 期。

李霞：《道家平等思想及其现实意义》，《安徽大学学报》2001 年第 4 期。

李杨：《贺麟"五伦新观"三特征》，《文化学刊》2020 年第 11 期。

李元书：《政治社会化：涵义、特征、功能》，《政治学研究》1998 年第 4 期。

李元元：《佛教中国化历程中与儒、道的相互影响及在当代的发展》，《品位·经典》2021 年第 4 期。

李月、薛云珍：《恐惧诉求在健康传播中的应用与展望》，《中国健康教育》2019 年第 35 期。

李岳川、周韬：《16 世纪后祠堂和教堂信仰空间变迁及对比研究》，《新建筑》2020 年第 6 期。

李振宏：《先秦时期"社会公正"思想探析》，《广东社会科学》2005 年第 6 期。

李正国：《国家形象构建：政治传播及传媒影响力》，《现代传播（中国传媒大学学报）》2006 年第 1 期。

理雅各、杨伯峻：《〈论语〉精选》，《东西南北：大学生版》2007 年第 9 期。

梁晓波：《中国国家形象的跨文化建构与传播》，《武汉大学学报》（哲学社会科版）2014 年第 1 期。

梁治平：《礼法探源》，《清华法学》2015 年第 1 期。

林国标：《传统文化的四种类型及对社会主义核心价值观的不同影响》，《湖湘论坛》2015 年第 2 期。

林红：《身份政治与国家认同——经济全球化时代美国的困境及其应对》，《政治学研究》2019 年第 4 期。

林凯、谢清果：《"慎言观"视域下孔子的情感传播观念研究》，《华夏文化论坛》2020年第1期。

刘白明：《近十年来中国古代公正思想研究综述》，《史学月刊》2009年第6期。

刘白明：《略论老子的公正思想》，《求索》2008年第10期。

刘丹凌：《制造共识："像化"中国形象的建构策略》，《中州学刊》2017年第10期。

刘涵、王存刚：《论英国学派的国际秩序观——兼与天下体系理论的秩序观比较》，《国际论坛》2011年13期。

刘宏丽：《中国传统礼文化与敬谦语传播关系研究》，《河南大学学报》（社会科学版）2010年第5期。

刘继南、何辉：《当前国家形象建构的主要问题及对策》，《国际观察》2008年第1期。

刘建明：《话语研究的浮华与话语理论的重构》，《新闻爱好者》2018年第9期。

刘建荣：《巫术礼仪中的山水——风水理论与儒家思想在中国山水画中的交织》，《美与时代（下）》2012年第7期。

刘晶：《社会主义诚信观对先秦儒家诚信思想的传承与转化》，《山东农业工程学院学报》2020年第12期。

刘娟、张智平：《社会主义诚信价值观的理论基础与实践进展》，《理论与现代化》2019年第6期。

刘沛林：《风水模式的环境学解释》，《陕西师大学报》（哲学社会科学版）1995年第1期。

刘如良、王春艳、金昳旻：《向全球展示抗击新冠肺炎疫情的中国力量——英语纪录片〈武汉战疫纪〉创作特色评析》，《新闻文化建设》2020年第11期。

刘双：《文化身份与跨文化传播》，《外语学刊》2000年第1期。

刘涛：《环境传播的九大研究领域（1938—2007）：话语、权力与政治的解读视角》，《新闻大学》2009年第4期。

刘涛：《意指概念：环境传播的修辞理论探析》，《现代传播（中国传媒大学学报）》2015年第2期。

刘天华：《〈周易〉与风水相宅》，《上海社会科学院学术季刊》1993年第1期。

刘文艺：《对伦理"善"的语言学分析》，《理论界》2010年第9期。

刘文英：《"仁"之观念的历史探源》，《天府新论》1990年第6期。

刘小燕：《关于传媒塑造国家形象的思考》，《国际新闻界》2002年第2期。

刘新兰：《新媒体环境下中国国家形象跨文化建构探讨》，《新闻研究导刊》2021年第13期。

刘旭东：《法治的社会面向与礼治的规范功能》，《原道》2018 年第 2 期。

刘旭方：《孔子仁学思想的当代价值研究》，《法制与社会》2018 年第 14 期。

刘艳房、朱晨静：《国家形象建构与中国价值的国际传播》，《河北师范大学学报》（哲学社会科学版）2014 年第 4 期。

刘艳萍：《社会主义核心价值观传播话语权的逻辑进路》，《中学政治教学参考》2020 年第 41 期。

楼宇烈：《佛教中国化的启示》，《中国宗教》2016 第 10 期。

卢德玉：《贵州农村地区"随礼"现象探析——兼谈莫斯〈礼物〉》，《文化学刊》2018 年第 5 期。

鲁修红、徐慧：《从文化价值观角度看中美花木兰形象差异》，《湖北工业大学学报》2013 年第 3 期。

罗英豪：《社会建构论视角下的现代城市社区意识》，《北京工业大学学报：社会科学版》2007 年第 2 期。

骆萍、孔庆茵：《当代中国价值观：内涵、意义与传播策略》，《探索》2015 年第 4 期。

马晓琴：《五典学说与新时代伦理建设》，《青海民族研究》2020 第 4 期。

马作武：《庄子平等、自由观发微》，《中山大学学报》（社会科学版）2007 年第 1 期。

门洪华、周厚虎：《中国国家形象的建构及其传播途径》，《国际观察》2012 年第 1 期。

蒙象飞：《人类命运共同体视阈下的中国国家形象传播》，《云南社会科学》2020 年第 4 期。

孟建、孙祥飞：《"中国梦"的话语阐释与民间想象——基于新浪微博 16 万余条原创博文的数据分析》，《新闻与传播研究》2013 年第 11 期。

孟凯：《论"民贵君轻"与"君舟民水"——先秦儒家民本思想研究》，《北京工业大学学报》（社会科学版）2013 年第 13 期。

孟庆国、杨永利：《社会主义核心价值"公正"观的文化溯源》，《前沿》2017 年第 12 期。

孟世凯：《甲古文中"礼"、"德"、"仁"字的问题》，《齐鲁学刊》1987 年第 1 期。

孟威：《网络爱国主义的精神源流与现实特征》，《人民论坛》2016 年第 22 期。

聂洪涛：《国际法基本原则的文化之维——以中国传统政治文化为视角》，《理论导刊》2007 年第 10 期。

聂长建、冯金朋：《论墨子的领域正义观》，《职大学报》（哲学社会科学）2005年第 3 期。

牛军凯：《试论风水文化在越南的传播与风水术的越南化》，《东南亚南亚研究》2011 年第 1 期。

欧阳宗书、符永莉：《祠联与中国古代祠堂文化》，《南昌大学学报》（人文社会科学版）1993 年第 2 期。

彭富明：《儒家公正观：指向、框架和价值》，《中华文化论坛》2016 年第 11期。

彭虹斌：《从等差之爱到平等之爱——中国市民社会背景下的伦理转换》，《广东水利电力职业技术学院学报》2017 年第 15 期。

彭剑：《政治传播话语：概念界定及创新表达》，《编辑之友》2021 年第 1 期。

彭亚琳：《论"仁"的历史演变及其当代内涵》，《淮南职业技术学院学报》2009 年第 4 期。

彭颜红：《从战疫看友善价值观的重要功能》，《前线》2020 年第 12 期。

钱莉：《浅析美国民主制度与大众传媒的关系》，《科教导刊》2012 年第 18 期。

钱栖榕、游国龙：《天下体制下的"角色"与"角色"确认问题——再探"角色原理"的运作》，《国际政治研究》2016 年第 4 期。

钱圣豹：《儒家礼乐思想与风水学对北京四合院型制的双重影响》，《时代建筑》1991 年第 4 期。

秦宣、刘鑫鑫：《共同价值：打造人类命运共同体的价值观基础》，《中国特色社会主义研究》2017 年第 4 期。

秦宣、刘鑫鑫：《共同价值：打造人类命运共同体的价值观基础》，《中国特色社会主义研究》2017 年第 4 期。

青觉、赵超：《中华民族共同体意识的形成机理、功能与嬗变——一个系统论的分析框架》，《民族教育研究》2018 年第 4 期。

邱本、董进宇、郑成良：《从身份到契约——中国法制现代化的历史进程》，《法制现代化研究》1999 年第 5 卷。

邱耀、王华阳：《新农村建设背景下祠堂文化功能的演变》，《科技信息》2012年第 29 期。

曲文勇、韦伟：《从礼尚往来到"礼上往来"——中国人情社会礼物态势发展流变》，《黑龙江社会科学》2020 年第 2 期。

曲祯朋：《荀子"圣王"观与儒家道统论的内外维度》，《原道》2020 年第 1 期。

芮必峰：《人际传播：表演的艺术——欧文·戈夫曼的传播思想》，《安徽大学学报》（哲学社会科学版）2004 年第 4 期。

尚建飞：《老子的公正理论》，《道德与文明》2014 年第 2 期。

邵培仁、杨丽萍：《转向空间：媒介地理中的空间与景观研究》，《山东理工大学学报》（社会科学版）2010 年第 3 期。

邵培仁、姚锦云：《传播理论的胚胎：华夏传播十大观念》，《浙江学刊》2016 年第 1 期。

邵培仁：《传播理论的胚胎：华夏传播十大观念》，《浙江学刊》2016 年第 1 期。

申琰：《被绝对化的自由——对当代西方全球化思想及国际传播理念的思考》，《中国记者》2013 年第 5 期。

沈桂萍：《培育中华民族共同体意识构建国家认同的文化纽带》，《西北民族大学学报》（哲学社会科学版）2015 年第 3 期。

沈熔珍：《从孔子"慎言观"谈"媒介审判"》，《传播与版权》2019 年第 10 期。

沈润冰：《论朱元璋帝王权力对士人身份认同的改造——基于〈明太祖集〉的考察》，《重庆第二师范学院学报》2020 年第 1 期。

石硕、刘欢：《从文成公主形象看中原风水、占卜知识在西藏的传播》，《西南民族大学学报》（人文社科版）2020 年第 5 期。

石义彬、吴世文：《我国大众传媒再现和建构中国文化身份研究——基于数字传播和全球传播环境的思考》，《当代传播》2010 年第 5 期。

史安斌、盛阳：《从"跨"到"转"：新全球化时代传播研究的理论再造与路径重构》，《青年记者》2021 年第 2 期。

宋书华：《浅析西方社会契约论思想》，《文艺生活·文艺理论》2010 年第 1 期。

宋玉书、刘学军：《中国文化形象传播：如何建构 21 世纪的中国文化形象》，《中国地质大学学报》（社会科学版）2016 年第 16 期。

苏珊珊：《冷战后"中国威胁论"的历史演变》，《社会主义研究》2019 年第 2 期。

孙宝国、沈悦：《以"污名"为视角探究中国形象的生成与传播机制——兼论"中国威胁论"与"中国梦"的话语博弈》，《东岳论丛》2019 年第 8 期。

孙吉胜：《话语、国家形象与对外宣传：以"中国崛起"话语为例》，《国际论坛》2016 年第 1 期。

孙磊：《黄炎培"敬业乐群"职业道德教育思想及其当代启示》，《中小企业管理与科技》2017 年第 12 期。

孙玮：《作为媒介的外滩：上海现代性的发生与成长》，《新闻大学》2011 年第 4 期。

孙卫华、咸玉柱：《同情与共意：网络维权行动中的情感化表达与动员》，《当代传播》2020 年第 3 期。

孙小玫、阮航：《〈论语〉中的"谦"及其现代价值》，《社会科学辑刊》2003 年第 3 期。

孙晓春、施正忠：《近代中国自由观建构的传统话语背景——政治哲学视阈下的庄子自由观及其影响》，《探索与争鸣》2017 年第 6 期。

孙晓春：《先秦法家富强观念的现代反思》，《政治学研究》2014 年第 5 期。

孙旭鹏：《庄子与卢梭的自由观比较》，《华中科技大学学报》（社会科学版）2016 年第 2 期。

孙宜学：《向世界讲好社会主义核心价值观的内涵》，《对外传播》2020 年第 1 期。

孙英春：《中国国家形象的文化建构》，《教学与研究》2010 年第 11 期。

孙有中：《国家形象的内涵及其功能》，《国际论坛》2002 年第 3 期。

孙振宁、张爱武：《全球化视域下社会主义核心价值观国际传播的路径创新研究》，《中共合肥市委党校学报》2019 年第 2 期。

唐乐：《从"传者—受者"到"对话者"——Web2.0 时代组织外部传播的传受关系分析》，《新闻大学》2011 年第 2 期。

唐明燕、王磊：《"友善"价值观研究的热点与发展趋势——21 世纪以来"友善"价值观研究综述》，《道德与文明》2015 年第 5 期。

陶南颖：《论国际法治研究的西方中心主义视角与中国视角》，《法制与社会发展》2020 年第 3 期。

田国秀：《风险社会环境对当代个体生存的双重影响——吉登斯、贝克风险社会理论解读》，《哲学研究》2007 年第 6 期。

田维钢：《微博评论中的网民情绪传播机制及策略》，《当代传播》2019 年第 1 期。

万陆：《中国风水文化源流论》，《东方论坛（青岛大学学报）》1994 年第 4 期。

王晟添：《身份·联觉·反转：视听微叙事的传播逻辑与对策》，《当代电视》2021 年第 1 期。

王闯闯：《"共同体"与英国重商主义者的富强观》，《江海学刊》2019 年第 3 期。

王东升：《作为乡村公共文化空间的客家祠堂》，《江西理工大学学报》2016 年第 6 期。

王菲：《从法的形成看中西法律文化的差异》，《新视野》2014 年第 2 期。

王富仁：《论庄子的自由观——庄子〈逍遥游〉的哲学阐释》，《河北学刊》2009 年第 6 期。

王宏德：《"仁"的他者优先伦理取向——兼论社会主义核心价值观之"友善"》，《佳木斯大学社会科学学报》2015 年第 3 期。

王欢：《全球化视域下中国价值观对外传播与国家形象构建》，《新闻研究导刊》2015 年第 19 期。

王缉思：《中国的国际定位问题与"韬光养晦、有所作为"的战略思想》，《国际问题研究》2011 年第 2 期。

王家东：《〈英雄之城〉：抗疫纪录片的群像塑造与国家形象展现》，《电影文学》2020 年第 19 期。

王家东：《抗"疫"纪录片的跨文化传播策略——以〈武汉战疫纪〉为例》，《电视研究》2020 年第 12 期。

王来华、林竹、毕宏音：《对舆情、民意和舆论三概念异同的初步辨析》，《新视野》2004 年第 5 期。

王曼利：《权力的意象：〈白鹿原〉祠堂的空间诗学解读》《小说评论》2020 年第 1 期。

王玫珺：《新媒体环境下粉丝社群的爱国主义表达研究——以"饭圈出征"为例》，《传播力研究》2020 年第 4 期。

王淼、王鹏：《海外关于人类命运共同体的研究述评》，《社会主义研究》2021 年第 1 期。

王巧玲：《试论道教风水的合理内核》，《浙江万里学院学报》2013 年第 26 期。

王擎、揭其涛：《认同、叙事与国家形象：抗疫纪录片的媒介仪式建构分析》，《新闻春秋》2021 年第 1 期。

王群：《社会学视角下送礼行为的多因素分析——以陕西省汉中市 Z 县为例》，《哈尔滨学院学报》2011 年第 32 期。

王时原、丁娜、刘九菊：《黟县屏山祠堂建筑特色研究》，《中外建筑》2013 年第 7 期。

王涛、王海林：《国际文化传播与"和谐"外交》，《中北大学学报》（社会科学版）2006 年第 6 期。

王鞞：《传统宗族村落中的"权力"空间初探》，《小城镇建设》2006 年第 2 期。

王细、段锦云、田晓明：《送礼何以盛行？送礼行为影响因素和理论解释》，《心理技术与应用》2020 年第 8 期。

王霞：《新主流大片国家形象的艺术表达与创新——电影〈战狼 2〉与〈红海

行动〉比较分析》，《新闻前哨》2018 年第 6 期。

王一岚：《社交媒体语境下情绪传播的机制》，《青年记者》2019 年第 16 期。

王莹：《文化自信与中华优秀传统文化的对外传播》，《广东社会科学》2017 年第 5 期。

王泽应：《正确义利观：建构当代国际关系伦理的基本精神》，《湖南师范大学社会科学学报》2016 年第 5 期。

王真、刘航：《以史绘诗大象无形——由革命领袖传记电视剧探析国家形象的塑造》，《中国电视》2018 年第 5 期。

韦宝畏、许文芳：《风水文化在韩国的传播及对韩国居住环境选择之影响》，《华中建筑》2011 年第 1 期。

韦笑、潘攀：《社交媒体时代中国国家形象的对外传播策略——基于 2017 年CGTN 海外社交媒体的中国报道分析》，《传媒》2018 年第 19 期。

魏岚、沈正赋：《〈人民日报〉融媒体对国家形象的建构——以十九大专题报道为例》、《青年记者》2020 年第 15 期。

文春英、吴莹莹：《国家形象的维度及其互向异构性》，《现代传播（中国传媒大学学报）》2021 年第 1 期。

吴崇明：《〈诗经〉中鹿的文化寓意及其演变》，《古典文学知识》2008 年第 6 期。

吴飞：《共情传播的理论基础与实践路径探索》，《新闻与传播研究》2019 年第 5 期。

吴飞：《流动的中国国家形象："中国威胁论"的缘起与演变》，《南京社会科学》2015 年第 9 期。

吴宁：《〈周易〉之"文"——以〈贲〉卦为中心》，《中国哲学史》2019 年第 2 期。

吴献举、张昆：《国家形象：概念、特征及研究路径之再探讨》，《现代传播》2016 年第 1 期。

吴秀峰：《传播学本土化的名与实——评〈华夏传播理论〉》，《东南传播》2021 年第 1 期。

吴志成、李佳轩：《习近平外交思想中的正确义利观》，《国际问题研究》2021 年第 3 期。

伍海英：《编码——解码"理论在跨文化传播中的应用与发展》，《新闻爱好者》2010 年第 2 期。

武传鹏、才航仁增：《近代知识分子确立富强观念的思想进程——兼论先进知识分子转向马克思主义后的自我超越》，《青海民族大学学报》（社会科学版）2020年第 4 期。

武茂昌：《讲信义、重情义、扬正义、树道义———学习习近平关于坚持正确义利观的论述》，《党的文献》2018 年第 1 期。

武小平：《正确义利观的国际表达与传播》，《社会科学家》2020 年第 12 期。

希瑟·萨维尼、张文镝：《公众舆论、政治传播与互联网》，《国外理论动态》2004 年第 9 期。

席婷婷：《礼尚往来何以可能——从〈礼物〉看古代社会中的礼物交换现象》，《中央民族大学学报》（哲学社会科学版）2015 年第 42 期。

夏伟东：《重新认识中华民族传统的诚信道德素质》，《郑州大学学报》（哲学社会科学版）2003 年第 2 期。

向世陵、辛晓霞：《儒家博爱观念的起源及其蕴含》，《北京大学学报》（哲学社会科学版）2014 年第 5 期。

向世陵：《仁爱与博爱》，《哲学动态》2013 年第 9 期。

肖芬芳：《现代敬业观的建构：从“敬事”到“敬业”》，《社会主义核心价值观研究》2017 年第 1 期。

肖河：《中国外交的价值追求——“人类共同价值”框架下的理念分析》，《世界经济与政治》2017 年第 7 期。

肖河：《中国外交的价值追求——“人类共同价值”框架下的理念分析》，《世界经济与政治》2017 年第 7 期。

肖旻、杨扬：《广府祠堂建筑尺度模型研究》，《华中建筑》2012 年第 6 期。

肖琴：《中国传统文化与社会主义核心价值观关系再探讨》，《湖湘论坛》2014 第 28 期。

肖群忠：《敬业精神新论》，《燕山大学学报》（哲学社会科学版）2009 年第 2 期。

肖晞、宋国新：《新冠肺炎疫情防控与中国大国形象塑造——基于信号表达的理论与实践》，《吉林大学社会科学学报》2020 年第 3 期。

肖瑛：《从“家”出发：重释韦伯的文明比较研究》，《清华社会科学》2020 年第 1 期。

谢空、韩立新、王海燕：《佛教建筑与中国传统风水》，《山西建筑》2008 年第 10 期。

谢清果、陈昱成：《“风草论”：建构中国本土化传播理论的尝试》，《现代传播》2015 年第 9 期。

谢清果、祁菲菲：《华夏传播理论的内涵、特征及其未来展望》，《今传媒》2017 年第 1 期。

谢清果、祁菲菲：《中西传播理论特质差异论纲》，《现代传播》2016 年第 11 期。

谢清果、王昀：《华夏舆论传播的概念、历史、形态及特征探析》，《现代传播》2016 年第 3 期。

谢清果、徐莹：《构建人类沟通共同体的理论依据、可能路径及其价值取向》，《传媒观察》2019 年第 6 期。

谢清果：《共生交往观的阐扬——作为传播观念的"中国"》，《西北师大学报》（社会科学版）2019 年第 56 期。

谢清果：《如何向世界说明"中国"：中华文化海外传播的问题意识与方法自觉》，《安徽师范大学学报》（人文社会科学版）2020 年第 4 期。

谢清果：《文明共生论：世界文明交往范式的"中国方案"——习近平关于人类文明交流互鉴重要论述的思想体系》，《新疆师范大学学报》（哲学社会科学版）2019 年第 6 期。

谢晓娟：《论软权力中的国家形象及其塑造》，《理论前沿》2004 年第 19 期。

欣蕾：《公共卫生突发事件对高校大学生心理与行为影响的调查研究》，《公关世界》2021 年第 4 期。

徐克谦：《韩非子法治公正思想浅析》，《管子学刊》2020 年第 1 期。

徐明华、余檬檬：《把握学科思维转型搭建华夏传播理论矩阵——"传播学原理"课程改革的困境与超越》，《中国大学教学》2020 年第 12 期。

徐小鸽：《国际新闻传播中的国家形象问题》，《新闻与传播研究》1996 年第 2 期。

徐媛媛：《从谦辞和敬辞看中国文化中的尊人抑己的特质》，《汉字文化》2020 年第 23 期。

许建华：《抗疫纪录片：传播中国形象的创新实践》，《当代电视》2021 年第 2 期。

薛聪明：《浅谈泛传播时代的新闻传播伦理道德构建》，《今传媒》2014 年第 1 期。

闫欣洁：《新媒体语境下我国国家形象整合传播策略》，《中州学刊》2020 年第 9 期。

严庆：《本体与意识视角的中华民族共同体建设》，《西南民族大学学报》（人文社科版）2017 年第 3 期。

杨国安：《空间与秩序：明清以来鄂东南地区的村落、祠堂与家族社会》，《中国社会历史评论》2008 年第 00 期。

杨国荣：《中国传统"公"、"正"、"公正"观念的析义和扬弃》，《毛泽东邓小平理论研究》2011 年第 8 期。

杨军昌、杨宇浩：《清水江文书中的"风水观"与生态环境保护——以苗族、侗族"择吉冢"文书为例》，《中南民族大学学报》（人文社会科学版）2019 年第 39 期。

杨抗抗、胥苗苗：《习近平关于全球治理重要论述的基本依据、思想内涵与实践价值》，《中共宁波市委党校学报》2021 年第 1 期。

杨抗抗、胥苗苗：《习近平关于全球治理重要论述的基本依据、思想内涵与实践价值》，《中共宁波市委党校学报》2021 年第 2 期。

杨鹍飞：《中华民族共同体认同的理论和实践》，《新疆师范大学学报》2016 年第 1 期。

杨柳：《从礼文化角度看中西方送礼观念的差异》，《青年文学家》2018 年第 18 期。

杨奇光、何天平：《国家形象研究的理论视角综述》，《新闻春秋》2015 年第 3 期。

杨巧燕：《话语视角下的中国国家形象探析——以〈纽约时报〉为例》，《世界经济与政治论坛》2020 年第 5 期。

杨万里：《孔子慎言观产生原因之探》，《阴山学刊》2010 年第 5 期。

杨铮：《浅析我国影视作品跨文化传播策略创新——以电影〈花木兰〉〈孔子〉为例》，《媒体时代》2010 年第 12 期。

姚继东、沈敏荣：《礼崩乐坏下的政治改革：仁学为政思想研究》，《学术探索》2020 年第 12 期。

姚澍：《民法典视野下民事习惯司法适用的困境与出路——以风水案件为中心》，《华侨大学学报》（哲学社会科学版）2021 第 3 期。

姚伟钧，杨鹏：《中外饮食文化交流研究的新进展——〈丝路上的华夏饮食文明对外传播〉评介》，《美食研究》2020 年第 4 期。

姚莹：《跨文化交际之中西方送礼文化差异》，《长江丛刊》2019 年第 2 期。

叶海涛、方正：《近代英国法治思想的传播与当代启示》，《西南政法大学学报》2019 年第 1 期。

叶险明：《"共同价值"与"中国价值"关系辨析》，《哲学研究》2017 年第 6 期。

易刚：《全人类共同价值与跨文化交流"国际学术研讨会综述》，《社会主义研究》2020 年第 1 期。

易小明：《仁义·行健·和谐——当代中国核心价值观建构》，《吉首大学学报》（社会科学版）2018 年第 3 期。

应琛：《习近平外交演讲中的世界主义情怀》，《当代世界》2014 年第 11 期。

游彪：《宋代的宗族祠堂、祭祀及其它》，《安徽师范大学学报》（人文社会科学版）2006 年第 3 期。

于运全：《论后疫情时代的中国对外传播新发展》，《人民论坛·学术前沿》2020 年第 22 期。

余治平：《谦谦君子，卑以自牧———由〈周易〉谦卦而引申出的一种儒家修身工夫》，《哲学分析》2013 年第 5 期。

虞花荣、付英娜：《人类命运共同体对儒家"仁爱"思想的继承和超越》，《湖南科技大学学报》（社会科学版）2019 年第 4 期。

袁祖社、张媛：《人类命运共同体的理论境界与中国道路的实践选择》，《西安财经大学学报》2021 年第 34 期。

张爱军：《后政治传播时代政治认同的特征、趋势与建构困境》，《湖南师范大学社会科学学报》2021 年第 2 期。

张兵娟：《传播学视野下的中国礼文化与认同建构研究》，《新闻爱好者》2017 年第 2 期。

张波、吴腾飞：《新时代富强价值的历史逻辑、哲学内涵和政治诉求》，《理论探讨》2018 年第 1 期。

张晨曦：《中国电视纪录片与国家形象的建构——以〈舌尖上的中国〉为例》，《西部广播电视》2019 年第 16 期。

张成良：《"多媒体融合"泛媒体时代的生存法则》，《传媒》2006 年第 47 期。

张国宏：《社会主义核心价值中的"富强"真谛探析》，《思想理论教育导刊》2014 年第 9 期。

张进军、乌东峰：《古代中国国家形象的对音与传播研究》，《华侨大学学报》（哲学社会科学版）2016 第 6 期。

张景云：《"五常"与儒家"慎言"传播思想》，《国际新闻界》2007 年第 2 期。

张凯龙：《中西方诚信对比研究综述》，《文化创新比较研究》2020 年第 2 期。

张昆、徐琼：《国家形象刍议》，《国际新闻界》2007 年第 3 期。

张磊：《论"全人类共同价值"的理论和实践意义》，《文化软实力》2020 年第 5 期。

张露：《从礼物交换看马塞尔·莫斯的交流传播观》，《今传媒》2015 年第 23 期。

张萌萌：《故事化舆论：作为华夏民间舆论传播活动的古代"说书"》，《中华文化与传播研究》2020 年第 1 期。

张守中、郑名桢、刘来成：《河北省平山县战国时期中山国墓葬发掘简报》，《文物》1979 年第 1 期。

张希宇、王友才、曹木易：《中华新文化建设视域下的儒家公正观与墨家平等观的对比研究》，《山东工会论坛》2014 年第 3 期。

张小琴、文静：《抗"疫"背景下中央广播电视总台的对外传播策略与中国国家形象建构》，《电视研究》2020 年第 9 期。

张鑫：《爱国主义的新时代传播方式——以 B 站为例》，《新闻研究导刊》2020 年第 11 期。

张友国：《从"天下"到"人类命运共同体"——论中国世界秩序观的生成逻辑》，《北华大学学报》（社会科学版）2020 年 21 期。

张中秋：《中西法治文明历史演进比较》，《南京社会科学》2015 年第 5 期。

赵昆：《孔子公正思想论析》，《齐鲁学刊》2016 第 6 期。

赵立敏：《理论、身份、权力：跨文化传播深层冲突中的三个面向——以汉传佛教在华传播为例》，《国际新闻界》2020 年第 9 期。

赵丽涛：《全球化背景下社会主义核心价值观的对外传播》，《中国特色社会主义研究》2014 年第 3 期。

赵爽、杨波：《"重建"礼物关系？礼物与商品的社会关系指向之争》，《北京科技大学学报》（社会科学版）2018 年第 34 期。

赵卫东、赵旭东、戴伟辉、戴永辉、胡虹智：《突发事件的网络情绪传播机制及仿真研究》，《系统工程理论与实践》2015 年第 10 期。

赵雪波：《关于国家形象等概念的理解》，《现代传播（中国传媒大学学报）》2006 年第 5 期。

赵艺扬：《框架理论视域下〈人民日报·海外版〉中国国家形象建构研究——以 2013—2017 年"一带一路"报道为例》，《云南社会科学》2018 年第 5 期。

赵云泽、刘珍：《宋明理学的传播观念研究》，《兰州大学学报》（社会科学版）2020 年第 1 期。

赵云泽：《情绪传播：概念、原理及在新闻传播学研究中的地位思考》，《编辑之友》2020 年第 1 期。

郑菲：《从群像传播到个体形象展现——中国海外形象的传播策略转变及发展

路径》，《视听》2021 年第 3 期。

郑桃云：《中西方文化中"谦虚"的不同内涵及其成因》，《继续教育研究》2009 年第 2 期。

郑文宝：《伦理认同：中华民族共同体文化认同的拥趸探赜》，《云南民族大学学报》（哲学社会科学版）2021 年第 4 期。

郑志发：《经济全球化与爱国主义教育》，《学校党建与思想教育》2003 年第 2 期。

周丹、尹江燕：《社会主义核心价值观体系下的法治意蕴》，《求是学刊》2021 年第 1 期。

周根红：《电视剧的海外传播与国家形象建构》，《中国电视》2016 年第 1 期。

周积明：《中国古代"富强"论的分歧及其启示》，《浙江社会科学》2013 年第 8 期。

周晔、李媛：《智能算法技术视域下社会主义核心价值观有效传播研究》，《北京教育（高教）》2021 年第 6 期。

周云龙：《跨文化形象学：从形象类型到形象网络——周宁教授访谈》，《社会科学论坛》2010 年第 3 期。

朱碧波：《论中华民族共同体的多维建构》，《青海民族大学学报》（社会科学版）2016 年第 1 期。

朱霁：《论社会主义核心价值观的对外传播及其实践路径》，《马克思主义研究》2016 年第 8 期。

朱婷婷：《人类共同价值视域下构建人类命运共同体的途径探析》，《中共济南市委党校学报》2020 年第 1 期。

祝大勇：《社会主义核心价值观国际传播研究述论：贡献·困境·趋势——基于马克思主义理论学科的审视》，《社会主义核心价值观研究》2019 年第 6 期。

报纸

《坚定不移沿着中国特色社会主义道路前进　为全面建成小康社会而奋斗》，《人民日报》2012 年 11 月 18 日，第 1 版。

《习近平：把培育和弘扬社会主义心价值观作为凝魂聚气强基固本的基础工程》，《人民日报》2014 年 2 月 26 日，第 1 版。

《习近平在中央全面依法治国工作会议上强调　坚定不移走中国特色社会主义法治道路　为全面建设社会主义现代化国家提供有力法治保障》，《人民日报》2020 年 11 月 18 日，第 1 版。

《携手构建合作共赢新伙伴　同心打造人类命运共同体》，《人民日报》2015年9月29日，第2版。

陈玉龙：《华夏文明传播的缩略版》，《中国新闻出版广电报》2021年1月28日，第23版。

李国鼎：《经济发展与伦理建设——第六伦的倡立与国家现代化》，《联合报》1981年3月18日，第2版

李建华：《友善：必须着力倡导的价值观》，《光明日报》2013年7月6日，第11版。

习近平：《决胜全面建成小康社会　夺取新时代中国特色社会主义伟大胜利——在中国共产党第十九次全国代表大会上的报告》，《人民日报》2017年10月28日，第1版。

习近平：《守望相助　共克疫情　携手同心　推进合作》，《人民日报》2020年11月18日，第2版。

习近平：《团结合作　战胜疫情　共同构建人类卫生健康共同体》，《人民日报》2020年5月19日，第2版。

习近平：《习近平在基层代表座谈会上的讲话》，《人民日报》2020年9月20日，第2版。

习近平：《在科学家座谈会上的讲话》，《人民日报》2020年9月12日，第2版。

新华社：《加强和改进国际传播工作　展示真实立体全面的中国》，《人民日报》2021年6月2日，第1版。

中共中央国务院：《新时代爱国主义教育实施纲要》，《人民日报》2019年11月13日，第6版。

学位论文

毕振威：《人际关系视角下的送礼行为研究》，硕士学位论文，中北大学社会学系，2013年。

方晓霞：《网络爱国主义的非理性问题及引导教育探论》，硕士学位论文，华东师范大学马克思主义学院，2020年。

古晓兰：《人类命运共同体视域下共同价值的研究》，博士学位论文，华南理工大学马克思主义学院，2019年。

姜如雪：《全球化背景下公民"爱国"价值观培育研究》，硕士学位论文，哈尔滨工程大学马克思主义学院，2018年。

林胜男：《侨乡祠堂的兴起及其在新农村文化建设中的作用》，硕士学位论文，

福建师范大学社会学系，2013 年。

马蕊：《晚清报刊民主思想研究》，博士学位论文，上海大学传播学系，2014年，第 222 页。

玛雅：《蒙汉送礼文化对比研究》，硕士学位论文，山东师范大学汉语国际教育，2015 年。

彭心艺：《基于"一带一路"相关报道的国家形象建构研究》，硕士学位论文，吉林大学文学院，2020 年。

王丹：《"网红"现象对大学生社会主义核心价值观培育影响的研究》，硕士学位论文，西安石油大学思想政治教育专业，2020 年。

王珏：《权力与声誉——对中国在美国国家形象及其构建的研究》，博士学位论文，复旦大学国际关系专业，2006 年。

王艺颖：《国际中文教育视角下的抗疫纪录片跨文化传播研究》，硕士学位论文，云南师范大学国际汉语教育学院，2021 年。

夏保国：《先秦舆论思想探源》，博士学位论文，吉林大学历史学系，2009 年。

赵凯：《秦汉时期的舆论及其社会影响》，博士学位论文，中国社会科学院研究生院历史系，2003 年。

金政：《明清时期佛教的风水理论与实践》，硕士学位论文，福建师范大学专门史系，2013 年。

康莹莹：《中国传统诚信价值观的创造性转化研究》，硕士学位论文，郑州大学马克思主义学院，2020 年。

林胜男：《侨乡祠堂的兴起及其在新农村文化建设中的作用》，硕士学位论文，福建师范大学社会学系，2013 年。

殷名伟：《家族、乡土与记忆——被遗忘的祠堂》，硕士学位论文，西南大学文学系，2015 年。

二、外文文献

专著

Austin J L: *How to Do Things with Words*, New York: Oxford University Press, 1962.

Boulding K.: *The image*, Ml: University of Michigan Press, 1956.

Cooley, Charles Horton: *Social Organization A Study of the Larger Mind*, New York : C. Scribner's Sons, 1929.

Foucault Michel: *The Archaeology of Knowledge*, London: Routledge, 2002.

Wendt A, *Social theory of international politics*, Cambridge: Cambridge University Press, 1999.

期刊

Chen Hao, Chen Hai-tao, "Gift giving via social network services: the case of a WeChat mini-program used in China," *Data Technologies and Applications*, vol.54, no.4(2020).

Daniel Batson, "Prosocial motivation: Is it ever truly altruistic In L. Berkowitz", *Advances in experimental social psychology*, Vol. 20(1987), pp. 65–122.

Goodwin, Cathy, Kelly L.Smith, Susan Spiggle, "Gift giving consumer motivation and the gift purchase process, "*Advances in consumer research*, vol.17(1990), pp.690-698.

K.E.Boulding, "National image and international system, "*The journal of conflict resolution*, Vol.3, No.2(1959).

Komter, A.E., Vollebergh, W."Gift Giving and the Emotional Significance of Family and Friends, " *Journal of Marriage and Family*, vol.59, no.3(1997), pp.747-757.

Rogers R W, "A Protection Motivation Theory of Fear Appeals and Attitude Change1, " *The Journal of Psychology Interdisciplinary and Applied*, vlo. 91, no. 1 (September 1975), pp.93–114.

Walton D, "Why fallacies appear to be better arguments than they are, " *Informal Logic*, vlo. 30, no. 2 (July 2010), pp.159–184.

Wolfinbarger, Mary, Finley, Laura J. Yale., "Motivations and symbolism in gift giving behavior, " *Advances in Consumer Research*, vol.17(1990): pp.699-705.